第九届江苏九三论坛

科技创新与促进江苏绿色制造发展

九三学社江苏省委员会 编

东南大学出版社
·南京·

图书在版编目(CIP)数据

科技创新与促进江苏绿色制造发展/九三学社江苏省委员会编. —南京:东南大学出版社,2016.6
（江苏九三论坛）
ISBN 978-7-5641-6563-5

Ⅰ.①科… Ⅱ.①九… Ⅲ.①技术革新—关系—制造工业—工业发展—研究—江苏省 Ⅳ.①F426.4

中国版本图书馆 CIP 数据核字(2016)第 129731 号

科技创新与促进江苏绿色制造发展

出版发行	东南大学出版社
社　　址	南京市四牌楼 2 号　邮编　210096
出 版 人	江建中
网　　址	http://www.seupress.com
电子邮箱	press@seupress.com
经　　销	全国各地新华书店
印　　刷	南京京新印刷厂
开　　本	700 mm×1 000 mm　1/16
印　　张	18.5
字　　数	392 千
版　　次	2016 年 6 月第 1 版
印　　次	2016 年 6 月第 1 次印刷
书　　号	ISBN 978-7-5641-6563-5
定　　价	48.00 元

本社图书若有印装质量问题,请直接与营销部联系。

前　言

中共十八届五中全会提出了"创新、协调、绿色、开放、共享"五大发展理念,是"十三五"乃至更长时期我国发展思路、方向和着力点的体现。坚持绿色发展理念,实施绿色发展战略,走文明发展新路,是破解发展难题,厚植发展优势的必然选择,是通往人与自然和谐共生的必由之路。中共江苏省委、省政府高度重视环境保护和生态建设,明确提出把推进绿色发展作为鲜明导向,把推动经济社会发展的"绿色革命"作为突出任务,让人民群众在青山绿水中享受江苏"两个率先"的成果。作为工业大省的江苏,绿色发展正在成为江苏大地的鲜明优势。

围绕中共江苏省委、省政府中心工作,服务我省经济社会发展,是民主党派参政议政的第一要务。一直以来,九三学社江苏省委非常关心全省经济社会发展,尤其关注科技创新在经济社会发展方面的牵引作用,已连续八年开展以科技创新为内容的调研,通过举办不同的主题论坛,建睿智之言,献务实之策,在取得丰硕成果的同时,增进了社内凝聚力,扩大了社会影响。

2016年6月第九届"江苏九三论坛"以"科技创新与促进江苏绿色制造发展"为主题,在南京举办。这次论坛和历次论坛一样,得到了九三学社各市级组织、省直工委和有关专家、学者的积极响应,共收到征文78篇,内容涵盖多个领域,主要包括以科技创新为动力,加大先进节能环保技术、工艺和装备的研发力度,加快制造业绿色改造升级,推进智能制造;积极推行低碳化、循环化和集约化,提高制造业资源利用效率;强化产品全生命周期绿色管理,努力构建高效、清洁、低碳、循环的绿色制造体系等方面。这些文章从不同的专业角度,对江苏科技创新和促进制造业绿色发展进行了认真思考,提出了推动工作的意见和建议。现将入选此次论坛的57篇论文结集出版,供大家交流和参考。

第九届"江苏九三论坛"的举办和本论文集的出版,得到协办单位江苏省科技厅、江苏省教育厅、江苏省交通运输厅、江苏省住房和城乡建设厅、江苏省农科院、以及东南大学出版社等单位的大力支持,在此一并表示感谢。

  由于篇幅有限,一部分论文未能入选,对此深表歉意。本论文集在编辑过程中出现的错误和不当之处,敬请批评和指正。

编 者

2016 年 4 月

目 录

江苏建设绿色低碳循环发展产业体系的思考……………………闵毅梅(001)
江苏制造业可持续发展的绿色路径研究……………………卢小龙(006)
构建绿色制造体系推进生态文明建设……………………于力革(011)
大力推行供给侧结构性改革,创新构建江苏省绿色制造体系
　……………………………………………………司乃潮　王　权(016)
传统制造业绿色改造升级的探讨……………………张建峰(022)
共建制造业中的绿色之环……………………张　睿(027)
树立和完善创新发展理念,加快推进中国绿色制造……徐盈之(031)
文化视角下传统企业"绿色制造"发展对策研究……………胡付照(034)
加快绿色升级　推动制造业创新发展……………………樊银辉(039)
围绕中小企业,发力绿色制造……………………丁俊荣(044)
关于绿色制造的几点思考……………………柴秀梅(048)
以"绿色制造"促进南京市供给侧结构性改革……………胡明亮(052)
加快推进绿色发展,建设生态文明城市……………………王启满(057)
科技创新主导　再攀江苏制造新高……………………苏　勇(061)
江苏省制造业转型升级机理研究及实现路径……………戴慧婷(064)
绿色制造产品的绿色度评价研究……………………乔维德(068)
云网一体,绿色计算……………………肖光华(076)
"互联网+"两网融合助推制造业绿色发展
　——基于产品生命周期理论的分析研究……………严镝飞(081)

当互联网＋邂逅农业…………………………………………… 王　敏（085）

从"互联网＋"助力中医社区行谈中医药发展

………………………九三学社苏州高新区虎丘区基层委员会博士支社课题组（090）

关于深入推进江苏工业绿色化进程的几点建议………………… 陈　缨（096）

用智能化设计推动产品绿色制造………………………………… 齐夏兵（100）

浅析"中国制造 2025"背景下中小制造企业的困境与对策 …… 王　珅（106）

"中国制造 2025"对地方高校工程专业人才培养的思考 ……… 宋浩杰（111）

关于推进智能装备产业发展的对策研究

　　——以南通市为例…………………………………………… 陈　敢（116）

创新绿色生产机制提升农产品安全水平………………………… 尚庆伟（121）

协同创新培育绿色食品职业农民的探索

　　………………………………汤国辉　陈哲名　李婷婷　刘惠英（125）

县域中小型企业转型升级的模式和策略

　　——以苏南地区太仓市为例……………………九三学社太仓直属小组（131）

绿色通信的现状与对策……………………………………王　卿　陆星星（139）

关于加快推进全省乡村水环境建设的建议……………………… 董入莉（142）

海绵城市建筑与小区开发建设服务模式初探……………孔强卫　潘黛岱（147）

沪宁高速公路多种光源照明应用及检测分析

　　………………………………程大千　李　辉　杨晓阳　施　刚（152）

营运车船能耗统计监测样本配置研究……………………邹　庆　刘　洋（163）

我国钢结构住宅建筑发展的困境及出路………………………… 龚　震（168）

道路大中修工程中路面旧料循环利用的对策及展望…………… 姚向华（173）

绿色制造亟须绿色经营管理

　　——基于物联网技术的冷热计量能效平台建设之探析……… 张立莹（181）

关于绿色再制造及废旧品回收模式的思考……………………… 顾晓春（186）

推广分布式热解气能源站，促进绿色制造………………王　兢　张东驰（192）

加速发展我省人工智能产业　助力江苏智造…………………… 纪习尚（199）

用量子思维引领和打造中国的绿色制造 …………………………………… 于海东（204）

浅论"中国制造2025"与江苏汽车零部件企业转型及升级之路 …… 陆海燕（208）

以科技创新驱动装备制造产业转型升级发展路径研究

　　——以连云港市为例………………………… 徐雷雷　郑　刚（213）

新常态背景下江苏再制造产业现状及对策

　　——以张家港市为例……………………………………… 丁　浩（219）

钢铁企业转型升级的探索实践与启示 ……………………………… 钱王平（223）

昆山地区医疗科技创新的现状及进展 ……………………………… 蔡晓琴（228）

中药提取生产自动化的应用及意义 ………………………………… 玄振玉（233）

合力推动，促进低碳城市建设　合力作为，推进工业绿色转型

　…………………………………………………………………… 赵俊华（237）

优化米糠油生产工艺，促进功能性米糠油的绿色开发 …………… 周　莉（241）

生物炭在绿色发展中的应用前景 …………………………………… 陈高远（246）

石膏产业绿色发展对策建议 ………………………… 唐绍林　周晓峰（251）

重构创新文化促进我省制造业转型升级 …………………………… 姜　楠（256）

我国发展低碳经济的法治路径 ……………………………………… 高　凛（260）

完善手段有效推进排污权有偿使用和交易 ………………………… 徐　航（265）

关于推动宿迁市电子商务与实体经济融合发展的建议 …………… 张　青（268）

以资源资产离任审计助推绿色发展 ………………………………… 虞伟林（273）

新型城镇化背景下扬州PPP模式创新投融资体系 ………………… 张　乾（278）

产学研融合发展　建设"创新型特色园区" ……………………… 尧小慧（282）

江苏建设绿色低碳循环发展产业体系的思考

闵毅梅

江苏省环境经济技术国际合作中心

摘要: 本文总结了近年来江苏在绿色发展方面取得的成效,分析了江苏在自然禀赋不足、产业结构偏重、生态环境脆弱等三个主要方面存在的问题,从深化绿色发展理念、推动经济转型、实施治污减排、发展绿色产业和强化责任考评体系等五个方面提出建设具有江苏特色的绿色低碳循环产业体系建议。

关键词: 绿色发展循环;低碳产业体系

党的十八大报告首次将绿色发展、循环发展、低碳发展并列提出。绿色是发展的新要求,循环是提高资源效率的途径,低碳是能源调整的目标。绿色低碳循环发展既体现了一种有序、健康的发展理念,也体现了企业竞争力和社会责任感。这一理念被越来越多的国家所接受,已经成为国际发展的趋势。坚持绿色低碳循环发展,是保持江苏经济社会持续健康发展的必然选择,是确保全面建成小康社会的必由之路,更是江苏实现制造业可持续发展、提高竞争力的重要路径。

一、绿色发展初见成效

(一) 高度重视积极谋划

20世纪90年代,江苏就把可持续发展确立为经济社会发展的重要战略,新世纪初明确建设生态省的目标,把环保优先、节约优先作为江苏发展的重要方针。在2007年太湖蓝藻水污染事件后,提出了铁腕治污、科学治太,取得明显成效。2011年江苏把"生态更文明"作为"两个率先"的新内涵、新标准,把生态文明建设工程作为"八项工程"之一,专门出台行动计划。十八大以来,江苏出台了一系列生态文明建设政策文件,在全国率先颁布生态文明建设规划,做出顶层设计、明确目标方向,生态文明成果不断显现,群众满意度逐步提高。江苏正在努力使绿色发展成为鲜明优势和品牌。

(二) 环境质量明显改善

全省绿色发展指数从2010年的60.5提高到2014年的76.4。城乡环境整治覆盖率达到95%,生态管控体系基本建立,林木覆盖率提高到22.5%,自然湿地保护率达到42.7%,在全国率先实现省辖市国家园林城市全覆盖。一些突出的环境问题得到有效控制,全省PM2.5平均浓度较2013年的考核基准数下降20.5%,

城市空气质量达标率提高6.5%,省控水质断面中优Ⅲ比例上升3.7%,劣Ⅴ比例下降4.2%。太湖湖体水质改善到Ⅳ类(不计总氮),南水北调江苏段水质达到通水要求。

(三) 生态经济效应显现

经过"十二五"的不懈努力,江苏经济发展已经进入一个新阶段,全省地区生产总值连续迈上5、6、7三个万亿元台阶,年均增长9.6%。人均GDP达1.4万美元,达到上中等收入国家和地区水平。2015年,全省GDP增长8.5%,一般公共预算收入增长11%。产业转型升级不断推进,产业发展上已逐步形成"三二一"现代产业结构,在节能减排的倒逼引导下,全省单位GDP能耗同比下降3.9%,全省节能环保产业实现主营业务收入超过4 500亿元,规模和产值位居全国前列。

二、绿色发展面临的挑战

虽然,走绿色可持续发展道路已成为江苏各级党委政府的共识和行动,但是,江苏工业化、城镇化仍在加速发展,正处于环境矛盾尖锐期、环境风险活跃期、群众环境意识升级期"三期"叠加的阶段,老百姓对良好生态的诉求强烈,一些地方在正确处理环保和发展的关系方面,还存在一些模糊认识,环境质量仍是江苏全面建成小康社会的突出短板。加快推进绿色发展、建设生态江苏形势依然严峻,任务十分艰巨。

(一) 自然禀赋不足

江苏土地资源短缺,面积只有10.26万平方千米,占全国的1.06%,又是全国人口密度最高的省份,是全国平均水平的5.2倍。自然资源匮乏,人均耕地仅为0.97亩,远低于全国1.2亩/人的平均水平。2014年,水资源总量为399.3亿立方米,人均水资源量不足500立方米,低于国际标准所划定的极度缺水线[1]。煤炭自给率维持在21%,人均煤炭占有率仅为全国人均的6.83%,石油探明储量只占全国的0.2%,水电资源仅占全国水电开发总量的0.03%,此外,铁、铝、铜等主要矿产资源均不能自给,资源供给与经济增长的矛盾十分尖锐。

(二) 产业结构偏重

江苏作为沿海经济发达省份,发展速度快于全国,能源需求旺盛。同时,城市化加快、居民投资型消费、承接世界制造业转移、新农村建设等因素又推动能源需求快速增长。2014年,江苏水泥产量1.94亿吨,为全国第一,钢铁产量1.33亿吨,全国第二,规模以上工业企业总数居全国第一,其中重工业占比72.2%。单位国土面积排放强度一直处于高位,工业废水排放量居全国第一,化学需氧量、氨氮、二氧化硫、氮氧化物排放强度分别是全国平均水平的4.4倍、5.4倍、4.1倍和5.4倍。总体上,江苏经济的持续快速发展是以大量消耗水、能源、原材料等自然资源,大量产生并排放各种水污染物、大气污染物、固体废弃物为代价的。

（三）生态环境脆弱

江苏地处下游,在治理本省污染的同时,还要承接和消化上游地区大量尾水,水环境压力居高不下,水环境质量堪忧,饮用水源过度依赖长江,长江设有 32 个集中式饮用水源地,直接间接供水占全省用水总量的八成,沿江地区化工园区数量多,危险品生产储运企业和码头密布,排污口与取水口交错相间,危险品运输量逐年上升。列入省政府目标考核的太湖流域 65 个重点断面,有 38 个达标,达标率为 58.5%。2014 年空气质量超标仍较严重,13 个省辖城市环境空气质量均未达到国家二级标准要求,超标污染物为 PM2.5、PM10、臭氧和二氧化氮[2]。PM2.5 平均浓度达 66.4 微克/立方米,比上海、浙江分别高出 26.9% 和 24.6%,是 WHO 建议空气质量准则值得 6.6 倍。土壤污染问题日益显现,平均每亩耕地施用农药高出全国平均水平 20%,土壤总体超标率达 11%,砷、镉等重金属污染在少数区域有累积并呈加重趋势。

三、推进绿色发展的思考

绿色发展已经成为不可逆转的时代潮流,江苏要打破资源环境瓶颈,顺利迈过生态环境高污染、高风险的阶段,必须大力推进供给侧结构性改革,实现产业转型升级。

（一）深化绿色发展理念

党的十八届五中全会鲜明提出了创新、协调、绿色、开放、共享的五大发展理念,集中体现了今后五年乃至更长时期我国发展思路、发展方向、发展着力点。绿色发展,就是坚持"绿水青山就是金山银山"的理念,注重处理好人与自然和谐共生的问题,其实质就是经济发展与环境改善双赢。江苏经济上在全国处于前列,但是受到经济发展阶段的制约,绿色发展的理念并未深入人心并付诸行动。各级地方政府部门重发展、轻保护的问题仍较突出,绿色转型进展缓慢;部分企业绿色价值和理念缺失,环保责任意识不强,特别是一些技术含量低、盈利水平不高的劳动密集型低端企业,不愿引入先进的绿色技术,产品难以达到公众绿色发展的要求;公众对于绿色产品有迫切的希望,但是,当需要为绿色产品支付更多价格时却又止步不前,说明公众并没有从深层次意识到绿色产品的重要性,更没有达到价值观形成生态伦理文化的深度,这也一定程度上影响了绿色产业的发展。面对江苏资源约束趋紧、环境污染严重、生态系统退化、环境风险随时可能爆发等严峻问题,以及人民群众强烈要求清新空气、干净饮水、安全食品、优美环境的诉求,各级地方党委政府都要明确经济发展决不能以牺牲环境为代价,必须坚持节约资源和保护环境的基本国策,坚持低碳循环可持续发展,形成齐抓共管的强大合力,发动和引导好公众力量,加快建设资源节约型、环境友好型社会,努力形成人与自然和谐发展的现代化建设新格局。

（二）大力推动经济转型

强化绿色发展导向,通过差异发展,布局特色产业:苏南地区在既有的经济和技术上，发展高新技术电子等软件和服务外包、物联网产业；苏中地区利用自身的研究重点，发展生物技术和新医药产业；苏北地区结合地区优势和经济现状，发展新能源、新材料、节能环保产业。依据不同区域环境质量和环境承载力，设定源头防控目标，实施煤炭消费、水资源利用、建设用地总量和强度双控行动，将控制指标层层分解到各市、县（市、区），严格落实责任，加强监督考核，倒逼发展方式转变。以科技为支撑，坚持用高新技术和先进适用技术改造提升传统产业绿色改造，加大生产源头的污染控制。以资源产出率为核心，提高工业相关行业能效水平，以清洁生产为手段，鼓励和扶持企业工艺技术装备更新改造。围绕供给侧结构性改革，加快资源从传统"三高两低"行业的退出速度，出清过剩产能、处置一批"僵尸企业"，减少无效供给。对一些高耗能高污染的项目，坚决实行关停并转。

（三）持续实施治污减排

在宏观层面上，通过优化国土空间结构，为江苏未来可持续发展预留空间。对已划定的生态红线应坚守，妥善协调好发展与保护的关系、生产与生活的关系，当前与长远的关系，进一步落实以空间规划为基础、以用途管制为手段的国土空间开发保护制度，建立生态红线保护监管平台，推行产业准入负面清单制度，严格保护实绩考核。在污染治理上，通过推进能源、工业、农业、交通、建筑以及城乡生活等多个领域、多项污染物的协同并治，扎实改善生态环境质量。在水污染防治方面，突出抓好太湖、长江、淮河等重点流域和地下水污染防治，专项整治造纸、印染、化工、农药等十大重点行业，推进以"控磷降氮"为主攻方向的新一轮太湖治理，继续开展城镇污水处理设施提标改造和56条城市黑臭水体整治、畜禽养殖污染治理、城市应急水源建设等各项任务。在大气污染防治方面，全面推进煤电机组超低排放，推进热电联产，发展非化石能源，严控煤炭消费总量，推进施工标准化管理，标本兼治扬尘污染。在土壤污染防治方面，摸清土壤环境质量底数，制订土壤污染防治行动计划，加强土壤重金属、有机污染物监测能力建设，推进污染土壤治理修复。在环境应急方面，组织开展区域环境风险评估，对存在重大环境风险的地区，科学地发布预警信息，一旦发生突发环境事故，及时启动应急响应机制。

（四）加快发展绿色产业

按照"政府引导、企业为主、公众参与"的原则，加快推动江苏绿色产业的发展。政府应统筹协调合理设定绿色环境标准，完善扶持政策。在政策制定过程中，适当加大产品政策优惠，建立绿色金融系统；对积极进行绿色改造的传统企业提供信贷支持，拓宽绿色融资渠道，对优秀绿色科技企业建立贷款绿色通道，扩大信用贷款和保险贷款，并给予贴息和保险费补贴，建立统一高效的科技投融资平台[3]。企业应加大自主创新力度，加强绿色技术创新体系建设及产业开发建设绿色创新体系，提高产业竞争力；绿色农业应该加强生态理念创新，重点促进传统林业的发展，以此为基础带动第三产业绿色旅游业的发展；节能环保产业应向高附加值的先进技术装备制造方面发展，提高资源循环利用效率，依托高校研究院所，形成技术研发中心,在技术引进的同时加强对自主创新能力的培养。开展全民节能节水行动,推进垃圾分类处理,健全再生资源回收利用网络,鼓励创造绿色消费市场。

(五) 强化责任考评体系

把资源消耗、环境损害、生态效益纳入社会发展评价体系,建立覆盖江苏省市、县(市、区)绿色发展评估技术方法,不断健全政绩考核制度,优化、完善江苏省绿色发展评估指标体系,研究评估各市、县(市、区)绿色发展情况。从自然资源保有和变动情况、环境质量达标及变动情况、资源环境政策制定及执行等三个方面,建立体现生态文明要求的地方领导干部任期资源环境审核指标体系。开展工业园区绿色发展评估方法研究,引导考核重心转移到促进资源环境保护、提高经济增长效益、推动可持续发展等重点工作上来。建立生态环境损害责任终身追究制,对那些不顾生态环境盲目决策、造成严重后果的人,必须一查到底。建立环保责任体系,厘清"五个责任":一是企业直接责任。按照"谁污染、谁治理、谁付费"的原则,强化生产者的环境保护责任。二是党委政府主体责任,实行环境保护党政同责。三是部门管理责任。工业、农业、交通、城乡建设、海洋渔业等各条线上的相关部门应承担起法定职责,形成齐抓共管、责任共担的良好局面。四是环保监督责任。依法强化环保部门的统一监督责任,把更多的精力用在抓监督上。五是司法制裁责任。公、检、法等机关应依法制裁环境犯罪分子,落实刑事追究的司法责任,维护法律尊严。

参考文献

[1] 江苏省水利厅.2014年江苏省水资源公报[R].南京:江苏省水利厅,2015.
[2] 江苏省环境保护厅.2014年江苏省环境状况公报[R].南京:江苏省环境保护厅,2015.
[3] 袁健红,齐晓琳.绿色产业发展倒逼江苏经济转型升级[J].群众,2014(2):56-57.

江苏制造业可持续发展的绿色路径研究

卢小龙

常州市开放大学

摘要：江苏是全国的制造业大省和国际制造业的重要生产基地,强大而先进的制造业是江苏经济发展和增长的最强大推动力。江苏的制造业量大面广,对生态环境的总体影响很大,造成的资源消耗相当显著,生态环境恶化和资源短缺问题已经成为制造业可持续发展的限制性因素。制造业必须从传统制造模式向可持续发展模式转变。绿色制造,为制造业的可持续发展提供了一个新的思路。

关键词：制造业；可持续发展；绿色制造

江苏地处美丽富饶的长江三角洲,是全国的制造业大省和国际制造业的重要生产基地,强大而先进的制造业是江苏经济发展和增长的最强大推动力。但制造业一方面是创造人类财富的支柱产业,另一方面同时又是环境污染的主要源头[1]。江苏的制造业量大面广,由此带来的工业污染所占比例高于全国平均水平,因而对生态环境的总体影响很大,造成的资源消耗相当显著,生态环境承载能力和资源供给紧缺的矛盾日趋尖锐,生态环境恶化和资源短缺问题已经成为制造业可持续发展的限制性因素。为此制造业必须寻求新的发展路径、打造新的发展模式,从传统制造模式向可持续发展模式转变。而绿色制造,为制造业的可持续发展提供了一个新的思路。本文以可持续发展观为指导,立足于生态和资源视角,研究江苏制造业可持续发展模式的绿色制造路径。

一、实施绿色制造实现制造业可持续发展的内在机理

1. 绿色制造是可持续发展战略在现代制造业中的具体体现,是现代制造业可持续发展的重要生产模式。绿色制造从可持续发展的高度审视产品的整个生命周期,强调产品要消除对生态环境的潜在负面影响,其目的十分明确,就是要追求生态友好与资源合理有效的利用[2]。绿色制造作为一种充分考虑生态影响和资源效率的现代制造业模式,使生态和资源既能满足经济发展的需要,又能满足人类长远生存的需要,实质上是一种可持续发展的现代制造业模式。绿色制造作为可持续发展战略极其重要的组成部分,是实施可持续发展战略的重要途径和有效方式。

2. 实施绿色制造,实现制造业的可持续发展,是制造业可持续发展的内在逻辑和本质特征。绿色制造从环境和资源的角度来看待制造[3],以生态环境友好与资源节约为基本出发点,把维护生态系统平衡和实现可持续发展作为绿色制造的

核心,是制造业未来的发展方向[4]。实施绿色制造,可最大限度地减少或消除生态环境污染,减少资源消耗,提高资源利用率[5],达到可持续的发展。消除和减少制造业对生态环境污染和减少资源消耗的根本出路在于实施绿色制造,制造业实施绿色制造势在必行。

3. 传统制造业是一种不可持续发展的制造模式,必须改变传统的制造业生产模式,实行绿色制造的可持续发展模式。传统的制造业发展模式,严重依赖于资源、能源和原材料的大量消耗,是一种浪费资源的高投入低产出的发展模式。传统制造业过度重视经济增长的速度,追求的目标是降低成本、提高产量或获取最大的利益,不考虑生态环境因素,忽视生态环境的重要性,很少考虑生产活动对生态环境产生的影响和破坏作用,导致生态环境的日益恶化和自然有限资源的急剧消耗。随着生态资源矛盾的日益突出,传统制造业粗放型的制造模式已然难以为继。为了使制造业不再对生态环境造成损害,且无限地消耗资源,必须改变传统制造业的发展模式,实施绿色制造,传统制造业生产方式由粗放型向可持续发展型转型,使制造业和生态环境资源相协调,从而实现制造业的可持续发展。

4. 绿色制造是建设生态文明的需要。生态文明是以可持续发展为核心观念,把生态文明的文化延伸到制造业,制造业通过实施绿色制造,开发绿色技术,提高对有限的人均资源的利用率,从而间接地提高生态环境的承载力,实现经济效益、社会效益和环境效益的统一,走可持续发展的道路,实现人与自然的和谐。因此,绿色制造与生态文明是内在统一的。一方面,只有坚持走绿色制造道路,才能建成一个真正的生态文明的制造业;另一方面,也只有以建设生态文明制造业为目标,制造业才能走上健康的可持续发展道路。从这个意义上说,绿色制造就是以生态文明理念为指导的生产过程,是生态文明时代的现代工业。

5. 绿色发展代表了未来全球发展的方向,实施绿色制造是制造业全球化战略的必然要求。对生态和资源无害的绿色产品在国际竞争中占有越来越重要的地位,在国际贸易中所占比重越来越大,在国际市场上越来越具有吸引力和竞争力,成为今后产品生产的主导方向[6]。未来的世界是绿色的世界,未来的市场也将是绿色的市场,谁拥有绿色产品,谁就拥有市场。只有立足于经济全球化背景,实施兼顾与经济发展并存的环境和能源约束的绿色制造发展模式,重塑制造业竞争新优势、抢占未来经济竞争制高点,才能实现制造业可持续发展的目标。

6. 实施绿色制造可使企业取得显著经济效益。经济效益是企业存在与发展的基本条件,新的市场环境赋予了企业取得满意经济效益较过去更加丰富的途径。绿色制造能使企业的经济效益和社会效益协调优化[7],实现经济效益和社会效益双赢。绿色制造可以使企业通过有效配置资源、减少资源消耗、合理利用资源、最大限度提高资源利用率,直接降低成本,提高产品品质,增加产品的附加值,增加企业盈利,使企业保持低成本的市场竞争优势,赢得市场竞争,获得更大的经济效益。在未来的绿色产品的市场上,绿色制造对企业来说是一种机遇,是实现制造业可持续发展的有效途径。

二、生态文明视野下的江苏制造业的现状

制造业作为江苏工业经济的主体和经济快速发展的引擎,经过多年的积累和持续快速发展,已形成了规模庞大、门类齐全、较为完整的制造业体系。制造业是江苏经济的主导产业,在江苏的经济结构中,制造业占有绝对的比重优势,对经济发展起着举足轻重的作用。但从行业结构看,以劳动密集型为主要特征的传统制造业仍然占据主要地位,制造业的产业和产品层次仍偏低,存在着低附加值、低效益的行业比重过高,生态污染较严重、资源消耗较多等一系列问题。制造业高投入、高消耗、高污染、低效益的粗放型经济增长方式尚未根本转变,江苏制造业的发展面临着一系列结构性的矛盾和困局。

江苏制造业总量规模很大,但江苏的制造业是由乡镇企业发展起来的,制造业企业以中小企业为主体,企业规模明显偏小,规模以上企业不多,缺乏大型龙头企业。由于企业规模普遍较小,生产工艺和设备落后,既污染生态,又不利于资源能源的充分利用,污染破坏生态和高能耗低产出的现象极其严重,仍存在着产业结构不合理、产业层次不高、产业集中度低、产业布局分散、污染排放不易控制等问题,不适合制造业发展绿色制造的要求。

制造业产业结构不够合理、生态环境污染严重。以重化工业为主的传统产业结构,决定了江苏制造业企业多处于技术含量较低、生态环境污染较严重、资源消耗较多的产业链末端,制造业企业废水排放的数量较大及污染物浓度较高,水污染严重,使江苏陷入了严重的水质型缺水的窘境;大量的大气污染物排放,造成大气污染严重、酸雨频繁;制造业生产制造出数量巨大的固体废弃物,日积月累,占用大量土地长期堆放,使得有害成分严重污染大气、水体和土壤。产业结构的不合理,使江苏制造业对生态环境的影响最为突出。

制造业产业层次不高,工艺水平落后,对能源资源的依赖性高、能源消耗量大,资源能源利用率低。江苏制造业经过多年的发展,制造业的工业化水平较高,具备了一定的产业技术基础,形成了具有一定竞争力的企业集团及产品,但总体来说,江苏制造业的产业和产品层次仍偏低。江苏支柱产业主要集中在传统制造业,高能耗产业比重过高,低能耗、高附加值的高新技术产业比重过低;江苏制造业大多集中在资本和劳动力密集型行业,产品技术含量较低。江苏制造业产业结构升级比较缓慢,制造业的发展还是以粗放型的外延扩张为主,资源能源利用效率总体较低。

三、以绿色制造实现江苏制造业的可持续发展

绿色制造是一个庞大的系统工程,涉及产品生命周期各阶段的内容,绿色制造活动的全过程,既包括生产企业把原材料转变成商品的绿色设计、绿色资源、绿色

生产、绿色包装过程,又包括产品的使用、报废处理和绿色再制造、绿色回收利用过程。本文仅讨论绿色制造中的绿色设计、绿色工艺、绿色再制造、绿色回收利用等关键内容。

1. 在企业的生产中实行绿色设计。绿色设计作为一种预防为主,治理为辅的预先防止产品对生态资源产生负作用的策略[8],是实施绿色制造的基础,绿色制造的关键是绿色设计[9]。按照绿色制造的要求,在产品全过程的绿色设计中,着重考虑产品对生态环境和资源的影响,把预防污染和生态资源因素的措施纳入产品设计之中,将生态资源性能作为产品的设计目标和出发点,在充分考虑产品的性能、质量和成本的同时,从整体上优化各有关设计因素和产品性能,力求将产品及其制造过程、使用过程和报废处理过程对生态环境和资源的总体负面影响减到最小,使资源消耗最低。

2. 在企业中采用绿色制造工艺。产品对生态资源的影响,不仅体现在产品的设计过程,而且也体现在产品的制造过程,采用绿色工艺是实现绿色制造的重要环节。要提高生产率和制造质量、降低成本,使制造生产过程具有良好的生态资源性能的最有效的途径就是进行工艺创新,用新的制造工艺代替传统的制造工艺,通过优化或改进现有工艺、开发传统工艺的替代工艺及开发新型工艺技术等途径,获得经济可行的绿色制造工艺。以先进的绿色制造工艺,在提高生产效率的同时,尽量改善产品制造过程中的环境污染状况,减少污染物的排放,节约资源和能源,生产出安全的与生态资源兼容的产品,把产品对生态资源的损坏减少到最低程度,实现产品的毒性最小、废弃物最小、对生态环境污染最小和能源消耗最少。

3. 大力发展循环经济,努力开发和推广循环利用的先进适用技术,实现生态资源的可持续性,不断提升制造业的可持续发展水平。在绿色制造中,本质上作为一种生态技术的产品回收循环技术是最重要的一个阶段[10],因为绝大部分产品对生态环境的影响主要体现在产品使用后的回收阶段。随着产品的更新换代和废弃速度加快,大量产品废弃物已造成了严重的生态环境和资源浪费问题,产品废弃物的回收处理已成为一个重点,企业要真正有效地实施绿色制造,必须考虑对产品使用后的回收循环处理技术。采用循环再制造技术,对产品充分回收利用,做到废弃物再生资源化和无害化、资源能源消耗减量化,实现资源的再生循环有效持续利用,使其对生态环境和资源的破坏影响降到最低限度,以最小发展成本获得最大经济效益、社会效益和生态效益。

4. 推动建设绿色制造生态工业园区。利用绿色制造系统生态化载体的生态工业园这一最佳系统组合模式,以绿色制造生态循环为基础,在生态工业园区内,以最优的空间和时间形式、最低的交易成本,通过园区共生企业群的联系、合作和互动,通过物质、能量等交流,建立园区企业之间物质流动和能量流动的工业代谢生态链关系,使上游企业的废弃物成为下游企业的原材料,实现区域系统废物产生的最小化和对外部生态环境的污染零排放;园区企业高效分享资源,实现资源和能源消耗的最小化，整个生态工业园形成一种各种资源循环流动的绿色制造系统，实现经济、社会和生态资源的协调发展。

5. 运用法律政策制度，对绿色制造实施导向。绿色制造本身是一种企业行为，但是在某种程度上又具有公共物品的特性，法律政策制度对绿色制造发展模式的形成和变化具有极重要的影响和保障作用，制造业要实施以可持续发展为导向的绿色制造，需要相关法律政策体系的引导和有力保障。要构建完善绿色制造的法律政策体系，把绿色制造可持续性发展战略具体化为法律条文，以国家强制力保证其实施；以法律政策形式确定市场准入门槛，增加非绿色制造企业的成本，减少绿色制造企业的成本，使实施绿色制造的企业在市场竞争中处于优势地位，促使更多的非绿色制造企业逐步向绿色制造企业过渡；制定修订绿色制造标准，建立和完善绿色制造评价体系[11]，以绿色标准规范整个市场。通过法律政策制度，形成有利于绿色制造的法制和政策环境，真正推动绿色制造的实施。

绿色制造的制造业可持续发展模式是制造业未来的发展趋势和方向，是实现制造业可持续发展的必由之路和有效途径。要以绿色制造引领江苏制造业发展，整体提升制造业可持续发展水平，力争在未来的竞争中继续保持领先水平和竞争优势，实现制造业的可持续发展，使江苏真正成为名副其实的制造业高地和国际制造业基地。

参考文献

[1] 刘飞,曹华军,何乃军. 绿色制造的研究现状与发展趋势[J]. 中国机械工程,2000,11(1-2):105-110.
[2] 敖三妹. 绿色制造——可持续发展的现代制造模式[J]. 南京工业大学报,2005(4):106-110.
[3] 刘飞. 21世纪制造业的绿色变革与创新[J]. 机械工程学报,2000(1):113-118.
[4] 曹华军. 绿色制造的理论体系框架[J]. 中国机械工程,2000(9):961-965.
[5] 张艳. 现代制造业的发展趋势——绿色制造[J]. 国外建材科技,2004(2):40-42.
[6] 涂序彦. 绿色循环经济与绿色设计[J]. 机械设计,2004(4):1-5.
[7] 张华. 绿色制造——制造业可持续发展模式[J]. 中国机械工程,1998(6):76-78.
[8] 胡蓉. 产品开发的绿色制造技术与发展趋势[J]. 机床与液压,2003(4):19-20.
[9] 吴倩. 绿色制造、设计与资源节约型社会建设[J]. 集团经济研究,2006(8):13.
[10] 谢海云. 可持续发展战略与循环经济[J]. 昆明理工大学学报,2000(2):5-9.
[11] 徐勇军. 绿色制造及其实施[J]. 机电工程技术,2005(5):21-24.

构建绿色制造体系推进生态文明建设

于力革

江南大学

摘要：绿色制造是一种综合考虑面向材料、设计、生产制造、运行维护、循环再利用等产品全生命周期过程资源效率与环境影响的现代产品开发和制造模式。发展绿色经济、推进制造业可持续发展、重塑制造业竞争新优势、抢占未来经济竞争制高点成为发达国家的重要战略。生态文明是人类社会与自然界和谐共处、良性互动、持续发展的一种文明形态，是工业文明发展到一定阶段的产物，其实质是建设以资源环境承载能力为基础、以自然规律为准则、以可持续发展为目标的资源节约型和环境友好型社会。

关键词：绿色制造；生态文明；环保；人才

一、引言

工业是立国之本，是我国经济的根基所在，也是推动经济发展提质增效升级的主战场。经过二十多年来的逐步发展，江苏制造业的规模总量、品种结构、质量水平和经济效益相继跨上了新的台阶，综合经济实力显著增强，其经济总量已连续25年居全国前列。江苏已逐步成为国际制造业的中心之一。"十二五"期间，全省地区生产总值连续迈上5、6、7三个万亿元台阶，年均增长9.6%。人均GDP达1.4万美元，达到上中等收入国家和地区水平。尤其是落实习近平总书记视察江苏重要讲话精神以来，全省经济稳中有进、稳中有好，2015年全省GDP增长8.5%，一般公共预算收入增长11%。

生态文明是人类文明发展的一个新的阶段，即工业文明之后的文明形态。生态文明是人类遵循人、自然、社会和谐发展这一客观规律而取得的物质与精神成果的总和。生态文明是以人与自然、人与人、人与社会和谐共生、良性循环、全面发展、持续繁荣为基本宗旨的社会形态。江苏特殊的省情实际，决定了我们必须把加强生态文明建设摆在重而又重的位置。一方面，江苏人多地少、自然资源匮乏、产业结构偏重，环境相对比较脆弱，比如江苏人口密度是全国平均水平的5.2倍，规模以上工业企业总数居全国第一，单位国土面积排放强度一直处于高位，越来越成为可持续发展的瓶颈制约。可以说，江苏现在还没有迈过生态环境高污染、高风险的阶段，保生态与稳增长之间的矛盾仍然比较突出。另一方面，绿色发展已经成为不可逆转的时代潮流。江苏要突破自然资源禀赋的限制，就要充分利用这种倒逼压力,大力推进供给侧结构性改革,实现产业转型升级。

中共中央印发了《关于加快推进生态文明建设的意见》(以下简称《意见》),这是我国第一个以党中央、国务院名义对生态文明建设进行专题部署的文件,是对中共十八大、十八届三中和四中全会关于生态文明建设的顶层设计和总体部署的进一步细化和落实,明确了生态文明的总体要求、目标愿景、重点任务和建立系统完整制度体系的方向性要求,是今后一个时期推动我国生态文明建设的纲领性文件。《意见》中首次将"绿色化"作为"新五化"(即"新型工业化、信息化、城镇化、农业现代化和绿色化")之一,要求把绿色发展转化成为新的综合国力和国际竞争新优势,这是我国经济社会发展全方位绿色转型的最新概括和集中体现。

二、绿色制造的内涵

当前,世界上掀起一股"绿色浪潮",环境问题已经成为世界各国关注的热点,并列入世界议事日程。制造业将改变传统制造模式,推行绿色制造技术,发展相关的绿色材料、绿色能源和绿色设计数据库、知识库等基础技术,生产出保护环境、提高资源效率的绿色产品,如绿色汽车、绿色冰箱等,并用法律、法规规范企业行为。随着人们环保意识的增强,那些不推行绿色制造技术和不生产绿色产品的企业,将会在市场竞争中被淘汰。

绿色制造(Green Manufacturing),又称环境意识制造(Environmentally Conscious Manufacturing)、面向环境的制造(Manufacturing for Environment)等。它是一个综合考虑环境影响和资源效益的现代化制造模式,其目标是使产品从设计、制造、包装、运输、使用到报废处理的整个产品生命周期中,对环境的负面影响最小,资源利用率最高,并使企业经济效益和社会效益协调优化。绿色制造这种现代化制造模式,是人类生态文明建设以及可持续发展战略在现代制造业中的体现。

绿色制造模式是一个闭环系统,也是一种低熵的生产制造模式,即原料→工业生产→产品使用→报废→二次原料资源。绿色制造从产品的设计、制造、使用、报废、回收整个寿命周期对环境影响最小,资源效率最高,也就是说要在产品整个生命周期内,以系统集成的观点考虑产品环境属性,改变了原来末端处理的环境保护办法,对环境保护从源头抓起,并考虑产品的基本属性,使产品在满足环境目标要求的同时,保证产品应有的基本性能、使用寿命、质量等。

三、绿色制造存在的主要问题

与欧美发达国家绿色制造技术水平相比,我国绿色制造技术创新及生产应用存在较大差距。我国制造业规模自 2009 年以来位居世界前列,但是绿色制造技术水平低,制造方式粗放,是大而不强的全球制造大国。与发达国家相比,还存在绿色化发展的核心技术和关键装备受制于人、资源利用率偏低、产业结构不尽合理等诸多问题,甚至发达国家设置绿色化水平指标已成为新贸易壁垒。

1. 创新能力不足

江苏作为制造业大省,近年来加快了调结构促转型的步伐。但目前江苏制造业仍以劳动密集型产业为主,以高新技术产业为代表的现代先进制造产业比重较低,依然存在科研人员的自主创新能力低、产品高消耗低效率,产品科技含量不高、缺少可持续发展的技术和产品,部分高技术含量、高附加值产品的核心技术和关键零部件仍被外资所控制等情况,离实现从"江苏制造"到"江苏智造"的转变,还有较大的差距。

2. 信息化程度不高

德国工业4.0战略是在先进制造业发展的基础上,通过将物联网和服务网应用于制造业生产的全过程,构建起智能化、数字化的信息物理系统,加强制造业与服务业的有效融合,从而实现制造业的高端化发展。近年来,随着国内外"互联网＋"、物联网、云计算、大数据、生物工程、新能源、新材料等领域的不断发展,对制造业服务化、信息化的要求越来越高,但是,目前江苏制造业大多还停留在机械生产阶段,即"工业2.0"阶段,信息化对制造业的作用水平总体不高,特别是在作为工业4.0战略基本内容的智能化、数字化和服务化方面,江苏制造业发展相对更为落后,服务能力有待进一步提升。

3. 环保能力不足

随着环境、资源矛盾的日趋尖锐,环境问题已经成为世界各国关注的热点,制造业需要改变传统制造模式,推行绿色制造技术,发展相关的绿色材料、绿色能源和绿色设计数据库、知识库等基础技术,生产环保节能的绿色产品。然而,目前江苏制造业的发展依然没有摆脱高投入、高消耗、高排放的粗放式发展模式,发展低碳化、循环化和集约化的绿色制造势在必行。一些中小企业对环境的污染还比较严重。

4. 产品的回收利用率低

长期以来我们沿袭的生产模式是:生产→流通→消费→废弃的开环模式,绿色制造提倡闭式循环的生产模式,即在原来的生产模式中增加一个"回收"环节,厂家在产品的设计和制造过程中要充分考虑回收问题。

5. 材料与能源的浪费大

机械制造业中能源和原材料的浪费现象较为明显,满地的切屑、小零件与油污,中国在由原料到产品所消耗的能源和原材料比美国和日本等先进国家高出数十倍之多。

6. 职工队伍素质偏低

一线的操作人员文化水平太低,大部分是初中生,少量是高中生,鲜见大学生,研究生几乎看不见。这样的人员不太能够操作大型设备、智能设备、高精尖设备。而大学生眼高手低,即使来到企业也不愿意到车间一线。

四、促进江苏绿色制造发展的建议

1. 强化产业政策引导,加快发展绿色制造

政府制定和组织实施绿色制造的产业政策,引导绿色制造发展方向。根据中央可持续发展的要求,建立严格的市场准入制度,鼓励采用先进绿色技术、工艺和装备,限制、淘汰技术水平低、役龄超过一定期限、耗能高、污染严重的工艺装备。加快装备制造业结构调整,促进结构优化和产业升级。

2. 加大扶持力度,建立扶持绿色装备制造业发展基金

鉴于江苏省装备制造业的现状,省级财政应拿出一定资金,建立扶持绿色装备制造业发展基金。对重大绿色技术装备研发和引进消化项目,省有关部门要在技术创新、技术改造方面给予重点支持。按照"突出重点,集中使用,效率优先"原则,主要用于支持接近世界先进水平或在国内行业中处于领先水平,技术含量高、附加值高、生产前景好的重点企业、重点产品和重点项目的补贴;用于支持企业绿色技术创新、研究开发资助及奖励基金;用于人才引进和培训,重点企业、引进重点人才的补贴,攻克重大科研成果人员的奖励。

3. 加快核心关键技术研发,实现绿色制造技术群体性突破

基于绿色技术具有跨行业、跨专业的特点,建立生物、材料、能源、资源环境等多个领域的绿色技术公共平台,吸引科研院所、大学和研究型企业参与,提高技术集成能力和推广应用效率;完善专利保护、知识产权市场交易体系,提升绿色技术研发与企业之间的利益结合度;改进技术引进质量和吸收能力,密切追踪国外绿色关键技术的发展动向,评估其技术前景,指导和管理技术引进;完善公共信息服务体系,为相关企业实现绿色转型提供技术选择、技术发展趋势和产品市场前景的咨询服务。

4. 深入推进工业结构调整,构建绿色工业体系

继续按照"等量置换"或"减量置换"的原则,进一步淘汰电力、钢铁、焦化、建材、电石、有色金属等行业的落后产能;通过结构调整,对传统产业进行绿色改造升级。应以技术升级改造和淘汰落后为切入点,推进企业兼并重组,打通传统产业与绿色技术之间的通道,逐步将绿色技术、绿色工艺渗透到传统产业的各个环节;大力发展绿色新兴产业,培育新的绿色增长点。

5. 充分发挥行业协会的作用,促进企业绿色经营管理创新

各行业协(商)会要充分发挥桥梁和纽带作用,在政府相关部门指导下,深入调研行业绿色转型的资金需求、技术条件和体制障碍,全面评估行业绿色转型的成本与收益,及时反映企业的政策诉求,为政府决策提供依据;利用政府补贴等财政手段,支持企业加大技术创新、节能减排、清洁生产、资源综合利用和环境保护等方面的自主投入,激发企业绿色发展潜力,促进企业绿色经营管理创新;加强企业与环境监管部门合作,环境监管部门应与行业协会共同督促企业加强环保自律,并通过

与单个企业或企业团体签订"绿色行动协议"等方式,鼓励企业自主建立全流程的绿色管理和自查制度,引导企业主动实践绿色发展的社会责任。

6. 加强人才培养体系建设,为绿色制造提供人才保障

针对现有机械制造业人才队伍的现状,应紧紧抓住"培养人才、吸引人才、用好人才"三个主要环节,努力建设好高素质的企业经营管理者队伍、专业技术人才队伍和高技能制造人才队伍。把人才培养作为绿色制造体系的重要举措。根据绿色发展的总体要求,着力培养具有战略思维和战略眼光的决策人才,以及掌握高端技术的研发人才等。一方面,通过整合国内相关研究和教学力量,开展中、短期专业技能培训,迅速提高资源评价、装备制造、监测认证、项目管理等领域技术人员的专业水平。另一方面,推动各类高校开设与绿色制造、绿色营销、绿色物流、绿色管理有关的专业,夯实人才基础,逐步建立绿色转型的人才培养长效机制和紧缺人才引进战略机制,为中国工业的健康、自主、绿色发展提供坚实的人力资源保障。同时,积极创造绿色就业岗位,并为传统领域从业人员转向绿色岗位提供各种转岗培训。

五、结束语

绿色制造技术代表未来制造技术的发展方向。绿色制造技术的内涵是在保证产品的功能、质量、成本的前提下,综合考虑环境影响、产品质量、资源消耗、生产效率、劳动条件等因素的现代制造模式。通过采用无毒、无害的原材料和辅助材料,清洁的能源以及高效、节能、降耗的先进制造工艺与设备,在整个制造过程中不产生环境污染或使环境污染最小化,符合环境保护要求,对生态环境无害或危害极少,节约资源和能源,使资源利用率最高,能源消耗最低,劳动环境宜人,大幅度降低劳动强度。绿色制造技术水平直接体现制造业的可持续发展能力,研究开发绿色制造技术成为世界工业发达国家强化制造技术创新的重要内容。

工业要主动适应新常态,把绿色低碳转型、可持续发展作为建设制造强国的重要着力点,放在更加重要的位置,大幅提高制造业绿色化、低碳化水平,加快形成经济社会发展新的增长点。以节能减排为抓手,转变发展方式,构建资源节约型和环境友好型工业体系,积极探索,大力推进绿色制造方面取得的成效。加强对绿色制造知识的宣传,提高企业从业人员的文化水平。绿色制造是人类实现可持续发展,拥有高质量生存环境,享受健康生活的必然要求,也是未来技术经济发展的大势所趋,是社会进步的标志,也是科技发展的必然趋势。

参考文献

[1] 张华,江志刚.绿色制造系统工程理论与实践[M].北京:科学出版社,2013.
[2] 孙柏林.绿色制造:点亮制造技术未来![J].自动化技术与应用,2014,33(11).
[3] 张翔,赵群.低碳经济引领下的我国制造业绿色化发展综述[J].机械制造,2013(10).

大力推行供给侧结构性改革,创新构建江苏省绿色制造体系

司乃潮 王 权

江苏大学材料学院

摘要:依据江苏省目前的发展模式,借鉴西方制造强国的制造业发展经验,本文总结了江苏省在发展绿色制造方面的优势,并基于这些优势,提出以推进供给侧结构改革,进一步完善绿色制造体系,从提高供给质量出发,用改革的办法推进结构调整,扩大有效供给,促进经济社会持续健康发展,最后提出有利于绿色制造体系平稳运行的保障措施。

关键词:绿色制造;供给侧改革;创新;经济发展

一、引言

近年来,江苏省经济发展迅速,从 2000 年到 2014 年,地区生产总值从 8 553.69 亿元增长到 65 088.32 亿元(按当年价格计算,下同),增长了 7.6 倍,其中第二产业从 4 435.89 亿元增长到 30 854.50 亿元,增长了近 7 倍。由于工业发展所带动的能耗量日益增长,带来的环境问题日益严重,能源消费总量从 2000 年的 8 612.43 万吨标准煤增长到 2014 年的 29 863.03 万吨标准煤,2014 年工业耗能占能耗总量的比例达到 77%。目前,江苏省工业耗能主要以化石能源为主,同时产业结构以制造业为主,制造业的迅速发展给江苏社会带来巨大机遇的同时,也给江苏的自然环境带来了挑战[1]。

《中国制造 2025》作为我国实施制造强国战略第一个十年的行动纲领,明确提出了"创新驱动、质量为先、绿色发展、结构优化、人才为本"的基本方针,强调坚持把可持续发展作为建设制造强国的重要着力点,走生态文明的发展道路。同时把"绿色制造工程"作为重点实施的五大工程之一,部署全面推行绿色制造,努力构建高效、清洁、低碳、循环的绿色制造体系[2]。因此,作为 2015 年省域 GDP 排名第二的江苏省高度重视"绿色制造",这是贯彻建设生态文明战略,促进制造业可持续发展的必然选择。

从国际上看,不少国家早在 20 世纪末就推出了以保护环境为主题的"绿色计划"。美国提出要降低耗材 15%,降低废料 90%,降低能耗 75% 的技术发展目标。德国发起了"Blue Competence"的高能效机电产品的倡议,希望以此实现降低耗能

30%～40%的目标,机床减重一半以上,以及机床报废可完全回收技术目标。日本和加拿大也推出了类似的"绿色行业计划"。不仅如此,西方制造业强国还纷纷提出了相关绿色制造模式的新概念,以此来抢占未来制造业发展的高地,如美国提出了新一代的制造业技术,大力推行无废弃物加工制造研究,德国则以"工业4.0"为高科技战略计划,大力资助"智能生产",实施个性化、少污染、高生产率的制造,力图使中小企业成为新一代智能化生产技术的使用者和受益者,同时,也成为先进工业生产技术的创造者和供应者。此外,在发达国家除政府采取一系列环境保护措施外,广大消费者出现购买环境无害产品的绿色消费的新动向,促进了绿色制造的发展。

对于这些国家的绿色制造发展趋势,我国学者高度重视并进行了相关研究和创新,如2000年刘飞对我国的绿色制造的研究现状与发展趋势进行了研究[3];2002年段雄对绿色制造技术及其发展模式进行了系统性阐述[4];2013年伍晓榕通过构建绿色制造过程灰色模型,将工艺参数优化过程转化为多属性目标决策过程,并结合某电火花制造过程绿色工艺参数的决策对所述方法进行了说明和验证[5]。

江苏省在充分借鉴国际经验和运用学术理论的基础上,自2003年伊始提出"两个率先"的宏观目标,将全面建设小康社会作为江苏省的宏观发展目标,在"十二五"期间进一步将宏观目标设立为:争科学发展之先,创社会和谐之优,立改革创新之首,建幸福美满之省。这四个分目标的每一个目标都与绿色制造关联紧密。在此宏观目标的导向下,江苏省在绿色制造方面取得一系列喜人的成绩。

二、江苏绿色制造发展的优势

21世纪初,江苏省在绿色制造方面奋起直追,引入国际先进技术和管理经验,在绿色制造方面形成了符合本省实际情况的优势,这些优势主要集中在科技创新、产业发展、政府规划与产学研合作等方面。

(一)技术创新方面

创新驱动发展是国家的优先战略,改革是发展的强大动力。绿色制造的发展既是对21世纪现代制造业发展的全方位的深刻变革,又是对工业革命以来几个世纪的"先发展、后治理"发展模式的根本否定,是世界经济发展的必然趋势。做好绿色制造这篇"文章"的关键词是清洁生产、节能降耗、循环利用和提质增效[6],而这些措施都需要大量的创新实践为支撑。

目前,江苏省科研创新能力处于国内各省市前列,研究型大学的数量位列全国第三,仅次于北京和上海。从论文质量、科研课题的资助经费、科研人员的数量以及发明专利的申请数量来看,江苏省拥有国内一流的绿色制造科研平台,尤其是对比其他省份,江苏省绿色制造技术在工业生产方面的应用使其在节能减排以及防止雾霾方面引领其他省份。

（二）产业发展方面

产业结构决定了一个地区的发展阶段以及环境情况和发展潜力，江苏省是以第二产业为主导产业的发展模式，如图1所示。

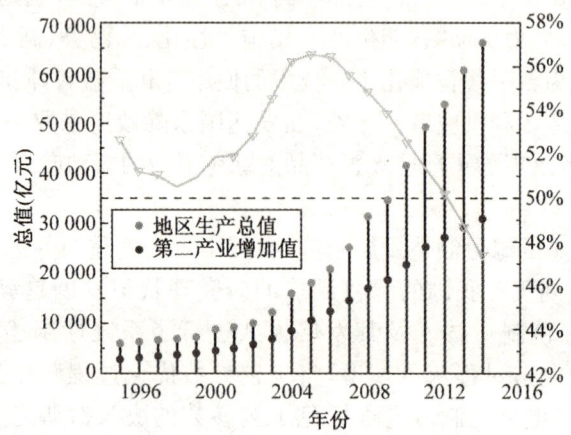

图1 江苏省近20年第二产业比例图（数据来源：中国统计年鉴2015[7]）

由图1可见，江苏省从2003年至2014年这12年江苏省第二产业增加值虽然总量持续增加，但其占GDP比例呈现出持续下降的趋势，并在2014年时占比低于50%，这意味着通过运用绿色制造的发展思路，江苏省第二产业正从传统的粗放型发展模式向绿色的集约型发展模式转型，使得第二产业发展的同时其他产业发展更快。无锡的"互联网＋"城市和"物联网＋"城市正是在产业发展转型过程中迅速成长起来的。可以预见，江苏省在"十三五"期间会进一步继续加大对第二产业特别是制造业的绿色发展，为早日实现绿色制造创造机会。

（三）政府规划与产学研合作

在过去的20年中，江苏省的政府规划不仅侧重于经济发展的数量，而且对经济发展的质量进行很好的规划，这也是江苏省第二产业比例实现"十连降"的一个重要原因。目前，江苏省出台了《中国制造2025江苏行动纲要》（以下简称《纲要》），充分强调"绿色发展"和"绿色制造"，并加大力度对其进行实施。《纲要》的指导思想体现出江苏省发展过程中，要更加强调绿色制造，做到"边减排，边治理"，经济发展不能与环境保护脱节，但是也不能因为保护环境就放弃经济发展，在这种情况下进行绿色发展、绿色制造就显得更加重要。

目前对于江苏省的绿色制造的发展，各级政府不仅进行纵向协同，即由江苏省政府负责全局规划，再将各目标层层下放。同时，各地市政府之间也积极地进行沟通与经验借鉴。这种情形下，纵向发展和横向发展相结合的发展模式，即各市之间以及各市与省政府之间进行沟通与协作，极大提升了绿色制造发展的效率。因此，各市区之间相互借鉴,将会使某些市区的优秀发展经验为其他市所借鉴,而且在各市进行合作的时候,规模增大将会导致成本减少,对江苏省绿色制造节省更多的人力、物力、财力。

三、绿色制造体系的发展战略

在保护环境与经济发展并存的情况下,绿色制造应运而生,而构建绿色制造体系的主要依靠是推进供给侧结构性改革。

供给侧结构性改革,就是从提高供给质量出发,用改革的办法推进结构调整,矫正要素配置扭曲,扩大有效供给,提高供给结构对需求变化的适应性和灵活性,提高全要素生产率,更好地满足广大人民群众的需要,促进经济社会持续健康发展。运用该思想指导绿色制造体系结合可知,运用供给侧改革主要在技术供给、产业供给和制度供给三个方面进行改革,促进江苏绿色制造体系早日成形。

《中国制造2025江苏行动纲要》提出,适应和引领新常态,保持经济中高速增长,促进产业向中高端迈进,筑牢"迈上新台阶,建设新江苏"根基,制定了2020年和2025年在创新能力、质量效益、两化融合、结构优化、绿色发展等五个方面的详细评价指标,并列出15个制造业发展方向。显而易见,江苏省的这15个制造业具有绿色发展的优势,集中体现出"互联网+""物联网+"以及节能减排的相关优势。若将制造业之间的发展进行协调和匹配,对于江苏发展绿色制造体系更为有利,这离不开技术供给、产业供给和制度供给方面的改革:

探索核心技术,增强技术供给,构建绿色制造的创新体系。针对15个制造业绿色发展所需的核心技术,加大资金和政策的投入力度,力争早日突破28纳米以下新材料生产、5G移动通信、3D打印和大数据存储等核心技术,使运用核心技术生产的产品从设计阶段开始使已全面考虑制造、包装、运输、使用到报废处理的整个产品生命周期,对环境的影响(负作用)最小,资源利用率最高,并使企业经济效益和社会效益协调优化。

整顿产业结构,协调产业供给,构建绿色制造的产业体系。以"互联网+""物联网+"和节能减排为产业发展的三个导向,加大与三个导向相关的技术投资力度,引领新兴产业向"互联网+""物联网+"和节能减排发展,对于无锡此类同时具有"互联网+"和"物联网+"的城市实施绿色制造业集聚发展,鼓励绿色制造业向此类城市集中转移,提升绿色制造业的发展规模。对钢铁、有色、化工、建材、轻工、印染等传统制造业进行绿色改造,大力推广余热余压回收、水循环利用、重金属污染减量化、有毒有害原料替代、废渣资源化等绿色工艺技术装备,加快应用清洁高效铸造、锻压、焊接、表面处理、切削等加工工艺,实现绿色生产。对于无法实现绿色发展的又处于苏南地区的传统产业,经过妥善安置后实行关停并转,从而鼓励新兴产业绿色发展,促进支柱产业绿色转型。

设立规划导向,优化制度供给,构建绿色制造的区域体系。在苏州、无锡和常州地区试行工业园区和企业分布式绿色智能微电网建设,控制和削减化石能源消费量,持续提高南京和镇江的绿色低碳能源使用比率。促进企业、园区、行业间链接共生、原料互供、资源共享,限制苏中苏北地区高能耗高污染的传统产业发展。推进苏南地区资源再生,利用产业规范化、规模化发展,强化技术装备支撑,提高苏中、苏北地区的大宗工业固体废弃物、废旧金属、废弃电器电子产品等综合利用水平。在南京和苏州尝试发展再制造产业,实施高端再制造、智能再制造、在役再制造,推进产品认定,促进再制造产业持续健康发展。除此以外,还应对江苏省的消费者进行大力宣传,鼓励绿色消费使其与绿色制造匹配发展。重视运用改革的办法去产能。要大力实施创新驱动战略,加快发展科技型中小企业,大力培育科技小巨人。

四、保障措施

推进绿色制造,是一项巨大的工程,不仅需要对其发展模式进行创新,也需要大量措施的实行对其顺利发展进行保障。

（一）加大宣传力度,引导企业和消费者绿色转型

任何一项活动、一种商品、一项政策都需要进行宣传,只有进行宣传才能使得这项政策为广大民众所认知和熟悉。绿色制造政策也是如此,绿色制造需要由政府进行政策制定与宣传,而进行宣传的途径有很多,在"互联网＋"的现代化社会,进行互联网宣传就显得格外重要;同时,在一些公共设施上面进行宣传也能扩大政策的影响力;不仅如此,政府作为一个机构,应将绿色制造的政策文件宣传到每一个地区的每一个企业,确保每一个企业都能详细地了解政策。

（二）增强执行服务,减少制造业的绿色转型成本

在政策执行过程中,要加大政府引导力度。加大财政支持力度,引导企业资本、社会力量在推动产业智能化、绿色化转型升级方面更好地发挥作用,优化省级工业和信息产业转型升级专项资金支出结构,加大对企业智能化、绿色化改造的支持力度;落实税收优惠政策,进一步落实引进技术设备免征关税、重大技术装备进口关键原材料和零部件免征进口关税及进口环节增值税、企业购置机器设备抵扣增值税等鼓励企业引进先进技术装备的相关优惠政策。减轻企业税负,加快企业设备更新、科技创新;拓宽多元融资渠道,加大对企业智能化、绿色化改造的信贷支持力度,引导各类金融机构不断增加智能化、绿色化改造信贷投放规模,鼓励对符合智能化、绿色化改造方向的项目贷款给予优惠利率;营造良好发展环境,完善知识产权保护制度,加大知识产权保护力度,依法严厉打击各种侵犯知识产权行为,保障企业权益。

（三）管控违规行为,严惩破坏绿色转型行为的责任人

在江苏省进行绿色制造的过程中,对符合绿色发展条件的企业实行大量的优惠和保护政策的同时,对违规的企业要进行严厉的打击与处罚,主要是对其进行增

加税收、商业罚款等措施,对于拒不服从相应整改措施的企业和个人,可以采取强制停产或加大罚款以及刑事追责等措施,防止形成反面示范效应,从而降低企业从事绿色转型的意愿。同时尊重自然规律,鼓励企业开展个性化定制、柔性化生产,培育精益求精的工匠精神[8]。

参考文献

[1] 郝晓艳,吴学花.绿色制造模式在我国制造业转型升级中的研究与探索[J].价值工程,2016,35(4):128-130.

[2] 张莹婷.工信部节能与综合利用司正抓紧落实绿色制造工程实施方案编制工作[J].工业炉,2016,38(1):27.

[3] 刘飞,曹华军,何乃军.绿色制造的研究现状与发展趋势[J].中国机械工程,2000,11(1-2):105-110.

[4] 张新民,段雄.绿色制造技术的概念、内涵及其哲学意义[J].科学技术与辩证法,2002,19(2):48-50.

[5] 伍晓榕,张树有,裘乐淼,等.面向绿色制造的加工工艺参数决策方法及应用[J].机械工程学报,2013,49(7):91-100.

[6] 胡楠.绿色制造是造纸强国的基础——关于《中国制造2025》的解读[J].中华纸业,2016,37(1):25-28.

[7] 国家统计局.中国统计年鉴2015[M].北京:中国统计出版社,2016.

[8] 李克强.2016年政府工作报告[R],2016.

传统制造业绿色改造升级的探讨

张建峰

苏州市吴江神州双金属线缆有限公司

摘要：随着全球市场化竞争的日益激烈和工业产业低碳化的日益推进，中国私营企业内居于主导地位的传统制造业面临空前的挑战，本文回顾中国传统制造业的过去发展，国际国内现状困境，从客观事实出发，分析政府对传统制造业扶持的政策导向及基层企业绿色改造经验得失，探求一套引导传统制造业进行智能制造和绿色制造的科学道路，提升传统制造业的社会价值。

关键字：制造业；智能制造；绿色制造；低碳

一、中国传统制造业性质及文化基因

（一）近代制造业的发展史

英国著名学者李约瑟（Joseph Needham，1900—1995）在其编著的 15 卷《中国科学技术史》中提出问题："尽管中国古代对人类科技发展做出了很多重要贡献，但为什么科学和工业革命没有在近代的中国发生？"，最终他将原因归结于地理、经济及制度三方面。即十八世纪工业革命兴起时中国在地缘上被欧洲孤立，商人阶级未兴起和当时中国官僚封建制度的根深蒂固。这让中国一直领跑世界的制造业优势丧失殆尽。

从 19 世纪下半叶的"洋务运动"到 20 世纪民国"实业救国"，中国的实业制造先驱不断地进行探索，但是整个近现代半殖民地半封建环境，对外脆弱的政治军事实力，无法撑起一个强大生产制造业的崛起。

新中国成立初期国家各项事业百废待兴，在老一代党领导的英明带领下，大力发展重工业和军事实力，提升了国家政治军事国际地位。为后期改革开放铺平了道路，也为中国的制造业开辟了一条康庄大道。

20 世纪 80 年代改革开放，中国的经济发展迎来了春天，传统制造业如纺织、服装、机电等如雨后春笋般发展起来，典型的是乡镇企业的遍地开花。20 世纪 90 年代开始，新型私营企业代替乡镇企业成为传统制造业的主体，2001 年中国加入世贸组织后，传统制造业主抓住国际市场机遇，做大做强，成为地方制造的龙头企业。但随着国际竞争的日趋激烈及 2008 年开始的金融危机，让传统制造业的企业家反思企业长足发展的路在何方。

（二）起源于农耕文化的传统制造业

中国是个传统农业大国，改革开放后形成的传统制造业大多根植于农村，在我们江苏苏南地区，早期的乡镇企业，家庭作坊都由农村剩余的劳动力组建而成。而在后期的制造企业的演化过程中，优胜劣汰，成为了传统制造业的核心力量。

而农耕文化的基因成为传统制造业不得不面对的问题，如家族观念重，容纳新群体，接受新兴理念的速度慢；交接风险，新生代能否接班，新生代成长环境优越，能否承担起老一代吃苦耐劳，艰苦创业的奋斗精神。

农耕文化的传统制造业优势基因除了勤劳刻苦，还有朴实稳重，智慧变通，生命力顽强。从企业发展的角度来看，这些都是在长期市场竞争生存下来的关键。

（三）中西融合下的新型制造业文化

我国著名经济学家费孝通先生在他的著作《江村经济》提出："中国经济生活变迁的真正过程，既不是从西方社会制度直接转渡的过程，也不仅是传统的平衡受到干扰而已，是两种力量相互作用的结果。"正如进入二十一世纪的中国，对外改革开放的不断深入，传统制造业的企业文化也结合了西方的企业文化，善于学习、模仿和创造，开始注重提升企业品牌意识，强化创新理念，塑造企业诚信形象。

时至当下，一方面国家的大力倡导，一方面企业发展的自身需要，加快制造业绿色改造升级已是大势所趋。而传统制造业自身能否随历史大流，与新时代经济发展相适应，根基就在能否继承演化出勤劳、稳重、开放、创新的优质企业文化基因。

二、传统制造业面临的国际国内现状困境

（一）错综复杂的国际政治经济环境

在2015年里中东战事不断，逐步演变成一场俄欧美的代理人战争，日本通过安保条约，东南亚局势动荡。经济上全球持续低迷，石油等大宗商品价格"跌跌不休"，波罗的海干散货运价指数创下历史最低水平。在2015年我们习近平主席提出的"一带一路"战略构想从纸面落到现实，亚投行正式成立。但是年10月美日等国完成TPP谈判，经济围堵中国。美元不断释放加息预期，央行一年内五次降息降准。俨然世界政治经济已进入一个新角力，新常态。

（二）传统制造业国际经济环境新形式

1. 全球低碳绿色经济的发展趋势

近年来，全球气候持续变暖对人类生存和发展带来了严峻挑战，进而触发了全球经济低碳化的浪潮。低碳经济是指以低能耗、低污染、低排放为特征的经济和社会发展模式，其被视为人类社会继农业文明、工业文明和信息化文明之后所面临的又一次重大变革。

2009年12月哥本哈根气候变化会议召开，来自192个国家的谈判代表召开

峰会,商讨2012年至2020年的全球减排协议。时任国家总理温家宝在会议中提出中国到2020年单位国内生产总值二氧化碳排放比2005年下降40%~45%的目标。之后,温家宝总理在2012年世界未来能源峰会提出要加快传统产业改造,提高能源利用效率。以信息化带动工业化,积极采用先进适用技术改造传统产业,大幅度提高企业的能效水平。

在全球经济发展无法割裂的背景下,绿色、低碳已不仅是国际环保主义的口号,已然成为国与国之间经济竞争衡量的一个新指标,产业压制的一种新武器。

2. 欧美制造业智能化的率先兴起

2013年,德国在汉诺威工业博览会上正式提出"工业4.0"(第四次工业革命),其目的是为了提高德国工业的竞争力,在新一轮工业革命中占领先机。"工业4.0"概念即是以智能制造为主导的第四次工业革命,或革命性的生产方法。该战略旨在通过充分利用信息通讯技术和网络空间虚拟系统—信息物理系统(Cyber-Physical System)相结合的手段,将制造业向智能化转型。

美国也相继提出了他的"工业4.0",即工业互联网,它是全球工业系统与高级计算、分析、感应技术以及互联网连接融合的结果。它通过智能机器间的连接并最终将人机连接,结合软件和大数据分析,重构全球工业、激发生产力,让世界更美好、更快速、更安全、更清洁且更经济。

除此之外,日本、英国、韩国以及中国等都相继推出了各自的"工业4.0",但实际的叫法略有不同,目标与路线自然也有差距。

全球制造业的智能化转型发展的大幕已然打开!

3. 低端制造业在东南亚国家的转移

近几年,由于传统制造业的政策红利和人口红利逐渐消失,人民币持续升值。许多相对低端的外贸型制造产业纷纷转向越南、柬埔寨、缅甸、孟加拉等东南亚国家。传统制造业除了合理地搬迁到内地,做好产业聚集效益外,在生产制造过程中能耗控制、效率提升等没有提升的话,即将失去很大的外贸市场。从而造成的大量低端制造业人员失业,情况严重将影响到整个社会稳定。笔者特别说的是在2016年年初朝鲜导弹成功试射,将赢得和平对外环境,为朝鲜后期的经济开放作出铺垫,加上高国民团队素养,后期朝鲜将会超越上述东南亚国家,对我国低端制造业形成最大的影响。

(三) 传统制造业国内环境现状

《礼记·大学》有云:货悖而入者,亦悖而出。讲的是财富不正常的进入,必将以同样的方式花出去。中国近三十年的制造业发展较为突出的问题便是严重依赖资源环境。我国工业能效、水效与发达国家有很大差距。其中钢铁行业国内平均能效水平与国际先进水平相比落后6%~7%,建材落后10%左右,石化化工落后10%~20%。我国万美元工业增加值用水量为569立方米,远高于日本、韩国。传统的发展模式是不可持续的,给我们的子孙后代增加了负担,必须探索出一条绿色发展之路。

传统制造业的大而不强,自主创新能力弱,关键核心技术与高端装备对外依存度高,以企业为主体的制造业创新体系不完善;产品档次不高,缺乏世界知名品牌;资源能源利用效率低,环境污染问题较为突出;产业结构不合理,高端装备制造业和生产性服务业发展滞后;信息化水平不高,与工业化融合深度不够;产业国际化程度不高,企业全球化经营能力不足。为推进制造强国建设,国家必须对传统制造业的模式进行改革引导,一方面提出节能减排,两化融合的鼓励政策,另外一方面进行供给侧改革,淘汰落后产能。

为了对接德国在全世界率先提出的"工业4.0",2015年3月5日,李克强在全国两会上作《政府工作报告》时首次提出"中国制造2025"的宏大计划。力争用十年时间,迈入制造强国行列,到2035年,我国制造业整体达到世界制造强国阵营中等水平,新中国成立一百年时,制造业大国地位更加巩固,综合实力进入世界制造强国前列。它是国家实施制造强国战略第一个十年的行动纲领。

三、传统制造业绿色改造升级改造政策导向探讨

2015年5月8日电工信部副部长毛伟明表示,工信部将全面推进钢铁、有色、化工、建材、造纸、印染等传统制造业绿色化改造,降低重点行业能耗,提高产品制造效率。到2020年或将建设千家绿色示范工厂和百家绿色示范园区。加快推进传统制造业转型升级,建立高效、清洁、低碳、循环的绿色制造体系是当务之急,也是"中国制造2025"的重要内容。

"中国制造2025"分工将分别由工信部、发改委、科技部等部门牵头,财政部、教育部、知识产权局等多部门参与。

对以科技创新为动力,加大先进节能环保技术、工艺和装备的研发力度,加快制造业绿色改造升级的企业,国家通过各种扶持政策给予支持。但2016年3月底苏州金龙汽车总经理跳楼身亡事件给我们当下的扶持政策提了醒,如何正确引导企业绿色转型成为一个技术性的问题。

(一)根据行业特性,做好行业能耗指标

政府应每年积极主持地方行业会议,制订最新单位能耗、排放等可考核性指标,共商产业方向。一方面提升产业聚集效益,另一方面确立正常的行业能耗数据。也就是各产业集聚区、政府行政方面必须逐步培养出专业的行业人员,进行客观有效的监督管理。特别是在传统制造业,能耗水效指标的订立对树立行业先锋,优胜劣汰,推进供给测改革政策实施能起到积极的作用。

(二)综合分析改造升级

企业产品改造升级,节能降耗项目不能从局部看改造效益。应视行业特性,全面考虑产品生命周期,产品前期原材料成本能耗有无提升,产品运用成本有无附加等,如在新能源汽车、太阳能等补偿上,需列出更多客观可考察的数据点,引导优秀

企业绿色改革,国家经济全面低碳化发展。

(三) 变通补贴方式,尽量从用户终端补贴

传统的补贴方式是立项、申报、审查、补贴的流程。一般的补贴也是面向制造业。但现实无法完全规避数据作假、贿赂、骗补等损害国家利益的事件。若能进行政策引导,从终端进行补贴支助,就很好地规避了这些现象。如一新能源公共汽车产品推向市场本来补贴10万,将这10万补贴给公共汽车公司,补贴的重要依据是坐车的车次或者行程超过固定数值。这类终端补贴模式政府可依各行业性质进行调研确立方案。

四、传统制造业绿色改造升级改造内因探讨

传统制造业的转型不应是对过去制造业的革命,而应是稳定存量并逐渐优化存量;不应是脱离传统工艺出现新制造模式,而应是一步步,循序渐进地在传统工艺技术上进行的微创新。不断地提升传统制造业的制造能力、技术水平、管理能力。科学把握供需市场的变动规律,逐步抬高在国际市场的产品价格平台。

面对日益激烈的市场竞争,企业要想脱颖而出必须在市场推广、成本控制下下功夫。尤其是市场透明度高的传统制造业,成本控制就尤为显得重要,必须进行可持续的节能降耗、绿色改造、智能改造才能屹立行业龙头地位。

首先,树立起勤劳、稳重、开放、创新的优质企业文化。如前面讨论的传统制造业文化基因演化,这些内在企业文化的形成才能让企业形成长期科学的管理模式,促进企业在绿色智能改造的过程中循序渐进,不会出现停滞不前或者激进冒失的现象。

其次,企业设立如工程技术中心的技术智囊团,除深入了解本产品工艺技术,更要扩展知识领域,学习生产机械设备构造,了解先进智能控制设施,多接触行业上下游接触会议,触类旁通,激发出本行业行之有效的节能减耗的方案。

再次,企业的绿色创新更应积极发动企业基层员工参与,这类基层人员对自己的岗位现状、利弊有深入的了解,用10 000小时理论来解释,每个9年工龄的老员工都是本岗位的专家,充分利用基层的每一次创新,哪怕是只带来细微的效益,对企业来说也是新的高度。

参考文献

[1] [英]李约瑟. 中国科学技术史[M]. 北京:科学出版社,1990.
[2] 费孝通. 江村经济[M]. 南京:江苏人民出版社,1986.
[3] 工信部将全面推行传统制造业绿色改造[OL]. 山西经济日报(太原),2015-05-10. http://news.163.com/15/0510/05/AP7SFJEJ00014Q4P.html.

共建制造业中的绿色之环

张 睿

南京市房屋拆迁管理办公室

摘要：要从根本上解决工业污染问题，必须以"预防为主"，将污染物消除在生产过程之中，实行工业生产全过程控制，即绿色制造。随着技术发展和环保意识的提高，我国制造业的生产结构已逐步从链式结构到再制造向着绿色生产结构发展转变，要实现绿色制造的全面推进，企业本身要从能源、生产过程和产品方面进行控制，政府应切实从政策方面保障绿色生产企业的权益和生产积极性，民众则树立环保责任感，社会其他环保设施的同步推进，才能够完整地形成绿色生产之环。

关键词：绿色制造；链式结构；环状结构；制造过程；意识推广

绿色发展是我国工业转型升级的必由之路，而绿色制造是人类社会可持续发展战略在现代制造业中的体现。江苏省制造业总产值占全国的1/8，连续六年居全国第一，2015年工业企业收入、利税、利润均居全国第一。作为中国制造业第一大省，切实推进绿色生产、绿色制造，是我省制造业面临的首要挑战。

一、从制造链到制造环

制造业伴随着人类历史的发展而蓬勃兴旺，从初始时期的不断扩大生产到环境友好的绿色生产，这样的转变是一个漫长的过程，是随着科技进步、客户需求和全球化而随之变革的。

传统的制造业是链状的开放式结构[1]（图1），始于设计，止于客户。对于企业而言，将制造的产品成功销售并转化成利润是生产的最终目标。因此在这个阶段，生产过程中是否有废料、产品是否节能等问题对于企业而言是次要矛盾。这种结构由于没有边界控制，对于资源的消耗量、外部负效益性均没有考量，由此产生的问题是资源使用量的无控制状态和生产废料对环境的损害。

图1 传统链式制造业结构图

随着技术发展和资源的逐渐紧缺，以及人们对于资源利用意识的提高，对于产品的回收利用进入了生产线。再制造是对传统过程中的制造进行循环[2]，即将废旧产品进行再次循环制造，使之像新产品一样的过程。也就是对产品的整个生命周期进行设计和管理,以高效、优质、环保、节材、节能为准则,利用先进的产业化生产与技术为载体,以一个新产品为制造目标,对废旧产品进行一系列技术、工程活动使之复新如初的总称。相比传统制造,再制造的制造成本只是新品的一半,节能、节材都可以达到60%以上[3],对环境的影响也大大降低。相对传统制造的开放式系统,再制造也已经可以实现由制造到报废再到再制造的闭合系统。

相对于传统制造的链式结构,再制造过程已经有了巨大的进步,但相比于绿色制造,再制造过程仍是远远不够的。再制造只是绿色制造的一部分,由图2可见,它是制造过程的再次循环,只是针对产品的制造过程。再制造过程是实现绿色制造的一项十分重要的方法和手段,绿色制造相比再制造要丰富得多、复杂得多,效果也有效得多。

绿色制造是可持续发展战略在制造业中的集中体现(图3),它是一种全面的考虑制造全过程的新型制造业模式,要考虑到商品在被设计到生产,再到包装,再到运输,直至销售使用,乃至报废。在商品的整个生命周期当中都要考虑到其可能会给资源环境所带来的负面影响,要做到在商品的全周期中对环境的影响极小化,资源利用率极高化,并且还能达到经济效益、社会效益与环境效益三者的协同优化。由此可见,绿色制造不仅在制造的过程中考虑到再循环对资源环境的友好性,更要考虑到产品的使用、包装、运输等方方面面的环境效益与社会效益,从一开始的设计内容就涉及了整个产品的整个使用过程。

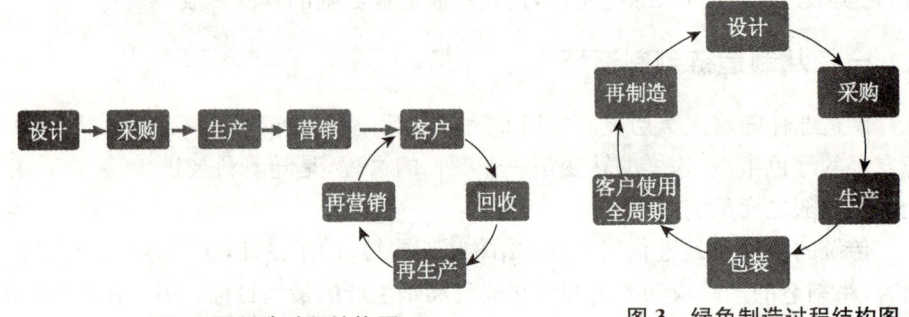

图2 再制造过程结构图　　　图3 绿色制造过程结构图

二、绿色制造的关键

绿色制造的全过程应描述为用绿色能源,以绿色过程,造绿色产品[4]。因此对于企业生产而言,有三个关键,即能源的输入、制造过程的控制以及产品的输出。

(一) 绿色能源

"绿色"能源的含义有两方面:一是利用现代技术开发干净、无污染的新能源,如太阳能、风能、潮汐能等;二是化害为利,同改善环境相结合,充分利用城市垃圾或淤泥等废物中所蕴藏的能源。与此同时,大量普及自动化控制技术,不断提高设备能源利用率。

欧盟自20世纪90年代初开始,就高度重视能源战略。按照欧盟设立的目标,2020年绿色能源消费占能源消费总量的比例将达20%,2030年将达到27%。根据2015年中国环保高峰论坛的发布,我国经济增速换挡,污染物新增量涨幅进入收窄期,能源消费增速趋缓,污染排放叠加进入了平台期。能源消耗下来了,能源结构也开始发生了变化,但工业仍然是消耗能源资源和产生排放的主要领域。数据显示,2014年我国能源消耗42.6亿吨标准煤,其中70%左右用于工业的消耗,因此,清洁能源在工业生产领域仍有较大提升空间。

利用可再生能源,初期成本高,风险大,其低排放与可循环等长期优势暂时不能体现在价格上,因此与传统能源竞争一开始会处于劣势。这一特性,也决定了政府和民众必然要成为绿色能源发展的不可或缺的因素。

（二）绿色过程

绿色制造的过程包括了两个过程的控制[5]:制造全过程和产品周期全过程。

对制造过程而言,绿色制造是在输入与输出之间进行严格控制,通过革新工艺,严格控制生产过程的废料,进行能量和物质的内部循环,从而再利用或处理,在全部排放物和废物离开生产过程以前,尽最大可能减少它们的排放量和毒性,同时通过生产流程设计,使整个生产过程更加节能、高效,尽量精简生产过程,提高技术水平。对产品而言,绿色制造旨在减少产品整个生命周期过程中从原料的提取到产品的最终处置对人类和环境的影响。其思考方法与从前不同之处在于:过去考虑对环境的影响时,把注意力集中在污染物产生之后如何处理,以减小对环境的危害,而绿色制造则是要求把污染物消除在它产生之前。

（三）绿色产品

德国是世界上发展绿色产品最早的国家。德国的绿色产品共分为7个基本类型:①可回收利用型包括经过翻新的轮胎,回收的玻璃容器,再生纸等。②低毒低害的物质包括低污染油漆和涂料,粉末涂料,锌空气电池,不含农药的室内驱虫剂等。③低排放型包括低排放的雾化燃烧炉,低污染节约型燃气炉,低排放废式印刷机等。④低噪声型包括低噪声割草机,低噪声摩托车,低噪声低烟尘城市汽车等。⑤节水型包括节水型清洗槽,节水型水流控制器,节水型清洗机等。⑥节能型包括燃气多段锅炉和循环水锅炉,太阳能产品及机械表,高隔热多型玻璃等。⑦可生物降解型包括以土壤营养物和调节剂合成的混合肥料,易生物降解的润滑油、润滑脂等。

不同种类的绿色产品都有相同的特点,它们是指产品所用材料没有毒害物,易分解处理、洁净产品及生存空间;产品应该具有合理的使用功能、使用寿命以及节能、节水、省电和低噪音等特点;产品使用后不含危害人体健康和生态环境的因素,易于回收、复用和再生。绿色产品是绿色科技的最终体现,它可以直接促使人们消费观念和生产方式的转变,以市场调节方式来实现环境保护为目标。

由此,通过能源、过程和产品的整体控制,制造过程才能高效、清洁地进行,在尽量减少对环境影响的基础上,提高产品质量。

三、绿色制造的推广

绿色制造不仅仅是企业的责任,每一个人都处于绿色制造的绿色环中,因此推动整个环健康发展,是每一个民众的责任。同时,绿色制造也不仅仅是制造业的范围,还需要社会各界同时改善,同步跟进。

对于企业而言,产品为大众所接受,才是成功。绿色制造能够持续推广的前提是,绿色产品为消费者所接受,树立良好的循环,这样才能推动绿色制造过程和技术的不断提高和发展。企业应首先树立责任感,产品宣传时强调产品的节能、环保性,而非强调豪华、至尊享受,合理引导消费者的消费理念,在产品之外加强环保意识的宣传。公众以购买绿色产品为时尚,促进企业以生产绿色产品作为获取经济利益的途径方为良性循环。

政府应对绿色产品提供补助,因为相对于其他产品,其具有更高的开发成本和更高的风险。目前,《可再生能源法》《清洁生产促进法》等相关法律法规,明确规定了政府和社会在可再生能源开发、清洁生产等方面的责任与义务,确立了包括中长期总量目标与发展规划,鼓励清洁生产产业发展和技术开发。

环保事业的同步推进。公众环保意识的提高是绿色产品能够生存的前提,它直接决定了消费者在选择产品时的倾向性,因此进一步加强环境保护的宣传,是长期且不可缺少的工作。同时,绿色制造所需要的可回收利用的能源和原料,并非企业能够独立完成的任务,垃圾分类回收制度的建立和推广,能够极大地推动对于金属、玻璃等可回收原料的再利用,以及可燃垃圾作为能源的再利用。

四、总结

随着技术发展和环保意识的提高,我国制造业的生产结构已逐步从链式结构到再制造向着绿色生产结构发展转变,要实现绿色制造的全面推进,企业本身要从能源、生产过程和产品方面进行控制,政府应切实从政策方面保障绿色生产企业的权益和生产积极性,民众则树立环保责任感,社会其他环保设施的同步推进,才能够完整地形成绿色生产之环。

参考文献

[1] 刘飞,曹华军,张华,等.绿色制造的理论与技术[M].北京:科学出版社,2005.
[2] 郑华林,刘清友,张金伟,等.制造业可持续发展的绿色制造技术及其实施对策[J].机械制造,2006,44(6):49-51.
[3] 吴中,席俊杰,徐颖.推进绿色制造 实现制造业可持续发展[J].制造业自动化,2004,26(12):20-24.
[4] 张艳.现代制造业的发展趋势——绿色制造[J].国外建材科技,2004,25(2):40-42.
[5] 汪劲松,段广洪,张洪潮,等.基于产品生命周期的绿色制造技术研究现状与展望[J].计算机集成制造系统,1999(04).

树立和完善创新发展理念，加快推进中国绿色制造

徐盈之

东南大学经管学院

摘要：经过几十年的快速发展，中国制造业规模已经跃居世界第一位，建立起门类齐全和独立完整的现代产业体系。但随着中国经济发展进入新常态阶段，制造业的发展面临新的挑战，如企业自主创新能力不强、资源环境约束趋紧、工业诱发污染较为严重、制造成本优势不断衰减等问题日渐突出。因此，中国制造业应以《中国制造2025》为行动纲领，把绿色低碳转型和可持续发展放在更加重要的位置，加快生产技术创新、政策体制创新和发展环境创新，加快推进中国绿色制造，实现从制造大国向制造强国的转型。

关键词：创新；绿色制造；中国制造2025

经过几十年的快速发展，中国制造业规模已经跃居世界第一位，建立起门类齐全和独立完整的现代产业体系，成为支撑中国经济社会发展的重要基石和促进世界经济发展的重要力量。但随着中国经济发展进入新常态阶段，制造业的发展面临新的挑战，如企业自主创新能力不强、资源环境约束趋紧、工业诱发污染较为严重、制造成本优势不断衰减等问题日渐突出。因此，中国制造业应以《中国制造2025》为行动纲领，主动适应新常态，牢固树立和完善创新发展理念，把绿色低碳转型和可持续发展放在更加重要的位置，作为建设制造强国的重要战略着力点，大幅提高制造业绿色化和低碳化水平，加快推进绿色制造业发展，形成经济社会发展新动力。

一、中国制造业发展存在的突出问题

1. 自主创新能力不足。长期以来中国制造业研发投入明显不足，技术创新能力不强，创新基础不牢固，大中型工业企业研发投入占主营业务收入比重不到1%，而主要发达国家这一指标一般在2.5%以上的水平；尽管制造业规模巨大，但大部分企业采用贴牌生产方式，处于全球价值链的中低端，产品设计、关键零部件和工艺装备等主要依赖进口，在国际分工中尚处于技术含量和附加值较低的"制造—加工—组装"环节；科技创新对产业支撑不足，企业协同创新能力不足，产学研用脱节，科技成果转化率较低，知识产权和标准等创新竞争工具的作用尚未充分发

挥，企业有效运用知识产权和技术标准参与市场竞争的能力尚显不足。

2. 制造业的资源环境约束趋紧。近年，在世界产业分工链条中属于中国的环节主要是制造业，制造业本身对自然资源需求量极大，再加上利用效率低，导致制造业在经济发展过程中对自然资源的消耗数量过大，速度过快，资源危机问题较为突出；中国制造业中资源密集型和劳动密集型产业比重过大，技术密集型产业比重偏低，钢铁、电解铝、平板玻璃、水泥等供给能力大幅超出需求；多数产业处于价值链较低端，制造业的发展以日益被破坏的生态环境作为代价，制造业产值的增加往往建立在高强度消耗和高密集化使用资源的基础上，这种长期快速粗放型发展使中国已经面临着非常严重的资源和环境危机。

3. 工业发展诱发的污染问题依然严峻。中国长期以重化工业为主的工业结构导致资源能源需求强劲，环境污染问题日益突出，而且一些地方和企业单纯依靠大规模要素投入获取经济增长速度和经济效益，造成能源资源利用率偏低和环境污染严重；2014年中国能源消耗量为42.6亿吨标准煤，其中70%属于工业消耗，工业在消耗大量资源能源的同时排放了大量污染物，如雾霾已经成为广大居民的"心肺之患"；尽管中国已是一个制造业大国，但并不是制造业强国，制造业的发展模式依然没有摆脱高投入、高消耗、高排放的粗放发展模式，在创造社会财富的同时，也对资源环境产生严重的负面影响，工业发展诱发的污染问题亟待解决。

4. 既有制造成本优势不断衰减。根据波士顿咨询集团的研究报告，中国制造业对美国的成本优势已经由2004年的14%下降到2014年的4%，按照目前的发展趋势，中国对美国的制造业成本差距在2020年左右将不复存在。由于劳动力成本上升和能源、原材料涨价，产品成本升高，制造业国际竞争力不断下降，中国已无法与一些发展中国家的低成本产品在国际市场上进行竞争。随着国内市场化进程加快以及人口红利的枯竭，生产要素相对价格的改变也不断提速，转换出口商品结构的要求将非常迫切。低档产品、初级产品的贸易条件从长期来看呈现不断恶化的趋势，以劳动密集型产品为主的出口格局在今后不会有很大的增长空间。

二、加快推进绿色制造的对策建议

1. 生产技术创新。在新一轮科技革命和产业变革即将到来之际，中国制造业如需顺利转型，必须紧抓机遇，首先以绿色生产技术创新为战略基点，加快提升制造业的绿色发展水平。一是着力突破核心关键技术，建立绿色制造产业联盟，形成协同创新、产学研用结合，提升企业自主创新水平，加大对绿色前沿技术研究和技术攻关的支持力度，提升企业创新能力和产业科技含量；二是把科技创新作为推动产业结构调整和优化的主要驱动力，大力支持先进工艺和关键基础材料推广应用，加快推进绿色制造产业结构优化发展；三是加快改造传统产业步伐，针对重点行业和领域的现实需求，生产生态安全绿色产品，用绿色经济的总体思路构筑制造业综合发展模式；四是构建循环经济产业链，在加快推进传统产业优化升级的基础上，积极培育和发展新能源、新材料和高端装备制造业;五是努力突破一批节能环保和应对气候变化的关键技术,加快科技成果转化,降低制造业的能耗,为节能减排、绿色制造提供动力。

2. 政策体制创新。技术创新为绿色制造注入强大动力,但若没有配套的政策体制创新就无法巩固技术进步带来的发展成果,因此,需要进一步有效释放改革红利,破解制约生态文明建设的体制机制障碍,进行全面的政策体制创新。一是要制定和完善生态环境保护相关法律法规,包括源头严防制度、过程严管制度和后果严惩制度等;二是要以基础性制度建设为突破口,把生态文明建设纳入法治化和制度化轨道,加强资源环境生态红线管控,建立自然资源资产负债表,尤其是要严格执行自然资源资产离任审计制度,避免唯 GDP 论给资源环境带来的负面影响;三是以市场为主导,政府为引导,充分发挥市场在资源配置过程中的基础性决定作用,形成科学合理的资源环境定价机制;四是出台具有支持和激励绿色创新的具体政策工具,鼓励企业积极开发低碳技术和绿色产品,降低能耗、减少排放,促进循环经济快速发展;五是要完善以绿色化发展为导向的经济社会发展考核评价体系,形成科学发展、绿色发展的政绩导向,使之成为推进生态文明建设的重要导向和约束。

3. 发展环境创新。走绿色制造之路必须以市场为主导,政府为引导,进一步优化企业发展环境,建立和完善体制机制,为绿色制造加快发展创造良好的市场环境、政策环境和舆论环境。一是培育企业的社会责任感,形成有利于节约资源和保护环境的长效机制,形成有利于绿色发展的生产方式;二是面对中国人口红利枯竭的新形势,应为人才红利的进一步释放营造良好环境,建立健全人才激励机制,建立完善绿色制造业人才服务机构,健全人才流动和使用的体制机制;三是互联网与各领域的融合发展具有广阔前景和无限潜力,已成为不可阻挡的时代潮流,应将互联网技术与绿色制造业紧密结合,实施"互联网＋绿色制造"模式,为加快发展绿色制造业产业组织网络、产业服务网络、市场网络、成果转化网络等构筑新的发展平台;四是为绿色制造营造良好的金融环境,鼓励和引导金融机构加大对绿色制造企业提供直接融资服务,考虑到中、小、微企业融资难问题,政府应对其提供更多金融支持,并且促进"互联网金融"这一重要融资模式健康发展,为中国中小企业绿色转型发展提供高效便捷的金融支持;五是秉承生态文明理念,大力弘扬绿色文化,营造公众广泛参与绿色发展的良好社会氛围,形成有利于绿色发展的生产生活方式。

文化视角下传统企业"绿色制造"发展对策研究

胡付照

江南大学

摘要：绿色制造是现代江苏制造业未来发展新的增长点，发展绿色制造有助于化解制造业与资源环境之间存在的诸多矛盾和难题，作为传统制造型企业在新时期转型发展向智慧制造转变，需要构建以人为本的学习型组织，激活人才创新企业，建设好现代企业文化，打造适应国际企业竞争的人才团队，从而使中国工业大国向世界工业强国迈进。

关键词：企业文化；绿色制造；对策研究

在全球经济整体不景气的情况下，生态环境形势日趋严峻，中国原有的经济发展方式已经不可持续，转变经济发展方式迫在眉睫。中国必须依靠科技创新，坚持走绿色发展的新型现代化道路[1]。随着第三次科技革命的到来，信息化与制造业的融合创新，以制造业的数字化、网络化、智能化为核心技术的新一轮的科技革命和产业变革已经到来，如何积极面对变革？从文化角度来看，改变思想，拥抱变化，加强人才建设，构建学习型组织是传统企业转型发展的重中之重。

一、企业文化是企业发展的灵魂

企业文化是企业在生产经营实践中逐步形成的，为全体员工所认同并遵守的、带有本组织特点的使命、愿景、宗旨、精神、价值观和经营理念，以及这些理念在生产经营实践、管理制度、员工行为方式与企业对外形象中体现的总和。考察世界著名企业的企业文化，不难发现企业管理层以人为本、善于构建学习型组织，创新创造，充满活力。企业具有团队协作精神，以客户为中心，平等对待员工，善于激励与创新。企业在发展过程中，继承传统，又善于吸纳最新的科学技术、经营管理信息，不断升级改造，使之适应环境的变化。现代企业最高层次的竞争是文化的竞争，基业长青的公司最注重文化建设，以尊重人、依靠人、激励人、促进人的全面发展为本，打造企业的核心竞争力，勇于担当企业社会责任，积极践行企业的经济责任、法律责任、伦理责任和慈善责任，做好企业社会公民。

二、传统制造企业发展的现状及存在问题

(一) 传统制造业的特点及发展趋势

当前，我国传统制造业主要有四个方面的特点[2]：规模很大，但实力不强的情

况十分突出;科技创新能力与发达国家的差距较大;原有的"三高一低"粗放式的发展方式消耗了大量能源,严重污染环境;目前我国制造业在国际分工体系中处于世界产业价值链低端。

自主创新能力不强和环境约束已成为中国制造业面临的主要瓶颈,未来中国制造业的发展方向或发展思路是走制造业"新型化"道路。李廉水(2015)提出了制造业"新型化"发展的五维内涵,即经济创造能力、科技创新能力、能源节约能力、环境保护能力和社会服务能力[3]。发展趋势有四个转变:由要素驱动向创新驱动转变;由粗放制造向绿色制造转变;由生产型制造向服务型制造转变;由低端制造向高端制造转变。

(二) 江苏传统制造业的状况及存在的主要问题

近年来,江苏经济总量稳步扩大,重工业、高加工度化趋势明显,新兴产业规模迅速扩大,产业集群初现,但辐射能力有待提升。《2016年江苏省政府报告》中指出:"我省经济社会发展面临着深刻的结构性和体制性矛盾。经济下行压力加大,创新能力还不够强,新增长点支撑作用不足,部分行业产能过剩严重,部分企业生产经营困难,经济风险隐患有所凸显……我们一定高度重视这些问题,采取有力措施,切实加以解决。"虽然2015年江苏的生产总值增长速度较快,但高新技术产业增加值占制造业的比重较低,低于发达国家和新兴工业化国家的水平。江苏的钢铁、机械、石油化工、有色金属等传统工业主要以价格为竞争手段,竞争优势单一。其技术水平与国际先进水平相比有较大差距,多数大中型企业关键技术的开发与应用能力不强,不少高新技术产品及部分高附加值产品仍需进口。许多高新技术产业大多还处于产业链的低端劳动密集型的加工装配环节。制造业的发展仍依赖于相对成本优势,与制造业配套的生产性服务业发展滞后,企业生产方式转型压力大,全省的生态环境质量尚未根本好转。

2016年江苏的预期目标是地区生产总值增长7.5%~8%。江苏将突出供给侧结构性改革,大力调整优化产业结构,以智能制造为主攻方向大力发展先进制造业;发挥有效投资对稳增长调结构的关键作用;等等。倪中华教授(2015)认为江苏制造业发展转型必须要率先实现五个转变[4]:"由技术跟随战略向自主创新、再向技术超越战略转变;由传统制造向数字化、网络化、智能化制造转变;由低效制造向质量效益型制造转变;由资源消耗型、环境污染型制造向绿色制造转变;由生产型制造向生产+服务型制造转变。"通过实现制造过程的数字化、网络化和智能化,帮助制造系统最终向智慧工厂转变。

三、绿色制造的现代转型发展要求

加快转变经济发展方式,推进经济转型升级,是江苏省委省政府历年工作重点之一。

(一) 构建绿色制造体系,为企业转型发展指明方向

绿色制造体系是在保证产品的功能、质量的前提下,综合考虑环境影响和资源

效率,通过开展技术创新及系统优化,产品从设计、制造、包装、运输、使用到报废处理的整个生命周期中,环境负面影响最小,资源利用率最高,经济、社会和环境效益最为协调的现代产品开发和制造模式。绿色制造体系包括绿色资源、绿色生产和绿色产品三个部分[5]。绿色资源,主要指贮存相对丰富、便于充分利用、不产生环境污染、不影响可持续性发展的资源和能源。合理利用绿色资源的前提是改变传统的选材设计方法,尽可能考虑环境兼容性,选用无毒、低能耗、少污染、可再生和易回收材料,提高资源利用率。绿色生产,是企业使用节省资源和环境友好型生产设备,减少制造过程中排放污水。制造企业的组织结构、工艺流程和生产装备能够适应环境保护的要求。绿色产品,是相对于传统产品而言,要求产品制造设计、技术和工艺、生产、管理、供应链等对生态环境无害或污染最小化,同时有利于节约资源和能源。

(二)科技创新与企业文化建设并举

企业实施绿色制造,必须依靠科技创新。企业应用新技术能大大降低能耗,为节能减排、绿色发展提供强劲动力。在企业经营管理的多个层面落实技术创新,以实施绿色制造。企业大力推广资源高效利用,以尽可能少的能源来完成生产既定目标的消费,在源头上减少资源和能耗消耗,大大改善环境污染情况。采用资源回收再利用技术,构建循环经济产业链。发展循环经济是实现可持续发展,建设生态文明的重要途径,也是推进产业结构调整和经济发展方式转变的重要手段。在企业文化建设方面,以人为本,鼓励员工立足岗位,勇于创新。要从上到下的大力倡导、长期坚持、培养员工创新的兴趣、提供创新的支持、多开展促进创新的活动,形成全员创新富有活力的企业文化。

(三)抓住第三次工业革命机遇,加快绿色化进程

随着互联网技术的进步,全球产业发生了极大的变革。美国学者里夫金称其为"第三次工业革命",德国称之为"工业4.0",我国称之为"互联网+"。新一轮产业变革是建立在互联网、新材料、新能源基础上的经济发展新范式,而科技进步为新产业革命提供了可能。当前,我国制造正在面临劳动密集型行业优势逐步丧失的危险。而制造的比较成本被削弱,技术密集型和劳动密集型行业国际投资回溯等,都是第三次工业革命下中国制造业无法回避的难题。传统制造企业加快推进绿色化,实现绿色制造,加强节能减排,推进转型升级,绿色化、智能化技术的不断创新和应用是重要支撑,加快技术改造是重要手段。"绿色化"是可持续发展战略的具体化和明确化,也是政府、企业和公众的共同责任。

四、企业绿色制造发展对策建议

(一)绿色制造,理念先行

一个变革的任何措施,其效果依赖于变革者内心的状态。这些变革者本身,就是他们想创造变革的活生生的体现,包含了他们希望创造的理想状态的全部信息。

企业文化是企业品牌文化与管理文化的统一。绿色企业文化要在企业文化中融入环保观念,以绿色理念贯穿于企业文化建设之中。把企业职工的思想行为统一到企业的发展目标上来,使职工视环保为己任,使环保目标与企业目标融为一体[6]。绿色文化纳入品牌建设之中,品牌定位体现绿色经营管理理念。以绿色产品为载体,科学系统的绿色品牌经营管理;长期不懈地完善绿色品牌,引导消费者形成绿色消费潮流,实现品牌价值最优化。绿色管理是全员的绿色管理,企业中人人讲环保,鼓励员工的环保行为,加大绿色投入,形成企业的绿色文化。企业员工养成自觉关心环境、爱护环境的意识,在日常活动、生产消费等不同场合都能以身作则,积极践行绿色企业文化。

(二)组织建设,凝心聚力

企业要善于打造学习型组织,凝心聚力建设富有活力善于创新的团队。中国制造迈向世界制造,而世界级的制造是完整的一个生态系统,不是一个简单的模式。世界级制造在"仿、创、变"中践行企业模仿、创造、变化,结合自身企业的现状,在学习中不断实践,再不断地测评、学习和模仿,其本质就是要构建高效能的学习型组织。在构建过程中,领导要以身作则,率先示范,以圣吉模型建立学习型组织的"五项修炼":系统思考、团队学习、共同愿景、心智模式、自我超越。企业构建学习型组织的战略目标是提高学习的速度、能力和才能,通过建立愿景且能够发现、尝试和改进组织的思维模式,并因此而改变他们的行为,才是最成功的学习型组织。

(三)跨界融合,善于学习

企业要走出去,向同行学习,向不同行业的优秀部门学习,跨界融合。跨界,就是将思想立足于不同领域、不同学科、不同文化的交叉点上,将现有的各种概念联系在一起,组成大量不同凡响的新想法。跨界是非常广义的,包括跨行业、跨领域、跨文化,甚至是跨时空。跨界的本质是交叉引发创新。跨界学习的目的就是通过向外界学习,得到多元素的交叉。通过理性与感性的交叉、今天与未来的交叉、本领域与其他领域的交叉得到创新的点子。以跨界体验学习的方式,融合行业、文化、时空、领域等,引发企业创新。

跨界学习不是旅游或者考察,是通过跨界交叉发掘创新的因子,真正解决企业存在的问题[7]。向标杆企业学习时,应首先决定标杆学习主题,组成标杆学习团队,检讨现行的作业流程,选定最佳作业典范,收集资料,分析目前绩效与期望绩效间的差距,实际采取变革行动,评估绩效并进行回馈跨界学习的学员最好包括有决策权的管理人员,以利于推动后续行动的进行。在项目开展前期,参观方和受访方应该加强彼此沟通和了解,以便双方在项目实施过程中更多地结合对方的实际,寻找可以交流合作的共同点。成果落地是跨界学习项目的重点也是难点。好的想法如果一闪而过,等于无疾而终。只有把它落实为行动,才能产生价值。项目后期应该形成一系列的方法机制以保证跨界学习成果落地。

（四）科技创新，稳中求变

习近平同志指出："我们将大力实施创新驱动发展战略，把发展着力点更多地放在创新上，发挥创新激励经济增长的乘数效应，破除体制机制障碍，让市场真正成为配置创新资源的决定性力量，让企业真正成为技术创新主体。"[8]以绿色技术范式引领生态文明建设的政治实践内在地要求变革现代技术范式，从内部改变僵硬的等级制技术统治秩序和现代官僚治理体系，破除专家治理结构的垄断，加强科技理性与社会理性的互动，完善协商民主以推进公众制度性参与现代科技决策[9]。企业应注重科技创新，建设富有企业个性的创新文化，企业家大力倡导，长期坚持、培养员工兴趣、提供创新的政策及经费的支持，在倡导创新中，稳中求变，不断提升竞争力。

（五）协同发展，适度超前

协同发展是指协调两个或者两个以上的不同资源或者个体，相互协作完成某一目标，达到共同发展的双赢效果。企业发展需要共处一个健康的行业发展生态圈，只有共同发展，缩小差距，才能互助互赢。在苏南制造企业调研中笔者发现，江苏企业在产品创新过程中，遇到了其他行业创新不够的发展难题，束缚了企业创新的战略发展。如作为小型柴油机制造企业的佼佼者，无锡华源凯马企业的小型发动机等产品在行业内名列前茅，但因国产柴油品质、钢材原料等与国际上的差异，造成企业所制造的柴油机功能与寿命方面与国际产品存在差异，而这种不足，恰恰是国内行业协同发展不够所造成的。

五、结语

企业发展人才先行，在变革急速的时代，虽然困境重重，但不能偏离"以人为本"的企业文化建设，振奋精神，快速学习，提升自我，抓住第三次工业革命的机遇，建设富有活力的绿色创新型企业文化。推进传统制造业绿色改造，推动建立绿色低碳循环发展产业体系，力求实现生态系统和经济系统良性循环，实现经济效益、生态效益、社会效益的有机统一。

参考文献

[1] 周济.走绿色发展之路必须依靠科技创新[J].农村工作通讯，2015(7)：39.
[2] 刘军，程中华，李廉水.中国制造业发展：现状、困境与趋势[J].阅江学刊，2015(4)：12-21.
[3] 李廉水，程中华，刘军.中国制造业"新型化"及其评价研究[J].中国工业经济，2015(2)：63-75.
[4] 胡琴，孟婧.制造业"大而不强"现状期待变革[N].江苏科技报，2015-10-26.
[5] 封思贤.江苏制造业的发展规律、产业演进趋势及发展建议[J].江苏商论，2010(9)：148-151.
[6] 魏澄荣，程春生.绿色消费与企业经营管理变革[J].发展研究，2010(10)：86-87.
[7] 魏欣.跨界学习：复制美第奇效应[J].中国人力资源开发，2013(6)：99-100.
[8] 习近平.发挥亚太引领作用，应对世界经济挑战[N].人民日报，2015-11-19.
[9] 邬晓燕.论技术范式更替与文明演进的关系[J].自然辩证法研究，2016(1)：121-126.

加快绿色升级　推动制造业创新发展

樊银辉

徐州矿务集团有限公司技术中心

摘要：中国版"工业4.0"规划——《中国制造2025》聚焦制造业绿色升级、智能制造、高端装备创新三大方向,提出到2025年迈入制造强国行列,2035年制造业整体达到世界制造强国阵营中等水平。这是我国实施制造强国战略第一个十年的行动纲领。本文阐述了绿色升级的意义,指出了我国制造业目前存在的突出问题及创新发展的基础和优势,有针对性地提出了加快我国制造业创新发展的战略对策。

关键词：制造业；绿色升级；创新发展；战略对策

绿色发展是《中国制造2025》指导思想的核心内容之一。《中国制造2025》指出,全面推行绿色制造,加大先进节能环保技术、工艺和装备的研发力度,加快制造业绿色改造升级；积极推行低碳化、循环化和集约化,提高制造业资源利用效率；强化产品全生命周期绿色管理,努力构建高效、清洁、低碳、循环的绿色制造体系。

制造业是实体经济的主体,是国民经济的支柱,是人民幸福安康的物质基础,也是今后我国经济创新驱动、转型升级的主战场。习近平总书记多次强调,我们这么一个大国要强大,要靠实体经济,不能泡沫化；深入实施创新驱动发展战略,增强工业核心竞争力；推动中国制造向中国创造转变、中国速度向中国质量转变、中国产品向中国品牌转变。当前,我国已成为制造大国,但仍然不是制造强国。依靠创新驱动,实现由制造大国向制造强国的转变,是新时期我国经济发展面临的重大课题。

一、绿色升级的意义

在我国成为世界第一制造大国以后,有限的资源已难以支撑我国传统工业粗放型的增长方式,这要求我们必须改变经济增长方式和发展模式,体现循环经济可持续发展的理念,走一条科技含量高、经济效益好、资源消耗低、环境污染少的新型工业化道路。积极发展绿色制造,加快相关技术在材料与产品开发设计、加工制造、销售服务及回收利用等产品全生命周期中的应用,可以形成高效、节能、环保和可循环的新型制造工艺,使我国制造业资源消耗、环境负荷水平进入国际先进行列。

1. 绿色发展对我国工业发展意义重大。工业占我国能源消耗比重超过70%,在节能减排降耗、提高资源利用率方面有巨大的潜力和空间,实施绿色制造工程可为大势所趋、势在必行。绿色制造是一种在保证产品功能、质量、成本的前提下,综合考虑环境影响和资源效率的现代制造模式。通过发展绿色制造,企业可以使产品在设计、制造、物流、使用、回收、拆解与再利用等全生命周期中,对环境影响最小、资源能源利用率最高、人体健康与社会危害最小,并使企业本身的经济效益与社会效益协调优化。

2. 绿色制造是企业履行社会责任、提升竞争力的关键途径。目前,国内外一些行业的领先企业已开始实施绿色制造工程,建立涵盖整个产品研发制造产业链的绿色体系,在节能降耗、提供绿色产品的同时,提升产品的赢利能力,实现包括绿色设计、绿色材料、绿色工艺、绿色生产、绿色包装、绿色回收在内的绿色制造,并结合国际环保标准的实施,可以有效降低企业生产的产品对环境的影响,提高资源利用率。

二、存在的突出问题

(一) 内部因素

2008年国际金融危机爆发后,世界制造业分工格局面临新的调整,我国制造业面临严峻挑战。从内部因素看,我国经济发展已由较长时期的高速增长进入中高速增长阶段,对经济发展的主导力量制造业创新驱动、转型升级提出了紧迫的要求。制造业部分产业产能过剩和重复建设问题突出,资源、能源、环境和市场的约束成为发展的主要制约因素。

1. 自主创新能力不强。核心技术对外依存度较高,产业发展需要的高端设备、关键零部件和元器件、关键材料等大多依赖进口,如我国所需的芯片80%以上依赖进口。

2. 产品质量问题突出。国家抽查产品质量不合格率高达10%,制造业每年直接质量损失超过2 000亿元。

3. 资源利用效率偏低。单位国内生产总值能耗约为世界平均水平的2倍。

4. 产业结构不尽合理。技术密集型产业和生产性服务业弱,产业集聚和集群发展水平低,具有较强国际竞争力的大企业少。

(二) 外部因素

1. 欧美发达国家推行再工业化战略,谋求在技术、产业方面继续保持领先优势,抢占制造业高端,进一步拉大与我国的距离。

2. 印度、越南等发展中国家则以更低的劳动力成本承接劳动密集型产业的转移,抢占制造业的中低端。

三、创新发展的基础与优势

当前,我国已经具备了建设制造强国的基础与优势:

1. 拥有巨大市场,而需求是最强大的发展动力。

2. 有着世界上最为完整的制造业体系,具备强大的产业基础。

3. 一直坚持信息化与工业化融合发展,在制造业数字化方面掌握了核心关键技术,具有强大的技术基础。

4. 已经形成独特的人力资源优势。

5. 在自主创新方面取得了一些重要成就,上天、入地、下海、高铁、输电、发电等都显示出巨大的创新力量。

四、战略对策

(一)完善调整产业政策,助推产业转型升级

国际金融危机以来,全球制造业分工格局发生深刻变化,美欧等发达经济体为重振实体经济,增加就业机会,纷纷推进"再工业化",重塑制造业新优势;新兴经济体和东盟等周边国家则利用我国制造业劳动力成本持续上升的机会,加大吸引劳动密集型产业转移力度,我国制造业发展面临两头受压的困局,必须改变以往以做大规模为导向的产业政策,调整为以创新驱动为导向的产业政策。

1. 要推进以科技创新引领的全面创新,加快培育高端装备制造业、新一代电子信息产业等战略性新兴产业和现代服务业发展。

2. 要按照由制造大国向制造强国迈进的目标,以提高质量和效益为中心,推动传统制造业结构优化和转型升级,提升我国产业在全球产业链分工中的地位,促进产业结构从中低端迈向中高端水平。

(二)结合现状与未来,绿色化改造传统制造业

目前,我国整个工业结构仍是以传统制造业为主,主要还是传统工业在进行能源以及资源的消耗,所以,传统工业的绿色化改造是重中之重的任务——主要是对钢铁、有色、建材、化工、造纸、纺织、印染等行业进行绿色化改造,推广使用先进适用的节能减排技术装备工艺,使现有的传统制造业能源消耗和污染排放尽快地降下来。另外,我国工业还需要在重点区域、重点行业、重点流域推行清洁生产,应用清洁生产技术和工艺,从源头上解决我们的污染排放问题。

(三)推行绿色制造,建设生态文明

生态文明是工业文明发展的新阶段,是对工业文明的发展与超越。建设生态文明并不仅仅是简单意义上的污染控制和生态恢复,而是要克服传统工业文明的弊端,探索资源节约型、环境友好型的绿色发展道路。建设生态文明,必须全面推行绿色制造,不断缩小与世界领先绿色制造能力的差距,加快赶超国际先进绿色发展水平。全面推行绿色制造,加快构建起科技含量高、资源消耗低、环境污染少的产业结构和生产方式,实现生产方式"绿色化",既能够有效缓解资源能源约束和生态环境压力,也能够促进绿色产业发展,增强节能环保等战略性新兴产业对国民经济和社会发展的支撑作用,推动加快迈向产业链中高端,实现绿色增长。

（四）提升产品质量，确保质量安全

坚持把质量作为建设制造强国的基础，走以质取胜的发展道路，重点实施工业强基工程以及质量与品牌行动计划两大战略举措。基础零部件、基础工艺、基础材料和产业技术基础（统称"四基"）等工业基础能力薄弱，是制约我国制造业质量提升和创新发展的症结所在。要实施工业强基工程，统筹推进四基发展，加强四基创新能力建设，推动整机企业和四基企业协同发展。强化质量意识，提高质量控制技术，完善质量管理机制，夯实质量发展基础，优化质量发展环境，实现工业产品质量大幅提升。推进品牌建设，形成具有自主知识产权的名牌产品，不断提升企业品牌价值和中国制造品牌良好形象。

（五）优化产业结构，大力发展战略性新兴产业

要大力实施高端装备创新工程，集中优势力量，推进优势领域和战略必争领域的装备创新，实现新一代信息技术产业、高档数控机床和机器人、航空航天装备、海洋工程装备及高技术船舶、先进轨道交通装备、节能与新能源汽车、电力装备、农机装备、新材料、生物医药及高性能医疗器械等十大领域的重点突破。

（六）树立人才意识，科学合理用人

坚持把人才作为建设制造强国的根本，走人才为本的发展道路。加强制造业人才发展的统筹规划和分类指导，建立健全科学合理的选人、用人、育人机制，加快培养制造业发展急需的专业技术人才、经营管理人才、技能人才，建设规模宏大、结构合理、素质优良的制造业人才队伍。

（七）主攻智能制造，抢占制造业制高点

当今世界，新一轮工业革命方兴未艾，其根本驱动力在于新一轮科技革命。信息技术指数级增长、数字化网络化普及应用和集成式智能化创新是新一轮工业革命的三大支柱。智能制造、制造业数字化网络化智能化是新一轮工业革命的核心技术，是"中国制造2025"的制高点、突破口和主攻方向。智能制造要从产品、生产、模式、基础四个方面逐步推进。

（八）搭建"互联网＋"与"中国智造"联姻平台

大力推进"互联网＋"与"中国智造"联姻，深化互联网在制造领域的应用，实施工业云及工业大数据创新应用试点，建设一批高质量的工业云服务和工业大数据平台，推动软件与服务、设计与制造资源、关键技术与标准的开放共享。目前，我国正处在工业化后期及信息化阶段，"互联网＋"模式实际上就是把工业化和信息化有机地融合在一起，用信息化改造工业化，通过再工业化推动新兴产业发展。"互联网＋"模式也利于解决以前制造业生产存在的一些问题，以前由于生产比较盲目，易导致产能过剩，而"互联网＋"模式可以帮助企业实时了解市场行情，根据所获信息，组织安排生产、销售，提高生产效率，也有利于解决产能过剩问题。

（九）推进信息技术应用，助力绿色升级

新一代信息技术通过对产品的配方、工艺及原材料采购、生产制造、仓储、运

输、使用、大修和报废的全过程进行监控和管理,成为制造企业实现绿色制造的有力保障和必然选择,利用信息技术促进工业绿色升级已势在必行。例如,建立能源管理中心是企业提升能源管理信息化水平的重要手段。统计数据显示,已经建设能源管理中心的企业平均节约能源 1.5%～10%,节约标煤近 100 万吨,节水 260 万吨,节电 2 140 万度,减少二氧化碳排放 1 078 吨,减少汞排放 6 万吨,节能效果显著,大气排放明显减少。

(十) 推进绿色制造工程,兼顾我国工业基础

从全球范围看,尽管我国工业在一些领域比如电力装备、工程机械有一定的竞争优势,但是从总体上讲,我国仍然处于"工业 2.0""工业 3.0"阶段,与德国、美国这些国家相比,我们还有较大的差距。因此,我国有些工业企业的信息化基础还有待提升。在这样的背景下,推进绿色制造工程要根据实际情况分类指导,制定差异化目标,从而让更多的企业应用新一代信息技术践行绿色制造,进而推动我国制造业整体实现绿色制造目标。

围绕中小企业,发力绿色制造

丁俊荣

江苏省南通市通州区人大常委会环境资源城乡建设工作委员会

摘要:绿色制造助推绿色发展,绿色发展必须以绿色制造为支撑。作为制造业比较发达的省份,将中小企业绿色制造作为江苏科技创新的重点,以此促进实现绿色发展,无疑是我们江苏的必然选择。具体工作中,要围绕中小企业发力绿色制造,加大对传统制造业进行绿色化改造,在重点区域、重点行业、重点流域推行清洁生产,推进先进制造业和战略性新兴产业的高起点、绿色化发展,真正实现科技创新与江苏绿色制造发展的有机融合。

关键词:绿色制造;中小企业

绿色制造助推绿色发展。绿色发展必须以绿色制造为支撑。作为制造业比较发达的省份,江苏要实现绿色发展,必须把绿色制造摆上优先位置,通过科技创新,将产业发展与生态文明有机结合起来,从而促进传统产业大提升、现代产业大发展。围绕中小企业,深入持久地开展绿色组织活动,将中小企业绿色制造作为江苏科技创新的重点,以此促进实现绿色发展,无疑是我们江苏的必然选择。

首先,围绕中小企业,发力绿色制造,是江苏贯彻实施《中小企业促进法》的本质要求。在我们江苏企业中,中小企业占据了绝大多数。有一个统计数据显示,江苏中小企业占全部企业总数的99%以上,中小企业在江苏经济社会发展中处于关键地位。《中小企业促进法》明确,国家制定政策,鼓励中小企业按照市场需要,开发新产品,采用先进的技术、生产工艺和设备,提高产品质量,实现技术进步。由于历史原因,中小企业在绿色发展中往往处于相对落后的地位,由于资金、技术、人才等因素的影响,中小企业在绿色制造上的难度要大得多,劣势比较明显。于是围绕中小企业,发力绿色制造,也就成了江苏贯彻实施《中小企业促进法》的重点。要按照法律要求,贯彻国家对中小企业实行积极扶持、加强引导、完善服务、依法规范、保障权益的方针,为中小企业创立和发展尤其是绿色发展创造有利的环境。

其次,围绕中小企业,发力绿色制造,是江苏转变经济发展方式促进产业转型升级的内在需求。近年来,江苏中小企业快速发展,但也存在不少问题亟待解决,如有的中小企业发展方式比较滞后,竞争力不强,有的处于产业链低端、技术层次和附加值不高,亟待转型升级,等等。必须通过绿色发展,推动产业高端化,提高产业丰厚度,从而建立可持续发展的长效机制。在中小企业中推进绿色制造是促进产业结构优化升级的有效途径,通过绿色制造可有效促进资源和能源的节约,推动企业向更高水平、更高层次、产业链更高端发展,从而有效促进区域经济转型升级。在中小企业中推进绿色制造是做实创新驱动战略的有效抓手,通过绿色制造将有助于构建高成长性企业、创新型领军企业的培育。在中小企业中推进绿色制造是引领经济新常态的有效举措。目前,工业4.0时代已悄然来临。通过绿色制造将有助于工业结构调整,为江苏主动对接"中国制造2025",保持经济中高速增长,汇聚发展巨大动能,提升经济运行质量和效益,为实现经济社会全面协调可持续发展提供坚强保障,这也是江苏实现"两个率先"的必由之路。

再次,围绕中小企业,发力绿色制造,是江苏突破资源瓶颈实现经济社会和谐发展的有效手段。随着经济的发展,资源的瓶颈制约越发明显。特别是在我们江苏,多年来制造业一直处于高速发展状态,与此同时,以"高投入、高消耗、高污染、低质量、低效益、低产出"的增长模式在较长时期内主导工业发展,资源浪费、环境恶化、结构失衡等问题突出。在这种大的背景下,发力绿色制造是摆在我们江苏面前的一项重要任务。而绿色制造的本意就是:要求在保证产品的功能、质量的前提下,综合考虑环境影响和资源效率,通过开展技术创新及系统优化,将绿色设计、绿色技术和工艺、绿色生产、绿色管理、绿色供应链、绿色就业贯穿于产品全生命周期中,实现环境影响最小、资源能源利用率最高,获得经济效益、生态效益和社会效益协调优化。这恰恰符合我们江苏的实际。

那么,发力绿色制造该从哪儿入手呢?着力点在哪儿呢?主要还是从以下四个方面发力。

发力点一:围绕传统制造业,加快技术改造,推动传统中小企业转型升级。传统工业转型升级是新型工业化绿色制造的关键。就我们江苏而言,传统制造业占比高,在国民经济社会发展中具有举足轻重的位置。必须把中小企业绿色制造作为江苏科技创新的重点,依靠科技创新推动传统工业转型升级。要围绕优势传统产业的转型升级,引导和扶持中小企业加大技术改造力度,切实提高中小企业引进技术的消化吸收再创新的能力,鼓励传统产业在掌握核心技术、创造品牌和控制行业标准等方面寻求突破,通过产品技术的换代升级、设计的创新以及产业链向新兴领域的延伸,往产业链上游拓展,占据高端环节,实现传统产业高端化,从而推进绿色制造发展。我们还要在重点区域、重点行业、重点流域推行清洁生产。要推广使用先进的节能减排技术装备工艺,使现有传统制造业的能源消耗和污染排放尽快降下来。通过应用清洁生产技术改造和工艺改进,从源头上解决污染排放问题。由于历史原因,我省一些中小企业在生产工艺过程中存在一些缺陷,也就是先天不足,甚至有一些生产工艺本身就排放有毒有害物质,必须高度重视,采取措施切实加以解决。要在重点行业、重点领域、重点区域,通过采用清洁生产工艺,从源头上解决污染物产生问题,全力推进清洁生产,确保《清洁生产促进法》在我省全面贯彻实施。

发力点二:聚焦战略性新兴产业,培育一批绿色制造中小企业,推动新型绿色产业在高端平台上高效运行。鼓励中小企业提升自主创新力,促进绿色发展,这只是发力的一方面。我们更要高点定位,推进我省发展一批具有绿色高端水平的先进制造业和战略性新兴产业中小企业,从而在高起点上发力绿色化发展。这是江苏省未来的发展方向。发展先进制造业和战略性新兴产业,发展高附加值的、高技术含量的产品和产业从一开始就要重视绿色化,不能走过去的老路,污染了以后再治理。一要强化规划引领,增强战略新型制造业的研究。立足江苏科技、经济和产业基础等实际情况,加强规划引导,进一步整合资源、提升水平。要做大绿色产业,扩大产业规模,提高产值比重。要做强绿色产业,支持绿色制造企业的重点产品、技术和服务开拓国内外市场。二要鼓励中小企业在与大企业的分工协作中发挥自己的优势,最终形成以大企业为龙头,以中小企业为基础和主体的互补合作型的产业组织结构。三要着力引进和培育具有核心技术、拥有成熟产品、市场空间广阔、发展预期明朗的成长性中小企业,实现绿色科技从引进、模仿到创新的转变,加速实现从"一间办公室""一幢大厦"到"一个产业园"再到"上市公司"的裂变。四要大力推行生态设计。要从方案设计的时候,就考虑产品制造的全生命周期内对环境、资源的影响,从而在原料选择、生产工艺、实现绿色消费、有效回收等全生命周期各环节统筹考虑绿色发展。

发力点三:突出平台建设,推进科技创新与绿色制造融合发展,构建中小企业绿色制造体系。近年来,我们江苏相继出台了一批鼓励引导绿色发展的政策措施,包括鼓励和促进绿色技术创新及产业化步伐提速,全省各地绿色园区建设加快,全省企业绿色供应链应用取得积极进展,这些为中小企业绿色制造平台建设奠定了很好的基础。但是,总体而言,现阶段我省绿色制造体系主要是中小企业绿色制造体系还是短板,中小企业技术创新与绿色制造融合发展还很不够,绿色产业体系整体发育不全,绿色制造平台建设还有空间。必须提升理念,多措并举,下决心,用猛药,求实效。一是在全省各地整合各类中小企业绿色制造园区,培育园区特色主导产业。要通过整合,促使各类园区成为高新技术企业孵化和绿色制造的重要基地,成为经济发展颇具活力的增长点。在园区中,各类中小企业要进一步突出专业化、特色化发展,形成在智能装备制造、新能源、新材料、电子信息、节能减排等方面的整体竞争力。二是在中小企业绿色制造中加快龙头企业的培育。中小企业也有龙头企业,对于绿色制造来说具有很好的辐射、引领和示范作用。要通过政策引导和市场推动,在中小企业中选择一些规模较大的企业进行重点培育,提升其竞争力,打造高端产业龙头。要鼓励中小企业融入科技、金融和品牌等元素,着力推动绿色制造支柱产业向中高端迈进,争取在技术、品牌、渠道等价值链高端环节占据一定地位,实现发展方式的转型,努力形成集聚效应和规模优势。三是鼓励中小企业参与核心关键技术研发,实现绿色制造技术群体性突破。从省级层面加紧制定重点领域绿色制造技术路线图,鼓励中小企业研发使用新型环保技术,使生产过程的能量和原材料消耗显著下降,排放显著降低,吸引省内外、国内外科研院所、大学和研究型企业参与我省中小企业绿色制造,为相关企业实现绿色转型提供技术支撑,实现绿色技术研发与企业之间的有机结合。

发力点四:强化人才支撑,引进培养使用好人才,形成一支推进中小企业绿色制造的人才队伍。高端人才是中小企业绿色制造向高端化发展的根本保证。强化培养和引进高端人才,是中小企业绿色制造的基本保证。一要加大创新型人才和技能型人才的培养。鼓励中小企业参与高等院校、科研院所高新技术产业相关专业的学科建设,建立校企联合培养人才的机制,促进创新型、应用型、复合型和技能型人才的培养,特别要注重培养高层次、高水平的绿色产业领军人才。二是完善人才流动和使用机制。支持科研人员在新兴领域开展创新创业,完善人才业绩考核等评价制度,加强激励力度,形成多层次多形式的绿色产业人才激励机制。三是吸引国内外优秀人才投身高绿色产业发展。完善优惠政策吸引海外留学华人回归江苏省,进一步实施高端人才引进工程,采取团队引进、核心人才引进、项目引进、政策引进等方式吸引海外优秀人才,吸引国内外复合人才和智力资源为江苏绿色制造产业发展服务。

结束语:制造业的发展水平是一个国家或地区综合实力和竞争力的重要标志。纵观世界经济大国、经济强国,都是以强大的制造业作为支撑。江苏作为我国制造业的重点省份,在目前门类齐全、规模实力较为强大的产业体系中,融入绿色制造元素,并把绿色发展当成一个永恒的主题,紧扣中小企业这个重点,开发绿色产品,建设绿色工厂,发展绿色园区,打造绿色供应链,壮大绿色企业,强化绿色监管,必然能够解决江苏经济社会发展的各类瓶颈制约,必然会带来一个绿色江苏,必然会实现江苏经济社会又好又快发展。

关于绿色制造的几点思考

柴秀梅

常州机电职业技术学院人文科学系

摘要：《中国制造2025》明确提出了"创新驱动、质量为先、绿色发展、结构优化、人才为本"的基本方针，把"绿色制造工程"作为重点实施工程之一，部署全面推行绿色制造，努力构建高效、清洁、低碳、循环的绿色制造体系。作为制造业大省的江苏，必须走在绿色制造的前沿，成为制造业的强省。

关键词：生态文明；绿色制造；可持续发展

随着经济的高速发展，我国的生态环境遭到了严重的破坏，资源和能源也出现了危机，这严重影响了人的生活质量，也制约了生产的发展。于是，以效率、和谐、持续为目标的绿色发展，就成了我们追求的目标。我们江苏省推出"两个率先"的发展战略，确立了在21世纪"率先全面建成小康社会、率先基本实现现代化"的目标。江苏是制造业大省，《江苏行动纲要》总目标是到2025年建成国内领先、有国际影响力的制造强省，而制造业是消耗资源、污染环境的一个重要方面。为了从源头上治理环境污染，就必须从传统制造走向绿色制造。绿色制造是以传统制造技术为基础，并结合环境科学、材料科学、能源科学、控制技术等新技术的先进制造技术，是一个综合考虑环境影响和资源效益的现代化制造模式，其目标是产品从设计、制造、包装、运输、使用到报废处理的整个生命周期中，对环境的负面影响最小，资源利用率最高，并使企业经济效益和社会效益协调一致。

一、高校加大相关专业的建设力度

环境和发展的矛盾，已经引起了世界各国的普遍关注。怎么才能协调好发展和环境的关系呢？只有走绿色发展一条路。绿色制造的关键是相关人才的培养，如何高质高效地培养出发展需要的人才，高校责无旁贷。

1. 设置绿色制造专业

实现从传统制造向绿色制造转轨，首先要具有一支在产品的设计和制造过程中考虑环境保护和能源节约的专业队伍。目前，国内已拥有一批从事绿色制造技术研究的专业人员，但服务于制造一线的专业队伍还没有形成。就连制造业比较优秀的学校，如清华大学、吉林大学、同济大学等，也没有开设绿色制造专业，只是开展了绿色制造方面的研究。建议有条件的高校，尽快设置相关专业，培养服务绿色制造的人才。

2. 免除本专业学生的学费

因为是新设的专业,学生和家长都不太了解,对就业也有更多的担心,学生报考就不会踊跃,学校也很难招到优秀的学生。如果本专业免除学费,并且还能有一些生活补助的话,则会吸引素质高的学生报考,尤其是家庭比较贫寒的学生,就像军校和某些师范学校一样。同时,还可以制定特招政策,招收物理、化学等特别突出的学生,这样的学生最有可能在某一领域创造奇迹。著名的科学家、教育家钱伟长,1931年考清华大学时,英语0分、物理5分、数学和化学共考了20分,但中文和历史都是100分。他是被历史系录取的,但却转到了物理系。在"九一八"事变的强烈刺激下,他认为要救国就必须学科学,并从此走上了理工研究之路,最后成为著名的物理学家。如果不是有特招政策,这颗巨星恐怕没有发光就陨落了。

3. 真正做到校企合作

校企合作,顾名思义,是学校与企业建立的一种合作模式。高校为谋求自身发展,就要抓好教育质量和学生的就业。采取与企业合作的方式,有针对性地为企业培养人才,注重人才的实用性与实效性。但目前的校企合作多处在就业层面上,技术上的交流与合作还没有真正开展起来。我认为校企合作可以如此操作:把课堂搬到企业,做到理论和实际的无缝结合;把企业的专家请到课堂给学生讲课,让学生了解最实用、最前沿的专业知识;在校企的结合过程中,企业选拔优秀的学生到企业工作,从而激发学生学习的积极性。

二、加强有关方面的课题研究

恩格斯说:"社会一旦有技术上的需要,则这种需要就会比十所大学更能把科学推向前进。"环境恶化、空气污染、恶性疾病发病率上升等,使得人们的环保意识有了很大的提高,甚至可以说是到了民怨沸腾的地步;科技工作者、高校教师和学生、一线的研发人员,也都在摩拳擦掌,寻找研究探索的机会。此时,政府应该大力推进,加大对这方面课题的投入。

1. 优先立项

我国高校每年有数万项科研成果通过验收,其中有30%以上的成果被鉴定为"国际首创""国际领先"或者"填补了国内空白"。但遗憾的是,这些成果中只有极少一部分转化为实际生产力,大部分成果只能"沉睡"在实验室和书斋中。高校科技研究成果难以推广的主要原因是所谓成果价值不大。当前学术浮躁、僵化的考核模式是根本原因,学术造假、成果抄袭等丑闻屡屡出现。许多科研工作者不是脚踏实地地工作,而是追求所谓的课题、项目、论文等成果。企业的科研情况问题也很多,一些企业为了完成任务而搞研发,所谓的专利根本就没有实际用处;为了把经费花掉,竟然苦思冥想出很多名堂。论文越来越长、课题越来越多、专著越来越厚、专家越来越多,但绝大多数科研处在重复的低级阶段,根本就无法成为社会进步的动力。让有科研能力的单位和个人,去研发切实能推动生产发展、推动社会进步的项目,就得优先立项这些项目。发展绿色经济势在必行,绿色制造则是重中之重,这方面的研究必须优先。

2. 经费支持

科研经费泛指各种用于发展科学技术事业而支出的费用,国家非常重视对科研的经费投入。我国科研经费投入是持续增长的,投资重点仍以制造业为主体,主要聚焦于高新技术产业。重点是企业,然后是大专院校和研究机构。以往的科研经费通常是七成按照牌子、帽子、位子分配,三成"撒了胡椒面",而且"跑冒滴漏"流失严重。我觉得,对没有实际科研能力的单位或个人,应该少给或不给经费;对于有能力的单位和个人,应该重点扶持,突破条框的限制,以保证经费真正用在刀刃上。

3. 优化环境

宽松的环境是创新的温床,从事科学研究的不一定是专家和学者,一线的技工及无业的研究者所起的作用也不能忽视。世界上第一台机器的发明者哈格里夫斯,就是一个纺织工。长期一线劳动效率极低的工作,促使他去思考和创新。一台看似简陋的纺纱机,却推动了一个时代。我们的社会要由僵硬变得充满活力,就要优化科研环境,做到人尽其才,物尽其用。另外,对已经立项的研究课题,也应宽松对待,可以根据情况追加经费,延长研究时间等,而不是教条地用固定的经费按照预期的时间去对待。试想,如果这样的话,我们今天已经享用的那些科技成果,还指不定有多少已经中止在研究阶段了。原来规定的经费和完成的时间,那只是预期。研究的过程中会出现很多原来想不到的问题和困难,我们必须具体情况具体分析,而不是简单地一刀切。

三、鼓励企业创新

从企业角度来说,技术创新是企业的一种自主行为。但企业的技术创新不仅会给本企业带来利益,而且会给整个行业和社会带来好处。因为企业(特别是各行业的龙头企业)的技术创新能力直接关系到所在行业甚至是整个国家技术创新的整体能力。技术创新本身具有一定的风险性,政府支持企业技术创新,可以降低技术创新给企业经营带来的风险性,调动企业创新的积极性。而且,有些创新是单个企业难以独立完成的,通过政府组织协调,才能有效地开展。国家在企业创新上应该做到:

1. 资金支持

资金是创新的物质保障,对真正有能力创新的企业,政府要给予资金支持。政府应该每年设立专项资金来扶持企业创新,通过直接的财政科技拨款和间接的财税政策激励企业技术创新。我国政府财政科技拨款的投向分为四大部分:国有科研机构、企业、大学和其他。而绝大部分科技拨款投入科研机构,企业所得到的相对比较少。应该借鉴欧美国家的经验,建立为中小企业服务的金融机构和信贷担保制度,发展适合中小企业的融资方式。各商业银行可以成立中小企业信贷部,使其成为向中小企业提供融资服务的主渠道。同时,由财政出资设立政策性的贷款担保机构,为中小企业申请贷款提供担保。

2. 技术指导

加强对中小企业技术创新的宏观指导,就是依据国家经济和社会发展的需要,考虑我国科技的现实水平,借鉴国外成功的经验,对技术创新提出整体战略和实施原则,引导中小企业技术创新的方向。制定企业技术创新能力的评价指标体系。想要有效地衡量企业技术创新的效果,应有一套有效的评价指标。尽快设计评价企业技术创新能力和效果的指标,形成技术创新面向市场,市场需求推动技术创新的导向机制,使技术创新工作系统化、规范化,从而保证中小企业的技术创新工作健康、有序地发展。广泛开展国际科技合作。近些年,推动中小企业的国际化科技合作已经成为许多国家的国策。如欧盟就已实行专门计划推动中小企业向海外,尤其是向发展中国家投资的政策。我国中小企业要不断学习国外先进技术和管理经验,提高自己的技术创新能力和竞争能力。

3. 整合资源

绿色制造技术的研究需要现代制造技术、信息技术、自动化技术、管理技术和环境技术的有机融合,是需要资源、生态环境、信息流、资金流等有机集成,这是以往那种各自为政、单打独斗很难完成的。东汉时期著名的天文学家、数学家、发明家张衡在地理、绘画和文学等方面,也表现出了非凡的才能和广博的学识。正如郭沫若所说:"如此全面发展之人物,在世界史中亦所罕见,万祀千龄,令人景仰。"况且现在的高考制度,很难培养出全能的人才。政府应该做企业和学校、企业和科研院所的媒介,组合各方面的人力资源,完成技术研究。

《中国制造 2025》作为我国实施制造强国战略第一个十年的行动纲领,明确提出了"创新驱动、质量为先、绿色发展、结构优化、人才为本"的基本方针,强调坚持把可持续发展作为建设制造强国的重要着力点,走生态文明的发展道路。同时,把"绿色制造工程"作为重点实施的五大工程之一,部署全面推行绿色制造,努力构建高效、清洁、低碳、循环的绿色制造体系。绿色设计制造是人类实现可持续发展,拥有高质量的生存环境,享受健康生活的必然要求,是未来技术经济发展的大势所趋,是社会进步的标志,也是科技发展的必然趋势。作为制造业大省的江苏,必须走在绿色制造的前沿,成为制造业的强省。

参考文献

[1] 丁斌,郭保生,方玲.推行绿色设计,人才培养是关键[J].中外建筑,2015(07).
[2] 李轩.从绿色制造看现代制造业的可持续发展[J].装备制造技术,2009(06).
[3] 张新民,段雄.绿色制造技术的概念、内涵及其哲学意义[J].科学技术与辩证法,2002(01).

以"绿色制造"促进南京市供给侧结构性改革

胡明亮

江苏省江南建筑技术发展总公司

摘要：随着制造业迅速发展给南京市带来巨大机遇的同时,也给南京市的自然环境带来了很大的挑战,资源消耗问题和环境污染问题日益突出。本文通过对南京市"绿色制造"产业发展现状及国内外城市"绿色制造"发展形势分析,提出了南京市"绿色制造"产业促进供给侧结构性改革的基本思路。

关键词：绿色；制造；供给侧；改革

制造业是创造人类财富的支柱产业,对人类社会的贡献不言而喻。但是,制造业在将制造资源转变为产品的制造过程以及产品的使用和废弃处理过程中,一方面消耗掉大量人类社会有限的资源,另一方面造成环境污染,是当前环境污染问题的主要根源。面对当前人类社会可持续发展的需求,制造业必须尽可能减少资源消耗和尽可能减少环境影响,鉴于此,实施绿色制造对制造业而言势在必行。

绿色制造可定义为,一个综合考虑环境影响和资源消耗的现代制造模式,其目标是使得产品从设计、制造、包装、运输、使用、报废处理的整个生命周期中,对环境负面影响最小,资源利用率最高,并使企业经济利益和社会利益协调化。因此,绿色制造具有非常丰富和深刻的内涵,其实质上是人类社会可持续发展战略在现代制造业中的体现。《中国制造2025》作为我国实施制造强国战略第一个十年的行动纲领,明确提出了"创新驱动、质量为先、绿色发展、结构优化、人才为本"的基本方针,强调把"绿色制造工程"作为重点实施的五大工程之一,部署全面推行绿色制造,努力构建高效、清洁、低碳、循环的绿色制造体系。

一、"绿色制造"对促进我市供给侧改革的意义

"供给侧改革"有别于以往刺激需求端,回到增长本源创新,强调制度供给,构建发展新体制,以期通过供给端发力破除增长困境,释放增长红利。我市将坚持以"调高、调轻、调优、调强、调绿"为导向,推动产业高端化发展,提高全要素生产率,倒逼产业转型升级,落实《中国制造2025》南京实施方案,全面实施企业制造装备升级计划、企业互联网化提升计划,加快构建现代产业体系。

目前,南京市供给体系还存在一些缺陷:第一,粗放型生产已成惯例,高端产品明显不足。以食品、电子产品、家电、化妆品为例,由于长期仅关注需求侧,使得粗放型生产已成惯例,高端产品供给缺乏。产品创新不足,无法在性能上引领消费

第二,传统产业产能过剩,新的有效供给不足。我国居民消费结构正处于从物质型消费为主向服务型消费为主的转型,传统发展模式没能深层挖掘人民群众从衣食住行到身心健康、从出生到终老各个阶段、各个环节的生活性服务需求,有效供给较为缺乏。第三,企业绿色意识薄弱,"绿色供给"不足。例如,一些食品、婴幼儿产品中含有各种添加剂或有害成分,降低了公众的信任度。因此,"绿色制造"对促进我市供给侧改革有着非常重要的意义。

(一)绿色发展是大势所趋、潮流所向

绿色发展,就是要发展环境友好型产业,降低能耗和物耗,保护和修复生态环境,发展循环经济和低碳技术,使经济社会发展与自然相协调。绿色发展、循环发展和低碳发展是相辅相成、相互促进的,构成一个有机整体。绿色是发展的全面要求和转型主线,循环是提高资源效率的途径,低碳是能源战略调整。从内涵看,绿色发展更为宽泛,涵盖循环发展和低碳发展的核心内容,循环发展、低碳发展则是绿色发展的重要路径和形式,因此,可以用绿色发展来统一表述。绿色发展的理念是经济社会发展到一定阶段的必然选择。当今世界,各国都在积极追求绿色、智能、可持续的发展,绿色已经成为世界发展的潮流和趋势。特别是进入新世纪以来,绿色经济、循环经济、低碳经济等概念纷纷提出并付诸实践。

(二)全面推行绿色制造是建设生态文明的必由之路

生态文明是人类社会与自然界和谐共处、良性互动、持续发展的一种文明形态,是工业文明发展到一定阶段的产物。改革开放几十年以来,南京市的工业文明发展成果丰硕,建设生态文明并不仅仅是简单意义上的污染控制和生态恢复,而是要克服传统工业文明的弊端,探索资源节约型、环境友好型的绿色发展道路。建设生态文明,必须全面推行绿色制造,不断缩小与世界领先绿色制造能力的差距,加快赶超国际先进绿色发展水平。全面推行绿色制造,加快构建起科技含量高、资源消耗低、环境污染少的产业结构和生产方式,实现生产方式"绿色化",既能够有效缓解资源能源约束和生态环境压力,也能够促进绿色产业发展,增强节能环保等战略性新兴产业对国民经济和社会发展的支撑作用,推动加快迈向产业链中高端,实现绿色增长。

(三)全面推行绿色制造是发展工业的内在要求

工业是立国之本,是推动经济发展提质增效升级的主战场。工业要主动适应新常态,把绿色低碳转型、可持续发展作为建设制造业的重要着力点,放在更加重要的位置,大幅提高制造业绿色化、低碳化水平,加快形成经济社会发展新的增长点。全面推行绿色制造是参与国际竞争、提高竞争力的必然选择。目前,南京市制造业总体上处于产业链中低端,产品资源能源消耗高,劳动力成本优势不断削弱,加之当前经济进入中高速增长阶段,下行压力较大,在全球"绿色经济"的变革中,要统筹利用两种资源、两个市场,迫切需要加快制造业绿色发展,大力发展绿色生产力,更加迅速地增强绿色综合国力,提升绿色国际竞争力。这就要求我们形成节约资源、保护环境的产业结构、生产方式,改变传统的高投入、高消耗、高污染生产方式,建立投入低、消耗少、污染轻、产出高、效益好的资源节约型、环境友好型工业体系。只有制造业实现了绿色发展,才能既为社会创造"金山银山"的物质财富,又保持自然环境的"青山绿水",实现制造强市的梦想。

(四)全面推行绿色制造要强化绿色科技支撑

工业是实施创新驱动发展战略的主要领域。南京市工业既要保持中高速增长,又要实现产业结构和生产方式绿色化,应对资源能源约束和生态环境压力,只有坚持把创新摆在工业发展全局的核心位置,进一步强化工程科技的支撑地位,才能够实现质量更优、效率更高、消耗更少、污染更小、排放更低的绿色发展。绿色化、智能化关键在于重大绿色技术的不断创新和推广应用,在于先进工程科技的不断突破和坚实支撑。回顾工业发展的历史,也是一部科学技术进步的历史。科学技术的迅猛发展,极大地提高了社会生产力,决定着工业发展的水平和质量,工程科技的集中创新和推广应用更是推动生产力发展最直接的动力。要把全面推行绿色制造作为一项系统工程,进一步突出绿色工程科技的战略支撑作用,加强绿色科技创新,加快研发应用技术先进、经济可行的实用技术,积极组织实施能够统筹节能、降耗、减排、治污的集成化、系统化绿色解决方案。

二、我市"绿色制造"产业发展现状及存在的问题

(一)南京的资源和环境为粗放型发展付出了沉重的代价

目前,南京市可持续发展面临最严峻的危机还是来自于日益深化的资源环境的问题。随着城市的扩张和人口的增加,自然资源和环境禀赋不具优势,人均主要资源的占有量较低,并随着经济规模的扩张和人口的增长而进一步降低,造成南京市重要资源能源的供给不能满足需求。南京市整体工业水平还不够高,经济增长方式比较粗犷,主要靠规模扩大的外延式增长,以能源消耗和环境污染为代价换取经济增长,这种发展方式使得南京市战略资源能源的对外依存度可能进一步攀升,并发展成为资源能源安全隐患。传统工业化道路基本上是一条数量扩张型、粗放型工业化道路,必然导致地区环境污染和生态环境恶化。近几年,环境污染表现之一——城市黑臭河道问题在南京市表现得较为明显,河道一旦污染,失去自净能力,后期必然需要大量资金修复,据悉,2016年南京市45.4亿水务投资中,城市黑臭河道治理是投入最大的一项,共计6.6亿多元。

(二)发展绿色产业已成为南京可持续发展的必由之路

经济要可持续发展,产业结构要更新,这已经成为共识。2009年12月在哥本哈根召开的气候变化会议上,中国总理温家宝提出:中国1990年至2005年,单位国内生产总值二氧化碳排放强度下降46%,在此基础上,到2020年单位国内生产总值二氧化碳排放比2005年下降40%~45%,减排目标将作为约束性指标纳入国民经济和社会发展的中长期规划,保证承诺的执行受到法律和舆论的监督。伴

随着温总理掷地有声的世界宣言,低碳经济的概念日益被人们所重视所接受,以低碳技术发展绿色经济也成为越来越多人的共识。南京市即将踏上的新型工业化道路也是可持续发展道路。可持续发展内在地包含了绿色经济的内涵,新型工业化道路呼唤推进绿色产业的发展。绿色经济作为可持续发展战略的实现形式不但被理论界所接受,而且逐步成为大家追求的发展方向。绿色产业必然作为绿色经济的载体在南京市迅速地发展起来。

三、南京市"绿色制造"产业促进供给侧结构性改革的基本思路

绿色、智能是制造业转型的主要方向。《中国制造 2025》中,"绿色"作为一个关键词出现了 46 次。全面推行绿色制造,必须聚焦"绿色"主题,按照全生命周期的理念,革新传统设计、制造技术和生产方式,全面实现"绿色化",加快构建起以"绿色"为特征的制造体系。结合南京市目前发展状况,建议"绿色制造"产业促进供给侧结构性改革的基本思路如下:

(一)加快实施传统行业绿色改造升级

全面推进钢铁、有色、化工、建材、造纸、印染等传统制造业绿色化改造,加快新一代可循环流程工艺技术研发,大力开发推广具备能源高效利用、污染减量化、废弃物资源化利用和无害化处理等功能的工艺技术,积极采用高效电机、锅炉等先进设备,用高效绿色生产工艺技术装备改造传统制造流程,加快实现重点行业绿色升级。积极运用市场机制、经济手段和法治办法,继续化解钢铁、水泥等过剩产能,加快淘汰建材、铅蓄电池、铸造、化工等落后产能。启动南化转型发展实施计划,实施扬子石化延长产业链提质增效、金陵石化油品升级改造计划。围绕今后五年每年减少钢铁产能 100 万吨的目标,引导南钢、梅钢提升产品附加值,提高节能环保标准。

(二)积极引领新兴产业高起点绿色发展

努力在新兴领域打造绿色全产业链,增强企业绿色设计、绿色生产、绿色技术、绿色管理能力,提高产品绿色运行、绿色回收、绿色再生水平,鼓励应用绿色能源、使用绿色包装、实施绿色营销、开展绿色贸易。加快发展绿色信息通信产业,大幅降低电子信息产品生产、使用、运行能耗,推广无铅化生产工艺,发展绿色新型元器件,有效控制铅、汞、镉等有毒有害限用物质含量。积极建设绿色数据中心和绿色基站,统筹应用节能、节水、降碳效果突出的绿色技术和设备,加强可再生能源利用和分布式供能。加快推动绿色服务业提档升级,大力发展总部经济、金融服务、智慧物流等高端绿色服务业,加快发展软件和信息服务、科技研发等生产性绿色服务业,全力打造中国软件名城、长三角区域金融中心和长江区域性航运物流中心,加快推进 LG 新能源产业基地、中电熊猫电子装备产业基地、中航南京航空装备产业基地、中船海洋装备机电产业基地等重点项目建设,提高产业集聚规模,加快建设全国战略性新兴产业重要基地。

（三）推进资源高效循环利用

支持企业强化技术创新和管理，增强绿色精益制造能力，大幅降低能耗、物耗和水耗。不断提高绿色低碳能源使用比率，开展工业园区和企业分布式绿色智能微电网建设，控制和削减化石能源消费量。全面推行循环生产方式，促进企业、园区、行业间链接共生、原料互供、资源共享。推进资源再生利用产业规范化、规模化发展，强化技术装备支撑，提高大宗工业固体废弃物、废旧金属、废弃电子产品等综合利用水平。大力发展再制造产业，利用信息化技术对传统机电产品以及通用型复印机、打印机实施智能再制造，对老旧和性能低下、故障频发、技术落后的在役机电装备实施在役再制造。推进再制造产品认定，进一步规范再制造产品生产，引导再制造产品消费，推动建立再制造产品认定国际互认机制，促进再制造产业持续健康发展。

（四）积极构建绿色制造体系

要大力支持企业开发绿色产品，推行生态设计，显著提升产品节能环保低碳水平，引导绿色生产和绿色消费。建设绿色工厂，推动在重点行业建设千家绿色示范工厂，实现厂房集约化、原料无害化、生产洁净化、废物资源化、能源低碳化，探索可复制推广的工厂绿色化模式。发展绿色园区，推进工业园区（集聚区）按照生态设计理念、清洁生产要求、产业耦合链接方式，加强园区规划设计、产业布局、基础设施建设和运营管理，培育示范意义强、具有鲜明特色的"零"排放绿色工业园区。打造绿色供应链，引导企业不断完善采购标准和制度，综合考虑产品设计、采购、生产、包装、物流、销售、服务、回收和再利用等多个环节的节能环保因素，与上下游企业共同践行环境保护、节能减排等社会责任。壮大绿色企业，支持企业实施绿色战略、绿色标准、绿色管理和绿色生产。推动发展绿色金融，加强信贷政策与产业政策的衔接配合，引导资金流向节能环保技术研发应用和生态环境保护治理领域。强化绿色监管，健全节能环保法规、标准体系，加强节能环保监察。进一步转变职能，创新行业管理方式，推行企业社会责任报告制度，开展绿色评价。践行绿色理念，大力加强绿色产品和绿色服务供给能力，创造绿色需求，带动绿色消费，引领绿色时尚，弘扬绿色文化。

参考文献

[1] 刘飞,曹华军.绿色制造的研究现状与发展趋势[J].中国机械工程,2011(11).
[2] 李智,原锦风.基于中国经济现实的供给侧改革方略[J].价格理论与实践,2015(12).
[3] 顾朝林,谭纵波.气候变化与低碳城市规划[M].南京：东南大学出版社,2009.
[4] 马常艳.解读"供给侧改革"[J].商周刊,2015(25).
[5] 周剑."十三五"期间智能制造发展趋势[J].中国建设信息化,2016(03).
[6] 胡帆.加快由"中国制造"转向"中国智造"[J].学习月刊,2015(23).

加快推进绿色发展,建设生态文明城市

王启满

九三学社盐城市委员会

摘要:十八届五中全会确立了"创新、协调、绿色、开放、共享"的发展理念。发展绿色经济,建设生态文明城市已渐成主流和发展趋势。近年来,我市把发展绿色经济摆在重要位置,实施创新驱动战略和"四个盐城建设"战略,经济建设和社会发展取得了良好成绩,但产业结构性矛盾突出,节能减排压力大,绿色发展基础较弱等制约绿色发展的因素仍然存在,为了更好地发展绿色经济,笔者建议要进一步强化五大发展理念,加快生态文明城市建设;要多措并举加大基础建设投入,夯实绿色发展基础;要充分发挥好减排工作对经济社会发展导向作用,提高绿色经济比重,促进绿色经济快速发展。

关键词:绿色经济;生态文明城市;建设

随着生态文明建设力度的逐步加大,发展绿色经济,建设生态文明城市已渐成主流和趋势。近年来,我市在推进绿色发展,生态文明建设方面进行了积极探索与实践,较好地发挥了绿色经济导向作用,推进了地区生态文明建设发展,人居生态环境得到了稳步改善,为我市"四个盐城建设"提供了良好环境。但从近年来我市推进绿色经济,建设生态盐城实践来看,制约性因素仍然较多,概括起来讲,主要有以下四个方面:

一是产业结构性矛盾突出,传统产业比重较高,现代服务业对经济发展支撑能力弱。当前,推进绿色发展,走可持续发展道路已成为盐城各级党委政府的共识,但由于传统粗放式的增长方式没有从根本上改变,加快绿色发展、推进生态盐城建设的形势仍然十分严峻。从全市产业结构看,我市作为东部沿海新兴发展城市,产业的结构性矛盾比较突出,全市以煤炭消费为主的能源结构、重化工占有相当比重的工业结构,在短时间内难以改变,农业增加值比重明显偏高,二三产业发展水平相对较低。产业结构调整明显滞后于经济发展,传统工业转型升级步伐不快,化工、纺织、机械制造等传统产业仍占主体地位,现代服务业对经济发展的支撑能力偏弱。从企业加强技术革新看,企业对新技术、新工艺研究资金投入偏少,高端技术和环保方面的人才较为欠缺,企业主动开展清洁生产、加强废弃物循环利用的积极性不高,不少企业产品仍处于中低端应用,高端产品及技术研发较少,没有改变传统粗放式企业经营模式,对地区环境污染较为突出。

二是减排的压力较大,污染总量仍然偏高,绿色经济引导地区经济发展的导向作用还不明显。从减排及能耗指标完成情况看,近年来,我市认真贯彻落实国家和省关于加强节能减排工作的各项政策措施,减排工作取得一定成效,但仍存在减排压力较大、削减难度较高等问题。工业减排方面,由于经济结构不合理,前期工业减排潜力已基本挖掘殆尽;生活减排方面,主要体现在污水处理厂建设方面,随着城镇人口增加,城区面积扩大,加之污水处理厂处理能力不足或管网配套建设不到位,主要污染物削减量达不到要求;农业减排方面,由于农村面源污染物存在点多、量少等问题,减排形势不容乐观,污染物总量削减不尽明显。从节能方面情况看,我市工业能耗增长明显快于工业增加值增长,能源资源消耗呈加剧趋势,节能减排形势依然较为严峻。

三是部分企业环保意识差、违法成本低、守法成本高,从而导致生态被破坏现象时有发生。2013年,我市环境信访总量位列全省第一,大气污染、水污染、噪声污染信访量一直居高不下。2014年以来,市环保局12369平台共受理各类环境信访案件4 102多件,承办省环保厅转(交)办件920件,分别同比上升90.4%和18.7%。环境信访问题仍然占比较高,直接影响到我市社会稳定和生态文明建设工作,通过环境信访也反映出我市部分企业环境法治意识较为淡薄,环境保护意识较差,违法成本低、守法成本高的问题,仍然没有得到根本性扭转,环境法治宣传工作仍需要进一步加强、环保执法力度还需进一步加大。

四是环境基础设施建设还很薄弱,污染防治任务艰巨,制约着城乡环境质量的提升。长期以来,由于环境保护欠账较多,环境基础设施建设基础薄弱,生态建设资金缺口问题逐步凸显。近年来,市委、市政府投入大量的财力、物力,加强了环境基础设施建设,但由于我市地广面大,城镇人口急骤增长,污水处理厂、管网建设、垃圾收集转运设施建设等基础设施建设与当前社会经济发展的速度仍有一定差距;加之,宏观经济形势依然严峻,各级财政特别是县级财政压力日益增加,环境基础设施建设投入和后期管理、运行的保障能力相对不足,污水管网配套不到位,一些建成的污水处理设施不能充分发挥好经济效益和环境效益,城乡居民生活污水及工业废水处理不到位,直接影响到河道水质环境。就我市饮用水源保护而言,近年来,水源保护的压力逐年增加。我市蟒蛇河、通榆河、射阳河等主要供水河道,受自身因素及上游尾水过境的影响,全流域地表水环境污染呈逐年加重的趋势,由于淮河流域上游市、县已全部直接以长江水作饮用水源,南通市、泰州市引江区域供水工程也已基本建成,客观上会削弱对其境内水体的保护力度,直接影响我市的上游来水的水质安全。

关于推进绿色发展、建设生态盐城的对策和建议:

发展绿色经济是今后我市必须面对的现实性问题,也是推进生态文明建设的重要内容。市委、市政府在大力实施生态立市战略的同时,出台了《关于加强生态文明体制改革的实施意见》,对我市生态文明建设工作及社会经济环境全面发展提出了指导性意见,明确了今后我市发展方向和目标任务。为了更好地推进绿色发

展,加强生态文明城市建设,我们建议:

一是要进一步强化绿色发展理念,大力推进生态文明城市建设。就我市当前生态文明建设工作而言,前期已做了大量的工作,取得了明显成效,但仍存在一系列问题,究其原因在于社会各层级各领域对绿色发展理念虽然有一定的认识,但认识还不深不透,思想上还没有完全转变过来。就发展模式而言,部分县市区仍存在先污染后治理的传统发展模式的思想,片面地追求GDP的思想仍较为突出,在保护环境与经济发展中缺乏统筹协调的意识;就企业层面而言,环境法治意识淡薄,违反环保法律法规的现象时有发生;就社会群众而言,注重自身小环境较多,在大环境的保护上生态保护意识还有一定差距。当前,重点要结合我市生态文明建设改革要求,切实解决好社会各层各级发展理念问题。一是进一步强化生态红线意识。把生态红线作为我市经济发展的最后保障线、领导政绩考核的高压线、可持续性发展的生命线,在现有生态红线保护基础上,在全市范围内探索建立生态功能红线保护区、环境质量红线保护区和资源利用红线保护区,建立资源环境承载能力监测预警机制和评价指标体系。二是进一步强化环保法制意识。要结合新《环境保护法》学习贯彻的契机,开展好形式多样、内容丰富的学习宣传活动,提高全社会的环保法治意识,形成全民自觉守法、执法者严格执法的良好氛围。三是进一步强化基层群众生态保护意识。在全市范围内真正建设起政府主导、部门推动、社会广泛参与的全方位的生态文明建设宣传教育机制,动员基层群众积极参与,关爱环境,共同监督,推动我市发展绿色经济、建设生态盐城进程。

二是要充分发挥好减排工作对经济社会发展导向作用。推进绿色发展、建设生态盐城关键是要充分发挥好减排工作对经济社会发展导向作用,提高绿色经济比重,促进绿色经济快速发展。一是减排要出效益,指导节能环保型企业发展。要积极探索制定市场激励制度,利用市场化手段倒逼传统产业转型升级,使我市节能环保产业步入快车道。二是减排要出成效,加快推进城乡生态文明建设。要把节能减排纳入生态文明城市建设、新农村建设和康居示范村建设的整体规划之中,加强绿色文化、节能环保建设,加强节能环保新技术运用。与此同时,扶持发展生态农业和农村绿色产业,削减农村面源污染总量,推动各行各业的全面"绿色化",构建生态环境体系。三是减排要出政绩,统筹经济社会协调发展。要把减排工作与地区经济增长结合起来,按照沿海经济产业定位和生态环境容量,大力引进"大而新"和高科技、高附加值、低能耗、低污染的"两高两低"产业,建设创新型园区、高科技园区、生态园区,禁止淘汰落后的产能落户沿海,防止污染转移和产业回归。

三是要多措并举加大环保基础投入,夯实生态文明城市建设基础。一是做好专项资金申报工作。近年来,中央和省在生态文明方面的资金投入总量是逐年加大的,并涉及各行各业,不少专项资金是用于提升基层基础能力建设的,这些资金对我市提高生态文明建设工作起到很好的推进作用。但从调研情况看,部分县市区在专项资金争取上存在着上面有资金补助,下面没有项目编报等现象,没有很好地利用各类专项，弥补我市环保基础设施投入方面的缺口。对此，应针对当前专项补助资金量大的特点，在吃透文件精神的基础上，结合我市实际，做好专项资金的申请和争取工作、项目编报工作，使专项资金集中投入生态环境治理和人居环境质量改善等方面。二是做好外资引进工作。2014年《改革内参》以《广东成产业链引进环保技术值得肯定》为题报道了总投资超2万亿元的中国水污染防治盛宴，吸引了越来越多的中外厂商，在节水、水处理等领域拥有独门技术的多家以色列企业率先登陆广东东莞，2014年至少有10家以色列企业进驻，有意向入园的中以企业超40家。对于我市而言，加强环保基础投入可借鉴外面好的做法和经验，将污染治理和生态建设等方面打包推销，采取公私合营、私人独营等办法，在政策上研究出可行性措施和优惠性政策，吸收外来资金投资我市生态文明建设工程项目，促进我市生态环境质量改善。

科技创新主导　再攀江苏制造新高

苏　勇

九三学社张家港市二支社

摘要：根据 2015 年度江苏省政府工作报告及《2014 年中国（全口径）装备制造业区域竞争力评价报告》对江苏制造的现况进行分析，用科技创新理论对江苏制造实现新突破的具体做法作出建议。

关键词：装备制造业；全口径装备制造业；"中等收入陷阱"；科技创新

　　读取 2015 年度江苏省政府工作报告，对江苏省"十二五"时期取得的巨大成就，特别对江苏制造业的发展速度，作为一名江苏人倍感自豪。

　　报告指出："十二五"时期，全省地区生产总值连跨三个万亿元台阶，超过 7 万亿元，年均增长 9.6％。人均地区生产总值突破 1.4 万美元。一般公共预算收入连跨四个千亿元台阶，突破 8 000 亿元，年均增长 14.5％。"十二五"时期，全社会研发投入 1 788 亿元，科技进步对经济增长贡献率达到 60％。高新技术产业产值比重达 40.1％，大中型企业研发机构建有率达 88％，高校协同创新成效明显，省产业技术研究院建设加快推进。万人发明专利拥有量突破 14 件。引进国家千人计划创业类人才占全国 1/3，高技能人才总量 293.2 万人。区域创新能力连续 7 年位居全国首位。

　　作为经济发展的支柱，江苏装备制造业加快发展，智能制造、技术改造、品牌建设力度加大。智慧江苏建设深入推进，区域两化融合发展水平总指数达 94 左右。由此带动对外贸易结构不断优化，一般贸易出口占出口总额比重达到 43.8％。在发展同时，兼顾"碧水蓝天"，通过健全生态补偿机制和绿色发展评估机制，绿色发展综合指数达 76.4。强化节能减排和资源节约集约利用，单位土地 GDP 产出率提高 50％，单位 GDP 能耗下降和主要污染物减排超额完成国家任务。

　　但是，江苏经济特别是装备制造业已面对资源环境刚性约束增强等矛盾和困难，且目前全省人均 GDP 1.4 万美元，虽然数值已近超过"中等收入陷阱"12 735 美元的定义值上限，属于发达地区水平，但客观上存在用工成本高，区域发展不平衡，仍然处于跨越"中等收入陷阱"的紧要关头。要实现跨越，取得进一步突破，除了要巩固既往的产业体系健全、产品种类齐全、产业基地有重点、主机与配套企业协调、新型产业链规模化等传统优势外，还需进一步提升创新能力，提高江苏制造的经济效益，特别是必须牢牢把握住以科技创新为核心的全面创新。国际经验看，二战后只有少数经济体迈过"中等收入陷阱"实现了现代化,他们的一条重要经验在于紧紧依靠科技创新打造了竞争的新优势,从而提升了自身在全球价值链条中的位势。习近平总书记指出:"谁牵住了科技创新这个牛鼻子,谁走好了科技创新这步先手棋,谁就能占领先机、赢得优势。"

如何把科技创新从理论转化为实践,我们应注重如下方面工作:

一、着重原始创新,加强基础研究

基础研究是科技进步的先导,在江苏,大专院校齐全,实验室云集,可围绕国际科学前沿方向,结合国家战略需求,建设一批具有国际先进水平的科研基地,推进有特色高水平大学和科研院所建设,在重大创新领域组建一批国家级实验室,加强大科学装置等重大科研基础设施建设,强化科技资源开放共享,并凝聚一批走在世界科学前沿的高水平团队。

二、强化企业创新主体作用,加快创新型领军企业建设

近年来我省企业创新能力快速提升,但依靠科技创新进入世界500强的企业仍然不多。要健全技术创新的市场导向机制,促进企业真正成为技术创新决策、研发投入、科研组织和成果转化的主体。要支持有国际竞争力的行业领军企业构建高水平研发机构,鼓励开展基础性前沿性创新研究,吸引集聚全球优秀人才,培育具有国际竞争力的创新型企业。同时,引导中小微企业走"专精特新"发展道路,构建技术创新公共服务平台,推动设备更新和新技术广泛应用。

三、规模构建人才队伍,激发科技人员的积极性

围绕重点学科领域和创新方向,造就一批国家级具备世界水平的科学家、科技领军人才、工程师和高水平创新团队。实施更加积极的创新人才引进政策,注重培养一线创新人才和青年科技人才,大力提高全民科学素质。要为科研人员健全流动机制,营造更加宽松的科研环境,赋予创新领军人才更大的支配权、技术路线决策权,实行以增加知识价值为导向的分配政策,提高科研人员成果转化收益分享比例。

四、推动跨科协同创新,加快产学研用深度融合

要注重各类创新资源和要素的有效汇聚,推动各创新主体打破壁垒开展深度合作,鼓励构建产业技术创新联盟,支持联盟承担共性技术研发重大项目,完善产业创新链。加强各类技术和知识产权交易平台建设,建立从实验研究、中试到规模化生产的全过程科技创新融资模式,促进科技成果资本化、产业化。同时建立军地融合,促进军民两用技术双向转化。

五、推动政府职能转变，营造良好创新生态

要求政府更加注重抓宏观、抓战略、抓前瞻、抓基础、抓环境、抓监督，注重向创新链前后端延伸，注重优化政策供给，注重营造良好创新生态，强化科技同经济对接、创新成果同产业对接、创新项目同现实生产力对接，形成全链条统筹推进格局。建立省级高层次创新决策咨询机制，提高决策的科学化和民主化水平。制定运用各类政策，积极营造有利于知识产权创造和保护及激励创新创业的法治、市场及崇尚创新的文化环境。

六、坚持全球视野，努力突破关系全局的重大技术

要紧跟世界科技发展趋势，统筹国内外资源，全面提升国际科技合作水平。支持企业面向全球布局创新网络，鼓励建立海外研发中心，按照国际规则并购、合资、参股国外创新型企业和研发机构，提高海外知识产权运营能力，支持外资机构在省内设立技术研发机构，实现引资、引技、引智相结合。在技术突破上瞄准国际科技前沿，加快突破新一代信息通信、新能源、新材料、航空航天、生物医药、智能制造等领域核心技术。面向未来，在量子通信、新一代信息网络、类脑机器人、纳米等领域，部署启动一批重大科技项目，力争在国家战略优先领域率先实现省级跨越。

综上，要建成"强富美高"新江苏这一宏伟目标，经济发展是关键，江苏制造是核心，而巩固传统优势是基层、科技创新主导是抓手。我们要全省一盘棋，认真实施"一带一路"和长江经济带建设等重大战略，加强与上海自由贸易试验区全方位对接互动，推进苏州工业园区开展开放创新综合试验，以苏南现代化建设示范区引领带动，加快推进苏中融合发展特色发展，实施沿海开发五年推进计划，稳步推动中哈（连云港）物流合作基地建设。在地方传统项目上围绕重点产业进行扶持，如促进常州智能制造和石墨烯产业发展，支持无锡国家传感网创新示范区建设，振兴徐州老工业基地产业，推进中韩盐城产业园区、淮安台资企业产业转移集聚服务示范区等建设。创新各级各类开发区体制机制和运营模式，要以突出人才优先发展，推进科技创新为主导的各类创新，实施引领产业发展的重点科技专项和创新型领军企业培育行动计划，建设一流产业科技创新载体，构建开放式产业科技创新网络，打造与国际接轨的产业科技创新生态，充分释放各类创新主体活力，加速构建产业创新发展新动源、新空间、新体制，形成产业科技创新中心框架体系。深入实施《中国制造2025江苏行动纲要》，着力建设具有国际竞争力的先进制造业基地，江苏制造必将再攀新高。

江苏省制造业转型升级机理研究及实现路径

戴慧婷

淮安市农业委员会

摘要：本文以江苏制造业转型升级为目的，探讨了江苏制造业发展中存在的现实问题，提出了壮大企业规模、加快发展生产性服务业、"互联网＋"技术创新、主动对接"一带一路"等对策建议。

关键词：制造业；转型升级；机理研究；实现路径

20世纪70年代以来，全球开始第三次工业革命，传统工业技术占据着制造业的主导地位。随着社会生产力的进步，这种传统的发展模式所无法克服的粗放式管理、生产效率低下、资源浪费等弊端同生态环境和要素成本间矛盾越来越尖锐，智能制造、绿色发展成为未来制造业发展的重要导向。在这种大时代背景下，我国提出了中国版的"工业4.0"规划——《中国制造2025》，力争通过三个十年的努力，把我国建设成为引领世界制造业发展的制造强国。这代表了中国在由制造大国向制造强国转型过程中的顶层设计和路径选择，意义深远重大。

一、江苏制造业总体情况

制造业是工业经济的主体，是工业化和现代化的主导力量，是构建区域产业体系和支撑国民经济发展的重要基础。欧美发达国家在全球金融危机后推行"再工业化"发展战略，更加重视高端制造业及其竞争优势的打造，制造业回流到发达地区，发达国家在资本、科技等方面长期积累的优势将会得到进一步强化，成为未来科技革新与产业革命红利的主要受益者[1, 2]。现阶段中国也正在进行从低端走向中端和高端的产业结构调整及产业升级，我国制造业未来在高端制造领域所面临的竞争将更加激烈[3]。

江苏作为我国的工业经济强省和制造业大省，改革开放以来，在乡镇企业快速发展的基础上，江苏制造业通过"三来一补"，即来料加工、来样加工、来件装配、补偿贸易的加工贸易方式嵌入全球价值链，给江苏带来了巨大的发展机遇，实现了制造业的快速发展和规模扩张。制造业是江苏工业经济的主体和支柱，是推动江苏经济发展的主要驱动力，制造业发展水平基本上代表了江苏工业发展的整体水平。统计数据表明，2001—2014年江苏规模以上工业总产值以20%左右的年均增速，遥遥领先于全国大多数省份（见图1）。

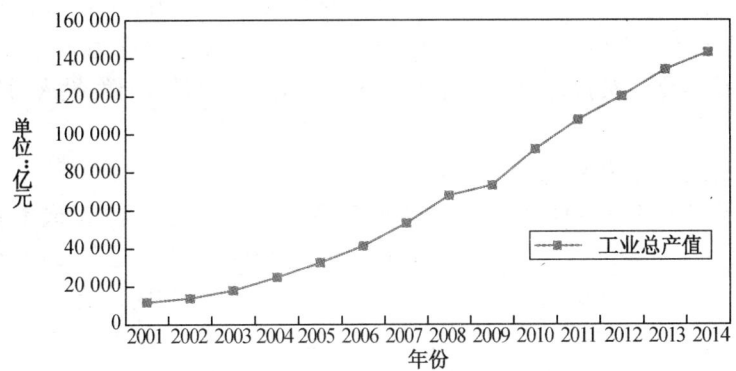

图 1　2001—2014 年江苏规模以上工业总产值

数据来源：2015 年《江苏统计年鉴》

二、江苏制造业中存在的问题

作为我国制造业大省，江苏制造是全国制造的一个缩影。处于全国价值链中低端环节的制造企业所生产的低质量、低附加值、低技术等"三低"产品问题使江苏制造业面临严重的价值链低端锁定窘境。具体表现在如下方面：

（一）制造业规模整体偏小，规模经济效益弱

根据《2015 江苏装备制造业蓝皮书》显示，江苏装备制造业存在制造企业"小、散、低"的问题，难以适应国际竞争。邓祖涛、陆玉麒等从固定资产投资、区位商、劳动生产率等方面对江苏制造业的现状特征进行研究后认为，企业规模小、创新能力弱是江苏制造业发展现状的一个主要特征[4]。制造业规模弱小导致制造业单位产品生产成本偏高，影响规模经济效益，企业在研发、营销等方面的投入也相应不足，严重制约制造业转型升级。

（二）生产性服务业发展滞后

生产性服务业是由制造业内部的生产服务部门独立发展而形成的新兴产业，以科学研究、技术服务、金融业、交通运输、仓储和邮政业等为代表，通过服务外包（财务、人力、科技、采购等）来深化分工、降低成本[5,6]。生产性服务业是提高制造业竞争力的重要基础。江苏生产性服务业对制造业的拉动作用偏弱，制造业很少选择生产性服务业来提高产品附加值，而是依靠廉价劳动力赢得的低成本优势参与国际竞争，从江浙沪三地比较来看，上海的产品设计、金融服务业等生产性服务业对制造业升级影响的程度和范围更广。

（三）科技创新能力不强

由于创新投入、企业主体地位、体制机制等多种因素影响，江苏制造业科技创新能力薄弱，先进制造技术的研究和应用水平低，核心关键技术、附加值高的技术装备和产品则长期依赖进口。根据《2014 年全国科技经费投入统计公报》江苏

R&D 经费支出 1 652.8 亿元，居全国首位，经费投入强度为 2.54%；2015 年全国 R&D 经费支出 14 220 亿元，比上年增长 9.2%，经费投入强度为 2.10%，而德国在 2008 年 R&D 经费投入强度已经达到 2.69%，这说明科技研发投入力度仍远落后于发达国家。

（四）国际知名品牌太少

随着我国人口红利的消失，制造业逐渐转向东亚、南美等人工成本更低的国家，中国制造成本廉价的比较优势将不复存在。早在"十二五"之初，江苏就明确提出了"培育国际知名品牌、转变外贸发展方式、加快外贸大省向外贸强省转变"的战略决策，取得了较大成效。2014 年江苏省商务厅正式发布的"2014—2016 年度江苏省重点培育和发展的国际知名品牌"中，共有 320 个品牌入选，但入选品牌主要集中在纺织服装、机电产品、轻工工艺、五矿化工等四大行业，其他行业中则极为缺乏，这说明江苏制造业国际知名品牌总数仍然偏少且品牌结构失衡，原因在于江苏省制造业技术创新力量薄弱、营销能力偏弱和品牌定位不清。

三、制造业转型升级发展思路

在当前要素成本上升、创新能力缺乏、市场竞争加剧、资源能源约束、资金融通困难（特别是对于中小企业）的不利环境下，中国制造业产品（尤其是劳动密集型产品）在国际市场上的竞争力正被逐渐吞噬，以江苏为代表的制造业必须采取相应的管理措施，提高技术含量和产品附加值，主动参与融入国际分工，加快制造业转型升级，才能摆脱刚性制约因素，实现江苏制造业的长期持续发展。

（一）推进传统技术改造，扩大制造业企业规模

统计表明，江苏制造业单体产值规模仅处于全国中等水平，难以获取更大的规模效益，也与江苏在全国社会经济中的地位不相适应，必须进一步改革投资体制机制，充分依托国内、国际两个市场，通过收购、兼并、参股、托管等多种形式，实行制造业的"裂变发展"。制造企业必须有危机意识，主动学习消化吸收高新技术，注重流程管控，将新技术、新设备、新的管理理念渗透、融合到现实传统制造业中，深化专业领域分工合作，扬长补短，促进生产要素和市场份额向优势企业集中。应重点培育和发展具有国际竞争力的大企业和企业集团，推动制造业向价值链高端攀升。另外，由于产业集群通过产业链、价值链等链环形成的关联效应对制造企业发展有很强的推动作用，因此必须多措并举，扶持区域龙头企业发展壮大，打造"区位品牌"，带动制造业集群升级。

（二）积极调整产业政策，大力发展生产性服务业

生产性服务业主要有研发设计、科技服务、信息服务、商务咨询等，具有典型的知识技术密集型特征，是与制造业直接相关的配套服务业。但当前社会长期以来的发展导向是重工业轻服务业，江苏制造业与生产性服务业之间的关联性还是较弱。因此，要积极培育发展生产性服务业的生长环境，提高服务业规模及比重，尊

重知识,尊重创造,尊重市场,从战略和操作层面充分重视生产性服务业在制造业转型升级中的根本推动作用,形成制造业与生产性服务业的互动互补的良性循环。

(三)加大创新政策力度,支持企业技术创新

马克思主义认为,技术创新和制度创新属于生产力和生产关系两个不同范畴,技术创新对制度创新具有决定性作用,制度创新可以影响技术创新的路径及效率。因此既需要企业主导的技术创新,也需要政府主导的制度创新。制造业技术创新关键是推进知识技术的自主创新,企业是技术创新的真正主体。好钢尚需用在刀刃上,要不断创新 R&D 投入体制机制及管理模式,畅通产学研对接渠道,积极运用高校、科研院所的诸多创新成果。推行"互联网+"战略,将移动互联网、云计算、大数据、物联网等与现代制造业结合,使互联网最新的信息技术、方法论商业模式深度融合于制造业和服务业的各个领域之中,通过电子商务、工业互联网和互联网金融的健康发展,极大地促进服务型制造业和生产性服务业的发展。

(四)完善企业品牌战略,推动企业"走出去"

企业从生产加工环节向品牌营销的转型,是获取价值链高端竞争力的体现。江苏目前还没有达到完全依靠国际品牌建设实现制造业升级的阶段,制造业企业发展战略应从经营效率转向产品创新和差异化发展,塑造自有品牌。制造业要改变重生产销售轻研发售后的传统经营方式,强化品牌意识和营销体系建设,培育中国品牌的国际影响力,扩大价值增值流量。主动对接"一带一路"战略机遇,鼓励企业真正依靠自主知识产权和品牌"走出去"。将"一带一路"沿线国家和地区的基础设施、互联互通等重大国际基础建设项目,与装备优势产能"走出去"紧密结合起来,以"工程"带"产业"。支持企业按照国际惯例和商业原则开展国际产能和装备制造合作。推动中国标准先行"走出去",通过标准促应用,培育新兴市场,推动产品、产业"走出去"。惟其艰难,更显勇毅;惟其笃行,弥足珍贵。江苏省制造业在转型升级中牢牢抓住新一轮科技革命、产业变革的重大机遇,将"互联网+先进制造业+现代服务业"作为工业经济发展的新引擎,加快创新型省份和工业强省建设,努力建设"强富美高"新江苏。

参考文献

[1] 李镜.解析"工业 4.0"时代背景下的"中国制造 2025"[J].现代商业,2016(2):24-25.
[2] 冷单,王影."中国制造"能向"美国制造"学什么[J].中国经济周刊,2016(3):79-80.
[3] 黄群慧,贺俊.中国制造业的核心能力,功能定位与发展战略——兼评《中国制造 2025》[J].中国工业经济,2015(6):5-17.
[4] 邓祖涛,陆玉麒,陈敬仁.江苏省制造业现状特征及在长三角中的功能定位[J].江苏商论,2006(5):6-82.
[5] 李春顶."中国制造"的新常态[J].新重庆,2015(10):8-9.
[6] 邓向荣.中国产业转型发展的路径选择—理论思考和实证研究[J].第五届中国服务贸易年会服务贸易学术研讨会报告集,2015.

绿色制造产品的绿色度评价研究

乔维德

无锡市九三学社文教工委

摘要：借鉴绿色制造的五大决策属性，以机电产品为例，从产品制造的能源属性、资源属性、环境属性、经济属性和技术属性等五个方面进行分析，应用层次分析法（AHP）确定机电产品绿色制造的绿色度评价指标体系，构建人工神经网络（ANN）的机电产品制造的绿色度评价模型。仿真实验结果表明，该评价方法具有速度快、准确率高的优点，并得到满意的评价结果，对于正确评价与指导产品的绿色制造具有较好的实用性和推广价值。

关键词：AHP；ANN；机电产品；绿色度评价

一、引言

制造业的迅速发展，极大促进了社会经济发展，但同时也对人类赖以生存的生态环境造成了日益严重的影响和巨大破坏，如我们身边经常出现或耳闻的污染事故、沙尘暴、酸雨、温室效应等现象及问题。根据相关媒体报道及文献资料统计，全世界每年因生态系统破坏造成的各类经济损失高达近3 000亿美元，尤其是对自然环境带来的瓶颈和问题更多、负面影响更大。因此，为更好顺应人类社会可持续发展需求，如何最大限度利用资源和减少废弃物的滋生，已经成为目前我们共同面临并需要重视的课题。绿色制造的概念正是在这样的时代背景下应运而生的。绿色制造是一种充分考虑环境、资源问题的现代制造模式，它强调产品从设计、制造、包装、运输、使用、报废直至废弃处置的整个产品生命周期过程中，资源利用率最高，但对环境的负面影响最小，而且始终保持企业经济效益与社会效益的协调优化。绿色产品不同于传统产品，它是采用绿色制造技术，通过设计、生产、加工而得到的产品。绿色产品被认为是人类走可持续发展战略的必由之路，也正成为现代制造的研究热点之一。什么样的产品才能称得上真正的绿色产品，又如何对产品绿色度作出科学而客观的评价，目前国内外仍缺乏统一和权威的标准，这在一定程度上对绿色产品的设计、制造、管理及其发展带来许多制约和限制。

绿色制造产品的绿色度评价是一个复杂的系统的评价过程。目前国内外使用的评价方法很多。尽管绿色制造及绿色产品的必要性和重要性已经被国内外现代制造业和工业领域所认同，但产品达到什么程度才算是绿色产品，利用哪些指标来衡量,国内外还没有统一的定义和标准。如果我们仍然按照以往常规的单项因子评价法、综合评价法、多元统计分析、模糊数学等传统分析方法来评价产品的绿色度,尽管这些方法在不同程度上能取得一定效果,但还不够完善,主要表现在:①对于绿色产品绿色度的评价指标体系以往通常凭借专家的经验进行评估,评价中的主观随意性较大,其评价结果与实际值往往存在一定误差,有时甚至相当大;②某些指标的评价结果的影响随时间而变化,用传统的方法很难对结果做出精确的评价;③计算复杂,求解烦琐,计算量相当大;④这些算法缺乏自学习能力。为了减少评价的随意性,增强绿色制造产品评价的客观性、科学性和公正性,本文以机电产品绿色制造为例,采用层次分析法构建机电产品的绿色度评价指标体系,并应用具有学习、记忆、归纳、容错及自学习、自适应能力的 BP 神经网络方法,建立机电产品绿色度评价模型,对机电产品绿色度水平进行科学、有效、客观的评价。

二、机电产品绿色度评价指标体系构建

层次分析法(Analytic Hierarchy Process,简称 AHP)是美国运筹学家 Saaty 教授于 20 世纪 70 年代首先提出的一种定性与定量相结合的决策分析方法。AHP 分析法的基本原理是:根据系统的具体性和目标要求,把复杂的总是分解为各个组成因素,并按照因素间的相互关联影响分组形成有序的递阶层次结构,通过两两比较的方法确定层次结构中各因素的相对重要性,然后,综合专家的判断以决定各因素相对重要性的总排序,最后通过排序结果分析,解决实际问题。本文采用层次分析法确定绿色制造机电产品的绿色度评价指标体系。

(一) 建立递阶层次结构

机电产品制造业是最大的资源使用者,也是最大的环境污染源之一,所以,笔者以机电产品的绿色制造为例,对机电产品绿色度进行评价很有现实意义和参考价值。正确评价机电产品绿色度,必须引入系统工程的思维方法,遵循全面性、独立性、可比性以及经济效益、社会效益、环境效益三者紧密结合的原则,构建机电产品绿色度评价指标体系。影响机电产品绿色制造的因素错综复杂,通过大量实证研究与分析,机电产品绿色制造中的环境、资源、能源、经济和技术等影响因素综合决定了机电产品的绿色度,而且各影响因素之间也存在一定关联。建立具有目标层(A)、一级指标层(B)和二级指标层(C)的三层结构模型,如图 1 所示:机电产品绿色度评价为目标层;一级指标层由环境属性、资源属性、能源属性、经济属性、技术属性等五个评价部分组成;二级指标层由大气污染、水体污染、材料利用率等 24 项指标组成。图 1 中,一级指标层的某些元素对二级指标层的某些元素起支配作用,同时它本身又受到目标层元素的支配。

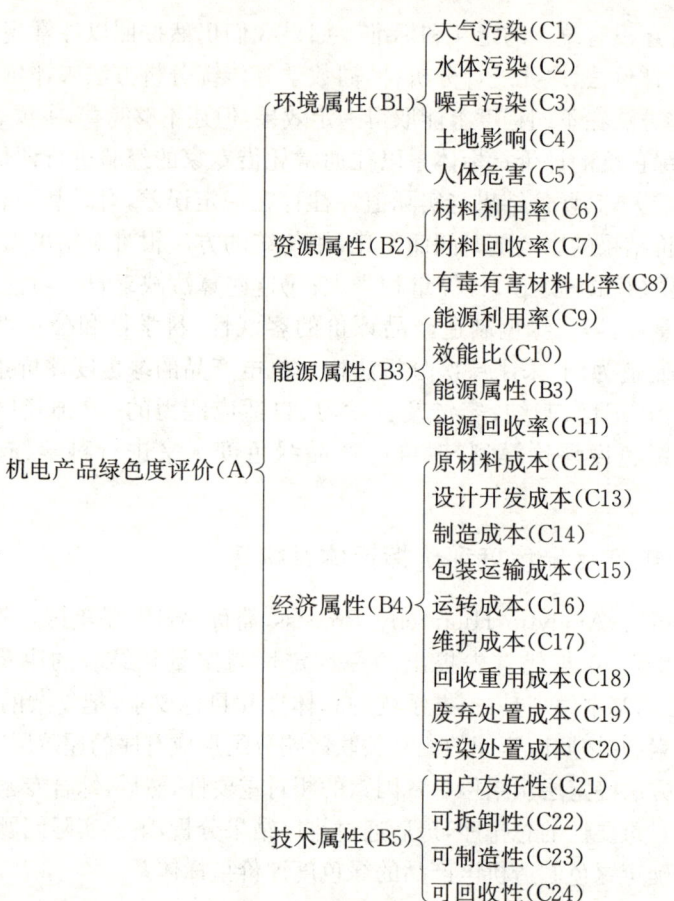

图 1　机电产品绿色度评价指标递阶层次结构

（二）构造判断矩阵

为减小主观因素的影响，首先将隶属于同一指标的各指标之间的相对重要性进行比较，形成判断矩阵。一般地，隶属于指标 A_i 的指标 $B_j(j=1,2,\cdots,m)$，其判断矩阵为一个 m 维方阵，如表 1 所示。表中 B_{ij} 表示在隶属于 A_i 的诸指标中，指标 i 与指标 j 相比，对于指标 j 的相对重要性程度，一般采用 Saaty 提出的 1-9 比率标度法（见表 2）。

表 1　判断矩阵的一般形式

A	B_1	B_2	$\cdots$	B_m
B_1	B_{11}	B_{12}	$\cdots$	B_{1m}
B_2	B_{21}	B_{22}	$\cdots$	B_{2m}
$\cdots$	$\cdots$	$\cdots$	$\cdots$	$\cdots$
B_m	B_{m1}	B_{m2}	$\cdots$	B_{mn}

表 2　判断矩阵标度及其含义

标度	含义
1	B_i 和 B_j 同样重要
3	B_i 比 B_j 稍微重要
5	B_i 比 B_j 明显重要
7	B_i 比 B_j 强烈重要
9	B_i 比 B_j 绝对重要
倒数	$B_{ji}=1/B_{ij}$
2, 4, 6, 8	重要程度介于上述奇数之间

通过计算求出机电产品绿色度评价的一级指标判断矩阵 $A-B$（如表 3 所示）其判断矩阵为一个 5 维方阵,其他二级指标的判断矩阵 $B1-C$、$B2-C$、$B3-C$、$B4-C$、$B5-C$ 可按同样方法求出,在此略。

表 3　一级指标判断矩阵 $A-B$

A	B_1	B_2	B_3	B_4	B_5
B_1	1	1	3	3	5
B_2	1	1	3	3	5
B_3	1/3	1/3	1	1	5
B_4	1/3	1/3	1	1	3
B_5	1/5	1/5	1/5	1/3	1

（三）计算指标单权重

判断矩阵的最大特征根向量经归一化处理后,即可得到机电产品绿色度各评价指标相对于上层指标的权重向量。这里采用方根法求解一级 5 阶判断矩阵 $A-B$ 的特征向量。其步骤为：

1. 计算判断矩阵每一行的乘积 M_i：

$$M_i = B_{i1} \cdot B_{i2} \cdots B_{ij} \quad (i, j = 1, 2, \cdots, 5)$$

2. 计算 M_i 的 n 次方根：

$$\overline{W}_i = \sqrt[n]{M_i} \quad (n = 5)$$

3. 将方根向量归一化：

$$W_i = \overline{W}_i / \sum_{i=1}^{n} \overline{W}_i$$

得排序权向量 $W=(W_1, W_2 \cdots, W_n)^T (n=5)$

于是求得一级指标相对于目标层的权重向量为：

$$W^{(1)} = (0.25, 0.25, 0.2, 0.2, 0.1)^T$$

利用上面同样方法可求取机电产品绿色度评价的二级指标相对于一级指标的权重向量为：

$$W_{B1}^{(2)} = (0.3, 0.25, 0.25, 0.05, 0.15)^T$$
$$W_{B2}^{(2)} = (0.55, 0.35, 0.1)^T$$
$$W_{B3}^{(2)} = (0.4, 0.35, 0.25)^T$$
$$W_{B4}^{(2)} = (0.15, 0.12, 0.15, 0.09, 0.06, 0.1, 0.09, 0.12, 0.12)^T$$
$$W_{B5}^{(2)} = (0.29, 0.24, 0.19, 0.28)^T$$

(四) 合成权重的计算

二级指标对目标层的合成权重的计算要自上而下,将指标单权重进行合成,并逐层进行,直至计算出最底二级指标层各元素的权重和总的一致性检验,即：

$$\begin{aligned}W = W^{(1)}W^{(2)} = &(0.075, 0.0625, 0.0625, 0.0125, 0.0375, 0.1375, \\ &0.0875, 0.025, 0.08, 0.07, 0.05, 0.03, 0.024, 0.03, 0.018, \\ &0.012, 0.02, 0.012, 0.024, 0.024, 0.029, 0.024, 0.019, 0.028)\end{aligned}$$

三、神经网络评价模型

BP 网络是人工神经网络(Artificial Neural Networks,简称ANN)中应用最为广泛的一种网络模型,它通常由输入层、隐含层和输出层组成,结构模型图如图 2 所示。

BP 神经网络处理信息的基本原理是:输入信号 C_i 通过中间节点(隐层点)作用于输出节点,经过非

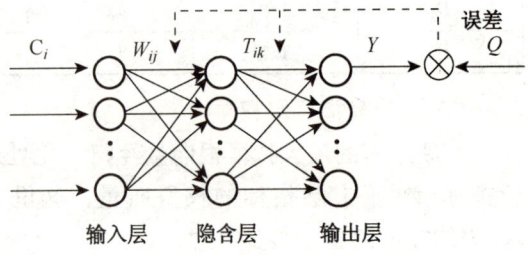

图 2　BP 神经网络模型结构

线形变换,产生输出信号 Y,网络训练的每个样本包括输入量 C_i 和期望输出量 Q,网络输出值 Y 与期望输出值 Q 之间的偏差,通过调整输入节点与隐层节点的联接权值 W_{ij} 和隐层节点与输出节点之间的联接权值 T_{jk} 以及阈值,使误差沿梯度方向下降,经过反复学习训练,确定与最小误差相对应的网络参数(权值和阈值),停止训练。此时,经过训练的 BP 神经网络能对在输入范围内的输入信息自行处理,然后输出误差最小的、经过非线形转换的输出信息。

四、产品绿色度评价应用实例分析

在机电产品绿色度评价过程中,可以用 BP 神经网络来模拟专家评价。神经

网络的求解方法和步骤如下:

（一）指标的无量纲化处理

机电产品绿色度评价的二级指标共 24 项,基本都是正向定量指标和负向定量指标。正向定量指标是指标值越大越好的指标,如材料利用率、材料回收率、效能比、可回收率、可制造性、用户友好性等。负向定量指标是指其值越小越好的指标,如大气污染、水体污染、有毒有害气体比率、制造成本、废弃处置成本、维护成本等,因以上各指标衡量单位不完全相同且级差也有大有小,趋向也不一定一致,所以需要作如下无量纲化和规范化处理:

若是正向定量指标,则为

$$g(i) = \frac{(X_i - X_{i\min})}{X_{i\max} - X_{i\min}}$$

若是负向定量指标,则为

$$g(i) = 1 - \frac{(X_i - X_{i\min})}{X_{i\max} - X_{i\min}}$$

上式中 $g(i)$ 是评价指标标准化值, $X_{i\min}$ 是预先确定的第 i 个指标的最小值; $X_{i\max}$ 是预先确定的第 i 个指标的最大值; i 是评价指标的个数。

（二）神经网络结构

1. 输入层节点的选择。输入层节点的多少与评价指标个数相对应。这里将机电产品绿色度评价指标体系中的 24 个二级指标作为输入节点,在进行输入节点输入时,必须将每一个指标做无量纲化处理。

2. 隐含层节点的选择。网络隐含层层数的选取关系到整个 BP 网络的精确度和学习效率,目前尚无理论上的结论,而是根据经验确定。隐含层单元数选择过少,可能训练不出网络或训练的网络不稳定,不能辨识以前没有出现过的样本,容错性差;但隐含层单元数过多,又往往会延长学习时间,使学习过程变慢,而且误差也不一定达到最小。因此选取的隐含层单元数一定要合适。一般隐含层节点数可参照以下经验公式:

$$p = \sqrt{n \times q}$$ （n 为输入层个数,q 为输出层个数,p 为隐含层个数）

或者 $p = \sqrt{n+q} + k$ （k 为 1~10 之间的常数）

根据上面经验公式,本文中选取隐含层的个数为 12。

3. 输出层节点的选择。将机电产品绿色度评价的二级指标 $C1 \sim C24$ 各项对应的评价分值作为 BP 神经网络的输入,BP 神经网络的输出为机电产品绿色度高低的实际评价结果 Y。Y 按五个等级划分：产品绿色度很高[1~0.8]、产品绿色度较高(0.8~0.7)、产品绿色度一般(0.7~0.6)、产品绿色度较低(0.6~0.4]、产品绿色度很低(0.4~0)。因此,输出层节点数设定为 5 个。

（三）样本的选取

表4列出部分典型的电冰箱、电磁炉、洗衣机等机电一体化产品绿色度的专家评价数据（其中1~15为样本数，C1~C24为二级评价指标），并利用AHP层次分析法求出以上各产品绿色度的综合评价得分，以此作为BP神经网络的期望输出Q。本试验选取表中前12组数据用作学习训练样本，后3组数据作为网络检验样本。

表4　网络训练及测试样本

	1	2	3	4	5	6	7	8	9	10	11	12	13	14	15
C1	0.85	0.82	0.58	0.75	0.62	0.83	0.61	0.94	0.78	0.6	0.85	0.94	0.73	0.84	0.6
C2	0.92	0.8	0.6	0.72	0.55	0.84	0.56	0.89	0.72	0.5	0.84	1	0.72	0.8	0.78
C3	0.93	0.75	0.52	0.69	0.52	0.82	0.4	0.87	0.7	0.41	0.81	0.95	0.69	0.75	0.74
C4	0.95	0.79	0.45	0.71	0.5	0.76	0.56	0.94	0.68	0.54	0.8	0.96	0.71	0.62	0.75
C5	0.96	0.78	0.43	0.72	0.4	0.72	0.59	0.98	0.75	0.56	0.62	0.86	0.7	0.9	0.6
C6	0.9	0.81	0.5	0.7	0.58	0.86	0.64	0.97	0.72	0.59	0.8	0.84	0.7	0.82	0.54
C7	0.94	0.82	0.57	0.73	0.5	0.87	0.67	0.92	0.75	0.41	0.78	0.92	0.73	0.85	0.57
C8	0.95	0.83	0.55	0.75	0.51	0.74	0.66	0.9	0.81	0.5	0.84	0.91	0.75	0.76	0.76
C9	0.86	0.78	0.4	0.8	0.5	0.84	0.58	0.96	0.64	0.52	0.8	0.96	0.8	0.82	0.58
C10	0.89	0.79	0.61	0.78	0.6	0.71	0.46	0.94	0.72	0.58	0.86	0.88	0.78	0.85	0.72
C11	0.93	0.76	0.52	0.74	0.4	0.84	0.47	0.95	0.71	0.51	0.78	0.82	0.74	0.88	0.71
C12	0.86	0.84	0.5	0.75	0.56	0.82	0.58	0.93	0.72	0.6	0.74	0.76	0.75	0.81	0.76
C13	0.91	0.8	0.54	0.74	0.5	0.8	0.62	0.94	0.75	0.4	0.72	0.88	0.7	0.76	0.58
C14	0.87	0.79	0.51	0.76	0.55	0.81	0.47	0.91	0.8	0.54	0.81	0.9	0.68	0.78	0.8
C15	0.9	0.77	0.53	0.71	0.45	0.8	0.43	0.92	0.68	0.52	0.8	0.91	0.75	0.84	0.6
C16	0.91	0.8	0.56	0.76	0.63	0.79	0.5	0.9	0.69	0.51	0.82	0.88	0.72	0.84	0.56
C17	1	0.78	0.54	0.73	0.42	0.85	0.57	0.78	0.71	0.63	0.8	0.89	0.75	0.83	0.54
C18	0.9	0.8	0.6	0.72	0.4	0.68	0.54	0.72	0.66	0.6	0.72	0.87	0.81	0.84	0.78
C19	0.85	0.81	0.42	0.71	0.5	0.8	0.55	0.88	0.75	0.54	0.78	0.85	0.64	0.71	0.8
C20	0.94	0.83	0.44	0.78	0.52	0.81	0.5	0.84	0.74	0.52	0.71	0.94	0.72	0.84	0.62
C21	0.92	0.79	0.52	0.7	0.58	0.82	0.49	0.9	0.63	0.5	0.8	0.92	0.71	0.89	0.6
C22	0.95	0.78	0.55	0.7	0.54	0.84	0.5	0.85	0.8	0.53	0.69	0.98	0.68	0.8	0.6
C23	0.85	0.81	0.6	0.71	0.53	0.79	0.52	0.88	0.7	0.48	0.81	0.87	0.74	0.81	0.78
C24	0.87	0.8	0.51	0.74	0.45	0.8	0.58	0.93	0.71	0.61	0.76	0.92	0.73	0.8	0.72
得分	0.91	0.80	0.53	0.75	0.53	0.81	0.55	0.93	0.72	0.53	0.80	0.91	0.74	0.82	0.68

（四）网络训练及检验结果

把上述12组训练样本和3组检验样本输入用于训练网络的计算机程序中，采用 MATLAB 神经网络工具箱学习训练 2 250 次后,训练样本与其相应的网络计算值间的相对误差以及检验样本与其相应的网络计算值间的相对误差均收敛于要求的误差(<0.001),网络训练达到了比较满意的效果。表5中对某三个机电产品绿色度的网络实际输出值与样本期望输出的最大相对误差不超过0.26%,实际输出的机电产品绿色度评价等级与期望输出完全一致。由此可见,本网络具有较高泛化能力,用该网络完全可以来模拟和取代现代绿色制造产品绿色度的专家评价系统。

表5 检验样本期望值和网络训练结果对照表

样本序号	训练结果(Y)	期望输出(Q)	相对误差	评价等级
13	0.738 6	0.74	0.14%	产品绿色度较高
14	0.817 4	0.82	0.26%	产品绿色度高
15	0.681 9	0.68	0.19%	产品绿色度一般

五、结束语

本文以机电产品的绿色制造为例,通过 AHP 和 ANN 构建科学的机电产品绿色度评价指标体系及其神经网络评价模型。AHP 通过合理的权重分配对大量定性指标作量化处理,使主观判断变为客观描述,增强了机电产品绿色度评价的科学性和可靠性,同时也提高了机电产品绿色度评价结果的直观性和可操作性。而 BP 神经网络自学习、自适应能力强大,能够充分利用样本信息和数据,通过高度的非线性映射,从根本上克服了机电产品绿色度评价中建模和求解的困难,具有时间短、速度快、准确度高等优点,减少专家评价中不可避免的主观性,有利于保证评价结果的客观性。因此,该方法对于正确评价与指导各类产品的现代绿色制造具有较好的实用性及其推广应用价值。

参考文献

[1] 乔维德.基于BP神经网络的现代远程教育教学质量评价模型的构建[J].中国远程教育,2006(7):69-71.
[2] 曾寿金.基于模糊AHP的机电产品绿色再制造综合评价方法及应用[J].现代制造工程,2012(7):1-6.
[3] 林岗,钱阳.基于遗传神经网络的机电产品绿色度评价[J].机械设计与制造,2014(5):151-153.

云网一体,绿色计算

肖光华

中国联合网络通信有限公司常州市分公司

摘要:本文提出运用云计算进行节能减排,深化绿色革命,对云计算在各领域使用进而降低碳排放,提高效率的同时对可持续发展进行了预测,以期为相关研究提供借鉴。

关键词:云计算;节能减排;绿色经济

一、云计算概述

"云计算"作为近几年一直被热炒的一个概念,其本身并不是一项新技术,只是随着互联网的兴起而被广泛应用。如早期电子邮件,人们不需要关心自己的邮件存放在哪里,只要能上网,无论在哪里就可以随时登录邮箱收发邮件,这种一台邮件服务器就可以服务成百上千人的应用就可以称作云计算。再如,2016年3月9日,围棋人机世纪大战,由谷歌开发的人工智能AlphaGo击败了韩国围棋顶尖高手李世石,可见AlphaGo的计算能力已经远远不是几台大型服务器能够比拟的了,即使天河一号也不能胜任。据IT专家评估,AlphaGo每次落子是由几百,甚至上千台服务器的统一计算得出的结果,这种将多台服务器虚拟成一台超级计算机的方式也是云计算的典型应用。

目前关于"云计算"的精确定义,国内外仍然缺少一致的说法,基于用户的视角来看,用户既不必关心云计算平台底层的实现,其使用平台或使用云平台发布第三方应用的开发者(服务提供商或者云平台用户),也不必理解云内部的细节,将计算资源虚拟化为一片云(如图1所示),他们只需要利用平台提供的服务就可以完成自己的工作。站在更高的角度上来看,当前的主流云计算更贴切于云服务,可理解为早先运营商提供数据中心服务器租用服务的延伸。即以前用户租用的是一台台物理服务器,现在租用的是虚拟机,是软件平台甚至是应用程序。

二、云计算与节能减排

云计算技术最大的优势就是依靠规模效应提高计算资源的利用率,降低能源能耗。直观体现云计算节能效果最典型的应用类型包括"主机云"和"桌面云",前者对应的是传统服务器,后者对应的是传统个人电脑。

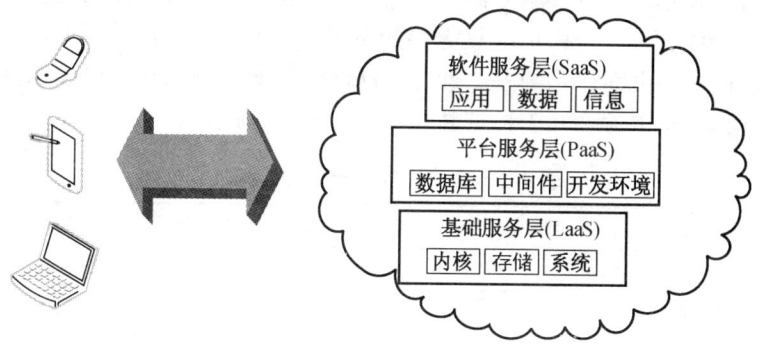

图 1　云计算典型模式

（一）主机云

主机云是通过云计算技术将 IT 设备的硬件、存储及网络等资源虚拟化为统一资源池，从资源池分割成独立的虚拟服务器，实现与真实主机服务器功能相同的一种云计算应用。通常传统数据中心服务器资源利用率不足 10%，而采用云计算模式的主机云利用率可高达 80% 以上，按照平均每台服务器的功率及 PUE[①] 能源利用效率粗略计算其耗电量，如表 1 所示。

表 1　服务器能耗对比

	传统数据中心	主机云数据中心	节能效果
服务器(台)	5 000	625	节省 87% 的投资
资源利用率	<10%	>80%	提升 8 倍以上
24 小时功耗(kW)	36 000	8 000	节省 70% 以上
业务部署周期	>3 个月	<3 天	减少 97%

除此之外，主机云还可以带来能耗以外的效益：

1．直接经济效益。比如节省机房占地、机柜机架空间、网络设备、线缆等资源以及运营维护管理成本。

2．间接经济效益。比如提高了数据的安全等级，传统服务器一旦发生故障业务就会中断，而主机云服务器可以在同一云端任意物理服务器间进行无阻碍数据迁移，实现业务的零阻断。

（二）桌面云

桌面云是通过云计算技术将 IT 设备的硬件、存储及网络等资源虚拟化为桌面电脑，通过网络接入，实现与本地个人电脑无差异的使用功能。理论上可以通过任何设备、在任何地点、任何时间，访问存在于网络上专属于个人的桌面系统。随

---

① PUE：电源使用效率值，是指数据中心消耗的所有能源与 IT 负载消耗的能源之比。PUE 值越接近于 1，表示一个数据中心的绿色化程度越高。

着云计算技术的成熟,以及服务器计算能力的增强,服务器将可以提供多台桌面操作系统的计算能力,一般用户端只需要配备低成本的瘦终端[①]作为连接桌面云的网络介质,以达到桌面使用的安全性和灵活性的目的。以 100 台瘦终端设备,每天工作 8 小时,一年工作 260 天计算其耗电量,如表 2 所示。

表 2　瘦终端和传统 PC 机能耗对比

项　目	瘦终端	传统 PC 机
单终端功率(W)	25	300
1 年工作时长(h)	2 080	2 080
单终端耗电量(kWh)	52	624
100 台终端耗电量(kWh)	5 200	62 400
功耗费用合计(元)	5 200	62 400
终端更新周期(年)	5	3

因瘦终端没有风扇及转子等易损部件,基本可以保证稳定使用 5 年以上。此外,以当前 8 核双 CPU 的至强处理器、32 G 内存服务器举例,如果用户的桌面系统分配 2 G 内存,在平均水平下,一台服务器可以支撑 15 至 20 个桌面运行。因此,如果桌面均由云端提供,那么,采购 PC 机的成本将高于服务器的成本,而且还可以有效地解决当前 PC 机的信息安全问题、降低 IT 维护成本、避免终端异常、PC 使用者行为规范难以控制的状况,所以云计算技术的出现,使得桌面云技术大规模应用成为可能。

三、云计算的绿色经济

近几年国家陆续出台了一系列政策推动云计算、数据中心的发展。2015 年,国务院出台了《关于促进云计算创新发展培育信息产业新业态的意见》,明确提出:加快推进实施"宽带中国"战略,结合云计算发展布局,优化网络结构,加快网络基础设施建设升级,加强全国数据中心建设的统筹规划。到 2020 年,云计算应用基本普及,云计算服务能力达到国际先进水平,掌握云计算关键技术,形成若干具有较强国际竞争力的云计算骨干企业。

从市场需求层面看,云服务面临井喷。专家指出,近几年,我国大力实施"宽带中国""互联网+"等战略,每年 IT 支出高达 3 万亿元左右,但大部分政府、企业仍是沿用传统自建、自维的方式,如果采用租赁云服务的方式,将节省 60%~70% 的 IT 支出。目前已经有一些政府机关、事业单位、中小企业转变传统思路,租用云服务,实现成本大幅降低和应用快速部署。

---

① 瘦终端:指的是在客户端-服务器网络体系中的一个基本无需应用程序的计算机终端。可以提供比普通 PC 更加安全可靠的使用环境,以及更低的功耗,更高的安全性。

（一）电子政务云

2015年12月25日，常州市政府在采购网等相关媒体发布采购公告（常采竞〔2015〕408号），拟将政府部门各业务信息系统按安全性、可靠性、稳定性等要求进行划分，对安全、稳定等要求较高的业务系统部署在私有云上，其余系统则对外采购云服务。最终由联通、移动、电信三家运营商中标，今后将为政府各级部门建设和提供可靠的云服务平台。总体上看，电子政务云将各部门分散独立的系统集中融合起来，实现资源统一调度和共享，极大的降低政府财政支出；同时也解决了"信息孤岛"的问题，实现政务信息的整合和工作协同，将大大提高各级部门机关的整体工作效率。

（二）地税桌面云

常州地税作为窗口单位，为提高服务效率，采用桌面云系统实现了纳税大厅电脑的集中统一管控。所有云终端所使用系统都在服务器上定制分发并统一安装应用系统和设备驱动，可瞬间实现上千台电脑的安装。根据不同的使用场所和功能设置不同模板，保障系统的一致性和稳定性，同时，提供统一的云存储保障数据安全和快速收集。窗口人员只需将所有硬件连接，即可投入工作，前端设备的可用性和稳定性都达到了令人满意的效果。

采用桌面云的方式，对前端电脑的管理、安全管控全部集中到后台进行，通过整合统一的管控界面只需简单的几个步骤即可完成所有操作，提高了IT管理人员工作效率。以业务平台升级为例，原本需要针对每一台终端帮助业务人员升级，使用了桌面云则只需要通过模板统一更新即可，使得这项浩大的工程仅在几分钟内就完成了，非常简便。同时，管控力度的加大、服务器级别的高可用性、分钟级别的虚拟机备份和同步等功能的实现，保证桌面端具有企业级的高可用性和安全性。通过云的方式构建桌面系统，在不增加总体持有成本的情况下替换原PC机的解决方案，使得常州地税信息化建设向前迈进了一大步。

（三）工地监控云

建筑工地施工人员的人身安全，工地的建筑材料及施工质量、施工进度、设备等财产安全是施工单位管理者的头等大事。而建筑工地在施工过程中所产生的扬尘污染，已成为影响空气质量的重要因素之一，由于得不到实时的监测数据，也一直困扰着监管部门。为此，常州市建筑安全与设备管理协会利用通信运营商提供的工地监控云平台建立起了一套安全生产视频监控及预警体系，实现建筑工地的实时监控，联动应急指挥，极大降低安全生产事故发生、人员伤亡的隐患，同时释放管理人员的冗余劳动，提高监管的效率和业务水平。协会下辖的近400个工地仅需要安装前端视频监控设备，所有视频数据由监控云平台实时汇总存储和分发，管理者足不出户即可掌握所有工地情况。施工单位由此每年不仅大大降低了偷盗和人员伤亡事故的发生，仅此两项就可挽回上百万的损失，管理部门也无需投入大量人力物力进行监管，实现了经济效益、社会效益"双赢"。

(四) 企业创业云

在大众创业,万众创新的大潮下,一大批年轻创业者凭着对互联网新技术的敏感掀起了大众创业、草根创业的新浪潮。在政策的扶持下,常州各地的孵化器、创业园如雨后春笋般出现。在走访园区互联网企业的过程中,笔者发现许多企业只有十几个人甚至几个人加几台笔记本电脑,却能创造上百万甚至上千万的年产值。在这背后似乎隐现一个趋势,企业运营的"轻资产"化开始流行。比如企业的网络、计算、存储、带宽等资源都租用运营商的云平台,无需自行采购运维硬件,灵活按需实现业务轻载的同时又可以随时释放资源,从而使企业可以专注于产品的研发和营销,既省钱又高效。相信随着云计算技术的普及,企业对IT资源的使用就像付水电费一样即取即用,从而大大降低企业经营成本,杜绝资源浪费,我们可以预见到云计算的绿色生命力。

四、云计算的未来

从微观层面来看,通过技术的革新将传统高能耗计算技术转变为绿色的云计算技术,有形的硬件设施被虚拟的云端服务替代,对个人和企业而言,信息化成本的节省显而易见。

从宏观层面来看,云计算作为新一代产业浪潮的重要驱动力,正在渗透到经济和社会各个领域,为社会经济的发展作出巨大贡献。例如,云计算在教育领域推动优质教育资源的共享,推动区域教育水平的均衡发展,促进教育公平,我们称之为"教育云";在医疗领域建立医疗健康信息平台、云医疗远程诊断及会诊系统,云医疗远程监护系统以及云医疗教育系统等,从而改变传统医疗体系上的很多漏洞,为患者和医生提供了极大便利,我们称之为"医疗云";在交通领域建立一套统一指挥、高效调度的立体交通平台,处理交通堵塞,应对突发的事件,彻底解决城市发展中的交通问题,我们称之为"交通云"。

随着云计算技术的普及和发展,未来云计算平台将实现社会资源的高度集中,用户能够使用的资源规模极大,但获取成本大大降低,获得的途径多样,并且可以按需定制。云计算平台通过规模经济耦合资源聚集的使用模式使得计算机资源保持较高的稳定利用率,从而整体节约社会资源。

参考文献

[1] 邓元鋆. 推动云计算 减少碳排放[J]. IT时代周刊,2012(Z1):15.

[2] 国务院印发《关于促进云计算创新发展培育信息产业新业态的意见》[J]. 电子政务,2015(02):71.

[3] 丘晓平. 云环境下绿色计算技术及发展趋势[J]. 现代计算机(专业版),2015(35):38-42.

"互联网+"两网融合助推制造业绿色发展

——基于产品生命周期理论的分析研究

严镝飞

无锡环境卫生管理处

摘要： 制造业是国民经济的支柱，绿色发展是制造业的必然选择。生命周期理论为制造业的绿色发展规划了路线图，两网融合提供了方法论，"互联网+"则是最佳工具，但是，实现绿色发展的"资源效率最高，环境影响最小"，还需要"互联网+"两网融合的交互发展，深度融合。

关键词： 制造业；绿色发展；生命周期理论；两网融合；互联网+

《中国制造2025》提出要把绿色发展作为主要方向之一，这是贯彻建设生态文明战略，提供制造业可持续发展的必然选择。绿色发展是我国工业转型升级的必由之路，而绿色制造是人类社会可持续发展战略在现代制造业中的体现。

一、绿色发展是制造业的必然归宿

制造业是一国国民经济的支柱。《中国制造2025》指出："制造业是国民经济的主体，是立国之本、兴国之器、强国之基。18世纪50年代开启工业文明以来，世界强国的兴衰史和中华民族的奋斗史一再证明，没有强大的制造业，就没有国家和民族的强盛。"

美国工程院院士约拉姆·科伦在《全球化制造革命》中写道：当今社会，正如一直以来的那样，制造业仍是美国经济的基石，对其他发达国家也是如此，拥有强大的制造业基础对任何发达国家都是重要的，因为它推动和促进了其他经济部门的发展。简而言之，制造业对社会的最大益处是：制造业创造了财富。

然而，传统制造业在将制造资源转变为产品的制造过程中，以及产品的使用和处理过程中，同时也产生了大量的废弃物，对环境造成了严重的污染。如产品的包装和运输所用材料几乎全部成为垃圾；不合格产品、报废产品的不规范处理从而形成固体废物。这些废弃物排放至环境，对水、大气、土壤都带来了即时的或长期累积的影响，长此以往，严重威胁人类的生存发展。

生存和发展并不是一组非此即彼的零和选择，环境安全和经济发展完全可以实现双赢，这就需要树立"创新、协调、绿色、开放、共享"的发展理念，坚定不移地走绿色发展的道路,其中为经济支柱的制造业的绿色发展尤显重要。

二、生命周期理论引导绿色发展

生命周期概念起源于生命科学,本义指生物体从出生、成长、成熟、衰退到死亡的全部过程,广义泛指自然界和人类社会各种客观事物的阶段性变化及其规律,其基本涵义可通俗地概括为"从摇篮到坟墓"(Cradle-to-Grave)。产品生命周期方面,波兹(1957年)在其《新产品管理》一书中最先提出了产品生命周期的概念,之后美国哈佛大学的维农(1966年)提出了产品生命周期理论。

绿色制造是基于产品生命周期理论的制造业绿色发展模式,绿色制造,又称环境意识制造、清洁制造,是一个综合考虑环境影响和资源效率的现代制造模式,其目标是使产品从设计、制造、包装、运输、使用到报废处理的整个产品生命周期中,对环境的影响(负作用)最小,资源效率最高。分析任一产品的生命周期,影响环境和资源使用的因素大致可细分如表1所示。

表1 生命周期阶段影响因素

阶段	源头	设计	制造	包装运输	使用和报废
影响因素	市场需求 (显性需求和 隐性期望)	功能规划 结构设计 材料选取 工艺选择 设备造型 ……	生产过程 水、气、声、渣 污染防治 ……	包装是否简化 包装材料 包装结构 ……	维修改造 回收再利用 处置 ……

设计阶段,摒弃不必要的功能,复杂的功能简单化;产品结构便于拆卸,部件可回收利用;易损零部件模块化、标准化;选用绿色材料;采用副产物少、资源利用率高、污染排放少的清洁生产工艺;制造设备选择低能耗、低污染的……

制造阶段,尽可能减少污染物排放;如有,控制在可控范围内;及时治理污染物使其对环境影响最小化。

包装运输阶段,遵循"3R1D"原则,尽可能简化包装,减少包装材料使用;选用可降解的、对环境影响小的材料;包装物设计成可循环使用的;尽可能回收包装材料,或合规处置。

使用和报废处理阶段,首先是修理维护,使产品保证正常使用;其次,更换可拆卸部件使其重新恢复功能;再次回收报废产品,可利用部件经处理后将再利用,可循环使用的材料再加工循环;最后,将没有回收价值的废弃物安全处置。

只有在产品生命周期的每一阶段都致力于环境影响最小,使资源效率最高,制造业才可能走向绿色发展。

三、两网融合助力绿色发展

"两网融合"指垃圾分类处理与再生资源利用。2015年以来,国家有关部委将

"两网融合"发展作为工作重点,大力推动有条件的城市试点开展再生资源回收与生活垃圾分类清运体系的协同发展,鼓励在重点环节加强对接,在收集、回收、转运与分拣、处理环节融合发展。

2016年3月,在中国再生资源回收利用协会倡议下,中国城市环境卫生协会等参与发起下,"两网融合"产业创新协作体成立,目标在于探索垃圾分类与资源回收利用协同机制与模式。

两网中,传统的环境卫生行业的垃圾分类处理系统优势在于末端,传统的废品回收行业的再生资源利用体系优势在于前端。首末两端的有机结合,一是使垃圾实现真正意义的减量化。仅仅垃圾分类并不能减量化,只是使一堆垃圾分类成多堆垃圾,不同类垃圾进入不同的收集、清运、处理系统而已,垃圾量并没有实质性减少。只有在产品转化为垃圾之前,废弃包装物、废弃边角料、报废产品等进入回收再生系统,才能从源头减少垃圾量,使得垃圾收集、清运、中转、分拣等环节的工作量大为降低;其二是可再生回收物质源头上即脱离垃圾分类处理系统,可回收物质没有分散、混杂在垃圾中被垃圾污染,资源再生的成本降低,效率提高,再生过程的二次污染也大幅减少;第三是再生资源利用能力相对产业化、规模化,两网融合后垃圾处理系统的可回收物质合并废品回收物资后,使得资源再生生产能力有可靠的原料来源,可回收垃圾有专业化利用的出路,大大减少需无害化处理的垃圾量,对不可回收垃圾的无害化处理也是有益的促进。(图1)

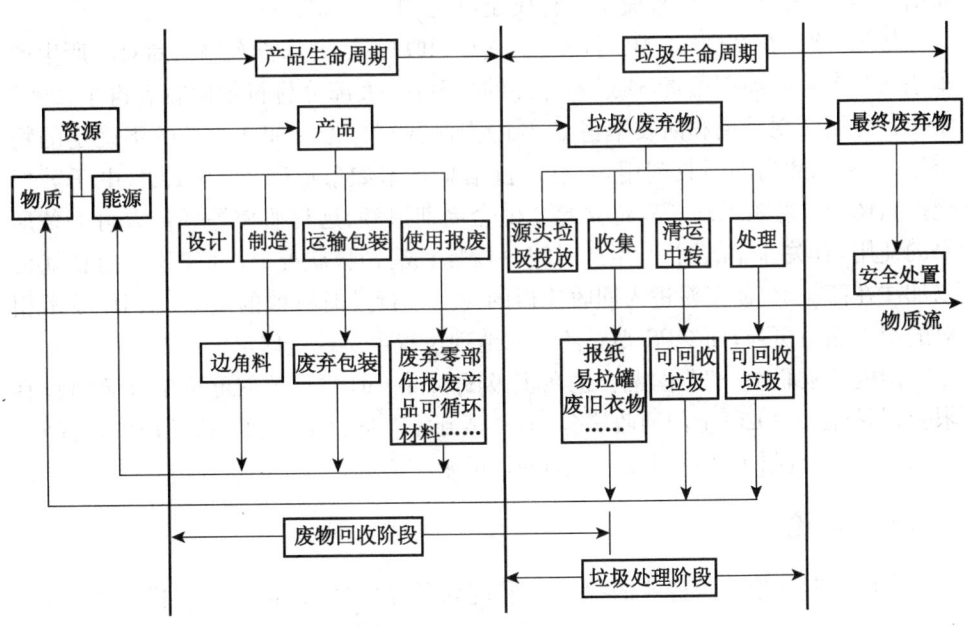

图1 物质流示意图

基于生命周期理论,两网融合对制造业的绿色发展的意义在于,其一是延伸了产品生命周期,通过后续垃圾生命周期的管理,形成了制造业资源的一个完整的生命周期管理,实现了真正意义上的"从摇篮到坟墓";其二是提高了可再生资源的回收率,提升了制造业的资源效率;其三是垃圾源头减量,减少碳足迹,最大限度地减轻对环境的负面影响。

四、"互联网+"推动绿色发展

如果说,生命周期理论给制造业的绿色发展规划了一张详实的任务路线图,那么,两网融合针对其中的废弃物排放环节,如何提高资源利用率并且减少环境污染,给出了切中要害的方法论。然而,两网融合如何落地,产生实际效果,还需要"互联网+"这一有力工具。

两网无论是再生资源利用还是垃圾分类回收,从物质的流向上看,与产品销售的正向物流相对应,都属于逆向物流。正向物流,如产品从制造商→销售商→客户,其供给根据系统的需要是可以控制的。而逆向物流,面向的是广大的客户,人员不可控,时间、空间不可控;流动对象是废弃的、报废的产品、包装或部件等,物质的数量、质量不可控;尤其是不规范的弃置,其他垃圾的混杂污染等,甚至需要必要的清洁、消毒等预处理环节。总而言之,逆向物流的分散性、混杂性、多变性,决定了它的最大特性——不确定性,如果依靠传统的运作模式,两网融合将举步维艰,而引入"互联网+",以信息流带动物质流,将会事半功倍。

例如,欧盟在 2000 年 10 月制定了汽车回收标准,要求汽车制造商对其所生产车辆的整个生命周期负责,通过零部件的再利用,大部分材料须回收后再生,2006 年 1 月开始实现重用和回收率占 85% 的强制执行标准。如此巨大的不确定的物质流,达到如此高的回收利用,只有通过信息技术如条形码、GPS、EDI(电子数据交换)、RFID(射频识别)等,建立起全生命周期追溯、远程监控等平台方可。条形码的使用,有关商品的结构、生产时间、材料组成、销售状况、处理建议等信息就可以加注在商品上,便于对进入回收流通的商品进行及时有效的追踪,RFID 技术相对的识别能力更强,而 GPS 则对商品的地理位置可实现全球定位。

国内,"互联网+"两网融合也在积极试水,例如,北京盈创可再生资源回收有限公司,推出了 O2O 上门回收服务——"帮到家",通过微信和手机 APP 进行网上预约,居民可定制小区里回收人员周期性的上门服务。

五、结论

生命周期理论为制造业的绿色发展规划了路线图,两网融合提供了方法论,"互联网+"则是最佳工具,但是,实现绿色发展的"资源效率最高,环境影响最小",还需要"互联网+"两网融合的交互发展,深度融合。

当互联网+邂逅农业

王 敏

邗江区农业委员会

摘要：农业是扩内需调结构的重要领域，更是安天下稳民心的产业。笔者围绕"互联网+"在促进农业发展中所发挥的巨大作用、目前"互联网+"农业的现状、存在的问题、解决的措施等进行了多角度分析和梳理。

关键词："互联网+农业"；积极影响；现状；问题；措施建议

加快推进"互联网+农业"发展，是实施"四化同步"发展战略的重要内容，也是促进一二三产业融合发展、建立现代农业体系的有效途径。笔者就如何加快推进扬州"互联网+农业"发展，进行了认真调研。

一、互联网+对农业的积极影响

（一）资源配置更加优化

运用互联网思维和系统改造传统农业生产，可以实现农业要素资源的优化配置、投入产出的精准管理。例如，借助互联网技术，可以大力推广测土配方施肥、推动农业废弃物资源化利用，实现农药精准科学施用、农业节水灌溉，不仅能合理利用农业资源、减少污染、改善生态环境，而且对促进农业资源保护和可持续利用、发展绿色农业具有巨大的推动作用。在国家"863"计划的支持下，云南、北京、安徽、吉林等地已经开始尝试"电脑农业"，仅云南省，就有92.2万户农民在电脑指导下种田。

（二）生产效率得到提高

互联网可以借助大数据、物联网等新兴信息技术改造传统农业，提升农业各环节智能化程度，大幅提高生产效率，实现"环境可测、生产可控、质量可溯"。农业大省河南早就在主粮小麦产业试水农业与互联网的有机结合，该省9个市共建有20个小麦苗情数字化远程监控点，可以实时监控当地的土壤和空气的温湿度、太阳总辐射等数据指标，实时掌握小麦生长环境，科研人员可以根据监控图像和数据，做出诊断分析。互联网技术将感知、传输、处理、控制融为一体，推进了农业生产的标准化、智能化、自动化，在节省人力成本的同时，提高了农产品产量质量，增强了作物抗击自然风险能力。

（三）经济效益得以提升

"互联网+"通过IT技术，突破时空限制实现随时随地互联互通，从而大大促进了农业技术知识、农业资源、农业政策、农业科技、农业生产、农业教育、农产品市场、农业经济、农业人才、农业推广管理等各方面信息的有效传递,在促进农业生产生活的同时,也能有效对接农产品供求市场,解决传统农业中因信息不畅而导致滞销等问题。有了及时准确的市场信息作为农民生产决策的基础,可以大大地降低市场风险,增加交换过程的获利机会,从而实现农民增收、农业增效。

（四）农商模式得以创新

互联网从土地流转、农资销售、农业信息服务,到农业生产、农产品销售、休闲农业等,在农业产业链每个环节上,正潜移默化地渗透和改变农业,同时创新各类企业的商业模式。从最早的互联网大佬网易创始人丁磊养猪,到近年联想推出佳沃开始布局农业,再到京东刘强东种大米、九城集团办有机农场并成立生鲜电商平台"沱沱工社",IT类企业"务农"开始流行的同时,农业亦在不断融合互联网思维,目前,已经涌现出了几种明显的商业模式创新,如:农资电商、土地流转电商化、城乡流通渠道变革、农产品电商（生鲜电商）、农业大数据、农业物联网、休闲农业互联网平台等。

二、目前现状和存在的问题

（一）政府层面高度重视,但顶层设计缺乏规划

"互联网＋农业"是保障国家粮食安全和推动现代农业建设的重要手段,是借助现代科技进步实现传统产业升级的全新命题,蕴含着重大的战略机遇和广阔的发展空间。在政策层面,从国务院"电商国八条"的出台,到商务部等二十多部委《关于加快发展农村电子商务的指导意见》等文件的下发,再到各级政府相关配套扶持政策的出台,政府对此高度重视。然而,在缺少顶层设计的情况下,"互联网＋农业"一哄而上、各自为政的局面无法避免,非常容易形成片面性、局部性的发展态势,不利于"互联网＋农业"的整体推进、协调发展,"互联网＋农业"对经济社会的影响将大打折扣。因此,亟须政府出台"互联网＋农业"发展战略规划,从战略高度推动"互联网＋农业"发展,形成统一谋划、稳步实施的推进格局,将"互联网＋农业"打造为能够切实推动国家经济社会持续、高效、稳定发展的新引擎。

（二）参与意识普遍增强,但基础设施面临挑战

经过多年建设,扬州的农业农村信息化基础设施明显改善,普通农民对电脑网络、智能手机等现代信息工具已不陌生,信息消费意识逐步加强。在前期的走访过程中发现,我市的农业生产经营主体对电子商务具有较高的认识水平,普遍认为电子商务对拓展新客源和新市场作用明显,能提升企业的市场竞争力。一些龙头企业、合作社和大户已经不满足于利用现有的政府性信息服务平台和商业网站发布农产品买卖中发布信息,开始试水更高层次、真正意义上的农产品电子商务活动,在淘宝、天猫等电商平台上开设了专属网店,并积极利用微博、微信等社交工具进行推广,有的则在积极筹备启动电子商务项目。但与此同时,基础设施相对薄弱、

农业数据资源利用效率低、数据分割严重等问题则日益凸显,信息技术转化为现实生产力的任务异常艰巨。以鲜活农产品所需的冷链物流为例,现阶段物流行业在此业务上基本还停留在萌芽状态,扬州的润泽农产品销售合作联社作为目前城区最大的农产品配送中心,也仅有近10辆冷藏车辆在城区运输销售农产品,而区内的其他企业都没有专门的物流车辆。物流配送服务能力已成为当前阶段阻碍农产品电子商务发展壮大的一个主要因素,并将困扰农产品电子商务发展相当长的一段时间。

(三)模式对接更为多样,但跨界融合困难重重

目前,扬州已经开始尝试将互联网技术融入农业的各个层面。一是将"互联网+"理念植入现代农业,实现耕作精准化。依靠互联网技术,改变以往只凭经验施肥灌溉的耕作方式,实现生产管理定量化和精确化,使种养殖变得更加科学。江苏省邗江现代渔业产业园水产设施养殖物联网监控系统已于2015年建成并投入使用。该系统可以设定水体溶解氧、pH值、水温等参数,实现设备自动智能调节,真正实现水产养殖技术的信息化、传感化,填补了邗江区水产养殖史上智能化水产养殖的空白。二是用"互联网+"拓展营销体系,实现销售网络化。充分发挥产业优势,通过"互联网+"等新商业模式,实现由"种得好"向"卖得好"转变、由"卖得好"形成的价格机制倒逼"种得更好",从而进一步促进农民增收,农业增效。三是将"互联网+"融入管理过程,实现监管信息化。注重整合全市农业、林业、水利、土壤、气象等涉农信息资源,促进信息技术在农业应急指挥调度、灾害预警预报、执法监管、远程视频诊断、产权交易等方面的应用,提升农业行政效能。然而,农业是一个庞大的传统产业,涉及政治、经济、社会、文化等方方面面,仅农产品电子商务的建设,就涉及多个部门、多个产业和地区,在信息资源、电子支付、安全认证、贸易流通、税收等各个层面都需要多方面的协作,更何况农业问题千丝万缕,错综复杂,要实现跨界融合困难重重。如何利用"互联网+"串起农业现代化的链条,将新一代信息技术深度渗透到农产品生产销售、农村综合信息服务、农业政务管理等各环节,亟须制订一套具体的、可操作的实施方案,推动"互联网+农业"高效发展。

(四)群众关注日益提高,但专业人才资源匮乏

农产品质量安全形势严峻,农业生态环境亟待改善,种种新时期涌现出的新问题已引起社会的高度重视,已成为人民群众关注的热点。利用互联网技术改造传统农业,提高农业资源利用率和劳动生产率,开展耕地质量监测、渔业水域生态环境监测和科学管理,对农产品从生产到餐桌进行全产业链质量监管,提高区域内农业综合竞争力已成必然选择。目前,我市的信息化、网络化水平逐步提高,但用户主要集中在城市,农村覆盖率较低,农民文化程度普遍较低,不能很好地运用网络。况且,互联网+与农业的融合,对于从业人员有较高的要求,需要一批信息技术、市场营销、平面设计、客户服务等相关专业的人才。但当前此类人才供需矛盾突出,专业人才资源匮乏,扬州本地开设电子商务专业的院校较少,工资待遇又赶不上苏

南等地,少有的电商人才较多地流失到了发达地区。当前,阿珂姆公司正遇到此类困境。

三、措施建议

"互联网+"开辟了精准农业时代,但如何实现其既"接地气"又"聚人气"的目标,则需要从多方面入手,使"互联网+农业"更好地推动农业发展实现高产,让更多农民从中得到实惠。

1. 统筹规划,有序推进。从建成智慧城市标杆的战略高度,准确把握"互联网+农业"发展的全局性和方向性问题,用系统工程思维对全领域、全要素进行统筹考虑,科学系统规划,做好顶层设计。从农业农村各行业实际出发,因地制宜,突出区域特色,有重点、有步骤地推进实施。针对专业人才缺乏的问题,一方面可通过适当的人才政策倾斜来鼓励专业电子商务人才到乡镇、园区就业。另一方面是依托家庭农场、农民专业合作社等新型农村经营主体,通过农校对接,培育一批带头人,通过能人带动来培育农村农产品电子商务人才。还有通过阳光工程,对农民进行信息技术和电子商务培训,帮助农民掌握和使用网上交易的方法和技术,提高农民的信息素质和技术水平。最后,就是依托"一乡一业"示范镇和"一村一品"示范村建设工程,对先前已有电子商务基础的村镇加大扶持力度,引导其率先发展电子商务,辐射带动周边的发展。

2. 资源共享,协同发展。着力突破部门、行界限和体制性障碍,充分整合利用各类基础设施和信息平台资源,实现基础设施共建、信息资源共享、信息系统互联互通、业务协作协同,避免重复建设和资源浪费,提升信息资源利用水平。加快完善农村综合产权交易平台,开发"互联网+农业"移动执法平台和"互联网+农村环境"监管等系统,不断扩大互联网技术在农业管理与服务领域的应用。综合利用现代信息技术,整合农业网等现有农业信息资源,构建由三农公共信息、专业技术、资源数据综合支撑的服务平台,覆盖全市农民、合作组织、家庭农场、龙头企业等农业生产经营主体,提供智慧生产、监管追溯、电子商务、农业资源等智能信息服务,打造虚拟360度3D全景现代农业展厅,用信息智慧助力扬州农业。

3. 示范推广,突出重点。从产业发展和业务需求出发,区分公共服务领域和竞争性领域,引入市场机制,探索"互联网+农业"可持续发展模式。坚持重点突破,形成一批"可看、可学、可推广、可持续"的典型,加大示范推广力度,带动全市"互联网+农业"发展。充分发挥龙头企业、明星企业带动区域乃至行业的作用,依托其自有资源优势,通过互联网工具渗透农村和农业市场。这些龙头型企业进入农村市场,能起到排头兵的作用,利用资源和实力,完善整体网络环境、物流环境等基础设施,先行培育农村市场的互联网观念,提高农村对于互联网的接受程度,同时带动相关产业升级,促进并带动区域和行业发展。目前淘宝特色中国—扬州馆已经上线,这是一个展示扬州特色产品的网络大超市,入选商家主要以农副产品为主,上线仅半年时间,平台累计销售额就达5 560万元,其中双十一当天销售1 380万元。

4. 政府引导,市场运作。充分利用政策支持、项目带动、典型示范等手段,鼓励和引导社会力量积极参与,构建政府、企业、合作社、农户等多方参与、市场化运作的"互联网+农业"发展格局。一是政府层面多搭台。完善互联网基础网络环境、物流基础环境等各类硬件基础设施建设。加大对"互联网+农业"创新的政策扶植力度,加大资源倾斜力度,促进互联网进村入户,切实利用好各类农业服务平台,营造"互联网+农业"的大氛围和大环境。二是企业层面多参与。在互联网渗透农业全产业链的过程中,传统农业企业要根据自身的实际情况,找到适合自己的"互联网+",结合自身优势打赢"卖货""聚粉""建平台"的互联网化三大战役。三是社会层面多培育。进一步向养殖大户、农资二代、家庭农场、专业合作社等新型农村主体普及互联网和电商知识,创造条件让他们获得实惠和好处,起到示范效应,通过新型农村主体带动农村居民整体的互联网意识和观念的转变。现在邗江的金槐村就是有名的毛绒玩具淘宝村,这是一个很好的例子。

现代农业是"互联网+"生存土壤,"互联网+"会使现代农业更加精彩纷呈,笔者相信,农业在奔向3.0时代的路上风景会更加精彩。

从"互联网+"助力中医社区行谈中医药发展

九三学社苏州高新区虎丘区基层委员会博士支社课题组

摘要：推进中医药预防保健服务体系的建设是我国医疗卫生改革和中医药事业发展的重要方向之一，本文对中医进社区存在的一些难题，和当今信息社会如何通过"互联网+"解决中医社区行问题进行论述，进而对未来中医服务和中药产业的转型和发展提出一些建议。

关键词：社区中医；互联网+；中医药发展

中医药社区卫生服务是具有中国特色的社区卫生服务新模式。这一模式充分利用我国中医药资源，充分发挥中医特色与优势，为社区居民提供优质、价廉、方便的基本卫生服务。结合文献资料和实践调研，本文就中医进社区的现状和问题作简要概述，对"互联网+中医"解决中医社区行难题展开探讨。

一、中医进社区的需求分析

中医药的特点是"简、便、验、廉"，引进社区有利于解决目前医疗费用过快增长的难题，符合社区卫生服务低投入、高效益、低成本、广覆盖的要求[1,2]。中医药在社区具有广泛的群众需求。我们调研了解到，苏州市高新区通安镇社区医院通过开展名中医进社区诊疗服务两年多时间，获得了广大社区群众的欢迎，既解决了老百姓的问题，又为基层医院创造了不错的经济收入。中药与理疗、针灸、火罐、推拿等中医适宜技术很受居民欢迎，已进入社区卫生服务最需要项目之列。

"互联网+"医疗健康背景下患者的医疗卫生服务的需求主要是健康管理、便捷就医、个性化诊疗和优质医疗。健康管理是对个体的健康进行全面监测、分析、评估、提供健康咨询和指导以及对健康危险因素进行干预的全过程。中医"治未病"理念与健康管理对个体健康状况进行主动管理的主旨思想是一致的。

二、中医进社区的政策支持

《中医药发展战略规划纲要(2016-2030年)》[3](以下简称《纲要》)提出到2020年，实现人人基本享有中医药服务，中医医疗、保健、科研、教育、产业、文化各领域得到全面协调发展，中医药标准化、信息化、产业化、现代化水平不断提高。《纲要》提出在乡镇卫生院和社区卫生服务中心建立中医馆、国医堂等中医综合服务区，加强中医药设备配置和中医药人员配备。

2016年1月8日，苏州下发《苏州市推进分级诊疗制度建设实施方案》(以下简称《方案》),大力推进分级诊疗制度建设,计划于 2017 年年底基本建成"基层首诊、双向转诊、急慢分治、上下联动"的分级诊疗制度。《方案》实施后,社区医院和服务站的分量必然要加重,同时,慢病患者在社区医院就诊更方便疾病的管理,社区医院患者就诊量会有很大提升,中药有两大优势,一是中药材在基层医院使用不受基层药品目录限制,二是中药材特别适合一些慢性病的调理,《方案》的实施给中医药发展带来重大机遇。

三、中医社区行面临的问题

经过调研我们了解到,受各种条件的限制,中医的优势并没有完全发挥出来,中医进社区面临一系列问题急需解决。①由于医保定价不合理,导致一些有效的中医治疗手段在社区得不到广泛使用;②社区请名中医坐诊,宣传范围小导致群众需求与名中医资源不能及时对接;③中药煎药服务面临一些问题;④社区中医药人员缺乏,现有人员素质不高,成为制约中医药融入社区卫生服务深入发展的瓶颈。

四、"互联网+中医"

近年来,国家积极鼓励中医药事业与互联网医疗发展,先后出台了包括《关于推进医疗机构远程医疗服务的意见》、《中医药健康服务发展规划(2015-2020年)》[4](以下简称《规划》)等多项法规政策,为互联网中医发展提供了新契机。《规划》鼓励移动医疗、远程医疗等发展与创新,开展远程智慧医疗平台试点,实现中医远程会诊、双向转诊、远程培训等功能,为民众提供更为个性化的中医医疗养生保健服务。《纲要》提出推动"互联网+"中医医疗。大力发展中医远程医疗、移动医疗、智慧医疗等新型医疗服务模式。构建集医学影像、检验报告等健康档案于一体的医疗信息共享服务体系,逐步建立跨医院的中医医疗数据共享交换标准体系。探索互联网延伸医嘱、电子处方等网络中医医疗服务应用。利用移动互联网等信息技术提供在线预约诊疗、候诊提醒、划价缴费、诊疗报告查询、药品配送等便捷服务。

经过我们调研,随着电子商务的发展和中药技术水平的提高,将来"互联网+中医"可以有效解决目前中医社区行面临的一些问题。

（一）"O2O+中医"作为社区中医的补充

O2O 是非常常见的模式,目前较多的是提供上门推拿服务,比如推拿师、熊猫拿拿这样的应用开发[5]。推拿作为中医的一种治疗方式,能够很好地缓解疲劳,社会需求大。O2O 平台连接散客和推拿师,实现双方的需求。其次是医患互动的 O2O 模式平台,如看中医、易中医等医疗 APP 开发。患者在应用里预约医生,线下就诊,不仅能解决患者病痛,还能优化医生资源。O2O 作为社区中医的补充,可以解决当前由于医保定价不合理,导致一些有效的中医治疗手段,如推拿、按摩等,在社区得不到广泛使用的问题。

（二）社区中医进行网上预约挂号

苏州通安镇卫生院为了方便群众就诊名中医，开发了移动端的服务，及时将坐诊名中医信息在网上公布，有利于社区群众及时了解最新的中医资源。通过走访电子商务公司优康集团，我们了解到将来通过互联网技术可以实现在线预约诊疗、候诊提醒、划价缴费、诊疗报告查阅、药品配送等便捷服务。目前，国内的好大夫在线、春雨医生等APP就具有自诊、用药、简单医患互动功能。患者通过这些APP可以便宜、便捷地获得可靠的信息和解决方法，以及能得到专业医生的指导。当前，由于社区中医推广正处于起步阶段，用户基础薄弱，还没有社区医院推出类似服务。

（三）线下中医馆与线上移动端相结合

极富有中国特色的传统中医馆在新形势下焕发了新的生命力，各地正在涌现一批新的中医馆，我们走访的苏州添年堂中医馆凭借自己独特的名中医和中医服务，获得了区域百姓的好评。特色中医馆作为社区医院的补充，将来结合互联网推广，既能满足群众中医就诊需求，又能创造不错的经济效益。在中医领域，早就有一些著名的中医馆，在互联网的促进下，开始转型。中医馆不仅给患者治疗疾病，还发展电商业务。销售中药便是其中最大的一个业务。如胡庆余堂这个医馆，电商已做几年，成效显著。中医馆由于能够给中医医生带来不错的经济收入，能吸引优秀的名中医来中医馆坐诊，一定程度上也为中医馆服务的社区带来了优质中医资源，且中医馆的模式能提供更稳定的名医坐诊率，有效缓解社区中医医生资源少的矛盾。

1. 互联网＋集中煎药

在中医的诊疗过程中，医药分开有利于医疗行业的发展，但是医药分离不分家，诊断之后的治疗离不开中药。然而，中药的服用过程非常麻烦，它涉及抓药、浸泡、煎煮等一系列的复杂过程，而且操作不当，还会影响到治疗效果，间接地影响到患者对医生和中医的信任和认同。因此，如何正确服用中药、确保中药的治疗效果，是影响中医发展的一个重要问题。而且目前医保对煎药的定价太低，医院自己煎药基本是亏本。这导致了集中煎药企业的出现，通过规模化降低了煎药的成本。专门的中药店根据医生开具的处方代替患者抓药、浸泡、煎煮。中药煎好后，送到社区医院，病人自己来领取。一些年纪大的老人行动不便，未来集中煎药企业可以借助"互联网＋"直接将煎好的中药通过快递派送到病人手中。

2. 中药颗粒剂推广

通过文献调研，我们发现中药颗粒剂药效方面与传统方法煎制的中药并无差异[6-8]。将中药饮片制成中药配方颗粒，让患者直接用热水冲服，省却煎煮过程。中药配方颗粒方案简单方便，在日本、韩国、新加坡、中国台湾等地比较流行，我国药监局也制订了《中药配方颗粒管理办法》，准备大规模推广。社区的很多百姓家中并不具备煎药的条件，通过将中药制备成颗粒剂，免去了煎药的环节，病人拿到医生的中药处方后,可以直接拿到颗粒剂,回家直接冲服,疏通了中药使用的最后一个环节。目前,中药颗粒剂价格稍贵于中药饮片,但是使用简便,未来应该比较适合社区医院推广使用。煎药机代煎和颗粒剂冲服方便携带和服用,在一定程度上促进了中药饮片的应用,是好事。但从重视疗效角度出发,诊治疑难病症和急危重症时最好还是选择自煎中药为好[9]。

五、建议

通过走访社区医院、中医馆、中药企业和互联网企业,结合国内的一些"互联网＋中药"案例和文献资料,我们发现,"互联网＋"确实可以解决当前中医在社区医院推广的一些问题,同时,也发现新的解决方案本身也可能会带来新的问题需要解决。针对发现的问题,我们提如下建议:

（一）调整医保中一些不合理的定价

目前中医服务定价接近一刀切,没有考虑不同中医服务的简繁难易差异,针灸、推拿等技术要求高、劳动量大的中医服务应该适当提高服务定价,这样医生才愿意提供服务。中药煎药的定价也应当提高,煎药服务价格低,导致代煎药得到发展,代煎药也存在由于价格原因只能偷工减料的问题。适当提高中药煎药的价格,对于保证中药质量有一定作用。

（二）中医资源通过网络平台更好地为社区居民服务

目前,我国面临中医医生资源紧缺的问题,两极分化严重,名中医挂号一号难求,社区医院普通中医接诊病人较少,利用网络平台做好名中医进社区工作,能很好地扩大中医影响力,对社区普通中医也是一个很好的学习机会,既提高了社区中医诊疗水平,又方便地解决了社区居民健康问题,有利于中医药在基层医疗机构的发展。

（三）加强中医药服务在门急诊中的应用与研究

通过与中医交流了解到,中医的一些服务手段,如刮痧、火罐等对于缓解一些常见病如感冒等是非常有效的,未来随着分级诊疗制度的实施,更多的病人会到基层医院就诊。通过重新调整中医服务的价格,提高中医医生的服务积极性,对于扩大中医服务在普通门诊中的应用会很有帮助,将来得个普通感冒,呼吸科医生不开一堆西药、中药,而开出一个中医服务作为治疗手段也是很有可能的。

由于西医西药治疗急症的优点,人们渐渐淡忘了中医药学的作用,中医药更多地用于慢性病治疗和身体调理,其实中医是我国劳动人民几千年来与疾病斗争的结晶,为中华民族的繁衍做出了巨大的贡献,中医急诊医学在其中更是功不可没。晋代葛洪的《肘后备急方》记述了治疗各种急危重症的单方验方,是中医第一本急救手册,急危重症的用药、处理的方法等都囊括在内,其中一些治法非常有效,如目前在国际上仍非常有名的青蒿素,其原创就是《肘后备急方》以鲜青蒿榨汁治疗疟疾。从历史渊源来看,中医自古以来对许多急症治疗与慢性病的调理都有显著效果,而中医本身就是以治疗急症、危重症为主要内容,中医急诊学发展史就是中医药学发展史的缩影,只是随着社会的发展和现代医学的涌入,从事中医急诊的人越来越少,很多中医药工作者也逐渐将研究的重点转到慢性病的防治上。近百年,尤其是20世纪四五十年代以后,整个中医的发展并不快,从某种意义上说中医的疗效甚至在退化,究其原因,其中很重要的一点就是中医的研究对象搞错了,重点放在了慢性病的治疗上,忽略了中医真正的优势在急危重病上。

(四) 支持集中煎药和中药颗粒剂企业发展

中药煎药过程烦琐,要求高,是中医药广泛发展的制约环节。分散的代煎药服务,不利于药材质量、炮制流程的监管。集约化的中药煎药服务或者无需煎药的中药颗粒剂的发展,借助互联网技术,建立代煎药和颗粒剂生产企业的企业标准、流程规范和监督体系,可以保证代煎药的质量,集约化的管理减低了监管的难度。这些服务和技术在保证质量的前提下,有效解决了中药使用的最后煎药难题。中药颗粒企业通过规范质量标准和生产质量控制生产出高质量的中药颗粒剂,既实现了中药企业的转型升级,还可以借力"一路一带"开拓更广阔的市场。

通过调研,我们发现集中煎药服务和中药颗粒剂生产过程均会产生大量的药渣,这些药渣对环境会造成二次污染,也可能会被不法分子重新包装成泡脚中药包。我们建议政府加强有关残渣的监管,明确残渣的处理要求。我们了解到苏州科特环保有限公司的厌氧发酵处理技术,可以将残渣发酵成肥料,形成循环经济。

(五) 加强中医标准化建设

1. 中药服务信息化硬件建设

《规划》提出:中医药健康产品开发将作为中医药健康服务相关支撑产业重点项目之一,包括中医健康识别系统、智能中医体检系统、经络健康识别系统、智能中医体检系统、经络健康辨识仪等中医辨识、干预设备,以及用于中医诊疗的便携式健康数据采集设备等,进一步指明中医药信息化建设的方向和任务。

上海泰坤堂中医院基于"舌面脉信息采集系统",实现了"远程号脉",泰坤堂在此基础上进一步开发并建立了符合中医药规律和特色的远程诊疗平台,不在医院的患者也可以方便稳定地采集相应的面色、舌象、脉象信息,并通过互联网直接将舌、面、脉原始数据与分析和其他检查报告发送到医院的医生工作站,医生在得到精确、直接、数字化的望、闻、问、切信息后,还可进一步与患者进行音频、视频的交流并开具处方,甚至发起更多专家参与会诊,相关的数字化诊疗信息进入医院数据库并发送给患者,不仅方便主诊医师随时调阅和临床研究的需要,还为患者评价中医疗效提供了客观依据[10]。

2. 中药材质量追踪信息化建设

目前的中药材生产,仍以传统农业的生产方式为主,分散种植、零散加工、粗放收储、集市交易,容易掺杂使假,难于监管到位,因此,中药材市场上存在着大量的假冒伪劣等情况。由于信息不对称,患者无法对代煎药店提供的药材进行判断,这直接影响到患者对代煎药的信任。

《中药材保护和发展规划(2015-2020年)》[11]提出建设中药材资源监测站点和技术信息服务网络。借助互联网技术,建立一套支持全产业链、具有公信力的质量追溯体系来统一监督中药产品各环节产品质量。从建立道地药材检验基础数据库开始,构建全程质量追溯体系及所需的一切配套基础数据库和标准,利用互联网、物联网等构建追溯体系,最终达到"来源可查、去向可追、责任可究、数量可计、质量可检、等级有据"的六大核心信息链条,保障中药质量安全。中药材质量追溯体系应该建立在覆盖主要中药材品种、中药材种植和养殖企业、中药材经营户与经营企业、中药饮片和中成药生产经营企业、医疗机构以及零售药店等交易主体之上,应用现代信息技术、互联网技术和物联网技术,通过中药材产品包装上的电子标签,对中药材产地来源、生产加工、市场流通、药房使用等环节的有关信息进行查询,保障中药材的质量安全,进一步推动中医药产业健康发展。

(六) 加强基层中医队伍建设培养

建议有关部门加强对基层医疗人才队伍建设的规划设计与政策支持,构建国家与地方联动的激励机制。制订切实可行的基层中医专业人才队伍建设方案,大力提高基层专业人员待遇,立足当前、着力长远,切实解决基层中医专业人才匮乏现状,为深化医改与健康中国建设目标的实现提供人力支撑。

参考文献

[1] 刘鸿燕,郭珉江,胡红濮."互联网+"背景下中医药信息化需求与惠民模式研究[J].医学信息学杂志,2015,36(12):2-7.

[2] 许方宵.互联网+中医药在互联网时代面临的挑战[J].首都食品与医药,2015(11):29-30.

[3] 国务院办公厅.中医药发展战略规划纲要(2016-2030年)[Z],2016.

[4] 国务院办公厅.中医药健康服务发展规划(2015-2020年)[Z],2015.

[5] 雍熹.互联网+中医理疗:重组还是颠覆?[J].人民周刊,2015(7):45-46.

[6] 徐英霞.中药汤剂与中药颗粒剂比较探析[J].临床医药文献杂志,2015,2(1):87-88.

[7] 李蔼文,谭俊青,王康椿,等.5种中药颗粒剂与水煎剂对5种耐药菌株的体外抑菌作用比较[J].检验医学,2015,30(6):567-570.

[8] 瞿剑.中药饮片和中药颗粒剂使用情况调研分析[J].长春中医药大学学报,2012,28(6):1106-1108.

[9] 段海洋.中药颗粒剂不合理用药处方分析[J].中国处方药,2015,13(3):36-37.

[10] 郑卫建.基于移动互联网的中医远程诊疗系统的设计与实现[D].成都:电子科技大学,2015.

[11] 国务院办公厅.中药材保护和发展规划(2015-2020年)[Z],2015.

关于深入推进江苏工业绿色化进程的几点建议

陈 缨

九三学社无锡市委会

摘要：未来工业发展的重要方向是绿色化、智能化，而绿色化、智能化关键在于重大绿色技术的不断创新和推广应用，在于先进工程科技的不断突破和坚实支撑。近年来，江苏在推进工业绿色化进程中，做了大量卓有成效的工作，但也存在一些不容忽视的问题。本文拟就江苏深入推进工业绿色化进程作一探讨。

关键词：工业转型；创新发展；绿色技术

二十一世纪以来，随着全球第四次工业革命——绿色工业革命的方兴未艾，世界各国特别是发达国家开始寻求工业经济走出低谷的有效途径，许多国家都瞄准了生态环保、可持续和低碳低耗的绿色发展道路。绿色工业是从设计到材料选型、流程再造、绿色物流知道包装运输、售后管理、产品回收再造的一个完整的、具有生态特征的崭新管理链条，其中制造业是一个关键环节。

《中国制造2025》作为我国实施制造强国战略第一个十年的行动纲领，把"绿色制造工程"作为重点实施的五大工程之一，部署全面推行绿色制造，努力构建高效、清洁、低碳、循环的绿色制造体系。

一、江苏省工业绿色发展现状分析

2015年，江苏省针对市场需求较弱、投资增速放缓、企业发展困难等导致经济下行压力较大的问题，贯彻制造强国战略的相关部署，出台《中国制造2025江苏行动纲要》，建立产（行）业发展分析机制，对10大战略性新兴产业和8个主要行业运行态势进行分析研判，对要素协调保障和企业生产情况进行科学监测预警，确保新常态下保持工业经济平稳运行。重点是抓住了"三个化"：

一是着力抓智能化制造。省市联动共同推进17个重点特色产业发展，引导各地在结构调整中特色发展，形成新的发展优势。支持和鼓励企业应用智能装备加快提升智能制造水平，组织实施603项、总投资1572亿元的企业智能化改造升级3年滚动计划，引导企业加大智能车间建设投入力度。2015年创建70个示范智能车间，推进10家示范智能工厂建设，2个智能制造项目入选国家首批试点。

二是着力抓信息化平台。完成信息基础设施投资300亿元，培育形成化工、纺织、钢铁等10家综合性B2B平台,服装、医药、物流等20家行业特色B2B平台线上交易额超过1万亿元,大中型企业电子商务覆盖率提高到75%以上。实施"互联网+"先进制造行动,推动协同设计研发、云制造、供应链协同、个性化定制等新业态、新模式发展。2015年江苏省软件业务收入达7 300亿元左右,比去年增长18%;建成10个省级互联网产业园、20个众创园及5个云计算和大数据产业园;扎实推动企业两化融合管理体系贯标,实现重点企业、行业的互联网化转型升级。同时,加强制造业与生产性服务业融合互动,出台服务型制造业发展意见,全省全口径生产性服务业同比增长13%以上。

三是着力抓绿色化生产。大力发展循环经济,不断增强绿色制造能力,2015年全省单位GDP能耗下降6%左右,五年累计下降22%,超额完成"十二五"期间下降18%的约束性目标。加大新技术新产品推广应用力度,推广应用百项关键新技术、千个重点新产品,实现新增销售收入超万亿元。重点实施"百项千亿"技术改造工程,分级管理,促进达产达效,增强工业经济增长后劲。全省工业投资增长速度稳定在10%以上,其中技术改造投资占比提高到50%以上。推动园区低碳发展,探索形成产业高度聚集、地区行业特色鲜明、碳生产力高的园区低碳发展新模式。

数据显示,2015年,全省共安排1 650个项目、近14亿元专项资金落实到基层的特色产业和重大项目中;1至10月全省高技术行业实现产值24 784.1亿元,同比增长10.0%,高耗能行业产值低速增长;全省工业投资完成20 608.3亿元,同比增长12.6%,全省工业技改投资完成10 929.1亿元,同比增长23.6%,技术改造投资增幅较大。

二、存在的突出问题

一是从工业分类来看,传统行业占比依然较高。近年来,江苏切实加大了工业转型升级的力度,一方面,大力推进钢铁、有色、化工、建材、造纸、印染等传统制造业的绿色化改造,另一方面,积极引领绿色产业的高起点发展。但从统计数据来看,钢铁、建材、造纸等传统行业比重依然偏高,六大行业结构调整和淘汰落后产能的目标,尚没有全部实现。

二是从技术层面来看,科技研发的支撑依然不够。狭义的工业绿色发展,包括了绿色生产制造过程、产品绿色化、节能减排、清洁生产、企业绿色化等,这些方面都需要科技的有力支撑。但目前,我省工业绿色发展的工程科技尚不能满足绿色工业发展需求,尤其是在绿色产品的研发应用、绿色生产工艺技术装备、绿色产业链的构建、工业污染治理等方面,虽然取得了一定的进展,但关键技术还没有突破。

三是从环保角度来看,资源能源的制约日益突出。全省的工业仍然是消耗能源资源和产生排放的主要领域,工业产业产出总量增加过快、规模过大等问题依然突出,工业的能源消耗和污染物排放总量仍处在上升趋势。新《环保法》出台后,促进工业绿色化转型发展的一些指标要求,尚没有纳入现有考核机制、激励机制等考评体系。

三、对策建议

要瞄准世界工业的未来前沿,大力推进工业自动化、信息化、智能化、绿色化、服务化和国际化,推动工业结构向高端市场和核心技术的上行演化,大幅度提高工业质量和工业效益,降低工业能耗和"工业三废"排放,提高我省绿色工业的影响力和竞争力。

一是强化创新驱动的引领作用。全省工业既要保持中高速增长、支撑国民经济合理增速,又要实现产业结构和生产方式绿色化、应对资源能源约束和生态环境压力,只有坚持把创新摆在工业发展全局的核心位置,进一步强化工程科技的支撑地位,才能够实现质量更优、效率更高、消耗更少、污染更小、排放更低的绿色发展。一方面,要把全面推行绿色制造作为一项系统工程,进一步突出绿色工程科技的战略支撑作用,加强绿色科技创新,加快研发应用技术先进、经济可行的实用技术,积极组织实施能够统筹节能、降耗、减排、治污的集成化、系统化绿色解决方案。另一方面,把握新科技和新产业革命的机遇,启动"高端产品进口替代工程",带动产业和市场升级,加快产业结构的存量调整,优化产业的空间结构,大力发展生产性服务业和科技服务业,优化企业发展的经济环境。

二是提升资源循环的利用能效。不断提高绿色低碳能源使用比率,开展工业园区和企业分布式绿色智能微电网建设,控制和削减化石能源消费量。全面推行循环生产方式,促进企业、园区、行业间链接共生、原料互供、资源共享。推进资源再生利用产业规范化、规模化发展,强化技术装备支撑,提高大宗工业固体废弃物、废旧金属、废弃电子产品等综合利用水平。大力发展再制造产业,针对航空发动机、燃气轮机、盾构机、重型矿用载重车等大型成套设备及关键零部件实施高端再制造,利用信息化技术对传统机电产品以及通用型复印机、打印机实施智能再制造,对老旧和性能低下、故障频发、技术落后的在役机电装备实施在役再制造。推进再制造产品认定,进一步规范再制造产品生产,引导再制造产品消费,推动建立再制造产品认定国际互认机制,促进再制造产业持续健康发展。

三是积极构建绿色的制造体系。要大力支持企业开发绿色产品,推行生态设计,显著提升产品节能环保低碳水平,引导绿色生产和绿色消费。建设绿色工厂,推动在重点行业建设绿色示范工厂,实现厂房集约化、原料无害化、生产洁净化、废物资源化、能源低碳化,探索可复制推广的工厂绿色化模式。发展绿色园区,推进工业园区(集聚区)按照生态设计理念、清洁生产要求、产业耦合链接方式,加强园区规划设计、产业布局、基础设施建设和运营管理,培育示范意义强、具有鲜明特色的"零"排放绿色工业园区。打造绿色供应链,引导企业不断完善采购标准和制度,综合考虑产品设计、采购、生产、包装、物流、销售、服务、回收和再利用等多个环节的节能环保因素,与上下游企业共同践行环境保护、节能减排等社会责任。壮大绿色企业,支持企业实施绿色战略、绿色标准、绿色管理和绿色生产。推动发展绿色金融,加强信贷政策与产业政策的衔接配合,引导资金流向节能环保技术研发应用和生态环境保护治理领域。

四是强化绿色标准的保障作用。"绿色制造"目前尚无严格的可供遵循的行业标准,只有市场层面对"绿色制造"和"绿色产品"形成的一些共识:如,产品在生产过程中用少量能源和资源且不污染环境;产品在使用过程中极少污染环境且能耗低;产品在使用后易于拆卸、回收和翻新,或能够安全废弃并长期无害。但从专家角度来看,绿色制造标准化对象广泛,包括产品的设计、原材料采购、产品的生产、产品的包装运输、产品的使用和废弃全过程,同时,产品的环境因素必须与其他因素(如用途、性能、安全、健康、成本、质量、法律法规等)协调考虑。建议:在综合考虑的基础上,出台工业绿色制造的质量标准体系,健全节能环保法规、标准体系,夯实绿色工业质量的法律基础。在此基础上,进一步转变职能,践行绿色理念,创造绿色需求,带动绿色消费,强化绿色监管,大力加强绿色产品和绿色服务供给能力。同时,创新行业管理方式,推行企业社会责任报告制度,开展绿色评价,弘扬绿色文化。

用智能化设计推动产品绿色制造

齐夏兵

江苏国光信息产业股份有限公司

摘要：本文旨在分析产品制造中智能化设计和绿色制造之间的关系，建议利用当前迅速发展的传感技术、大数据和云计算技术、"互联网＋"技术等各种科技创新手段，结合电子产品生命周期各个阶段的梳理，实现智能化设计和绿色制造的有机结合，主张通过从产品研发源头开始，精细策划、科学计划、精密生产、精准服务，改变以往工业制造产业粗犷型管理的方式，向智能制造的精细化管理模式演变，提升绿色制造和智能化制造的水平，从而实现经济、低碳、节约、高效的绿色"智造"目标。

关键词：绿色制造；传感技术；大数据和云计算技术；"互联网＋"；智能制造

一、绿色制造概述

绿色制造是指综合考虑环境影响和资源效益的现代化制造模式，其目标是使产品从设计、制造、包装、运输、使用到报废处理的整个产品生命周期中，对环境的影响最小，资源利用率最高，并使企业经济效益和社会效益协调优化。绿色制造这种现代化制造模式，是人类可持续发展战略在现代制造业中的体现。

绿色制造是制造业制造技术和制造模式未来发展的重要方向，将成为未来工业界的重要挑战和竞争领域。目前，发达国家和国际组织纷纷制定、倡导和出台了很多与绿色制造相关的立法、标准等，如 ISO 14000 环境管理标准体系、OHSAS 18000 职业健康与安全管理标准体系、欧盟的 ROHS、WEEE、EUP 指令等对产品质量，特别是在节能、无毒无害、低排放和可回收等方面提出了严格的限制，逐步形成了国际贸易之间的绿色壁垒。近年来，我国政府对绿色制造的重视程度和支持力度显著提升。《国家中长期科学和技术发展规划纲要（2006-2020）》将绿色制造列为制造业领域发展的三大思路之一。国家"十一五"科技支撑计划设立了"绿色制造关键技术与装备"重大项目。但是我国作为一个发展中国家，在机械制造领域与国际水平相比还有相当大的差距，针对我国的具体国情，应做好各项基础工作，统观全局，重点突出，走中国的绿色制造技术发展之路。

二、智能化技术现状

（一）传感技术

传感技术是关于从自然信源获取信息，并对之进行处理（变换）和识别的一门多学科交叉的现代科学与工程技术,它涉及传感器(又称换能器)、信息处理和识别的规划设计、开发、制/建造、测试、应用及评价改进等活动。

获取信息靠各类传感器(有各种物理量、化学量或生物量的传感器)。按照信息论的凸性定理,传感器的功能与品质决定了传感系统获取自然信息的信息量和信息质量,是构建高品质传感技术系统的关键。信息处理包括信号的预处理、后置处理、特征提取与选择等;识别主要是对经过处理的信息进行辨识、比较、分类和判断。传感技术包含了众多的高新技术,被众多的产业广泛采用。

为了提高制造企业的生产率(或降低运行时间)和产品质量、降低产品成本,工业界对传感技术的基本要求,是能可靠地应用于现场,完成规定的功能。

(二) 大数据和云计算

从技术上看,大数据与云计算的关系就像一枚硬币的正反面一样密不可分。大数据的特色在于对海量数据进行分布式数据挖掘,但它必须依托云计算的分布式处理、分布式数据库和云存储、虚拟化技术。

大数据技术的战略意义不在于掌握庞大的数据信息,而在于对这些含有意义的数据进行专业化处理。换而言之,如果把大数据比作一种产业,那么这种产业实现盈利的关键,在于提高对数据的"加工能力",通过"加工"实现数据的"增值"。大数据需要的特殊技术包括大规模并行处理(MPP)数据库、数据挖掘电网、分布式文件系统、分布式数据库、云计算平台、互联网和可扩展的存储系统。

云计算是分布式计算、并行计算、效用计算、网络存储、虚拟化、负载均衡、热备份冗余等传统计算机和网络技术发展融合的产物。云计算拥有强大的计算能力,可以模拟核爆炸、预测气候变化和市场发展趋势。用户通过电脑、笔记本、手机等方式接入数据中心,按自己的需求进行运算。

(三) 互联网和"互联网+"

网络技术是20世纪最重要的科技进展之一,随着传感技术、无线网络技术、移动互联技术等新科技的发展,互联网的技术发展还将层出不穷。未来,物与物之间都能够通过无线宽带达到信息的交互和交流。

"互联网+"是互联网发展的新业态,通俗来说,"互联网+"就是"互联网+各个传统行业",但这并不是简单的两者相加,而是利用信息通信技术以及互联网平台,让互联网与传统行业进行深度融合,创造新的发展生态。它代表一种新的社会形态,即充分发挥互联网在社会资源配置中的优化和集成作用,将互联网的创新成果深度融合于经济、社会各领域之中,提升全社会的创新力和生产力,形成更广泛的以互联网为基础设施和实现工具的经济发展新形态。

三、智能化技术在绿色制造中的应用

我国是制造业大国,绿色制造是生态发展的需要,也是中国制造向高端发展的必然选择。绿色制造在制造型企业中得到有效实施,绝不是简单地购置几套软件、增添几台设备就能彻底解决的问题,而是将其理念贯穿到企业产品的整个生命周期的各个环节中。我们以电子产品为例,对产品的整个生命周期中的"绿色成分"进行分析。

任何产品的诞生均来自于使用者的需求,而产品的生命周期必然要经历以下环节:设计环节、制造环节、销售环节和服务环节。

设计环节通常包含以下几个阶段,首先根据使用者的需求确定产品的功能和性能,然后设计产品的软件、硬件、结构的解决方案,最后通过样机试制等过程输出详细的设计文件,以指导后续的生产过程。

制造环节通常包含以下几个阶段,首先消化设计文件,理解其设计思路,确定其加工制造的工艺路线,其次设计详细的加工制造工艺流程,确定具体加工方法,最后,通过小批量试制验证后进入批量制造的生产过程。

销售环节通常包含以下几个阶段,收集客户订单信息,对订单信息进行分类汇总,制订生产计划,在产出后进行发货等。

服务环节通常包含以下几个阶段,首先及时获取客户反馈信息,然后及时、准确的响应客户提出的问题,并做好客户反馈信息的统计汇总和分析工作,还要根据分析结果持续优化、改进产品的功能性能。

(一) 设计环节

通常情况下,产品设计以生产费用最低,获得的经济效益最高为目的,同时要保证产品的功能、性能、质量合格。在设计中应贯彻减少资源浪费的目标,注重面向能源优化利用和环境保护的设计方法,提高能源利用率,以保护环境。

具备优秀绿色理念的工程师在设计之初会考虑以下原则:

(1) 轻量化设计原则

轻量化设计是一种综合了性能、成本、重量和配套设备等因素的优化设计方案。轻量化设计主要的优点有:一方面,能够减少生产过程带来的能源消耗,降低原材料和资源在生产中所产生的碳排放量。另一方面,能够降低产品在运输、运行过程中的能源消耗、污染物排放以及噪声强度,提高资源的利用效率。

(2) 模块化设计原则

模块化设计是可以将产品根据功能的不同分解为若干模块,通过模块的优化组合得到不同品种和不同规格的产品,加强模块化设计可以便于库存管理,提高生产效率,缩短加工周期,并且可以有效提高将来的运行维护效率。

(3) 生态化设计原则

生态化设计是在满足产品使用功能的前提下尽量减少能源和原材料的巨大消耗和浪费,并且尽可能减少对生态环境破坏程度的一种设计方法。生态化设计在选择材料时应首先考虑以下内容:首先,优先选用可循环使用、可再生、可生物降解和可重复使用的材料;其次,优先选用绿色环保、节约能源资源为基础的材料,提高能源资源的利用率,从而节省能源资源;再次,优先选用污染少、能耗低和无毒、无害及无辐射特性的材料，减少产品对环境的破坏。

随着大数据和云计算的快速发展，期待在不久的将来能够看到这样的场景：

工程师在设计产品的过程中，通过云服务使用"绿色程度分析服务系统"，根据期望实现的功能和性能，在云端选择不同的实现方法进行对比，系统能够自动分析不同方案的绿色程度，例如，不同方案的加工碳排放量对比值，使工程师在设计之初就能直观地了解该设计方法的绿色程度，甚至能给制造出的每个部件、产品贴上可以量化的"绿色程度标签"。

（二）制造环节

局部来说，制造环节往往是对环境影响最大的环节，集中表现在加工设备工作过程中由于排放、噪音等造成的各种环境污染。因此，加工设备的精度、自动化程度、加工时长等因素决定了整个制造过程的绿色程度。

制造加工过程是碳排放的主要物化、具体化的过程。要实现绿色制造，必须考虑产品的加工过程如何实现低碳，开发和选用低碳加工工艺及装备。支持产品低碳化开发将成为该领域未来的一个发展趋势；而低碳优化与建模理论也将在未来受到重视而成为制造系统理论的一个重要研究新方向。

无疑，通过软硬件技术手段提高加工设备的加工精度，能够有效提高加工效率，降低废品率，对于减少资源消耗意义重大。而提高加工设备自动化程度，提高加工工艺复合性，也是目前科技领域一直在不断研究的课题。

随着数字化制造技术的迅猛发展以及企业对制造执行环节数字化要求的日益凸显，设计制造一体化已经从管理层面向执行层面深化。例如信息化软件与生产设备的融合，及时、准确、自动地采集机床、生产线、关键设备的状态、产量、质量、能耗等信息，提高设备利用率；与车间工人的信息关联，提高工作效率；在此基础上，应用制造执行系统来提高车间的整体生产效率，实现精益制造、智能制造。

（三）销售环节

当前，电子商务与实体经济正逐步深度融合，成为优化资源配置的一个重要途径，对生产、流通、消费乃至人们的生活都带来了深刻的影响。电子商务作为战略性新兴产业，打破了传统的商业模式和创新模式。不难理解，电商平台、"互联网＋"实现的商业创新模式，是连接供给侧和需求侧的直通桥梁，是供给侧改革的加速器。越来越多的电商平台，将客户需求信息直接传递到制造厂家，减少了大量的中间冗余环节，能促使生产更加快速、精准、有效，使去产能、去库存、去杠杆变得行之有效。

将来，"互联网＋"在生产组织中将扮演更为重要的角色，让设计、生产、销售始终在线，这是信息技术对传统生产要素的供给方式和供给结构产生的深远影响。以移动互联网、大数据、云计算等新一代信息技术，改变传统生产方式，加速新一代信息技术与传统产业跨界融合，变革中国实体经济传统发展模式，提升实体经济发展效率，正式绿色制造乃至"绿色智造"的重大演变。

（四）服务环节

毫无疑问，实现大量应用的产品，服务环节正是传感技术、大数据和云计算技术、"互联网＋"等创新科技大有作为的应用场景。二维码、RFID等传感技术（自动识别技术）是溯源系统的常见手段，在产品上加上二维码等"标识"手段，用户可以追溯该产品的来源，而生产商通过"互联网＋"技术搭建的客户服务系统，可以获取产品应用中所有的信息，不但可以提供精准的客户服务，而且可以利用大数据和云计算技术，对大量的客户反馈信息进行统计、分析，从而得到产品的客户满意度以及后期应该如何完善、改进的结果，从而更加准确地指导下一步的设计阶段和制造阶段使其更为高效，降低能源的浪费。

四、几点建议

绿色发展的理念是经济社会发展到一定阶段的必然选择，采用科技创新手段变简单制造为绿色"智造"，是制造业转型升级的必然趋势，结合当前国情，提出以下建议：

一是加强对绿色制造的认识，在企业中开展绿色制造技术的培训，使各类从业人员（特别是企业家）要充分理解绿色制造体系的含义；更建议从校园阶段（例如高校）设立绿色制造的课程。

二是大力开发研究不可再生资源和短缺资源的替代技术、节能技术、清洁生产工艺、产品拆卸回收技术。应以节能降耗、简化工艺、减少成本、消除污染、优化工艺参数等方案为重点。

三是组织专家团队，在消化吸收国际先进的绿色制造技术理论的基础上，从我国机械制造业的实际情况出发，制定绿色评估标准，制定绿色智造中相关的接口标准等，最好能够给每个产品、每个部件都能贴上带量化数据的"绿色标签"。

四是政府部门应大力扶持绿色制造企业，在立法、规定及税收上给予推进绿色智造的企业大力支持，使实施绿色制造的企业在市场竞争中处于优势地位，改变以往"劣币驱逐良币"的普遍现象。

五、结语

未来工业发展的重要方向是绿色化、智能化，而绿色化、智能化关键在于重大绿色技术的不断创新和推广应用，在于先进工程科技的不断突破和坚实支撑。科学技术的迅猛发展，极大地提高了社会生产力，决定着工业发展的水平和质量，工程科技的集中创新和推广应用更是推动生产力发展最直接的动力。

制造业发展到今天，已经超越了传统制造业的狭隘观念，不再是唯生产至上，而是扩展到了设计、营销、服务等诸多方面。因此，制造业需要一个与营销、生产、服务协同的设计制造一体化的运营体系和管理体系。将各种智能化技术融合进入"绿色智造"的各个环节，是当务之急，更是大势所趋。

参考文献

[1] 马忠臣.绿色制造——循环经济的起点——解读《绿色制造科技发展"十二五"专项规划》[J].机械工程师,2012(5).

[2] 吴菡晗.基于可持续发展的绿色设计体系构想[J].生态经济:学术版,2014(2):188-191.

[3] 龚林生.绿色理念在机械设计制造中的应用[J].科技创新与应用,2014(6):73-73.

[4] 阎莉.低碳时代的绿色设计理念研究[J].包装工程,2015(8).

[5] 黄丹.论注重环保的绿色设计是未来发展的趋势[J].中文信息,2015(7).

[6] 王文钰,毛思圆,李杭英.循环经济与产品绿色设计研究[J].经营与管理,2016(1).

浅析"中国制造 2025"背景下中小制造企业的困境与对策

王 珅

九三学社南京市委员会

摘要：在中国颁布《中国制造 2025》的行动纲领后，中国制造业迎来了机遇期。中国的制造业是由无数个中小企业组成，要想发展中国的制造业，就必须解决制造业的中小企业的困难。本文从中小企业的重要性、中小企业的现状、发达国家扶持中小企业的相关经验和方法与解决我国中小企业困难的一些建议和对策展开论述。

关键词：中国制造 2025；中小企业；知识产权

制造业是国民经济的主体，是科技创新的主战场，是立国之本、兴国之器、强国之基，制造业发展对中国经济发展的重要性不言而喻。2015 年 5 月 8 日，国务院正式印发《中国制造 2025》，这是我国政府实施制造强国战略第一个十年行动纲领。同年 6 月 24 日《国务院办公厅关于成立国家制造强国建设领导小组的通知》（国发〔2015〕48 号）标志着"中国制造 2025"将步入实质性的推进期，中国经济将借此机会进入全面复苏阶段。然而，目前我国大部分制造企业正面临种种困境，要想解决困难，就必须从最基层做起，找到根源。中小企业是中国制造业的重要组成部分，只有解决了中小企业的困境，打好根基，才能有效地推动"中国制造 2025"。

一、中小企业的重要性

工业和信息化部中小企业司司长郑昕指出，中小企业是中国数量最大、最具创新活力的企业群体，在促进经济增长、推动创新、增加税收、吸纳就业、改善民生等方面具有不可替代的作用。据调研，我国中小企业数量占所有企业的 90% 以上，创造 60% 的国内生产总值，提供 50% 以上的税收，提供 80% 以上的城镇就业岗位。中小企业的研发投入也远超大企业，我国 65% 的专利、75% 的发明创造、80% 的新产品均来自于中小企业。

二、中小制造企业现状

（一）项目落地开工困难

1. 项目用地门槛较高。以江苏省某市为例：2012 年出台的方案，市域范围内一类地区新增工业用地项目的总投资额、亩均投资强度分别不低于 1 亿元、550 万元,亩均产值不低于 600 万元或亩均税收不低于 30 万元;二类新增工业用地项目总投资额、亩均投资强度分别不低于 8 000 万元、350 万元,亩均产值不低于 400 万元或亩均税收不低于20 万元;三类新增工业用地项目总投资额、亩均投资强度分别不低于 6 000 万元、350 万元,亩均产值不低于 400 万元或亩均税收不低于20 万元。

2. 前期手续办理时间较长。项目从征地到通过招拍挂办理土地证时间在 9 个月以上,如需调整规划则所需时间更长。此外,企业还需办理规划许可、环境评估、节能评审等前期手续,一个制造业项目从办理前期手续到开工建设通常都要 1 年左右时间。

(二)企业发展资金困难

虽然,国家相继出台系列政策对中小企业进行扶持,但中小企业融资难、利润低的问题并没有得到根本性解决。

1. 企业资产信用不足,抵押、担保难。在我国,企业向银行申请贷款必须提供抵押、质押等担保,中小企业很难获得信用贷款。同时,中小企业又普遍存在底子薄、资金少,厂房设备不足以作为贷款抵押物,寻求担保又遭遇重重困难的问题。

2. 经营管理不规范,财务信息失真的现象屡见不鲜。中小企业的经营管理层相对素质较低,缺乏必要的管理素养,缺乏健全的管理制度及良好的公司治理机制。加之关联交易复杂,财务制度不健全,透明度低,导致财务信息失真现象时有发生。

3. 企业诚信度不高,缺乏良好的银企关系。目前,我国企业缺乏诚信已经成为一大问题,而中小企业以破产、改制为名行逃废银行债务之实等事件时有发生,致使我国中小企业与银行之间缺乏良好的银企关系。

4. 制造业利润较低,导致社会资本转移。房地产市场和金融市场的火热及高利润,吸引大量社会资本向对社会经济发展拉动作用较小的房地产、金融市场转移。

(三)部分行业产能过剩

目前,许多低端制造业都存在产能过剩的情况,例如:服装、钢材、水泥等。这些产品技术含量低、浪费资源,同时还会造成大量污染。中国地广人众,任何行业都需要国家和地方的政策引导,不能一窝蜂的大生产。前两年兴起的光伏产业,因为大量生产造成了产能过剩,同时遭到欧盟的反倾销调查。

(四)缺乏产权保护意识

2006 年,正准备进军德国市场的北京老字号王致和公司发现,中华老字号"王致和"的商标被德国一家公司抢注了。历时 820 天,历经七个阶段、两级审判,耗费近 100 万欧元巨资,王致和终于打赢了"中国老字号海外维权第一案"。天津老字号"狗不理"的海外维权路更加艰辛,一走就是 10 年。在国外被抢注商标的还有"六必居""同仁堂""桂发祥"等等。

我国很多科技型中小企业还没有建立品牌意识,不注重商标保护,对于市场上的假冒商品滥用自己企业商标的行为,不予以有效地阻止,任其发展。在技术创新的过程中,我国科技型中小企业依然较为重视生产设备等传统有形资产的保护,往往忽略了对技术专利、品牌等无形资产的保护。有的企业开发的技术和新产品已经符合了申请专利的条件,但却一直未申请专利注册,取得专利,然而,当其产品被他人仿冒销售后因为没有进行自己知识产权的依法认定,而无法以法律的武器进行还击给自己造成了很大损失。我国的知识产权呈现侵权成本低,维权成本高的特点。企业知识产权的维权成本太高,包括经费、精力、心力的支出。当企业为维护知识产权利益所付出与因知识产权保护所获得的回报在经济上呈负数时,企业继续创新的积极性就难以持续,违法侵权的企业或个人更将有恃无恐。

三、国外扶持制造业企业相关经验

德国、美国成功的基础就是先发展中小企业,先解决中小企业的难题之后,才能有高科技。

以美国为例,美国政府为了救助制造业的中小企业,采取的五个步骤:一是贷款。2009年出台《2009美国复苏与再投资法案》,为中小企业提供130亿美元的贷款,缓解他们的资金压力。二是减税。2010年8月推出《美国制造业促进法案》,给美国中小企业提供120亿美元的减税空间,降低他们的成本。三是回归。鼓励大型制造业企业回归,回归过程中增加成本20%可以抵扣税,大企业可以带动中小企业发展。四是培训。美国政府花7亿美元培训了50万可以熟练操作的工人。其中87%都在培训过后找到了适当的工作。五是降本。大幅降低制造业成本,从2009年开始,美国投入500亿美元从事新能源开发,对于新能源企业提供23亿美元的税收补贴。

德国也是先解决中小企业的难题,再进行高科技行业的发展。德国的中小企业占总数量的99%,提供70%的就业人口,全世界2000多家资质最好的中小企业,德国占47%。金融海啸时期,就业人数大幅下降,德国政府"三管齐下"对中小企业进行了救助。一是提供贷款。为中小企业提供72亿欧元的贷款,其中94%都是给中小企业。只有19%的中小企业的财务状况受到金融海啸的影响,剩下的都是因为政府的救助,渡过难关。二是实施减税。营业税的起征点从以前的25万欧元增加到50万欧元,修改所谓的固定资产折旧法,为企业省去十几亿欧元的支出。三是开展补贴。对于所谓的临时工给予60%~70%的薪水补贴;对于工人前6个月的社保政府付一半,6个月之后的由政府全部买单;工人收入下降10%以上,可以申请政府补贴。一系列措施之后,德国经济开始复苏。

四、相关对策及建议

(一)优化审批,增强项目服务意识

目前,在经济下行压力增大、制造业不景气的背景下,各地政府应尽快出台相关政策,优化项目审批流程;对部分前期手续进行并联办理,对于部分符合条件的项目允许边开工边办理手续,最大限度为企业早落地、早开工、早投产、早达效提供便利。

（二）多措并举,提高资金保障水平

一是学习台州银行的模式,改变国有银行只贷款给国有大企业的观念,同时商业银行适当放权,降低贷款准入门槛,成立中小企业信贷业务部门,针对不同地区的经济特点、市场完善程度和发展趋势,改进贷款授权授信制度,下放贷款审批权限,简化审批程序,为中小企业提供方便快捷的优质服务;二是进行信贷创新,对中小企业贷款,商业银行在担保形式上,除传统的土地、房产抵押以及第三方担保外,积极试办无形资产抵押贷款、动产抵押贷款、仓单质押贷款、应收账款质押贷款、个人委托贷款、自然人担保贷款、企业联保互保贷款、企业专利权质押贷款,并合理确定贷款期限,为中小企业融资扩大选择范围;三是大力鼓励国有大型企业与中小企业合作,在发挥国企资金和资源优势的同时,为中小企业的创新提供机会,达到双赢。

（三）科学决策,极力避免政策冲动

2010年10月国务院发布《关于加快培育和发展战略性新兴产业的决定》,节能环保、新一代信息技术、生物医药、新能源、高端装备制造、新材料等领域被列为重点发展对象。规划冲动和资本冲动造成以光伏行业为代表的部分行业产能严重过剩,全国一拥而上发展重点产业。上一轮四万亿投资导致的过剩产能尚在消化之中,消化这些产能所付出的社会成本可能超过其本身的价值。各地方政府关于"中国制造2025"的相关政策尚未出台,但是,不能不警惕地方政府紧抱政策大腿的规划惯性。地方政府需要结合自身实际、科学分析,调节投资冲动,避免形成新的产能过剩。

（四）树立品牌,加强知识产权保护

在竞争激烈的国际市场,知识产权已成为国际经济竞争的焦点。企业是否拥有知识产权是其生存和发展的关键因素。中小企业作为我国企业的重要组成部分,当前正面临跨国公司知识产权大兵压境的严峻挑战,其要想得到发展,取得竞争优势,就必须重视知识产权,增强自我保护意识,运用知识产权战略提高企业竞争力。一是积极与国际接轨。由于我国的知识产权制度建设起步较晚,在制度和管理体制方面还不够完善,虽然在改革开放后制定了一些知识产权的法规,但是由于时间较短,与国际标准还有一定的差距。因此,我国的知识产权法律不仅应该考虑本国国情,而且需要符合知识产权的国际惯例,努力构建完善的知识产权法律体系。二是强化法律执行效果。知识产权的保护,法律仅仅是保护的基础,关键是在于法律的有效实施和执行。政府要全面加强行政执法能力建设,提高执法人员素质,严格行政执法程序,规范行政执法行为,强化行政执法手段,大幅度提高行政执法保护的水平和效率。三是增强企业主体意识。加强对知识产权的保护,只有政府部门的努力还不能达到满意的效果,对知识产权的保护而言,企业自我保护意识才是至关重要的。首先,企业要及时对知识产权进行确权,以便明确知识产权的归属。在进行研发和技术创新之初,企业就应该根据自己的实际情况,注重品牌、商标的策划工作,及时办理商标注册及相关手续,明确注册商标所有权和使用权,避免知识产权权属不清等问题的出现。其次,企业应投入一定的人力、物力与财力,选聘专职人员对企业知识产权进行全程的监控、跟踪和管理,确保企业在知识产权运营过程中合理合法。与此同时,企业还应积极配合政府有关部门对侵犯知识产权行为进行严厉的打击,确保企业的无形资产不受损害。

当前,全球制造业发展格局和我国经济发展环境发生重大变化,必须紧紧抓住当前难得的战略机遇,突出创新驱动,优化政策环境,发挥制度优势,实现中国制造向中国创造转变,中国速度向中国质量转变,中国产品向中国品牌转变。只有这样,企业才能在国际市场竞争中立于不败之地。

参考文献

[1] 邓建平.浅议中小企业资金现况及解决对策[J].当代经济,2013(12).
[2] 郎咸平.《财经郎眼》,广东卫视 2015 年 7 月.
[3] 王志彦.浅析中国中小企业发展现状[J].企业改革与管理,2015(08).

"中国制造2025"对地方高校工程专业人才培养的思考

宋浩杰

江苏大学材料学院

摘要："中国制造2025"战略规划,是我们从制造大国走向制造强国的必然选择。高等院校作为实施"中国制造2025"战略的重要力量,应勇于承担并履行好推进"中国制造2025"战略应尽的社会责任。为此,要确立创新型教育理念,谋划创新型人才培养愿景,创立"政产学研用"协同育人机制,建construction跨学科课程体系。

关键词：中国制造2025;工程专业;人才培养

党的十八大提出了用信息化和工业化深度融合来引领和带动整个制造业的发展。《中国制造2025》坚持走中国特色新型工业化道路,以促进制造业创新发展为主题,以加快新一代信息技术与制造业深度融合为主线,以推进智能制造为主攻方向,实现制造业由大国向强国的转变。《中国制造2025》既立足当前,面向制造业转型升级、提质增效,提出了九大战略任务、五项重点工程和若干重大政策举措;又着眼长远,着眼应对新一轮科技革命和产业变革,抢占未来竞争制高点,围绕先进制造和高端装备制造,前瞻部署了新一代信息技术、高档数控机床和机器人、航空航天装备、海洋工程装备及高技术船舶、先进轨道交通装备、节能与新能源汽车、电力装备、新材料、生物医药及高性能医疗器械、农业机械装备等十大重点领域23个优先发展方向,进行突破式发展,最终实现以点带面、全盘推进、整体发展。《中国制造2025》的提出给我国地方高校工程教育带来了重要的战略机遇和挑战。

一、存在的问题

1. 我国制造业现状及存在的问题

经过几十年的快速发展,我国制造业总体规模已跃居世界第一,综合实力不断增强,成为支撑我国经济社会发展的重要基石和促进世界经济发展的重要力量。但我国仍处在工业化进程中,我国制造业大而不强、自主创新能力弱、资源能源利用效率低、产业结构不合理、两化融合深度不够、产业国际化程度不高、多数产业处于价值链中低端。第三次工业革命给我国制造业带来"机会窗口期";"四化同步发展"提供了巨大的市场需求空间;经济体制机制改革将加速我国制造业转型升级。为抓住当前战略机遇实现制造强国目标,我国提出了《中国制造2025》[1]。这是按照"四个全面"战略布局要求,面向"两个一百年"发展奋斗目标,推进"一带一路"建设,实现中华民族伟大复兴中国梦的基石,是落实创新驱动发展战略、实施制造强国战略的第一个行动纲领。

2. 地方高校工程专业人才培养存在的问题

"中国制造2025"重点发展新一代信息技术、高档数控机床和机器人、海洋工程装备及高技术船舶、节能与新能源汽车、农业机械装备等十大领域,其中智能制造是主攻方向,也是实现从制造大国转向制造强国的根本路径,要实现"中国制造2025",赶超德国提出的"工业4.0",这需要大批机械类高素质一线技能型人才。我国技术工人的数量和质量还远未达到发达国家的水平。从数量上看,我国高级技术工人仅占工人总数的5%,而德国的比例为35%~40%;从学历上看,德国等先进工业国家有很多本科毕业一线工人,而我国本科毕业一线工人数量很少。[2]加快地方高等院校工程专业高素质技能型人才培养迫在眉睫。由于我国工程教育经费投入不足,导致大规模扩招之后,相应实验实训设备及师资严重不足,最终造成工程教育质量偏低,工程教育培养的人才质量满足不了经济社会发展对高素质技能型人才需求,没有实现与劳动力市场对技能型人才需求协调一致。

就工程专业人才培养而言,存在以下问题:一是难以适应社会活动和生产过程中的学科交叉、综合集成、高速发展的要求,毕业生综合素质亟待提高;二是重理论轻实践,导致在教学理念、培养模式等方面难以适应机械工程内涵变化带来的调整;三是培养的学生因机械工程知识和能力结构单一、自主创新能力弱而难以应对现代机械工程综合性、复杂性、多样性挑战。现代化生产不仅要求劳动力具有较扎实的理论基础,而且还要掌握必需的专业知识和职业技能。而我国高职教育就人才培养问题目前存在以下六大争论:一是关于理论教学与实践教学的合理比例问题;二是关于实践教学质量问题;三是关于生产性实训问题;四是关于产学合作还是产学研合作的问题;五是关于千校一面和以特立校的问题;六是关于让学校跟着企业走,还是鼓励学校领着企业跑的问题。

二、对策建议

1. 服务地方经济发展的办学定位

长期以来,受传统精英教育思维惯性、我国高等教育领域资源配置方式以及评价方式的影响,地方本科院校在办学过程中存在对高水平大学的简单借鉴与模仿,办学趋同现象严重,大部分学校的发展已经陷入"学院升格为大学,单科性大学转变为综合性大学,然后向研究型大学靠拢"的简单逻辑困境。

英国高等教育学家埃里克·阿什比关于"大学是遗传和环境的产物"的论断,对于当前我国地方本科院校转型发展过程中重构办学定位具有重要启示。大学作为一个有机体,其内部各要素之间及其与周围环境一起构成了相互关联、相互作用的生态系统。每所大学都有其自身发展的"遗传"逻辑,同时,又都面对着自身发展所需要的政治、经济、文化、科技等"环境"因素。每所学校基于自身的"遗传"和"环境",确立自己在高等教育生态系统中的角色定位。在高等教育系统中,地方本科院校与学术型院校、研究型大学具有不同的"遗传"和"环境"特征,只有立足自身特点,积极寻求错位发展,才能拥有较强的竞争力。地方本科院校是区域经济发展催生的产物,服务地方经济社会发展是地方本科院校的职责和使命。[3]这就要求地方本科院校要根据地方经济社会发展需求确定自身的办学定位和人才培养定位。体现在办学层次上,地方本科院校应以本科教育为主,兼涉研究生教育;在办学类型定位上,以教学型和教学研究型为主;在办学目标上,定位于培养产业一线从事技术应用、技术服务和技术管理,解决实际问题的高素质应用技术人才。

2. 能力本位、突出应用的人才培养体系

随着我国高等教育大众化的推进,培养应用技术人才早已成为高等教育理论研究层面的共识。然而,在高等教育实践层面,却始终存在着较为明显的学科中心倾向,人才培养模式带有明显的学科本位特征,表现为人才培养定位学术化、课程体系趋同、学生实践能力和专业技能训练弱化等问题。造成地方本科院校培养的应用技术人才虽然具有较为扎实、系统的专业知识,但解决具体问题的实践能力不足。地方本科院校要实现转型发展,就需要在人才培养领域实现从学科本位到能力本位的变革。在课程体系方面,要打破传统的学科本位课程体系,以在实践中应用知识为目的,通过跨学科的逻辑组织课程;积极邀请行业企业专家参与课程体系构建,以密切人才培养与产业需求的对接。在教学内容方面,要适应行业产业升级对人才知识结构的需要,不断更新教学内容,及时反映技术发展前沿。在教学方法方面,积极推行基于实际应用的案例教学和项目教学,特别是专业课程要运用真实任务、真实案例教学,增强学生解决实际问题的能力。值得注意的是,地方本科院校人才培养的"能力本位"并不等同于高职高专的"岗位导向"。有学者曾就三类院校的人才培养特征进行区分,认为"学术型本科是学科导向的,课程体系是'大A型'结构,讲究厚基础。高职高专是岗位导向的,课程体系是'大T型'结构,注重大量专业训练。而应用型本科应该是技术导向的,课程体系是一个'大I型'结构,应强化核心课程"。[4]从这一意义上说,如何在传统本科人才培养的"学术型"与职业院校人才培养的"职业型"之间走出"应用型"的第三条道路,是地方本科院校转型发展过程中的关键问题。

3. 产教融合、协同创新的应用科学研究

科学研究是建成特色鲜明的高水平地方本科院校的重要基础。地方本科院校的科学研究不同于研究型大学,应当更加注重应用,强调服务地方经济和社会发展。联合国教科文组织在制定统计标准时,把科学研究划分为三类,即基础研究、应用研究和试验开发研究。其中,应用研究和开发研究又统称为技术研究。地方本科院校科学研究的应用特征,就是要主动围绕地方社会经济发展要求,面向地方、面向行业与产业开展应用研究和开发研究,重视并努力促进应用研究成果的转化,以此来解决行业、产业生产中的技术难题和关键技术;解决当地经济和社会发展的实际问题。深化产教融合、校企合作是加快地方本科院校转型发展过程中科研变革的关键。20世纪末,美国高等教育学者伯顿·克拉克对英国、荷兰、瑞典和芬兰处于高等教育边缘却成功转型的五所大学进行了系统性研究,研究发现,建设不断拓展的发展外围,是它们转型成功的关键因素之一[5];而形成这个拓展的外围,关键就是推进产教融合、校企合作。地方本科院校要建立校企合作,协同创新的科研机制,就需要建立起行业企业参与的治理结构,鼓励和支持与大中型骨干企业、科研院所的合作,建立多学科融合、多团队协同、多技术集成的研发与应用平台,形成开放共享、深度合作的政产学研战略联盟和协同创新中心。通过校企合作实现前沿技术创新,为区域社会经济发展服务,为行业企业提供技术支持。

4. 学术背景与企业经历并重的师资队伍保障

师资队伍是地方本科院校转型发展的重要资源,是应用技术人才培养的质量保障。在地方本科院校的师资构成中,有相当比例的教师来自于传统的综合性大学,缺乏实践能力。而地方本科院校要培养应用技术人才,首先需要一大批具有实践经验和应用能力的师资。因此,地方本科院校的转型发展,应用型师资队伍的建设迫在眉睫。

地方本科院校的师资队伍建设要彻底改变重学历、重理论,忽视专业实践能力的现象,重视培养和提升教师的学术经历与企业经历双重素养。学校可以有计划、有组织地安排青年教师到企业锻炼或挂职工作,丰富教师的实践经验和增强其动手能力。还可以通过学校与企业共建合作研究平台,组织教师到企业生产第一线去进行科技开发,共同完成研究项目。同时,加强对教师专业实践能力的评价导向,在职称评定、教师考核等环节,向"双师型"教师倾斜;学校还可以制定相关规章制度,重奖在企业实践和科技开发中有突出贡献和表现突出的教师。与此同时,地方本科院校还应积极培养专兼结合的高素质实训教师队伍。一方面,引进和培养一批高水平专职实训老师,发挥他们对学校转型发展的引领、带动和辐射作用;另一方面,加强校企互动,从行业企业聘请专业素质高、实践经验丰富、教学能力强的高级工程技术人员作为兼职教师,构建灵活多样的弹性用人机制,努力打造一支专兼结合的应用型师资队伍。

三、结束语

要实施"中国制造2025"发展战略,克服目前我国自主创新能力不强、产品质量问题还比较突出、资源利用效率比较低、产业结构不是很合理及高端产品能力比较弱等问题,需要从政府、企业、学校多方面共同努力、协调发展。政府和企业应制定相应的激励政策,转变社会对技术人才的偏见,完善对技术工人的评价机制,提高技术型人才的待遇,提高优秀技术工人的生活福利,吸引更多的优秀技术人才。就高等院校而言,应加大以培养操作性人才为主旨,科学设置实用性强的专业,加强实用型人才的培养,提高技术型人才的专业素质。机械类专业毕业生要求综合素质高、工程适应性好、实践创新能力强、发展潜力大等特质。加速与企业的紧密联合,形成产学研一体化培养模式。同时,应加大对工程教育的支持力度,在教育条件发达地区借鉴德国"双元制"做法,提高技术工人的素质,提升发展空间。

参考文献

[1]《中国制造2025》与工程技术人才培养研究课题组.《中国制造2025》与工程技术人才培养[J].高等工程教育研究,2015(6):6-10.

[2] 史红.浅析"中国制造2025"发展战略倒逼高职机械类专业教学改革[J].才智,2015(22):213-214.

[3] 史铭之."中国制造2025"视域下地方本科院校的转型与坚守[J].职业技工教育,2015,25(36):13-17.

[4] 唐景莉,刘志敏.高校转型:重构高教核心价值——访国家教育咨询委员、中山大学校长黄达人[J].中国高等教育,2015(7):24-35.

[5] 唐景莉.高校转型:突破"围城之困"——访新建本科院校联盟名誉理事长、南通大学党委书记成长春[J].中国高等教育,2015(8):33-38.

关于推进智能装备产业发展的对策研究
——以南通市为例

陈 敢
南通市质量技术监督局

摘要:智能装备制造业处于产业链的核心环节,表现为技术高端和价值链高端,主要产品包括传统产业转型升级和战略性新兴产业发展所需要的高技术、高附加值装备。当前,我国经济发展已进入"互联网＋"新时代,以机器人、智能制造为代表的"工业4.0"已成为中国乃至全球智能装备制造业发展的显著标志。大力培育和发展智能装备产业是提升南通装备制造业核心竞争力的必然要求,也是抢占未来经济和科技发展制高点、实现制造业由大变强历史跨越的战略选择。本文研究了智能装备产业发展的现状、存在的问题,提出了相应的对策建议。

关键词:智能装备;南通;对策研究

智能装备制造业处于产业链的核心环节,表现为技术高端和价值链高端,主要产品包括传统产业转型升级和战略性新兴产业发展所需要的高技术、高附加值装备。当前,我国经济发展已进入"互联网＋"新时代,以机器人、智能制造为代表的"工业4.0"已成为中国乃至全球智能装备制造业发展的显著标志。2015年5月,国务院关于印发《中国制造2025》的通知(国发〔2015〕28号),明确了以推进智能制造为主攻方向、实施制造强国战略的指导思想、基本原则和战略目标。南通是江苏制造业大市,"十三五"期间,大力培育和发展智能装备产业是提升南通装备制造业核心竞争力的必然要求,也是抢占未来经济和科技发展制高点、实现制造业由大变强历史跨越的战略选择。

一、南通智能装备产业发展现状

近年来,智能技术日益成为南通未来装备制造业发展的核心内容,全市高端制造业的发展模式正在发生巨大的变化,南通在率先积极发展智能装备等战略性新兴产业、加大传统产业的转型升级中,呈现出良好发展态势。

一是产业规模不断扩大,在经济总量中的占比不断提高。统计显示,南通智能装备产业规模从2013年的1 599.15亿元到2015年突破2 100亿元,年均增长达15%,超过高新技术产业的平均增幅,在高新技术产业中的占比从30%左右上升到35%以上。占全省智能装备产业的比重也由2013年的10.28%提升到2015年的 12.18%。

二是自主创新链条基本形成,引进了一批专业高端人才。初步形成了以大学、科研院所、企业研发机构合作的创新平台,并与上海、北京、南京等地的知名院校教授、院士、863 专家等多种类高层次人才开展合作,取得了一批专项成果和技术专利。市及各县(市、区)高度重视智能装备产业的载体建设,2014 年成立了南通智能装备产业研究院,致力于智能装备技术研究、产品孵化、成果转移及公共技术平台建设,为南通智能装备产业发展提供战略支撑。

三是发展业态不断优化,形成了产业集群发展态势。产业组织形态由各自为战转向集群化发展。海安县依托上海交大、苏州大学建立机器人产业集聚区,海门市起步建设智能装备产业园,一批联系紧密的企业及相关支撑机构加速集聚,具备大规模生产能力和高水平研发能力的智能数控和机器人产业带正在逐渐形成。

四是典型案例不断出现,形成了一批智能装备骨干企业。目前,南通市涉及智能装备的规模企业近 300 家,以中天科技等为代表的骨干高新技术企业支撑明显,在数控机床、数控大型专用设备、工业机器人、高技术船舶、智能仪表仪器、智能化工程设备、智能化电子装备等领域形成了一批拥有自主知识产权与相当科技含量、经济效益较好的企业,为迈向制造业强市奠定了良好的产业基础。

在数控机床领域:南通机床有限责任公司自主研发的"VCL1100 精密立式加工中心",被列入 2012 年度国家级重点新产品计划。在 2014 年 CMIT 国际机床展览会上,南通科技自主研发的"轮毂加工自动线""缸盖加工自动线以及 VCL850 高速立式加工中心""5DGBC50 五轴联动加工中心"产品亮相,吸引了众多国内外客商的眼球,已经呈现出较强的研发创新能力和良好的市场前景。

在数控大型专用设备领域:由江苏中威重工机械有限公司自主研发的数控智能化折弯机 we67—3600/15000 在海安开发区工业园一次性试车成功,成为国内单机最大、精度和智能化最高的 C 型数控折弯机,结束了此类大型船舶制造设备被国外垄断的局面,市场前景十分看好。

在智能流体机械领域:江苏金通灵流体机械科技股份公司与中科院热能所等单位合作研发的智能化"太阳能蒸汽涡轮机",以及与美国合作研发的"高效整体式离心压缩机",与西安交大合作研发的"远程监控矿山专用大型防爆风机"等高端智能装备有望打破国内市场几乎被国外产品垄断的局面。

在智能特种车辆领域:2014 年已在如东三一重工产业园投产的中奥合资"三一帕尔菲格"特种车辆装备有限公司,将合力研发智能化的特种车辆,这将是南通沿海先进装备制造业的标志性项目,对提升南通智能化高端装备的国际化水平具有重要意义。

在机器人领域:2014 年,具有核心技术的国产机器人项目正式落户海门经济技术开发区;南通振康焊接机电有限公司成功研发的具有自主知识产权的机器人核心部件——RV 减速机达到国际先进水平并开始投产,成为我国目前唯一能够批量投放市场的产品；海安经济技术开发区和上海交大投资共建的"智能装备研究院"已启动开展机器人本体、高端控制器等四个方向的研发，与中科院自动化研究所签约共建智能制造与信息感知研发产业化基地，将重点开发柔性机器人搬运及制造业设备监控与流程控制等系统；南通金泰科技有限公司长期与华中科技大学、东南大学、南通大学等高校与研究机构进行技术合作，圆满完成了国家02重大专项"极大规模集成电路制造装备及成套工艺"中的全自动装片机、激光打印机和LQFP测试分选机的研发和产业化三个子课题的研发，为大规模集成电路芯片封装智能机器人设备的国产化迈出坚实的步伐；南通产业技术研究院已经组建智能装备（工业机器人）技术研究院，南通大学拟建"机器人及其控制技术研究所"，着力推动南通机器人产业发展；此外，中远川崎、中天科技、大生集团、江苏甬金科技、雄邦压铸等企业研发的智能化车间引起业内的广泛关注。

在智能仪表领域：江苏林洋电子有限公司研发的"宽量程三相线制自适应互感式智能电表"被列入科技部"2014年度国家火炬计划"，其多项性能指标已达到国际先进水平并拥有自主知识产权。到目前为止，该公司已成功研制开发了6大系列380多个品种的智能型电力计量产品，多个项目列入省级、国家级火炬计划，并先后通过荷兰KEMA、中国3C、国家免检资格等多项国内外权威认证，产品远销欧洲、南美、中东等地，在行业中占有重要地位。

在智能船舶海工领域：南通市政府在长江沿岸先后规划了南通海洋工程船舶装备工业园等五个船舶配套工业园区，各类智能化的高科技船舶飞速崛起。形成了以南通中远川崎、中远船务、招商局重工、太平洋重工、惠生重工、吉宝重工、蛟龙重工、振华重工、航海机械、中船机械等一批企业为龙头，以智能化高技术船舶海工产品为品牌的创新企业群体产业集聚效应明显，并向智能高端化转型提速，大型船企等已普遍采取无余量程序设计并广泛应用激光切割、焊接、喷涂等各类工业机器人，已呈现出以"机器换人"的智能化趋势。

从目前发展现状和典型案例可以看到，南通在智能化高端装备产业的转型升级方面虽然取得了长足的进步，但离制造业强市尚有不少距离。其共性的表现：

一是产业链不配套。南通智能高端制造业在大型成套装备的研发上尚未形成比较完整的配套产业链（例如：大型工程机械，大型石油化工机械，高科技船舶机械，全自动电子产品生产线等），产业集群与技术集成度还不高，普遍存在核心技术（后期系统开发、核心零部件、系统集成等）受制于人等深层次矛盾，特别是当前市场工业机器人等高端装备的迅猛发展与配套的"三基"产品供应不足的矛盾已成为制约产业发展的瓶颈，是南通制造业由大变强的最大短板。

二是核心技术对外依存度高。南通智能装备企业核心共性技术的积累较少，企业缺少共性技术及基础性研究的支撑，高新技术成果的转化举步维艰，产业转型升级存在较大隐患。在当前"机器换人"的热浪冲击下，南通制造业还需要"冷"的思考。其突出的表现为：工业机器人等重大装备和主机产品所需高端零部件，高可靠性智能控制系统与软件,高端材料等依赖进口,智能装备的技术对外依存度超过60%,80%的高端芯片、90%的高档数控机床和工业机器人还要依赖进口。

三是产业发展人才短缺。南通智能装备研发机构及高端产品的领军人才严重不足。统计显示,南通智能装备产业作为新兴的战略性科技产业所需的高层次人才数量不足,硕士研究生及以上学历偏少,本科较少,大专略多,中专以下过多,使得整个产业高端研发人才严重缺乏,尤其是掌握核心技术并拥有自主知识产权的领军人物更是凤毛麟角。据不完全统计,南通在智能装备产业中"千人计划"的人才数量不到昆山市的三分之一。

二、关于推进南通智能装备产业发展的对策建议

目前,在各地高度重视发展智能装备制造业的大背景下,南通作为江苏先进重大装备业的重要产业基地之一,智能装备的发展必须先行。因此,"十三五"期间,既需要进一步巩固和强化现有的传统产业基础,又要根据全市总体经济结构调整与企业转型升级的现实要求,通盘考虑进行顶层战略设计,加快形成以智能装备为特征的先进重大装备制造产业集群,力争建成具有自身特色的国家级先进重大装备产业基地,把南通打造成江苏乃至全国有重要影响力的先进重大装备制造业强市。

1. 加快引进智能装备产业高端人才。国内外实践证明:得人才者得天下,没有领军人才(团队)的支撑,南通的智能装备产业将难以持续发展。因此,政府要抢抓制造业转型升级发展的历史机遇,进一步制定出台延揽高层次人才的政策措施。面向智能装备产业发展需求,加大引进国内外高端人才力度,通过海内外招才引智说明会、创业大赛等形式,定向招揽人才。全面落实已经出台的各类"人才计划",积极参与国内外高端人才争夺,做好人才的创业服务,使产业的人才结构尽快得到合理的布局。

2. 加快推进智能装备高科技产业园建设。南通高新技术产业开发区已在今年正式升格为国家级高新区,进入了国家创新型城市的总盘子。这是一次极好的历史机遇,应当牢牢把握这一机遇,顺势而上将智能装备产业的发展提升到新的层次。①南通高新区要坚定不移实施创新驱动发展战略,把人才作为创新主体,把发展创新型经济作为主攻方向,促进科技经济的紧密结合,培养、壮大战略性新兴产业,在做大总量、提升质量、增强活力的同时,不断彰显人才、科技、产业新特色,提升区域核心竞争力。②在南通高新区内建立智能装备高科技产业园,将机器人及精密装备制造产业列为南通高新区的战略性新兴产业,重点锁定以机器人为重点的数控设备,电子信息及精密仪器仪表、高端工程机械、3D打印、汽车零部件、北斗导航及应用,高科技海洋工程专用智能装备等领域。③力争在机器人及高端装备领域,布局一批专业孵化器加速器,突破一批核心关键技术,引进一批专业技术人员,创建一批自主知识产权和知名品牌,力争在行业和区域内尽快确定核心优势与

领先地位。④创造条件,完善措施,尽快使国内外有影响力的工业机器人智能装备研发团队(实验室)入住产业园,在国家政策引导下,持续、深入地开展有实质意义的产学研合作,科技金融与科技中介服务机构也要尽快形成合力,以提供有力的创业创新金融和公共科技中介服务,支撑产业园的研发工作可持续发展。

3. 进一步夯实新型智能装备产业发展基础。要认真学习省内外先进城市连续数年高强度的对国产智能装备产业予以投入的经验,政府要下最大决心对高端制造业给予政策扶持和资金补贴。①在"十三五"开局之年,市政府尽早启动"智能装备产业发展重大专项"。重点围绕 IC 装备,高端数控机床,智能制造集成装备,智能控制装置与部件,海洋工程装备,工业机器人核心部件和基础零部件等领域,进行高强度连续性投入,改变目前"撒胡椒面"式的项目投入方式。②由科技局、经信委牵头,选择 20 家左右的制造业高新技术企业(如:中天科技、南通金泰科技、南通机床、江苏金通灵、江苏林洋、中远船务、江苏中威、南通锻压、华东油压科技、南通中集)作为智能装备产业的示范企业,集中金融与科技等创新资源,组建南通智能装备产业技术联盟,广泛开展国内外"政产学研金"合作,形成较强的区域创新氛围。③强化以南通产业研究院和南通大学为主体的"南通智能装备技术研究院"的建设,以此作为南通的研发工作平台,广泛开展国际交流合作。与产业技术联盟的企业工程技术中心建立紧密的联系机制,发挥各自的研发优势,将产学研合作向更深层次拓展。④鼓励参与重大专项的企业要加大对研发的自身投入,同时,也要加大自身对管理人才及团队的培养和引进力度,制定针对人才和团队的激励措施,提高研发团队的积极性,为重大专项提供智能保障。在研发过程中积极参与制定企业标准(QB),国家标准(GB)甚至国际标准(IS),要积累研发过程中的自主知识产权,形成有效的知识产权保障机制和对抗西方技术壁垒的能力。同时,要加快企业产品结构调整,为企业开辟出新的经济增长点。

创新绿色生产机制提升农产品安全水平

尚庆伟

连云港市绿色食品办公室

摘要：通过构建农产品监测网络、农产品质量安全监管信息平台与预警系统，推广标准化生产与管理技术，建设农产品标准化生产示范基地、实施农产品产地准出与市场准入控制技术协调与对接，开展"三品"认证，完善农产品质量追溯体系，创新地形成农产品绿色生产管理机制，并进行大面积推广，降低产地与产品污染风险、提高产品质量、保护生态环境，实现农业可持续发展。

关键词：创新；绿色生产；农业；可持续发展

农业是人类的衣食之源，生存之本，是安天下、稳民心的战略产业。在工业化、城市化加速推进的过程中，农产品质量安全问题成为制约农业发展的一个重要问题。农业投入品的大量使用，为农业生产和农产品增产发挥了积极的作用，也为农产品质量安全埋下隐患。农产品质量安全风险，不仅威胁着人民身体健康，也是我国农业和农村经济结构调整的严重障碍，直接影响我国农产品的出口和国际市场竞争力[1]。各级政府高度重视"三农"工作，加快农业供给侧结构改革，大力发展绿色、生态、高效农业，以促进农业持续增效、农民持续增收、农村持续发展。实现农业资源持续利用，为社会提供安全、绿色、优质农产品，农业生产步入可持续发展的良性循环轨道。

一、国内外研究与应用现状

国外农产品种植方式、生产主体与我国完全不同，农业发展水平先进国家，农产品生产以规模化为主，实行农场主式管理，生产者整体素质较高；多年来已形成完备的标准与法规、农产品质量评估与认定、质量控制等体系；农业经济实力较强，有较好的检测设备等，定期进行产地、产品抽检，"家底"清楚。美国、欧盟、日本等国在食品安全方面通过技术研究，形成相关标准体系，制定了相关法令，如美国制定了包括"食品质量保障法令"（FQPA）和"公共健康事务法令"，规章的制定是在公开和透明的程序下进行的，不仅允许而且鼓励受管理的行业、消费者和其他有关人员参与到规章的制定和颁布过程中。国内农产品的质量与广大消费者的要求及与国际先进水平相比，还有较大差距。随着农产品国际贸易的迅猛发展，农产品竞争的焦点逐渐向质量、安全方面转移，安全农产品将成为市场的主流，而要全面提高农产品质量已成为当前及今后一个时期农业生产的主要目标,是实现由传统农业向现代农业跨越的主要措施,是实现农业供给侧结构改革的重要抓手。鉴于我国农业生产经营的小规模分散性,农民的素质不高,追求产量而不注重产品质量的意识还没有根本消除等客观因素,引导农民由被动变为主动地生产无残毒、安全优质的无公害、绿色农产品,才是农业发展的长远之计和根本出路。我国农业进入新的发展阶段以来,农产品质量安全问题日益成为农业和农村经济发展中需要着力解决的重点问题。提高农产品质量安全水平,即是提高农业竞争力、增加农民收入的重要途径,也是保障食品安全、维护人民群众身体健康的基本要求。

二、存在的问题

(一) 农产品产地"家底"不清,部分地区耕地因污染、多年连作等,增加农产品污染风险

部分农业生产用地土壤母质高背景元素差异性、矿区开采和上游化工污水排放等因素影响,砷、铬、汞等污染元素偏高,造成耕地不适宜优质农产品开发。部分地区蔬菜长期连作病虫害加重及土壤障碍增加,次生污染加大,造成蔬菜品质下降、病虫加重、产量不高等问题。急需建立监测体系,开展产地质量调查,摸清家底,促进合理规划。

(二) 农产品生产主体分散,无有效的质量控制手段,农产品质量水平下降

总体上农业生产、投入品经营分散,农民质量安全意识淡薄,为追求高效益,大量使用高毒农药,尤其是散户,违法、违规使用禁限用农业投入品现象时有发生,存在农产品农药残留超标现象。受利益驱使部分不法商贩、生产商仍在销售和生产一些假冒伪劣的高毒农药品种。新技术发展也带来新的质量安全问题,表现在农产品质量标准的不断提升,新的限制物质、违禁物质不断列为质量指标,使农产品质量安全监控难度加大。

(三) 农产品生产经营主体多元,产地准出监控技术体系薄弱,品牌化水平不高,产业链普遍不完备

经济薄弱地区,农产品产地建设呈开放状态,准出制度不健全,出现各种违规生产和不诚信经营,无有效检测手段,加之定量检测时效跟不上,且成本高,急需产地准出技术支撑[2]。农产品品种繁多、品牌化水平不高、产业链偏短,且停滞在以初级农产品生产为主的薄利阶段。农产品涉及面广量大,与人民群众的生活密切相关,需要构建技术先进的农产品质量检测网络与监管体系,组织稳定的品牌创建团队,开展品牌创建工作,有效延伸农产品产业链。

三、集成推广绿色生产技术,提升农产品质量安全水平

通过以上分析,笔者认为创新农产品绿色生产机制,在农产品生产过程中推广绿色生产与管理技术,建立农产品质量监测网络与监管体系,完善农产品追溯体

系,创建地方品牌,借助互联网优势,延伸产业链,有助于提升农产品质量安全水平。

（一）产地环境监测与科学规划

按照无公害、绿色农产品及相关技术指标要求,采集该区生产基地土壤、水、农产品样品,完成样品相关因子的检测。开展耕地基础资料输入,利用 GIS 建立空间和属性数据库。建立生产区的主栽粮食、蔬菜生产基地主要环境质量因子数据库,研究与当地农产品质量安全状况的相关性,参照农业环境质量评价及农产品质量评价的有关技术规范,对项目实施区土壤重金属背景值、土壤适宜性以及农产品质量安全开展评价研究,划定耕地质量等级,确定优质生产区、限制区、不适宜区,规划无公害、绿色农产品生产基地范围,对不同区域、不同品种、不同面积产地进行编码,指导无公害、绿色农产品生产。

（二）标准化生产管理技术推广

按照突出安全性、实用性、可操作性的原则,组织专家编制主栽农作物生产技术规程,规范农业投入品生产、经营,推广使用低毒高效农药和无污染添加剂,将农业投入品安全使用方法纳入农产品生产技术规程制定中,重点规定品种选择、生产过程投入品控制量及次数,以及农药安全间隔期。在基地上指导生产者采用标准化种植技术,推广和普及农业投入品安全使用规范,对生产管理过程进行记录并将档案保存 3 年以上。生产过程中,各类农产品品种都根据制定相应的田间管理措施,做到事先有规划,实施有记录,具体田块都有专人负责,施肥、喷药统一配制,灌水、排水统一调度,做到生产的全程控制。

（三）构建农产品质量安全监测网络

农产品生产周期中存在质量安全风险环节很多,生产前期注重监控产地环境与投入品的规范使用,生产过程注重生产规范标准的执行与贯彻,采收期的监管监测环节是对农产品质量的验证,也是保障农产品质量安全与放心消费的重要监管节点,基于保障农产品"源头"安全,有必要构建制度健全、技术可靠、设备齐全、覆盖全面的检测体系。由农业主管部门牵头明确各级检测机构的建设重点和功能定位,形成市、县、镇、企业四级检测机构相结合的监测网络,覆盖农产品生产区域,逐步达到"以市、县级农产品质量检测中心为基础,以乡镇、企业和生产基地速测室为补充"的农产品质量检测体系,为农产品产地准出与市民放心消费提供有力的技术支撑。

（四）农产品品牌创建与追溯体系建设

推广农产品绿色生产与管理技术规程,实施农产品标准化生产,推进农产品生产企业、农民合作社、家庭农场等有资质生产主体开展农产品品牌认证工作。建立认证品牌农产品及产地环境、投入品使用等数据库,创建提供农产品生产档案、产品标识标签信息的质量安全信息录入与查询系统,建立农产品从"农田到市场"质量安全信息快速、高效追溯体系,形成互联互通、产销一体化的农产品质量安全追溯信息平台,扩大农产品品牌效应,为农产品出口、进京、入沪、外销打开了绿色通道,实现产品优质优价。品牌企业做到可追溯信息管理,产品通过信息技术实现"种、养、加"全过程、各环节的追踪、溯源。消费者可以随时通过网站以及扫描产品二维码来了解生产企业的基本情况、基地环境、产品生产过程以及产品质量等信息,实现放心消费[3]。

(五)"互联网+农产品质量"技术应用

"互联网+农产品质量安全"是充分利用互联网、大数据、云计算、物联网等新一代信息技术与农业的跨界融合的重要领域,创新基于互联网平台的现代农业新模式,推动农产品产供销标准化、农产品品牌创建、农产品质量安全信用建设,构建农产品质量安全监测信息系统、质量追溯信息系统、风险预警评估信息系统以及地区农产品质量安全合作信息系统,保障农产品质量安全。"互联网+农产品质量"技术越来越多地在农业生产的各个领域大显身手,特别是在农产品质量监管、品牌建设以及标准化生产技术推广得到广泛的应用,如江苏雅仕农场、花果山出口蔬菜示范区等生产主体建立起自己的网站及语音服务系统,建立了农产品质量安全监控中心,由系统机房、监控室、大屏幕视频、传输系统等组成,形成了涵盖蔬菜科研试验基地、设施栽培基地、水生蔬菜基地、水生花卉基地、工厂化育苗基地和农产品加工基地,拥有多个全景摄像头,辐射整个生产基地的视频监控网络,与视频监控系统配套建设了"生产基地原料追溯及种植过程管理系统",通过对生长过程中质量安全信息的采集和上传,使监管部门和消费者能实时、动态地掌握各种可能存在安全隐患和出现问题的环节,实现了农产品质量安全等信息的及时传送和问题的快速反馈,形成了功能齐全、体系完备、资源共享、反馈灵敏的信息化网络,促进了基地品牌创建与农产品质量监管。

四、结语

绿色生产与管理机制的应用,对实现粮食安全和农业产业化发展均具有重要的推动作用。绿色生产技术减少化肥、农药的使用,节约生产成本,降低投入品污染风险,保护了生态环境,保障了农业的可持续发展,满足了市场和消费者需求,促进了农民增收、农业增效。

参考文献

[1] 陆影.加快农产品质量安全标准化的几点思考[J].当代经济,2007(06):28-29.

[2] 尚庆伟,张来振,梁玲,等.关于提升农产品质量安全水平的思考[J].农业环境与发展,2012(3):53-54.

[3] 刘志明,唐有荣.绿色食品产业发展问题及对策探讨[J].四川农业科技,2009(6):10-12.

协同创新培育绿色食品职业农民的探索

汤国辉　陈哲名　李婷婷　刘惠英

南京农业大学新农村发展研究院办公室

摘要：基于江苏省绿色食品产业发展和绿色食品职业农民培育的现状,针对科技与人才支撑力度不足、资源分散、浪费等问题提出了构建高校与多主体(政产学研金用)协同创新培育绿色食品职业农民的新体系,以科教单位创新链与绿色食品产业链对接为主线,将研发绿色食品技术、培育与之匹配的绿色农民、推广服务模式一体化发展结合起来。创立市场导向、政府引导、多元参与、教科推一体与综合服务的新机制。

关键词：绿色食品；职业农民；政产学研金用；协同创新；农业现代化

一、引言

在我国由传统农业向现代农业转变的重要时期,食品安全和环境污染等不可持续发展问题越来越突出：中央一号文件不断强调"加快培育新型职业农民""食品安全"等概念；中共十八届五中全会上确立了"创新、协调、绿色、开放、共享"的发展理念；中共江苏省委十二届十一次全会和全省经济工作会议,把绿色发展摆在重要位置。这就要求国家越来越重视安全、优质、无污染的产品,尤其是以可持续发展为原则的绿色食品产业。然而,以绿色食品职业农民(以下简称"绿色农民")为代表的科技人才十分缺乏。

从我国绿色农业生产经营现状及发展趋势看,绿色农民"有文化、懂技术、能管理、会经营",具有职业稳定性和较高的社会责任感,随顺绿色食品产业发展对科技人才的要求,是未来绿色农业的主导力量。本文主要通过分析江苏省绿色食品产业发展和绿色农民培育的现状,针对存在的问题,来探索多主体(政产学研金用)协同创新培育绿色农民的途径、机制、模式与对策等,从根本上为促进绿色发展,建设生态文明,服务农业现代化,推进"强富美高"新江苏建设提供思路。

二、绿色食品发展和绿色农民培育的现状

经过20多年的产业发展,我国绿色食品产业规模总量不断扩大,产品质量稳定可靠,品牌影响力逐渐增强,综合效应日益明显,赢得了政府、企业和消费者的普遍认可。截至2015年10月底,我国绿色食品企业总数达到9 319家,产品总数达到22 623个,全国已建成绿色食品原料标准化生产基地600多个,面积1.6亿亩,产量1亿吨。

(一) 江苏省绿色食品产业现状

1. 产品开发稳中有进,总量居全国第一。截止到 2015 年年底,预计全省有效"三品"数 1.7 万个,其中无公害农产品 1.35 万个,绿色食品、有机农产品 3 500 个。农产品地理标志产品 33 个,主要产品已覆盖农林、畜禽、水产、饮品等多个类别。"三品"有效数比"十一五"期末增长 98%;"三品"基地面积 5 500 万亩,占全省耕地面积的 80% 左右;种植业"三品"产量占食用农产品产量比例达到 26.33%。"三品一标"总量居全国第一,为保障公众消费安全、提高农产品市场竞争力、加快转变农业发展方式发挥了重要作用。

2. 标准化生产水平稳步提高。稳步开展基地建设,创建全国绿色食品原料标准化基地 47 个,面积达 1 854 万亩,覆盖水稻、小麦、油料等大宗农作物;创新开展无公害农产品生产示范园建设,因地制宜地开展有机农业基地建设。强化生产标准和技术培训,累计培训"三品"企业内检员近 8 000 人次,实现"三品"企业内检员全覆盖。

3. 产品质量稳定可靠。绿色食品认证工作落实"稍有不合,坚决不批"的要求,严格控制申报主体和产品的双重风险;"三品"抽检合格率基本稳定在 99% 以上;绿色食品年检实现全覆盖,年检率达 100%;加强追溯体系建设,共认定 500 家省级农产品质量安全追溯示范单位,逐步实现"三品"生产、收购、贮藏、运输全环节可追溯,产品质量可控制,有效保证了生产的规范性和产品的安全性。

4. 产业效益逐步显现。"三品"生产推行标准化生产,实施"环境评估、投入品管控、产品检验、包装标识",有效地保护生态环境质量,提升农产品质量安全水平,取得了显著的社会、经济和生态效益。

虽然绿色产业总量和质量稳步提升,但机械化、集约化、规模化水平较低,与其他食品生产行业相比仍有很大差距,绿色食品人才培育和科技支撑体系仍未完善。

(二) 江苏省绿色农民培育现状

绿色农民作为绿色食品人才的重要组成部分,却未受到重视,绿色农民培育模式体系建设依然处于探索阶段。绿色农民是绿色食品产业中具有更高知识技能和素质要求的高水平职业农民。现有的职业农民培育经验可为绿色农民培育体系建立提供一定的参考。

在职业农民教育与培训方面,江苏省现已初步建立职业农民培育体系。各级政府近年来先后制定政策,对职业农民培训的金融保险、生产经营、基础设施建设、社会保障、就业创业等多方面进行了细化。并依托全省农业职业院校,形成了政校合作型、校企合作型、学校主导型、校金合作型等培养模式。

目前,江苏全省留在农村从事农业的劳动力有 756 万,同时,还有专业大户 23 万多户、家庭农场 3 万多个、农民合作社 6 万多家、农业龙头企业 5 000 多家。据统计,江苏全省累计开展农业实用技术培训 1 649 万人、农民创业培训 73 万人、职业农民培训 40 万人,部、省职业农民培育试点 41 个。2015 年,江苏省被农业部确定为职业农民培育的整省示范推进省。

在绿色农民培育过程中,可借鉴现有的职业农民培育经验,充分发挥科研单位优质资源的作用。将研发绿色食品技术、培育与之匹配的绿色农民、推广服务模式一体化发展结合起来。

三、协同创新培育绿色食品职业农民存在的问题

（一）绿色食品科技与人才难以满足发展需求

第一,绿色产业中农民等从业人员素质明显偏低,急需培育高水平的绿色食品科技人才;第二,绿色食品科技需求与供应渠道不畅、失衡;第三,农业科研及其推广服务难以满足农业现代化和绿色食品市场越来越高的要求;第四,研究成果产业化不足10%,小于发达国家60%~80%的水平。大多数企业缺乏关键技术的核心竞争力,对外技术依存度达50%以上,而美国、日本仅为5%左右;第五,绿色农产品市场受国际的冲击越来越大。

（二）培育绿色农民的资源亟待整合

1. 科教资源未能充分发挥。江苏省作为科教大省,拥有一大批具有很强社会服务水平的涉农高校、科研单位。但其在培育过程中往往被动参与绿色农民培育,主要按照政府相关部门的培训计划为农民培训上课,在培训计划的设计、培训对象的选择、培训内容的确定、培训方法及程序等方面,未能充分发挥自主性与人才、成果、信息、品牌等软硬条件优势。对培训教师缺乏有效的评价机制和奖励刺激机制等,导致师资队伍中教师积极性不高,存在知识结构老化与缺乏实践经验的培训教师,不足以满足培育高水平绿色农民的需要,还需在教师评价考核等环节上不断创新。

2. 平台基地未得到充分利用。如江苏科技强农富民工程、高校新农村发展研究院、江苏农村科技超市、江苏惠农富民专家工作站、江苏九三专家工作站、江苏省企业研究生工作站、高水平的农科教基地等平台基地,虽在社会服务上发挥了一些作用,但在绿色农民培育方面参与度不足,未能充分与绿色食品技术研发、绿色农民培育相结合。

3. 新型农业经营主体参与度不足。绿色农民的培育为绿色食品企业、农业园区、家庭农场、合作社等新型农业经营主体提供人力支持,但值得关注的是,这类新型农业经营主体并没有充分参与到绿色农民培育的过程中,缺乏一个有效的联动机制。

（三）绿色食品科技人才培育体系有待完善

以绿色农民为代表的绿色食品科技人才是绿色食品产业发展的重要力量,但其培育未得到应有的重视,缺乏相对成熟的理论体系和培育方法。政府、企业、高校、科研、金融、用户等主体未能进行长期有效的合作,在绿色农民培育过程中,出现授课内容针对性不强,学员实践条件欠缺等问题。企业和基地在培训过程中重数量、轻质量,大多数培训仅仅停留在一次简单的学习培训基础上,缺少持续跟进,

忽视长期绩效考核,对后期培训投入严重不足,导致绿色农民对于绿色食品标准和生产要求掌握不全面,或者培训不及时,绿色食品新的制度和要求无法及时传达。绿色农民的素质难以满足农业现代化发展与绿色食品产业的需求。

四、加强多元主体协同创新培育绿色农民新体系建设

在绿色农民培育中,理应加入"社会人"属性,形成"以法务农""以德务农""以能务农",即以农民现代化为最终目标。创新绿色农民培育体系,还应考虑产前、产中、产后融合发展及整个产业链契合关系。针对以上现状和问题,提出相关建议如下:

(一)构建多元主体培育绿色农民新体系

当前,绿色农民的质量难以满足绿色食品产业发展的需求,主要是由于培育绿色农民的体制机制不够完善,江苏的科教资源未能得到充分发挥。要进一步明确政、产、学、研、金、用各要素职责,并加强多主体深度融合的绿色农民培育体系建设。建立健全对绿色农民的法律保障和农业优惠政策,并着重鼓励和培育以在校大学生、回乡涉农就业的毕业生及大学生村官为主体的青年绿色农民,确保绿色农民教育与培训工作的顺利开展。促进涉农院校、科研单位与企业、园区、合作社等绿色食品生产经营主体协作,建设绿色农民培育、研发绿色食品技术与推广服务一体化发展的绿色食品基地。加强调研,总结现有江苏高校培育绿色农民和职业农民的好做法、好经验,并结合绿色食品产业需求,增强对农民的职业素养、创业、环境保护、道德、法规意识等方面的培训,构建一个由高等农业教育、中等农业职业技术教育、农民职业培训三部分组成的绿色农民教育体系。

(二)建立多元主体的协同创新培育机制

高校等多主体协同创新制订培育绿色农民的战略性规划,以科教单位创新链与绿色食品产业链对接为主线,创建示范性绿色食品基地,来创立市场导向、政府引导、多元参与、教科推一体、综合服务的新机制(图1)。

1. 建立政府引导机制。运转灵活的政府行政管理体系,能够有效地整合资源,提高培训资金的使用效益,为绿色农民培育创造适宜的政策环境。政府引导各主体部门以市场需求为导向,从实际出发、从提升绿色农民的素质出发,分层次、分类别地开展培育工作,并给予培育绿色农民的经费、基础设施、社会保障和就业等多方位扶持。科学制订认定办法,严格做好认定工作,建立绿色农民培育的监督管理机制。

2. 确立产业主导机制。应重点以绿色食品产业为主导,根据产业、行业多样性需求,结合实际与地域特点,培育生产经营型、专业技能型、专业服务型的绿色农民。加强科教单位对产业的考察调研,以市场为导向,及时调整教学内容和课程方案。选择优秀的企业、园区、合作社、家庭农场等绿色食品龙头基地作为绿色农民培育基地,将理论教育与实际生产相结合。农村科技超市、高水平农科教基地、高

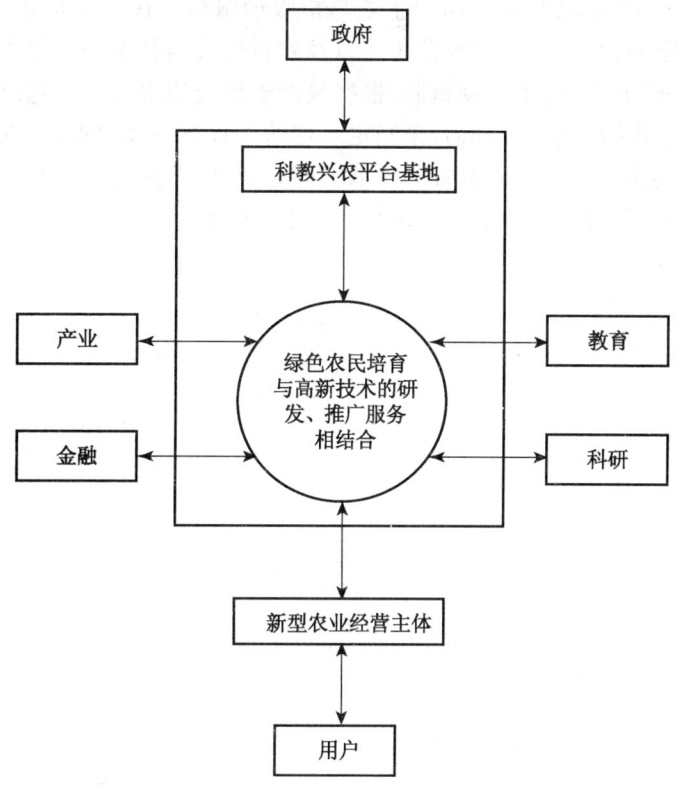

图1 多元主体培育绿色农民基本架构

校新农村发展研究院等现有的科技创新与服务平台基地,针对绿色食品生产经营过程中存在的问题和需求,在研发、推广新技术的同时培养高水平的绿色农民。

3. 创建教科推一体的机制。农业院校和农广校等组成的教育体系是培育绿色农民的主力军。应完善教师评价机制与奖励刺激机制,促进双师型师资人才队伍建设。通过有机整合资金、师资、科研成果、实训基地等各方面资源,并建立多主体合作、定向选拔、统一分配的招生与就业联动机制,使绿色农民的培育融入成果的研发和推广之中,从而提升绿色农民的创新创业能力和管理服务水平,同时也实现高新技术的转化与推广。而高等院校同时具备了人才培养、科技研发及推广服务的优势,更要充分利用好这一独特优势来培育高水平绿色农民。

4. 金融投入保障机制。完善多元投入保障机制,拓宽投入渠道,使政府的政策性投资与民间资本投资相结合,充分发挥科技金融在培育绿色农民中的作用。政府部门积极创造投入环境,吸引农业企业、农业园区、家庭农场、农民专业合作社、农业大户、科技特派员、科教单位、推广服务组织和金融机构等,以资金、土地、技术、品牌、市场等生产要素参与到绿色食品科技研发与推广服务及绿色农民培育中来,通过利益驱动提升绿色农民培育水平。

5. 用户满意拉动机制。用户主要是指吸纳绿色农民就业创业的企业、合作社、家庭农场等绿色食品生产经营主体以及农村行政与社会服务组织。利用信息技术与用户形成网络化的联动机制，根据政产学研金用等部门信息反馈的工作成果，综合分析用户的需求与动向，来制定合理的培育方案和政策，引导绿色农民培育体系向满足多元用户需求的方向发展。同时，吸引多元用户参与到绿色农民的培育过程中，从而建立长效高效的绿色农民培育体系。

县域中小型企业转型升级的模式和策略
——以苏南地区太仓市为例

九三学社太仓直属小组

摘要：苏南地区的昆山、江阴、太仓等地是典型的中小企业集聚地，面临国内经济新常态，企业的转型升级成为不可回避的发展命题。本文对中小企业转型升级路径进行了梳理，提出了经营模式升级、品牌战略转型等策略，并就太仓当地中小企业转型升级提出具体建议。

关键词：中小企业；转型升级路径

企业的转型升级可以从转型和升级两个层面来理解。转型，就是一种状态向另一种状态的转变，包括转行和转轨，前者表现为企业在不同产业之间的转换，后者表现为不同发展模式之间的转变。升级，就是企业迈向更具获利能力的资本和技术密集型经济领域的能力的过程，即企业在产业链和价值链上位置的提升，一般通过创新和整合来实现。在通常情况下，企业的转型和升级是同时进行的，企业转型升级包括由低技术水平、低附加价值状态向高技术、高附加价值状态演变的过程。

一般来说，企业转型升级有四种模式，即过程升级、产品升级、功能升级、跨产业升级。就一般路径而言，首先是新产品或新技术的开发或引入，淘汰落后产能；其次是企业功能和经营模式变革，即从加工制造环节转向渠道管理、技术研发、品牌推广，最后是企业内部或企业间的兼并、重组与整合。

20世纪90年代以后，江苏的经济增长主要是外资推动型增长，进入互联网时代后，企业面临着转型升级的不同选择和变革阵痛。2008年全球爆发金融危机以来，江苏的民营代工企业遭遇到了巨大的挑战和风险，继耐克2009年关闭了太仓市的其在华唯一鞋厂后，2012年其竞争对手阿迪达斯也关闭了在华的最后一家自有工厂，长三角地区的民营及代工企业，正在经历着一场前所未有的市场洗礼，苏南地区的昆山、江阴、太仓等地是典型的中小企业集聚地，面临国内经济新常态，企业的转型升级成为不可回避的发展命题。

课题组研究了近百篇五年来企业转型升级的论文、成果和经验，根据太仓及苏南地区的具体情况编制了调研问卷，发放问卷490份，回收有效问卷389份。进行了企业经营者的深度访谈，又与昆山、江阴九三学社专家展开研讨和合作。本课题得到了太仓市经济和信息化委员会的大力支持，收集了近200份有效问卷，课题组在统计数据基础上形成了一些共识，提出了一些转型升级的具体建议。文中数据均来自本课题问卷统计,仅供参考。

一、苏南地区转型升级的困惑

与全国的中小企业类似,苏南的中小企业也普遍采用低成本战略生存模式,技术创新能力不足,即便是有创新,但创新成本太大。市场上模仿现象严重,科研成果基本都在模仿同行和国外技术,没有形成科研创新制度和机制,创新基础薄弱。校企合作的项目是短期技术项目,面临缺乏持续性、对接不足、经费不足的困难。中小企业与科研院所、高校的研发机构缺乏有效的技术资源整合,不仅存在高校科研的盲目性和国家资源浪费,以及高校的知识产权质量不高、实施率低,科研成果转化率比较低下,合作模式单一的问题,也存在一些利益纠葛,因此常常导致合作无果而终,平台有名无实,且中小企业的管理方式比较落后,在互联网+时代,对互联网思维理解不够。

全球经济一体化的大潮虽然带来了更好的发展契机,但挑战同样不可忽视。在市场竞争日趋激烈的今天,中小企业发展过程中的一些问题也日益暴露出来,遭遇发展瓶颈已成极为普遍的现象。在调研的太仓市中小型企业中,主营类型是ODM的占34.9%;60.1%的企业近三年几乎没有新产品;R&D低于0.1的中小企业占71.4%,R&D为零的占20%;20.8%的企业没有专职研发人员,专职研发人员占职工人数比例小于10%的企业占66.7%;硕士和博士学位员工占研发员工比例小于10%的企业占67.6%,没有高学历研发人员的企业占41.1%;主营产品占国内市场份额1%以下的企业占57.1%,处于惯性生存现状。

对企业补贴或者奖励是国际上常见的做法,但是,有个别企业依赖于各类直接补贴政策和项目申报而存活,成为"僵尸"企业。在融资能力不强、税负较高的压力下,中小企业对各种政府部门的项目资金有着本能的追逐欲望,获得项目资金比生产运营要简单得多,因此,为项目而项目成为众多企业的技术工作,而忽视了转型升级的长远工作。大量中小企业仍然停留在低水平的同质化竞争上,很多企业产能过剩。由于知识产权的维权成本高,对侵权者惩治力度小,致使中小企业缺乏创新动力,产品质量不高和假冒伪劣现象并存,甚至劣技驱逐良技。

中小企业税负过高,不利于企业投资和创新,是众多学者的共识,面对经济新常态,央行采取了一系列降息、降准的举措,财政政策也开始加大财政支出力度,有针对性地对所鼓励的高新中小企业进行税后补贴,而且对中小企业的大幅降税政策正在逐步落实,并已经取得了积极的效果,但仍有77.1%的企业经营者认为还有优惠的空间。

二、中小企业转型升级的路径

在对企业升级模式的研究中,较为著名的四种模式是从全球价值链的角度出发,认为企业升级的模式有:过程升级、产品升级、功能升级、跨产业升级。

研究证明，跨产业升级可以使新产业与原产业协同发展，从而获取经济效益，实现企业附加值提升。在一个处于多条价值链上的企业之中，研发整合多项跨领域技术，形成创造性资产，再将其应用于多个行业领域，从而形成经济价值。企业转型升级的路径一般可以归纳为：从OEM（原始设备生产商，代工厂）—ODM（原始设计制造商）—EMS（设计、制造、售后服务）—DMS（工程、制造、服务）的升级，品牌建立层面上OEM—ODM—OBM（原始品牌制造商）的升级，新市场的OEM，反向OEM等，在企业的强化升级中嵌入多类型多数量的价值链状态，是企业转型升级的有效战略。

国内学者对于中小企业转型升级的研究较为丰富，通过对现有文献的梳理和总结，大致可以将国内中小企业转型升级路径归纳如下：

（一）基于企业价值链的转型升级路径

我国中小企业处于全球价值链低端，需要在价值链层面进行转型升级，以提升所在环节的附加值；或者根据企业自身技术、资金和管理能力等一系列内在因素的差异，通过价值链重塑和制度创新为核心促进转型，或以品牌再造和团队管理为核心促进转型。有研究者认为：中小企业应在主导创新要素的引领下，整合各领域其他创新要素，最终实现全要素创新，即按"单要素创新－组合要素创新－全要素创新"的路径，动态培育实现企业价值链提升的要素，比如新产品、新技术的开发，"互联网＋"融入要素的实施等。

（二）基于集群式产业链的中小企业转型升级路径

县域中小企业较多呈现集群式发展，中小企业因其规模小、资金短缺、研发能力弱、资源获取困难等，难以独立进行技术创新，而集群式产业链所带来的集群技术效应、成本效应、协同生产网络效应则有利于为中小企业转型升级提供良好的产业网络环境。集群式产业链主要通过产业分工效应和网络创新效应增强集群内中小企业实力的提升。产业链内的企业分工，实现价值创造；在网络创新效应层面，企业伙伴网络与资助网络都与企业技术创新绩效有显著正相关关系，通过构建与自己的伙伴网络、资助网络，建立技术创新平台。通过平台，中小企业之间能有效地相互学习，实现信息共享和知识互惠，以获取技术创新绩效，比如昆山台企群、太仓德企群。同时，对于促进或者形成地方特色产业主导者十分重要。

（三）基于产业生态群的中小企业转型升级路径

成熟的产业链和行业由众多的中小企业组成，这些企业相互依靠、相互协作、共同发展、共生共荣，与生物界生态系统类似，由具有功能不同的企业群构成。在产业分工层面，同一产业领域的大中小企业通过合理的分工协作，形成上下左右合作的产业生态链条，可以缓解生产集中度低，众多企业之间处于分散生产和共生竞争的局面。生态产业链内的企业分工协作，通过竞争、共生和协作，构建企业生态群系统，中小企业之间能有效地相互学习、互惠、竞争和依靠，从而获取核心竞争力的进步，比如江阴、常熟、张家港中小企业群，一般依靠核心企业的发展取得突破，这种成熟的企业群形态有很强的抗御风险的能力,需要良好的市场环境才能培育发展起来。

三、苏南地区中小型企业转型升级的策略

实施转型升级已经成为众多企业的共识,企业意识到要生存、要发展,根本出路在于实现产业改造升级和产品结构调整,转型升级的诉求相当强烈。从企业角度看,变被动为主动转型;就企业家而言,要提升企业家对企业转型升级的战略眼光,从长计议、深谋远虑地确定企业长远发展和转型升级的战略性问题。转型之路注定将面临财力、物力、人力等各种难题,多年积累的深刻矛盾和困难,变幻莫测的市场变化,使得转型道路充满荆棘,坎坷不平,也注定转型升级是一个漫长而痛苦的过程。

企业要意识到转型升级不是一蹴而就的事情,任重道远,尽管困难重重也要坦诚面对并积极解决,才能走出一片新天地。

(一) 经营模式升级、"做产品"向"做平台"升级

大力推动企业商业模式创新,调整企业产品市场结构,寻找市场差异化。通过开发新的产品和新的业务、调整产品市场结构,寻找新的市场需求、市场机会,找准转型的着力点,拓展生存空间;推动企业营销渠道创新,培育市场差异化。通过自建、合作、并购、租赁等方式在国内外构建自主营销网络,提高企业面向市场的能力。课题调研中发现,76.2%太仓中小企业没有进行过经营模式升级,也没有产品的升级换代,因而创造市场差异化,延伸产业链,主导产业链,大胆创新商业模式,向产业链平台主导者转型应该是个方向。坚持市场导向,明确企业的市场主体地位,根据企业的实际情况和市场变化情况,大力发展市场驱动型企业,以市场导向战略引领企业转型升级,这一观点得到了一半以上企业经营者的认可。

(二) 品牌战略转型、"代加工厂"升级模式

中小企业的成功之路是提高产品的高附加价值,而创造高附加价值的产品必须强调品牌资产运营模式,注重最大利润主导运营模式间的差异。品牌战略模式不仅使企业获得了巨大的利润,而且延长了其生命周期。品牌是一种内在价值的显现,同行业企业较难模仿,而国内企业从生产到设计端的延伸依旧会招致行业内众多竞争者,虽有利于短期利润的提升,但要使企业获得长远发展,品牌战略方式是未来可取的最佳方式。课题调研中,太仓市75.2%的代加工企业没有进行过品牌战略转型,因此,课题组认为中小企业应据自身发展特点和市场环境从OEM-ODM-OBM逐级递进的方式转型升级。

(三) 实施产业链延伸、整合战略,跨产业融合升级

中小企业应基于价值链微笑曲线对自身经营管理各环节逐一进行评估,选择潜力较大或开展容易的环节切入。例如在技术研发阶段进行投入,创新科技以实现产品差异化,在原有企业中培育新的企业文化和新的企业品牌,或进行技术升

级、优化生产方式、降低成本。调研中发现太仓市78.2%的中小企业没有实施产业链延伸、整合战略。跨产业融合、"技术嫁接"转型升级、自我革命、发挥创新的力量，依旧是一个值得研究的方向。

（四）引进人才和技术，实现转型升级

这种方式常常存在于大型、特大型企业，或者福利好、薪资高的外企，大多数民营企业在解决高级人才的户籍、子女上学就业、职称等方面存在较大劣势，而企业的技术开发项目又不止一个，不同项目、不同阶段都需要不同层次的人才，而人才是技术改造、产品换代的关键因素；工资、奖金、红利、利润的分享，甚至股票、股票期权、年假、退休计划等都可以成为激励措施；有了人才，才能加大技术改造力度；企业的产品结构调整、工艺水平提升、产品质量和竞争力提高、装备智能化、节能降耗、环境保护，采用的新技术、新工艺和新装备，技术改造与产业升级、自主创新都离不开人才。课题数据显示太仓有55.2%的中小企业进行过技术改造或者引进了人才和技术，进步是显著的，但任务依然艰巨。

（五）产品升级换代、"创业"型转型升级

中小企业实施创新驱动战略，要充分发挥企业创新的主体作用，积极引导和支持创新要素向企业集聚，完善科技创新体系，搭建科技服务平台，壮大科技队伍并提高其能力和水平，增强企业自主创新能力，努力实现产品升级换代，这是最基本的升级；也可以通过新技术和高新科技项目开展"创业"投资，依靠自身的资金和市场优势，另辟蹊径，成功转型，形成以技术、品牌、质量、服务为核心的竞争新优势，形成自己的专利群和知识产权保护体系。在课题调研中发现，有59.6%的企业经营者认为，产品升级换代是主要的转型措施之一。

（六）拓展创新创业平台功能

依靠创新平台，借力运营常常是中小企业产品开发采用的方式。一个成功的创新平台，应该具备创新平台发展体制机制，应该实行股份制的运作模式，要优先整合科技资源，强化公共服务，坚持服务第一。需要明确的是要以企业为主体、政府为主导、产学研用相结合，这种体制机制是平台建设和发展的核心与关键。充分发挥服务、研发、转化和产业化四大功能是创新平台持续发展的动力之源。创新平台是集服务、研发、转化和产业化四大功能于一体的集合体，只有充分发挥这四大功能才能实现持续发展。促进需求、人才、项目和资金联动是平台建设与发展的重要基础。太仓69.5%的中小企业没有建立创新平台，应该大力加强基础条件平台的建设，满足各类创新载体、创新活动资源共享的需求，而行业创新平台要满足重点行业转型升级、加快发展的需求。

（七）营造公平的市场环境

营造良好发展环境、完善公共配套服务体系，要在完善环境、提供服务上下功夫，通过建立公开、公平、公正的政府公共资源管理体制，建立健全土地、资源、资本、劳动力等生产要素市场，完善市场公平竞争机制，提供公共服务产品，搭建信息沟通平台,构建中小企业服务体系,促进企业交流合作。在课题调研中发现,有28.6%的企业经营者认为营造公平的市场环境很重要。

简政放权已经成为全社会的共识,有关部门也明确了自身在企业转型升级中的定位,转型升级的主体是企业,资源配置应该由市场来完成;利用金融、用地、人才等政策,制定鼓励创新、创业政策,充分发挥政策的杠杆作用和导向作用,把国家支持政策和地方配套政策有机结合起来,多简少增,推动企业转型升级。

四、太仓中小型企业转型升级的具体措施

不同的企业情况不同,应该根据自身情况,找出适合自己的具体转型升级方法,比如,通过产品创新、产业组织创新、管理创新、市场创新、贸易与投资创新进行转型升级,也可以优化产业结构、市场结构、企业结构;依靠多元融资担保体系,通过协作配套与并购重组推动转型升级,向产业链两端移动来推动企业转型升级;以绿色环保为突破口,更新技术设备,减少污染排放,加大环保生态产品的研发和推广来实现转型升级。

太仓市委市政府以"以港强市""融入上海""对德合作"为抓手,制订了太仓"十三五"规划草案,在打造"一市双城三片区"的现代田园城市的进程中,取得了显著成绩。课题组在深度访谈中,了解到资金不足、贷款难、贸易条件恶化、产品销售竞争激烈仍然困扰着中小企业经营者,他们希望有关部门继续加大税收优惠、加强财政资金扶持和金融信贷支持、简化政务服务手续,现阶段企业转型迫在眉睫。

课题组认为,尽管对企业转型的路径选择有很多观点,但是根本在于企业的创新,无论是对市场需求进行重新定位,产品创新,技术创新,营销策略创新,基于微笑曲线扩宽盈利渠道,向产业链上游下游扩展,整合资源应对变化的市场环境,都可以看做是企业不同形式的创新。需要强调的是,企业转型升级对相关政策具有高度的依赖性,构建多元融资担保体系,鼓励协作配套与并购重组,建立中小企业创业推荐体系,完善公共服务体系,一直是有关部门的重点工作。

依靠对调研数据的统计,课题调研发现,近三年来太仓市中小企业中50%以上企业曾获得税收减免优惠政策,50%以上企业获得过政府财政奖励;78.1%的企业技术适用性好;64.8%的企业产业政策符合度高;62.9%的企业设备可靠性高;54.3%的企业设备工艺满足度高,因此尽管面临经济下行压力,前景依然广阔,通过对太仓具体情况的分析研究,课题组提出了以下几条措施:

(一)积极主动地融入国家战略,实施走出去战略

"一带一路"通过资本输出带动消化过剩产能,向全球重新进行资源整合,太仓企业应积极参与,"一带一路"所代表的全球化战略,是"走出去"战略,对于陷入低迷的传统产业是个机会,也充满着挑战。

课题调研中发现,近三年来,太仓46.7%的中小企业设备配套程度高,47.7%的企业技术具有先进性,50.5%的企业有新产品量产,而且37.1%的企业有达到

国内先进水平以上的新产品,32.3%的企业研发专利数量大于3件,40.9%的企业每年均投入研发资金,可见,仍然有走出去的技术实力;作为县域中小型企业,比如产能过剩行业,积极响应国家战略,配套实施走出去运营模式,是大环境之下的一个选择。

(二)理解"互联网+",融合生产要素

"互联网+"是互联网思维的进一步实践成果,它代表一种先进的生产力和新的社会形态及新的经济增长形态,能够充分发挥互联网在社会资源配置中的优化和集成作用,推动传统行业融合发展和知识社会创新,将互联网的创新成果深度融合于中小企业生产、营销、管理的各个层面之中,提升中小企业的创新力和生产力,从而实现转型升级的目标。调研中发现太仓65.7%的企业没有融合"互联网+"模式创新,而太仓市区域"互联网"建设日新月异,硬件建设初具规模,可以出台一些激励措施,引导企业把互联网"用"起来,把互联网思维融合进生产要素,这是转型,也是创新。

将"大众创业,万众创新"纳入创新性城市建设规划,密切关注上海高新技术企业,开展交流与合作,对接上海,营造"大众创业,万众创新"的政策环境。

(三)做大德国企业生态群

太仓是德企之乡,精密制造占领中高端产业链,对高端制造业的持续做大做强必须要关注,将德国工业4.0战略本土化,成立研究团队,研究工业4.0战略,照搬是不可取的;对适合工业4.0战略的德企精密制造企业,持之以恒地在各项政策上予以倾斜,加强对知识产权的保护力度;建立激励中小企业与德企密切配套的制度和触发机制,通过配套合作,学习各类规范、技术,培养人才,形成企业生态群;当然,对德国工业4.0战略的吸收和本土化,有利于德企等外企,也有利于太仓精密制造产业链和本地民企,能带动和刺激配套小企业和供货商在太仓落户。课题数据显示,28.5%的中小企业从财政部门得到过技术改造资金支持,27.6%的中小企业在项目用地上得到过支持,14.2%的中小企业得到过财政贷款贴息。对于高技术加工业,这方面工作任重道远。

(四)做强生物医药产业链生态群,大力扶持高技术服务业

继互联网创新热点之后,生物医药创新已经受到越来越多的关注,前些年上海在生物医药产业创新上概念运作的成分多一些,这几年又加大了政策和资金的投入力度;而作为积极对接上海的太仓县域生物医药高技术服务业,在近些年取得了一些优势,除了密切关注上海之外,还需要对自己进行巩固和提高。

鼓励有条件的企业积极申报上市许可人制度的试点,促进太仓生物医药企业的快速成长,做强生物医药产业链;同时,仍然需要扶持产业生态群中配套小企业的创新和成长,课题数据显示,只有22.8%的中小企业享受过人才引进、员工培训补贴政策,有16.2%的企业享受过技术创新支持优惠,这方面仍有拓展的空间。

（五）落实"政、产、学、研、用"相结合，激发人才潜力

依托青年基金团队、领军人物、青蓝工程、333工程等人才建设工程，把创业和创新纳入考核和评价，使团队和人才进入企业一线，真正参股中小型企业，或者建立自己的公司，落实"政、产、学、研、用"相结合，不仅要把人才"用"起来，而且要依托本地的创业和科技园区，将各类"政产学研用"合作平台归口管理和考核，建立考核运行触发机制，盘活平台，"用"起来，服务企业。

调研数据中，有半数以上的中小企业引进了人才和技术，但是，也有63.8%的中小企业没有建立创新激励机制，因此，可以依托本地的各类创业和科技园区，每年定期举办风险投资机构和初创科技型企业的交流会议，以降低创业创新成本，形成技术、资金的汇流洼地，打造创新政策、技术、资金的集聚地。

（六）促进企业兼并重组，优化产业结构

通过合并和股权、资产收购等多种形式积极进行整合，不断优化产业结构，解决产能过剩、产业集中度低、自主创新能力不强、市场竞争力较弱的问题；全球经济持续低迷，不破不立，兼并重组是大趋势，重组不仅是企业的融合，还带来人才、技术、资金的合力；在经济新常态，市场是资源配置的重要力量，淘汰落后产能，兼并重组也会常态化。

在课题调研中发现，79.0%的企业没有跨产业融合的想法，那么，兼并重组对于太仓本地的产能过剩产业，无疑是一种较好的选择；另外，只有12.3%的中小企业享受过节能减排政策优惠，因此，大力促进绿色环保技术，也是技术重组的一个方向。

展望未来，在全球经济持续低迷中也孕育着商机，在国内经济下行压力下也面临着挑战，新常态预示着新希望，只有奋力拼搏，才有辉煌的明天。

参考文献

[1] 温友祥.民营企业转型升级的必要性和主要路径.人民网，2014-07-19.
[2] 梅强.苏南民营经济转型升级路径的探索.江苏技术师范学院学报，2011，17(1).

绿色通信的现状与对策

王 卿　陆星星

中国联合网络通信有限公司常州市分公司　江苏赛红科技发展有限公司

摘要：《中国制造2025》提出要把绿色发展作为主要方向之一，因此绿色化是今后通信业发展的必然趋势。绿色通信主要包括打造绿色通信网络和通信产品，延长通信产品生命周期；循环利用通信产品等方面。随着绿色通信的发展将大大节约能源和资源，实现人与自然和谐的可持续发展。现今虽然我国的绿色通信发展已经取得了很大成就，但是仍然存在着一些问题。本文分析了绿色通信目前可能存在的问题，并从政策、技术、宣传等多个方面提出了解决建议。

关键词：绿色通信；绿色网络；共建共享；终端回收；绿色制造

《中国制造2025》提出要把绿色发展作为主要方向之一，这是贯彻建设生态文明战略，促进制造业可持续发展的必然选择。随着全社会对通信和信息化需求的持续高涨，通信业在服务社会民生、助力经济发展等方面的重要性日益凸显。2015年10月14日举行的国务院常务会议决定，力争到2020年实现约5万个未通宽带行政村通宽带、3 000多万农村家庭宽带升级，使宽带覆盖98％的行政村，并逐步实现无线宽带覆盖，预计总投入超过1 400亿元。然而，通信业是传统的耗能大户，随着通信行业的飞速发展，通信行业的能耗成本将不断增加。为了不断降低单位能耗，最终实现人与自然和谐相处，实现可持续发展，必须积极努力推行绿色通信。

绿色通信主要包括打造绿色通信网络和通信产品，延长通信产品生命周期；循环利用通信产品；降低能源消耗和维护成本；共享网络节约资源(节约电能，节约产能，节约土地建材钢材资源)等方面。

一、绿色通信的现状

（一）网络主设备更小，能耗更低

通信网络主设备生产普遍采用新技术新设备，如采用光纤拉远基站替换传统机柜型设备，微型RRU替换大型射频单元，光传输设备替换电传输设备等。据Pike咨询一项新的研究报告显示，截至2013年"绿色"设备约占46％的全球网络基建设备市场。

（二）多模终端设备发展迅速

多模终端的出现更好地满足了多个号码人群的需求，市场占有比例逐年提升，相比传统的单模终端，节省了大量的成本、资源和能源。

(三) 绿色网络

1. 绿色的建设方式

目前,通信运营企业积极采用绿色建设方式,如采用美化天线,建设楼顶室外型基站、路灯型基站、治安监控杆外挂天线等替换传统的铁塔和土建机房方式;积极推进"光进铜退",用光缆替代电缆;节约了大量的土地、钢铁、建材等资源。以江苏常州联通为例,仅 2015 年新型建设方式的占比达到 30% 以上。

2. 网络共建共享

通信网络共建共享可以分为两个层面,第一是基础设施层面,通常业界也称为通信配套设备,主要包括铁塔、机房(包括方舱)、站点动力设备以及机房内通信电源、环境控制、天线、杆路、管道等;第二是通信主设备层面,主要包括无线侧 RAN 设备、核心网 CN 设备、传输设备等。目前第一层面共享已基本实现。

2008 年 9 月 28 日,工业和信息化部发布了《关于推进电信基础设施共建共享的紧急通知》(工信部联通〔2008〕235 号),要求各电信运营商开始推进移动通信基础设施的共建共享。2010 年 10 月 27 日,江苏省住建厅和江苏省通信管理局联合下发了《关于加强通信基础设施建设+全面推进共建共享工作的通知》(苏建科〔2010〕308 号),进一步规范住宅小区及商住楼通信配套设施建设,推进基础设施共建共享。2014 年 7 月 15 日中国通信设施服务股份有限公司(后更名为中国铁塔股份有限公司)正式成立,截止到 2015 年年底,铁塔公司新建铁塔共享水平大幅提升至 74.4%,相比三家运营商各自建站,约少建铁塔站址 26.5 万个,为行业节省投资约 500 亿元,节约土地占用面积约 1.3 万亩。

二、目前存在的问题

(一) 新型绿色通信主设备占比仍不高

目前,在用的部分老旧设备能耗较高,且不支持共享功能。工艺落后,主设备商产品线中高能耗占比高于 50%,主设备包装材料回收利用率较低。

(二) 通信网络重复建设仍然较严重

1. 配套设施方面

目前已经成立铁塔公司,统一建设铁塔及配套节约大量的钢材和水泥建材等,但是,杆路和管道共享由于没有统一的规划建设,造成严重的重复建设问题。

2. 接入主设备方面

目前,移动通信基站主设备、宽带接入主设备、传输节点设备等均未实现共享,一个机房有多套设备,重复建设严重,而且能耗大量浪费。

(三) 通信终端回收渠道狭窄,政策监管不完善

由于终端更新较快,产生了大量的可用旧终端和大量的不可用终端。目前,我国废旧通信终端市场除原国内贸易部、公安部 1998 年颁布的《旧货流通管理办法(试行)》外,并没有专门的法律法规约束监管,而且,终端设备的回收再利用没有合

适的渠道，在重复利用率低的同时造成了资源浪费和环境问题。

三、对策建议

（一）政府牵头、政策引导、加快推进网络共享

1. 政府层面

以绿色通信为目的、宽带中国为目标，进一步制定指导性政策，推进网络共享，尤其是第二层面的主设备共享，引导运营企业减少重复建设，扩大网络覆盖面，争取早日实现98%覆盖的目标。

2. 运营企业

作为运营企业，应积极响应政府政策号召，积极主动开放现有资源，加快进行网络共享步伐。同时积极探索，对接政府规划，根据国家战略精准投资，避免重复建设。

（二）制定监管政策、引导拓宽终端回收渠道

加快通过社区和互联网等手段，拓宽废旧终端回收渠道。同时，更要加快研究制定相应的政策，明确规定废旧终端回收处置的方式方法、流程、处置标准、监管职责，明确机主信息保护、环境污染防控等责任，引导和促进绿色回收企业健康发展。

（三）技术革新、绿色制造

通信设备生产企业，应进行技术革新，对设备进行共享功能升级改造，并通过技术提升，延长设备生命周期。在生产过程中，积极使用循环利用的新材料，优先采用可循环元器件，提高新型节能设备在产品线中的比例。

（四）加大宣传、提高群众意识

各大媒体应通过报纸、电视、户外、微信等多种宣传方式引导提高人民群众意识，认可绿色通信的发展理念，积极主动配合绿色通信发展。

四、小结

绿色化是今后通信业发展的必然趋势。实现通信网绿色发展，一方面是积极承担环境保护责任，完成国家节能降耗指标的要求；另一方面利用通信信息化技术和服务可以在社会及其他行业中发挥节能减排杠杆作用，助力社会节能减排。相信通过政府、企业和广大人民群众的共同努力，未来的绿色通信将大大节约能源和资源，实现人与自然和谐的可持续发展。

参考文献

[1] 黄海峰.绿色通信:铁塔公司改变市场格局[J].通信世界,2015(34).
[2] 刘冰婷.小型化基站设备在TD-LTE建设中的应用[J].中国新通信,2015(01).
[3] 王彦兵.关于我国废旧手机回收处理的法律思考[J].新西部(理论版),2015(12).
[4] 许鹏.移动互联网时代小型化基站方案[J].电信技术,2012(S2).
[5] 夏竞辉.绿色通信,可持续发展之路[J].中国电信业,2010(06).
[6] 张翔宇.节能减排构建绿色通信网络[J].烽火科技,2009(2).

关于加快推进全省乡村水环境建设的建议

董入莉

连云港港口集团有限公司职业技术培训中心

摘要：近十几年来，随着农村经济的发展、城市化进程的推进和乡镇企业的迅速发展，江苏省乡村水体污染严重，水环境形势严峻，一定程度上影响制约了我省乡村经济社会可持续发展和人民生活质量的提高。本文主要针对我省乡村水环境的现状、产生问题的原因，提出乡村水环境建设的建议。

关键词：乡村；水环境；建设；建议

乡村水环境，大致包括河流、湖泊、堰潭、渠系、池塘、泉眼等自然要素和库塘、堤围、桥梁等人为要素及其包含的水体（地表水和土壤水、地下水）的总称。水环境是人们生活、生产和居住的必要水文条件，是乡村空间结构形态和民居建筑样式的重要依托，是形成人文气息、景观风貌的主要因素。乡村水环境是农村大地的血脉，对降雨、洪涝、干旱及生态环境起着重要的调节作用，是农村生产生活不可缺少的基础条件，是全国水环境的重要组成部分。

江苏省环保工作在过去的30多年里主要以城市环境和工业环境治理为主，农村环境基础设施薄弱，环境保护工作相对滞后。近十几年来，随着农村经济的发展、城市化进程的推进和乡镇企业的迅速发展，乡村水体污染严重、清洁水源稀缺、土壤质量下降、人居环境恶化、生态遭到严重破坏，乡村水环境形势严峻，一定程度上影响制约了乡村经济社会可持续发展和人民生活质量的提高。

一、乡村水环境现状

根据调研，近十几年来，我省乡村库塘水体富氧化现象逐年加重，河流、湖泊、溪流等臭味显著，乡村湿地逐步缩小、甚至消失，水体自净能力下降等一系列水生态退化问题日益突出。大部分水源中重金属、激素、抗生素、氨氮、化学耗氧量、大肠杆菌、阳离子表面活性剂等指标均存在不同程度的超标。尽管有些乡村因自来水普及解决了饮用水问题，但乡村生活污染源、农业面源污染、畜禽养殖、乡村旅游、乡镇企业等污染源数量大、分布广、种类多，面源的监测、管理及污染控制比较复杂，且有的乡村根本没有采取污染治理措施，致使乡村水体污染越来越严重，水环境状况越来越恶化，不仅导致农业土壤质量下降，影响农产品质量，更是直接威胁着居住在广大乡村居民的身体健康及食物链安全，据调查，有的地区即使普及的自来水，水源的水质也处于标准线以下，我国患病人群的88%、死亡人数的33%

都与生活用水不洁直接相关。乡村水环境的恶化,制约了美丽乡村的发展。因此,采取科学有效措施治理乡村水环境污染,探索适合乡村水环境治理模式,对加快农村经济发展,推进美丽乡村建设,具有重要的现实意义。

二、乡村水环境出现问题的原因

(一) 乡村工业"三废"导致水环境污染

改革开放以来,乡镇企业带动了乡村的发展,但由于乡镇企业布局分散,规模小、经营粗放,且相当一部分属于效益较差、能耗较大、技术含量低、环境污染严重的企业,再加上部分乡村干部为了招商引资、政绩工程、晋升及私利,对乡村工业"三废"采取"睁一只眼闭一只眼"的态度。环保意识差,执法不严,每年都有大量的生产垃圾和工业污水未经处理直接排向河流、沟渠、水库和农田,往往是一个企业污染了一条小河、一个池塘、一片农村,许多乡村的沟渠和河流变成了"黑河",对农村水环境造成了严重危害。特别是近年来,城市实行对环境污染的严厉制裁后,许多重污染企业不断向郊区城镇、乡村转移,一些电子、机械废旧垃圾性固体废弃物也转移到农村,从而使乡村污染程度明显高于城市中心区。

(二) 农业生产污染源导致水环境污染

1. 农业生产大量使用化肥、农药、抗生素、除草剂、地膜等化学制品导致水环境污染。施用的化肥中,只有1/3被农作物吸收,1/3进入大气,剩余的1/3则留在土壤中,造成对地表水、地下水的污染,湖泊富营养化;只有约10%～20%的农药附着在农作物上,而其80%～90%则流失在土壤、水体和空气中,并在灌水或降水等淋溶作用下污染地表水和地下水;地膜相当一部分散落田间地头,大部分残留在土壤中,大约经过60年的时间才能全部降解,在降解过程中一些有害物质随土壤中地下水的渗透对水体造成污染。

2. 养殖场的污染导致乡村水环境污染。随着城乡人民生活水平的提高,紧跟人们消费需求的多元化,畜禽、水产养殖在许多乡村迅速发展。据调研,由于养殖户片面追求经济利益,加上污染处理费用限制、环保意识弱等因素,养殖过程中密度大且不合理的饲料、渔药的使用,大量畜禽粪便、废弃物及污水等大多未进行任何有效处理,就地直接排放,污染了乡村内部及周边水环境,使乡村小河、池塘等清水河变成了臭水沟、臭水塘的排污河。

3. 过度开发休闲观光的乡村旅游业产生的污染物导致水体污染。可以说,当前很多农村进行水环境治理的真正目的不是为了提升乡村生态环境,而是为了发展乡村旅游业,为自己增加收入。随着旅游者大量涌向农村,使得乡村人口增多,机动车增多,与旅游配套的工厂商店增多,产生的污水、废气、垃圾、固体废弃物等增多,但与此同时,乡村环保治理措施却没有跟上,垃圾、污水、固体废弃物等未经处理、随处随便堆放,造成乡村空气质量下降,动植物的栖息环境受到干扰,乡村水体受到污染。

（三）村民生活污染源导致水环境污染

村民生活污染源主要包括生活中使用的各种洗涤剂和污水、垃圾、粪便等。当前，农村居民在生活水平提高的同时，生活方式并没有随之发生变化，生活污水、垃圾、废弃物等绝大部分也是未经处理直接随意露天倾倒堆放，村里大街小巷、田边地头、水塘沟渠等随处可见，这种排放方式，不但可能传播病毒细菌，而且其渗透液污染地表水和地下水，成为水环境恶化污染源之一。

（四）借机侵占水域、水土防治措施不到位导致水环境污染

近几年，随着乡村企业、养殖业、种植业的兴起，乡村环境整治中，人为不合理的开矿、修路、采石、挖塘、束窄河道、填塘占滩、埋管代沟等向水域争取土地面积的现象严重，这类方式改变了乡村原有的水系结构，破坏了当地地面植被和地貌，水体自我净化能力和降解减毒能力大大削弱，增加了水环境安全压力，加速了水土流失，不仅使得农业资源遭到破坏，引起土壤退化，土地生产力下降，生态环境恶化，而且造成水环境非点源污染和水质的严重恶化。

三、加快推进乡村水环境建设的建议

农村水环境污染呈现来源复杂，分布面广，治理难度大等特点，与城市污水集中处理相比，农村污水治理难以集中收集，难以实现管网集中处理模式。根据美丽乡村建设的要求，就当前农村水环境污染的现状特点，以建立健全乡村排水系统及生活污水处理设施、保护饮用水源、修复和治理乡村周边水环境为重点，紧密结合乡村水利工作实际，逐步建立乡村水环境监测与保护体系，综合采取法律制度、工程技术和个人行动规范等措施，启动和实施改善乡村水环境工程，加快推进乡村水环境建设势在必行。

（一）加强治理力度，控制污染源，保证水环境健康

推进乡村污染物处理与规范化管理，对污染源实施源头控制，实现达标排放。

一要完善"三条红线"控制体系，搞好乡村工业及畜牧养殖业的发展规划。严格执法，依法进行企业项目审批。

二要搭建管道结构，推广和普及污染物处理设施，集中解决污染物和有害物，引导乡村工业企业、畜牧养殖等农业生产不断改进工艺、提高污染物回收利用率，同时实现污染源集中处理，达标排放，消除点污染。

三要针对乡村生活污染源分散、污水收集系统不完善、经济发展水平有限等条件的约束，应着力开发小型化、建设成本小、运行费用低、管理维护方便、处理效果及生态景观效果好的污染源处理系统，建议推行集中式与分散式处理相结合的处理模式。在居住相对集中、污水浓度较低的平房地区，以处理成本较低的厌氧处理和生态处理为主，采用多级厌氧、人工湿地、氧化塘及土地渗透等处理技术。在污水发生量较大，污水浓度较高的楼房区，可采用有动力集中式污水处理，保证出水效果。在污水收集困难地区，可采用小型一体化污水处理装置、庭院式自然处理设

备等,减少与控制面污染,实现达标排放。

(二) 开展乡村水环境修复和亲水环境建设

一要加强水土保持力度,积极开展乡村河道生态治理工程。结合乡村灌排渠系建设与改造,禁止填、挖各类坑、塘,禁止大量人畜排泄物、生活垃圾直排入水;以适度清淤、生态护岸、疏通乡村给排水系统,改变目前乡村普遍存在的池塘、渠系污水淤积等导致脏乱臭的状况,通过引清水稀释、恢复和建设水循环系统等方式使"死水"变活、变清,逐步恢复水生态自我调节作用和自然净化能力。

二要注重亲水设施建设。乡村水环境是经过了漫长的自然演化而形成的,是人、动植物、微生物与之适应的结果。水孕育了生命,孕育了乡村文明,所以,在乡村水环境治理过程中,不应仅注意局部利益或者工程的单项经济效益而忽视水环境的原有功能,破坏原始生态平衡,或者为人畜安全,用围栏将水隔离,阻碍了人包括其他生物与水的物质、能量和情感交流,而应尊重自然,尊重水,积极营造人、动植物、微生物与水的和谐共处的亲水氛围。根据乡村地理、水源状况等因素综合分析,确定水环境治理方向和内容,以清淤、生态护岸、绿化、搞活水体等不同手段治理区域内乡村水域环境。

(三) 加强面源污染监测和研究

由于面源污染量大面广、情况复杂,目前发达国家还没有根本解决。建议:

1. 严格污水排放的监测管理。环保部门对造成污染的企业实行"谁污染、谁治理"政策;各级水利、科研部门要做好污水再利用及污水处理技术的开发应用。

2. 推动和促进农村水环境监测体系和信息网的建立。建议水利、环保部门通过延伸已有监测网络、扩展功能,初步建立农村水环境监测体系和信息网,实现实时监测与评价。其中,首先对农村饮用水源地、污水排放区及污水灌溉区进行监测,预防恶性污染事故发生。同时,通过监测乡村水环境状况,以备将来对乡村水环境状况进行全面、定量地评价。

3. 开展面源污染的监测和调查研究,弄清面源污染的现状及成因。在此基础上,组织开展综合防治措施的试验示范研究,研究探索减少面源污染的途径和方式,为上层宏观决策提供依据。如研究面源污染对地表水、地下水污染的过程、污染物质运移规律;面源污染控制的生态工程措施、天然和人工池塘水路交错带对氮磷及有机物的净化能力从源头上提高水肥利用效率的对策、措施,以及控制面源污染的政策措施等。

(四) 加强生态环保宣传教育,提高环保意识

一是有关主管部门要不断拓展生态环保宣传教育方式,通过各类媒体、调查问卷、水文化、水环境建设等主题活动普及水生态环保知识,增强人们环保意识;同时,使村民充分认识到目前乡村水环境污染的严重,不仅制约了当前乡村的发展及村民的身心健康,更将危及子孙后代的利益,制约乡村的可持续发展。

二是通过宣传教育，普及科学种植、科学养殖知识。在化肥、农药的施用、水产养殖的用药等方面进行科普教育，实行生态防治技术和生态施肥技术，发展生态农业，在减少污染的同时，又可降低农民的投入。

三是进行节水灌溉、畜禽养殖资源化等方面的技术指导。合理、适度开发乡村有限资源，控制、减少水体污染的范围，实现乡村的可持续发展。

（五）完善水环境运行管理机制

农村环境治理设施普遍存在行政推动力不够、乡村水环境治理得不到重视、管理体制及运行管理制度不完善、部分地区存在跨区河道治理难度、乡村农业生产"三废"处理不妥当、农业面源污染治理力度不够、缺少运行资金、无专业技术人才等问题。因此，一要搭建适应乡村污染源管理的相关配套政策和制度，并加强实施监管。二要建立完善的运行管理机制，其是保证水污染治理设施取得成效，避免治污设施闲置、无人管理的关键之一。管理模式可根据治污设施的覆盖范围，实行统一管理与分户管理相结合。集中式治污设施由政府负责统一运营管理，对于以农户为单位的分户治污设施，可实行谁用谁管。三要不断完善考核体系。把乡村水环境建设情况作为乡村干部政绩考核的一项重要指标，并严格执行。

（六）加大水环境建设投入力度，推广先进技术

当前乡村水环境面临的问题之一，就是乡村环保投入力度欠缺、环保科技支撑不足。不管是污染源治理、处理、水环境建设修复，还是宣传教育及管理都离不开资金的投入和科学技术的支撑。乡村水环境运行维护资金依靠目前农村的经济状况，短期内还只能以政府补助为主，但可对农户适当收取排污费，树立谁用谁付费的观念。污染源处理、治理、清洁生产、生态工业农业、水环境监测、评价、修复、建设等无不需要科技引领。

四、结语

水环境建设是美丽乡村建设的一个重要组成部分。水环境建设就是保护自然、利用自然、保护生态、建设生态，用科学发展观、绿色发展观、人水和谐的思想理念，按照经济社会可持续发展规律，指导乡村水环境建设工作，把乡村水环境建设得更符合自然规律、更具有当地乡村特色，打造出"山青、水秀、岸绿、景美"的美丽特色乡村，以留住乡愁。

参考文献

[1] 王丽萍,李心梅.关于农村水环境污染现状与保护分析[J].资源节约与环保,2015(12).
[2] 杨智.农村水环境污染现状及治理对策探讨[J].中国高新技术企业,2015(17):104-105.
[3] 潘云峰,胡耀华.美丽乡村与农村水环境治理[J].农民致富之友,2013(06).
[4] 彭举威,汪诚文,付宏祥,等.我国农村水污染现状及治理措施[J].中国资源综合利用,2010,28(2):44-45.

海绵城市建筑与小区开发建设服务模式初探

孔强卫　潘黛岱

江苏绿博低碳科技股份有限公司

摘要：当前,国家多部委联合开展海绵城市试点建设工作,已经在全国范围内掀起海绵城市的建设热潮。很多城市特别是试点城市在低影响开发建设规划的指引下,有大量"海绵体"工程需要建设,目前海绵城市行业正在培育,要在几年内快速完成行业的整体转型,并大规模推行,面临巨大的挑战和不确定性。然而,我们可以尝试改变对雨水的传统处置思路,可以首先倡导以建筑与小区为单位,开展"小海绵体"的试点建设,并且依托试点城市的建设来推广成功的工程技术经验,并且形成具有可复制可推广的低成本海绵城市建设模式。

关键词：海绵城市;低影响开发;建筑与小区小海绵体

传统的城市雨水系统建设模式已经对水环境造成了巨大的危害和负面影响,2014年4月,习近平在关于保障水安全重要讲话中指出,解决城市缺水问题,必须顺应自然,建设自然积存、自然渗透、自然净化的"海绵城市"。

2015年4月,住房城乡建设部和财政部、水利部确定了迁安、镇江、池州等16个第一批国家级海绵城市试点,每个试点城市3年内建成并运行不少于15 km^2 的海绵城市示范区。直辖市、省会城市和其他城市每年分别补助6亿元、5亿元和4亿元,粗略估算,三年内中央财政资金补贴累计总额将超过300亿元,与其他国家级示范项目相比,属于中等偏上规模的财政支持。目前,全国范围内建设海绵城市的热潮方兴未艾。

一、海绵城市的内涵及建设途径

(一) 海绵城市

顾名思义,海绵城市是指城市能够像海绵一样在适应环境变化和应对自然灾害等方面具有良好的"弹性",下雨时吸水、蓄水、渗水、净水,需要时将储存的水"释放"并加以利用。

海绵城市建设主要有三个方面:一是对城市原有生态系统的保护,二是生态恢复和修复,三是低影响开发。低影响开发(Low Impact Development,LID)指在场地开发过程中采用源头、分散式措施维持场地开发前的水文特征。海绵城市需要依靠低影响开发雨水系统、城市雨水管渠系统以及超标雨水径流排放系统共同构建,而LID则是海绵城市建设重要的指导思想。

（二）低影响开发雨水系统构建途径

海绵城市核心是实现防灾、控污、城市生态修复和雨水资源化等综合目标，通过机制建设、规划引领、设计落实、统筹建设等全过程、多专业协调与管控，保护和利用城市水系、绿地等空间，优先利用绿色雨水基础设施和科学结合灰色雨水基础设施，共同构建弹性的雨水基础设施，实现雨水径流的"渗、滞、蓄、净、用、排"，应对极端暴雨和气候变化，恢复城市良性水文循环，保护或修复城市的生态系统。

低影响开发雨水系统构建需要统筹协调城市开发建设各个环节。设计阶段应对不同低影响开发设施及其组合进行科学合理的设计，并且不断优化设计方案，低影响开发设施建成后应明确维护管理责任单位，落实设施管理人员，并细化维护管理内容，确保设施正常运行。（图1）

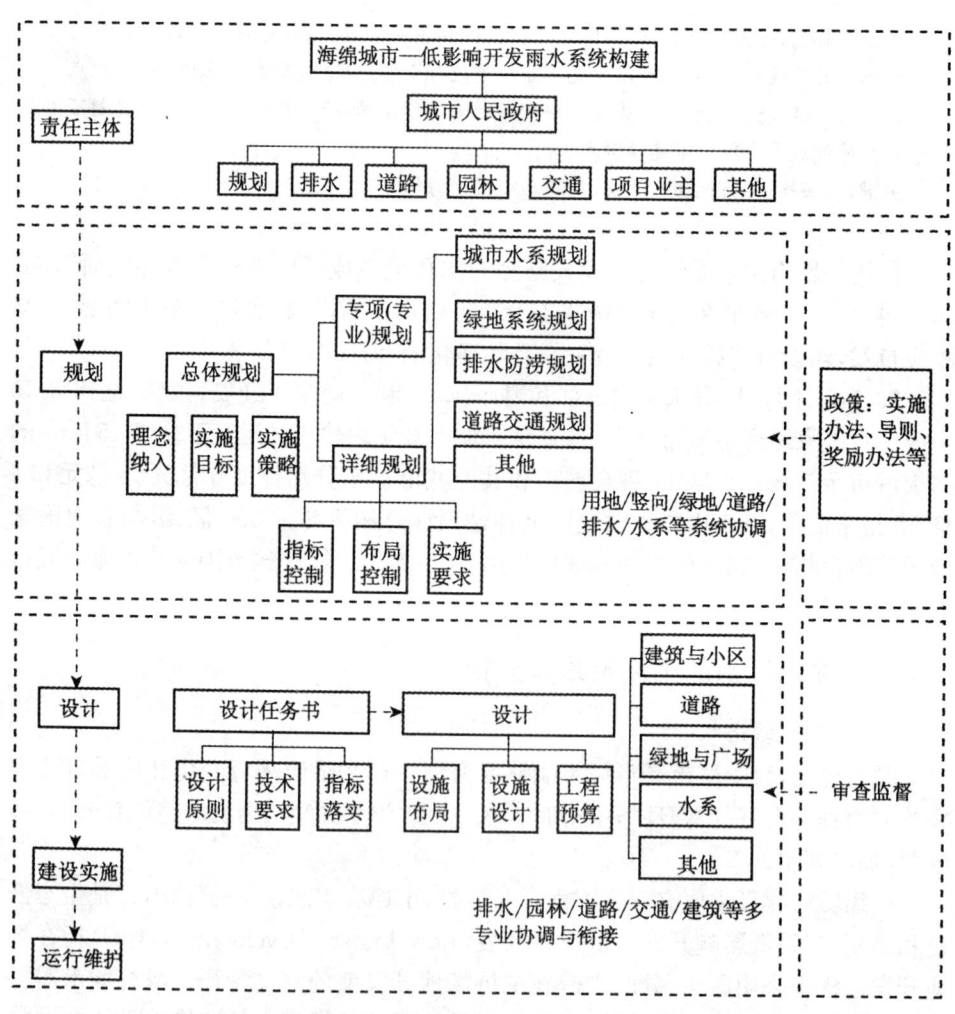

图1　海绵城市—低影响开发雨水系统构建途径示意图

二、海绵城市建筑与小区 LID 应用技术

海绵城市建设要落实到具体的"海绵体"建设，包括公园、道路、建筑与小区等，需要一系列绿色雨水基础设施技术的集成。对于海绵城市末端的"小海绵体"——建筑与小区的建设，如何采用低影响开发设计、LID 技术集成才能达到城市住区可持续发展的目的，值得关注。

我国城市住区开发依然是居住小区的模式，住区规划完全从空间形态出发，很少考虑内在的自然规律和社会活动的需求，住区开发模式雷同，基本上就是根据交通、绿化、公共服务等进行骨架组织，容易造成水体和绿化结构的运行机制不符合自然原理，容易造成内涝。

目前，我国城市住区建筑排水基本是通过市政管网迅速排出雨水：平屋顶通过屋顶坡度和排水口收集雨水，排入雨水井或地面；坡屋顶直接排水至地面散水坡，形成径流然后进入雨水井。而采用 LID 设施是开发绿色建筑的重要理念，可以优化环境对建筑的反馈，使区域水循环趋于自然。LID 在住区应用可以选择利用屋顶雨水补给地下水，利用雨水灌溉场地内绿地，还可以采用绿化屋顶、立体绿化，同时，住区内可以利用道路绿化带设计雨水花园、植被浅沟、生态树池等，在保证道路交通安全的前提下，将道路景观建设和道路雨水管理进行整合规划，建造具有雨水管理功能的绿色街道景观。另外，绿地 LID 雨水设施可以与景观设计结合，如设置雨水塘、雨水湿地等来消纳、净化住区内雨水，道路和停车场及硬质铺装区域尽量采用透水材质，住区内分散布置的 LID 设施应该相互连通，可以使绿地雨水管理能力最大化。

三、海绵城市行业体系现状

作为"绿色中国"的重要载体以及"十三五"规划期间加强城市规划建设管理的重要目标，海绵城市在未来拥有巨大的投资空间，预计海绵城市每平方千米的改造成本将在 1.2 亿元～1.8 亿元，按照国务院 2020 年完成 20% 城市建成区的改造预测及 2014 年城镇建成面积来推算，改造投入空间在 1.2 万亿元～1.8 万亿元。截止到 2015 年 8 月底，全国已有 16 个(51.6%)和 75 座(32%)县级以上城市将海绵城市工作列入政府报告或部门年度工作重点，全国范围内对海绵城市这一新兴城市建设理念下的规划、建设和运营的产能需求非常迫切。

根据中国城市科学研究会的调研，截至 2015 年 8 月，全国范围内从事海绵城市建设的企业总数约 84 家，其中有超过一半的省份没有专门从事海绵城市建设的企业，江苏、广东、北京、上海和山东分别位居前五，累计综合占行业总量的 82.1%。在城市层面，84 家企业主要分布在 28 个城市，北京、上海、深圳、苏州和无锡分别排名前五，累计占所有企业的比例为 57.1%。

目前，从事海绵城市规划建设的企业主要包括四类：①全国范围内完全以雨水

利用为核心,围绕 LID 理念设计业务服务的专业化企业,不到 15 家,主要分布在北京、深圳和上海;②雨水利用企业组成的主体,主要是从虹吸、排水等传统企业延伸,业务拓展到雨水利用领域的企业超过 70%;③传统建材行业转型的企业有 1 家,主要是生产生态地砖等材料;④有 11%左右的企业主要涉及雨水处理,并延伸到雨水综合利用涉及、工程施工。当前,海绵城市行业正处于培育阶段,这些企业中的龙头企业主要分布在北京、深圳和上海,企业和行业的产能都相当有限,且区域供需矛盾严重不平衡。

四、海绵城市建筑与小区开发建设服务模式初探

很多城市特别是试点城市在低影响开发建设规划的指引下,有大量"海绵体"工程需要设计和施工建设,以镇江为例,海绵城市建设安排示范项目 396 个,总投资 80 亿元,其中纯社会投资的绿色建筑小区和部分公建项目 75 个,总投资 21 亿元,纯政府投资的部分公建 LID 改造项目 56 个,投资 2.5 亿元,PPP 模式运营的建筑与小区项目 55 个,投资 4.55 亿元。然而海绵城市行业正在培育,要在几年内快速完成这些工程建设,并完成行业的整体转型,且大规模推行,则面临巨大的挑战和不确定性。海绵城市建设涉及规划、给排水、景观、交通、环境工程等多个专业,从目前的实践来看,LID 本地化遇到的最大问题是人才匮乏,特别是复合型人才、施工技术工人和监理人员。

通过对首批试点城市方案特别是镇江的研究,发现试点项目基本是从主要工程和重点地块出发,全市(县、区)范围的海绵体建设,都比较有限。小海绵体建设与其他公共设施、市政设施相比,增量成本较低,有的采用再生材料,甚至低于常规建设投入。与传统的城市排水管网建设相比,具有较好的低影响建设效果。因此,海绵城市的创建,在目前尚未形成完备的政策体系和技术体系,且行业尚在培育的初期阶段,可以先以建筑与小区为单位,开展"小海绵体"的试点建设,逐步推广成功的工程技术经验。

(一)实施六位一体行业创新服务模式

海绵城市建设行业体系包括规划、设计、施工、运营、监理和投资等六个环节,根据中国城市科学研究会调研的 84 家企业的分析,多数企业基本是具备承担设计、施工业务的能力,而规划、运营和投融资领域的专业企业目前没有。"小海绵体"的工程总投资少则三五百万元,多则两三千万元,与其他公共设施、工程项目相比,工资投资较低,且政府有意培育和发展海绵城市上中下游生产链,激发市场参与的活力,因此,作为"小海绵体"建设的服务模式,建议相关部门和企业可以打破政策、规范等瓶颈,尝试建设六位一体(设计、设备、材料、施工、运营和模拟)行业创新工程,改变对雨水的传统处置思路,开展建筑与小区等"小海绵体"一体化服务,依托试点示范城市的建设,形成具有可复制可推广的低成本海绵城市建设模式。

（二）开展关键技术集成创新

目前，海绵城市建设龙头企业主要集中在北京、深圳和上海，而全国各地均有海绵城市的市场需求，因此培育跨区域大中型企业主体，是海绵城市建设的客观需要。同时，应围绕海绵城市建设的规划、建设和运营的关键技术开展集成创新。

（三）大力开展宣传教育

小海绵体建设是分散式的民间工程，而非集中式的集权工程，需要全民参与，各级宣传部门应积极主动宣传海绵城市建设的有关理念、规划、案例等。同时，宣传教育应结合环境保护、生态文明、绿色建筑等向民众宣传海绵城市的相关常识，增强全民的海绵城市建设参与意识。在中小学可以有计划地开展一系列科普讲座，在高校可以开设海绵城市和低影响开发等有关的课程和竞赛等。

五、结语

长期来看，我国城市建设模式必然向海绵城市—低影响开发雨水系统建设模式转变。但从一些发达国家的推进经验来看，这一转变和新体系的建立绝非一蹴而就的事，必须建立系统的基础理论、工程技术体系、专业人才队伍和培育新型的产业等等。尽管在建设过程中还存在很多的困难和问题，但这是我们实现可持续发展的良好出路，是城市发展和人与自然和谐共处的有效途径。只要我们共同努力，就一定能够创建具有中国特色的海绵城市建设之路。海绵城市建设将展现中国城市建设的人与自然和谐相处的良心和智慧，将展现发展中国家城镇化建设的"美丽中国梦"。

参考文献

[1] 住房城乡建设部.海绵城市建设技术指南——低影响开发雨水系统构建(试行).
[2] 徐振强.面向"十三五"培育中国特色海绵城市行业体系——基于对海绵城市企业总体现状调研的初探[J].城市住宅,2015(09).
[3] 赵林波.城市住区低影响开发研究[D].西安:长安大学,2014.

沪宁高速公路多种光源照明应用及检测分析

程大千[1]　李　辉[2]　杨晓阳[1]　施　刚[1]

1. 江苏交科能源科技发展有限公司
2. 江苏宁沪高速公路股份有限公司

摘要：通过对沪宁高速公路照明试验段中采用的 LED 灯、高压钠灯和 COSMO 灯等光源进行定期检测，并对其数据进行分析得出：LED 光源的照明参数及其变化情况基本满足照明设计标准，节能性能优于高压钠灯和 COSMO 灯。此外，针对高速公路照明检测的实际情况与存在问题，本文提出了高速公路照明参数实时检测系统，并进行了相关测试与分析，试验证明该系统在操作性、安全性和科学性等方面均符合相关标准与规范。

关键词：高速公路；光源；LED；数据分析；动态测试

前　言

为了降低夜间交通事故率，提升对应急事件的响应与处理能力，确保高速公路安全、有序、畅通，沪宁高速公路已完成了照明试验段的建设，对所应用的各种光源进行定期检测，并将照明设计标准、理论测试数据或模拟数据，与实际检测数据进行对比分析，可为沪宁高速公路全线应用绿色环保的照明光源提供科学的参考依据，从而进一步提升运营服务水平，推进其绿色、循环、低碳发展具有重要的现实意义和良好的社会效益。

由于照明试验段为已通车路段，故在前三次现场照明检测中采用封闭车道的手段对各类光源进行抽样静态测试，但实际检测过程中，因路段交通量大、外界车辆光源干扰、抽样检测、检测效率低等情况，对测试结果造成一定的影响，且为了提高测试效率、缩短封道时间，在测试布点过程中必然会出现一定的测量误差，从而对等亮度（照度）分布产生一定的影响[1]。鉴于以上原因，参考国内外动态照明测试成果[2-4]，研发出了一套针对高速公路照明参数动态测试的系统，并进行了相关测试，效果良好。

一、现场检测概况

（一）参考标准及依据

本文参考标准及依据包括《照明测量方法》(GB/T 5700-2008)[5]、《ROAD LIGHTING CALCULATIONS》(CIE 140-2000)[6]、沪宁高速照明试验段的照明

设计标准[7]、由上海市质量监督检验技术研究院国家灯具质量监督检验中心提供灯具参数测试数据[1],以及由灯具厂商提供的理论模拟结果,见表1。

表1 参考标准及依据一览表

参考标准	路面亮度			路面照度		备注
	平均亮度 L_{av} (cd/m²)	总均匀度 U_0	纵向均匀度 U_L 最小值	平均照度 E_{av} (lx)	均匀度 U_f	
照明设计标准	1.5	0.4	0.7	20	0.4	
灯具质检中心	1.54	0.46	0.79	24.5	0.62	245 W LED 灯
	1.35	0.63	0.87	20.2	0.58	308 W LED 灯

(二)检测范围

本文主要针对照明试验段的主线三种光源(LED灯、高压钠灯和COSMO灯)的全功率现场照明效果(照度、亮度)进行定期测试。截止目前,分别于2013年7月、9月和2014年3月、9月进行了4次现场测试,测试路段见表2和表3。其中前三次采用静态人工测试,第4次为动态照明测试。

表2 前三次照明测试路段范围[1]

路段	时间	测试区段点位	数量	桩号	备注
无锡段	2013.7	非开口处	1	K1118+740~K1118+775	12 m,LED灯
		开口处	1	K1118+873~K1118+929	12 m,LED灯
		非开口处	1	K1119+825~K1119+860	12 m,高压钠灯
		非开口处	1	K1120+140~K1120+175	12 m,COSMO灯
	2013.9	非开口处	4	K1111+600~K1111+635	9.5 m,LED灯
				K1111+670~K1111+705	9.5 m,LED灯
				K1112+985~K1112+930	12 m,LED灯
				K1113+140~K1113+175	12 m,LED灯
	2014.3	非开口处	4	K1111+600~K1111+635	9.5 m,LED灯
				K1111+670~K1111+705	9.5 m,LED灯
				K1112+985~K1112+930	12 m,LED灯
				K1113+140~K1113+175	12 m,LED灯
		开口处	1	K1112+968~K1113+022	12 m,LED灯
苏州段	2013.7 2013.9 2014.3	非开口处	2	K1132+110~K1132+145 K1132+329~K1122+361	12 m,LED灯*
		开口处	1	K1132+244~K1132+298	12 m,LED灯*

*:由灯具供应商提供当时光源功率,全功率约为灯具额定功率的86%。

表3 2014年9月照明测试路段

路段	测试区段点位	桩号	布置方式	备注
无锡段	非开口处	K1111+501～K1112+615	中间单杆双挑对称+两侧单杆单挑对称	9.5 m，4×140 W LED灯
	非开口处	K1112+650～K1119+195	中间单杆双挑对称	12 m，245 W LED灯
	开口处	K1112+968～K1113+022、K1115+025～K1115+079、K1116+943～K1116+998、K1118+873～K1118+929	中间单杆三挑对称	12 m，245 W+122.5 W LED灯
	非开口处	K1119+265～K1119+963	中间单杆双挑对称	12 m，400 W 高压钠灯
	非开口处	K1120+000～K1120+700	中间单杆双挑对称	12 m，315 W COSMO灯
苏州段	非开口处	K1120+731～K1128+925	中间单杆双挑对称	12 m，308 W LED灯*
	开口处	K1120+793～K1120+848、K1126+245～K1126+30、K1128+235～K1128+290	中间单杆三挑对称	12 m，308 W+154 W LED灯*

*：由灯具供应商提供当时灯源功率，全功率约为灯具额定功率的86%。

一、检测结果与分析

（一）检测参数

本文检测的主要参数有路面平均亮度 $L_{av}(cd/m^2)$、路面亮度总均匀度 U_0、路面亮度纵向均匀度 U_L、路面平均照度 $E_{av}(lx)$ 和路面照度均匀度 U_f [5]。

（二）检测结果

本文只针对主线三种光源非开口带的上述检测数据进行处理与分析；针对第四次检测数据将受跨线桥梁、可变情报板、大货车阴影等情况影响和主线开口处的路段除去后，可得到该次检测结果。该四次检测结果汇总见表4。

表4 照明检测结果汇总一览表

时间	路段	灯源类型	额定功率(W)	平均照度(lx)	照度均匀度(均差)	平均亮度(cd/m²)	亮度总均匀度	亮度纵向均匀度最小值(cd/m²)
2013.7、2013.9	无锡段	LED灯[1]	245+122.5	22.31	0.430 4	2.164 0	0.511 2	0.706 9
			245*	21.44	0.541 2	1.871 0	0.563 4	0.740 0
			140*	20.05	0.536 4	1.785 4	0.613 8	0.701 2
2014.3		高压钠灯	400	37.61	0.452 0	2.192 0	0.617 8	0.758 8
		COSMO灯	315	21.90	0.424 5	1.773 0	0.719 3	0.732 5
		LED灯[1]	245+122.5	22.31	0.425 8	2.171 0	0.541 2	0.711 9
			245*	22.51	0.508 8	1.838 5	0.617 9	0.733 1
			140*	20.01	0.559 8	1.743 4	0.588 3	0.704 1

(续表)

时间	路段	灯源类型	额定功率(W)	平均照度(lx)	照度均匀度(均差)	平均亮度(cd/m^2)	亮度总均匀度	亮度纵向均匀度最小值(cd/m^2)
2014.9*	无锡段	LED灯	245+122.5	20.71	0.064 1	1.896 7	0.180 9	0.254 8
			245	25.49	0.502 0	2.269 6	0.366 3	0.680 7
			140	20.92	0.437 3	1.668 2	0.460 9	0.483 4
		高压钠灯	400	36.54	0.202 4	2.991 2	0.219 5	0.606 6
		COSMO灯	315	21.44	0.516 0	1.621 4	0.508 8	0.629 3
2013.7、2013.9	苏州段	LED灯[1]	308*	25.01	0.675 8	2.113 0	0.671 4	0.725 8
			308+154	21.71	0.188 9	1.421 7	0.352 0	0.333 2
2014.3			308*	24.81	0.673 0	2.091 0	0.665 0	0.715 1
			308+154	21.67	0.203 0	1.418 8	0.367 1	0.354 1
2014.9*		LED灯	308	22.7	0.496	2.101 2	0.388 9	0.643 8
			308+154	19.7	0.044 8	1.737 4	0.230 7	0.310 7

*:表示为该测试路段的平均值。

(三) 检测数据分析

1. 抽检结果与现场检测结果比较

从表1与表4比较可知,4次现场检测结果中的平均亮度均高于灯具质检中心抽检结果,而亮度纵向均匀度最小值均低于灯具质检中心抽检结果;2013年和2014.3的现场检测结果中,无锡段的平均照度和照度均匀度(均差)均低于灯具质检中心结果,2014.9的现场检测结果中的照度均匀度(均差)、亮度均匀度也低于灯具质检中心结果。除上述情况之外,其余的照明效果参数均优于灯具质检中心的抽检结果。造成上述情况的原因如下:(1)抽样样本与样本总数量相差过大,所抽检灯具的代表性较弱[1];(2)照度均匀度、亮度均匀度、亮度纵向均匀度最小值在第4车道或第5车道所受到的外界光源干扰较为严重,从而导致其现场检测效果较差。

2. 照明设计标准与现场检测结果比较

由表1与表4对比可知,前四次检测结果中只有苏州段主线中分带开口处LED灯的照度均匀度(均差)、亮度总均匀度和亮度纵向均匀度最小值低于照明设计标准;2014.9的现场检测结果中,除了主线中分开口处LED灯和非开口处的高压钠灯的照度均匀度(均差)、亮度总均匀度和亮度纵向均匀度最小值低于照明设计标准之外,非开口处的LED灯在亮度总均匀度和亮度纵向均匀度最小值也均低于照明设计标准,而非开口处的COSMO灯只有亮度纵向均匀度最小值低于照明设计标准。

造成上述原因较复杂,主要体现在以下几个方面:(1)主线中分开口带采用3

盏 LED 灯对称布置,由于两灯杆间距较宽(平均为 54m)、灯具仰角选用 10°或 5°、灯具自身配光曲线差异等原因,导致该处的照度或亮度均匀度较差;(2)选择检测范围的不同,前三次检测为抽样检测与第四次路段全覆盖的检测相比,其检测结果会存在一定的范围波动;(3)检测方法不同,动态检测的采集数据密度平均为 1 个/m,而原先的检测为两灯杆之间单车道平均分布 10 个点,由于采集密度的提高,原先的检测未能取到两灯之间实际的最大值或最小值,故导致照度均匀度、亮度均匀度和亮度均匀度最小值等参数呈明显的大幅度降低;(4)该试验段灯具已正常运行近 2 年,灯具本身系统损耗,会造成其照明效果具有一定的衰变;(5)第 3 车道、第 4 车道或第 5 车道受到周围车辆的影响,导致该车道的照度或亮度均匀度较差;(6)不同电光源特性的影响,尤其是高压钠灯的频闪效应[8]或声谐振特征[9],导致实际测试结果存在明显地波动,见图 1 和图 2。

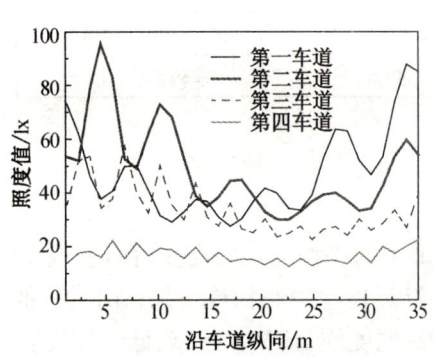

图 1　高压钠灯沿车道纵向照度值　　　　图 2　高压钠灯等照度曲线分布图

3. 四次现场检测结果比较

前三次现场检测结果的照明参数变化率基本在±3%之内进行波动,基本符合照明设计标准要求[1],而第四次现场检测结果中的照度均匀度(均差)、亮度总均匀度和亮度纵向均匀度最小值等参数出现明显的降低,其变化率达到了 10%～30%,造成此情况除了 2.3.2 节中的原因之外,还受到灯杆阴影、实际检测车辆与测试路段实际里程偏差、灯具配光情况等因素的影响。

4. 不同光源的照明效果和节能性能分析

由表 4 可知,三种光源的平均照度和平均亮度均基本满足照明设计标准,其排序为高压钠灯＞LED 灯＞COSMO 灯;而照度均匀度和亮度均匀度则出现一定的波动,其稳定性排序为 COSMO 灯＞LED 灯＞高压钠灯。通过对比三种光源的等照度或等亮度曲线(见图 2、图 3、图 4 和图 5)可知,不同光源的照度和亮度分布均不相同,按分布光滑性和均匀性排序为无锡段 LED 灯＞COSMO 灯＞苏州段 LED 灯＞高压钠灯,其中无锡段 LED 灯的照度和亮度分布较好,而苏州段 LED 灯的照度分布较差,造成这种情况的原因可能是由于光源供电特性引起的[10]。

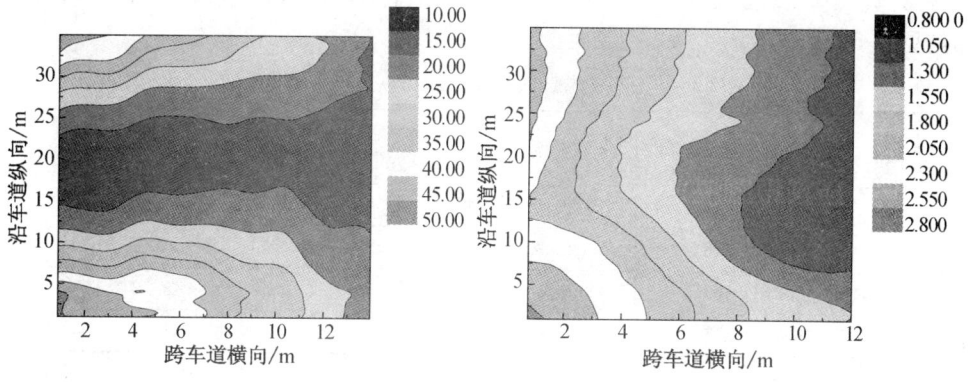

图 3　COSMO 灯等照度和等亮度曲线分布图

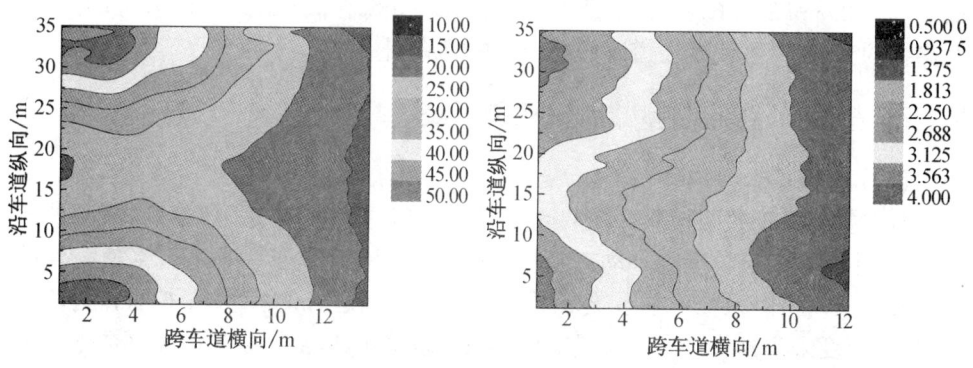

图 4　无锡段非开口处 LED 灯等照度和等亮度曲线分布图

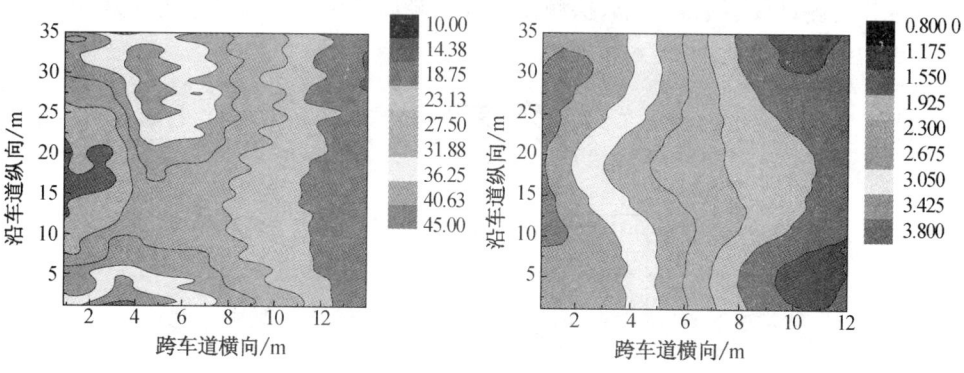

图 5　苏州段非开口处 LED 灯等照度和等亮度曲线分布图

考虑到试验路段采用光源类型、灯具功率和路面照度不同,采用单位功率密度的路面照度值作为反映不同光源节能性能的指标,其单位为 $lx/W/m^2$[11]。根据此指标计算 2014.9 检测结果中非开口带 LED 灯、高压钠灯和 COSMO 灯的节能性能,见表 5。

表 5　不同光源节能性能比较一览表

灯源类型	额定功率(W)	平均照度(lx)	功率密度 (W/m^2)[7]	照度—功率密度比指标 $(lx/W/m^2)$
LED 灯	245	25.49	0.38	67.09
	308	22.70	0.45	50.45
高压钠灯	400	36.54	0.75	48.72
COSMO 灯	315	21.44	0.52	41.23

由表 5 可知,LED 灯的照度—功率密度指标分别为 67.09 $lx/W/m^2$ 和 50.45 $lx/W/m^2$,节能性能比高压钠灯提高了 37.71% 和 3.55%,比 COSMO 灯提高了 62.72% 和 22.36%。综上所述,目前 LED 光源在满足照明设计标准的同时,其出色的节能特性,使其在道路照明应用中具有明显优势。

三、高速公路照明参数实时检测系统

(一) 系统基本架构

针对抽样人工照明检测存在的诸多问题,如需要封闭车道、效率低、易受外界干扰等,本文通过分析国内外动态照明测试现状[2-4],提出了一种适合高速公路的照明参数实时检测系统。本系统采用高速照度测量模块和亮度测量模块作为前端探测器,照度采集模块具有模拟量输出和数字量输出的能力;采用以太网数据采集卡连接便携计算机进行测试数据的采集;采用 DMI(Distance Measurement Indicator,距离测量指示器)与北斗卫星模块相结合进行测点定位和触发采集;采用轻型车辆作为测试仪器承载车辆,探测器布设在轻质横梁上并安装在伸出承载车前端靠近地面的支架上,见图 6 和图 7。

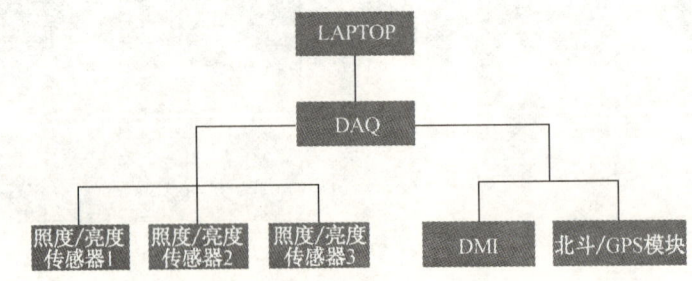

图 6　高速公路照明参数实时检测系统架构图

(二) 主要技术参数

图7　高速公路照明参数实时检测系统现场调试

本系统主要技术参数包括照度/亮度探测器、DMI装置、GPS/北斗定位模块、数据采集终端单位等，见表6。

表6　主要技术参数一览表

序号	项目	主要技术参数
1	照度探测器	相对示值误差±4%；V(λ)匹配误差≤5.5%；余弦特性误差≤4%；非线性误差±1.0%；量程：0～200 lx；频响＞1 kHz
2	小角度成像式亮度探测器	测量伏角：近端1.43°，远端0.54°；亮度测量分辨率0.01 cd/m²；相对示值误差±5%；量程：0～20 cd/m²；频响＞1 kHz
3	大角度遮光筒式亮度探测器	测量角：20°；亮度测量分辨率0.01 cd/m²；相对示值误差±5%；量程：0～20 cd/m²；频响＞1 kHz
4	DMI（距离测量指示器）	2 000 ppr，分辨率1 mm
5	前端数据选择器	8选1多路复用器；电压5 V；最大带宽180 MHz；通路导通电阻180 Ω
6	精密ADC芯片	分辨率12 bit；采样率200 KSPS；通道数为1；SPI串口通信
7	ARM处理器	意法半导体STM32处理芯片，处理速度72 MHz；内部Flash为512 Kbytes，SRAM为64 Kbytes；USART接口和SPI接口，供电3.3 V
8	网卡	MicroChip ENC28J60网卡芯片，支撑全双工和半双工模式，SPI接口为10 Mb/s
9	北斗/GPS双系统模块	和芯星通UM220-Ⅲ，定位精度约2.5～3 m
10	FPGA控制芯片	Altera EP4CE15E22C8，最高工作频率200 MHz；150 000个逻辑单元(LE)

（三）校准与测试

本系统已通过南京市计量监督检测院的校准鉴定，其中照度和亮度测量结果相对不确定度分别为1.4%和2.4%。在实际测试过程中,针对高速公路适用性进行了试验研究,选取测试结果中的相同路段的1 900个数据,逐一进行比对可知,60 km/h、80 km/h和100 km/h等三种车速下的照度/亮度测量值基本一致(见图8和图9),可见本系统基本解决了因测试车速未能达到高速公路行驶要求的关键问题。

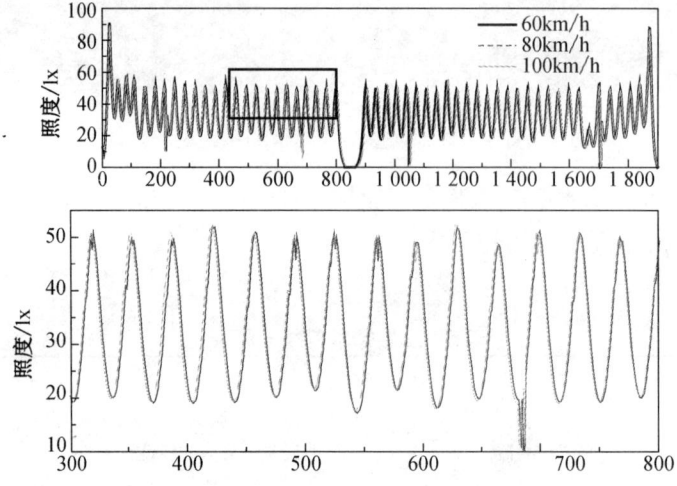

图8 不同车速下照度测试结果对比图

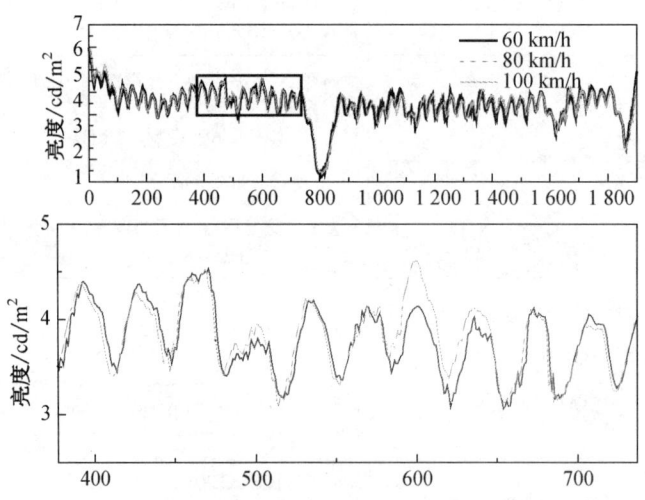

图9 不同车速下亮度测试结果对比图

由图8和图9可以看出,不同车速下照度和亮度测试结果的变化趋势基本一致,相应的测量值也基本一致,其中照度值偏差在±5%,亮度值偏差在±3%,属于探测器示值误差范围内;图中照度或亮度值均出现了明显的下降,甚至达到了0点,造成这种情况的原因是在实际测试过程中受到跨线桥梁段的影响。此外,灯杆阴影、可变情报板、周围车辆阴影等外界因素均会对检测结果造成相应的影响,针对这些情况，本系统需对实际采集数据进行后期处理的研究，一方面尽量减少外界干扰对照明结果的影响，另一方面将干扰路段的照明检测结果进行还原呈现。

四、存在问题与建议

通过上述对三种光源的照明检测结果和高速公路照明检测方法的分析和讨论可知，在照明设计、光源特性、照明检测数据等方面存在以下几点问题，并对其提出了相应的建议。

（1）主线中分开口带的照度均匀度（均差）和亮度总均匀度均不满足照明设计参数，故需对灯杆布置、灯具数量与功率的配置，以及灯具仰角、配光曲线的选择进行研究，并提出针对性的解决措施。

（2）高压钠灯具有明显的频闪效应或声谐振特征，供电特性对光源的等照度或亮度分布影响较大，建议对器件本身和驱动模式进一步研究其频闪和声谐振特性。

（3）针对外界干扰、光源自身频闪而导致照明结果异常的路段，建议开展数据后处理研究，可减少外界干扰影响，并对其路段数据进行还原仿真，为评价高速公路照明效果提供数据支持。

五、结论

本文通过对沪宁高速照明试验段的LED灯、高压钠灯和COSMO灯三种不同光源的照明效果进行为期近2年的跟踪检测，将实际检测数据进行整理分析可知：(1)LED光源在基本满足照明设计标准的同时，与高压钠灯和COSMO灯相比，其具有更好的节能性能；(2)通过人工抽样照明检测的经验总结，并参考国内外动态照明测试的成果的基础上，研制出一种照明参数实时检测系统，其最高时速可达100 km/h，完全满足高速公路现场测试的要求，该系统可为未来高速公路全线建设LED照明，提供了更为安全、便捷、准确的检测手段；(3)在高速公路照明应用和检测过程中，存在主线中分开口带照度/亮度均匀度不满足照明设计标准、高压钠灯具有明显的频闪特性以及照明检测结果易受外界干扰等问题，并对其提出了相关建议。

参考文献

［1］李辉，程大千.沪宁高速公路LED光源现场照明效果测试分析[J].中国交通信息化，2014(8):124-127.

［2］厦门市质量技术监督局.DB3502/Z 005-2010 道路照明现场动态测量方法[S],2010.

［3］秦大为.一种车载式道路照明检测系统：中国，CN203132691U[P].2013-08-14.

［4］黄珂.道路照明测量方法研究[D].重庆：重庆大学，2006:2-3.

［5］中国国家标准化管理委员会.GB/T 5700-2008 照明测量方法[S],2008.

［6］CIE 140-2000 ROAD LIGHTING CALCULATIONS[S].CTE,2000.

[7] 臧正保.沪宁高速公路照明光源分析[J].中国照明电器,2014(1):10-12.
[8] 林梅芬.电光源的频闪问题[J].中国高新技术企业,2008(19):88-89.
[9] 雷芳,程为彬,宋久旭.高压钠灯的声谐振特征及混沌抑制[J].电源学报,2014(3):103-109,114.
[10] 杨光.基于不同驱动条件下白光LED照明频闪问题的研究[J].照明工程学报,2011,22(6):8-13,63.
[11] 王继芳.LED灯在道路照明中的实际效果测试分析[J].现代显示,2012(5).

营运车船能耗统计监测样本配置研究

邹 庆 刘 洋

苏交科集团股份有限公司江苏交通运输行业能耗排放监测统计中心

摘要： 根据影响营运车船能耗强度的因素，从保证样本科学、合理、可操作的角度出发，提出统计监测样本分层和样本量计算的方法；分析提出统计样本与监测样本之间的关系和统计监测样本布局的方法。

关键词： 交通运输；能耗；统计；监测；样本

一、引言

交通运输能耗统计监测的基本任务是准确、及时、全面系统地搜集、整理和分析能源消耗的统计资料，如实反映行业能源消耗水平和能源消耗强度，为评估交通运输行业能源利用水平、提高运输装备能耗强度和优化能源消费结构提供信息和依据，为促进交通运输行业绿色发展提供支撑。

基于人工填报的能耗统计和基于设备采集的能耗监测是交通运输行业获取能耗数据的两个重要手段，统计样本和监测样本的代表性决定了能耗数据的科学性和可靠性。本文基于影响车船能耗强度、能源结构的因素，从保障样本代表性、便于样本配置实施的角度出发，研究提出营运车船能耗统计监测样本配置的方法。

二、样本量测算

我国交通运输能耗统计采用抽样调查方法，抽样调查交通运输能耗强度，根据运输周转量、车辆周转量推算能源消费结构和能源消费总量。营运车船能耗抽样调查的具体指标、指标计算方法、抽样方法、样本量计算方法及车辆和船舶的分类等已通过行业相关标准进行了规范性的说明[1-3]。样本量计算采用简单随机抽样计算方法，样本总体规模在确定样本量的过程中所起的作用与其本身的大小有关（图1），对于小规模的总体，作用明显；对于中规模的总体，作用中等；对于大规模的总体，作用很小[4]。例如，置信度95%，绝对误差限度取0.05，总体方差取0.25时，所需的样本量n随样本总体N的变化如表1。

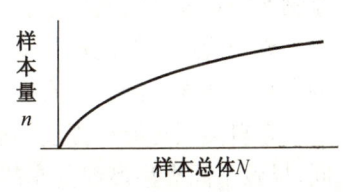

图1 样本总量与样本量的关系图

表 1　样本量随样本总量的变化

样本总体 N	样本量 n
50	44
100	79
500	217
1 000	278
5 000	357
10 000	370
100 000	383
1 000 000	384

营运车船和港口作业机械是交通运输行业能源消耗终端设备，是能耗抽样调查的直接对象，具有规模大、类型多、分散广、流动性强的特点。随着行业节能减排工作不断深化，交通运输营运车辆和船舶能源消耗品种逐渐向天然气、电力等新能源和清洁能源转移，车辆和船舶逐渐向大型化方向发展，甩挂运输、节点接驳、联程联运等先进运输组织方式得到推广应用，对营运车船能耗强度、能耗结构产生显著影响。根据行业能耗统计监测目的和数据分析需求，考虑统计监测工作的实操性，科学合理确定统计和监测样本量、样本结构和样本配置方法是保证能耗统计监测样本代表性、保证能耗统计监测数据真实可靠的基础。

1. 样本分层

根据统计调查原理，当总体是由差异非常明显的几部分组成时，需要采用分层抽样的方法，通过分层抽样方法提高样本总体的精度。科学、合理的分层是影响样本量规模、决定数据质量的重要因素，分层过少不利于区分不同纬度对调查标志值的影响，不利于提高抽样的代表性，分层过多容易增加统计监测样本量、增加统计监测实施难度和实施成本。

影响营运车船能耗强度的核心因素是能耗统计监测样本分层的主要维度，影响车船能耗强度的因素有燃料类型、车辆载客位/载重量、船舶载重吨、实载率等。

燃料类型对能耗强度的影响体现在不同燃料发动机/电机的燃料利用效率不同，导致不同类型燃料的车船能耗强度不同。营运客货车的燃料类型主要包括柴油、天然气、电力（包括纯电动、混合动力）和汽油，营运船舶燃料主要为柴油。近年来国家节能减排总体形势的推动，交通运输行业天然气车和电动车增长迅速，2015 年江苏营运客车天然气总数约为 3 500 辆，占营运客车总保有量的约 7.7%，天然气营运货车总量约为 9 500 辆，占营运货车总保有量的 1.24%，电动车数量近年来增长迅速，2014 年为 700 辆，2015 年达到 1 500 辆左右，预计未来仍会增长。随着新能源及清洁能源车辆应用不断推广，营运汽油车、柴油车占比将逐步降低，对交通运输能源消费结构调整具有显著影响。为保证样本的代表性、便于推算交通运输能源总量和消费结构,需将汽油车、天然气车和电动车纳入统计监测样本范围。考虑到这类车辆样本总体较小、车型结构较为集中、在全省各市及企业中的分布不均衡等因素,有必要将汽油车、天然气车、电动车分别作为一个分层,分别计算抽样样本量,并考虑便于组织实施有针对性的选取样本车辆和样本企业。

营运车船的额定载质量对车辆和船舶周转量能耗强度影响较大,实载率主要影响旅客周转量能耗强度和货物周转量能耗强度,与车辆和船舶运输方式、组织方式、经营类型等密切相关。样本测算主要依靠行业管理部门掌握的营运车船库,各级行业营运车船库中至包含车辆船舶的基本信息,不包含运输组织方式等。因此,除燃料类型作为一个分层因素外,营运客车的额定载客位、营运货车的额定载重量和营运船舶的载重吨是进行样本分层的另一个因素。

2. 样本总体

营运车船样本总体和各分层的样本总体是测算能耗统计监测样本量的基础,样本总体和样本结构对样本量的规模结构具有决定性的影响。在制定能耗统计监测样本量和样本库时,应充分考虑统计监测样本选取方案的可操作性,才能确定科学地统计监测样本。能耗调查对象是提供能耗统计监测数据的基础,如果数据基础不可靠,那么再科学的推算方法也得不出准确的统计结果。

在实际工作中,往往存在样本量、样本的燃料类型和额定载质量确定,但符合条件的车辆和船舶难落实的问题,尤其是样本总体规模本身偏小的汽油车、天然气车和电动车。这是由于在计算抽样样本量时将小规模企业、私营业主甚至个体户车船纳入样本总量进行计算,即理论抽样样本量应覆盖个体经营户、小规模企业。而现实是交通运输行业管理部门对个体经营户、小规模企业的管理抓手薄弱,同时,这些经营业户的能耗管理意识薄弱、基础较差,参与能耗统计监测工作的积极性不高,最终导致统计监测样本的代表性大打折扣。

因此,抽样样本量测算过程,应考虑样本库建立和样本选取的实际可操作性,避免盲目要求样本全覆盖,而忽视了最终采集数据的真实性和可靠性,将能耗统计监测工作基础薄弱、参与能耗统计监测工作意愿不高的车船从总量中剔除后,测算抽样样本量。

3. 样本量调整

能耗统计监测样本量受到样本分层、分层样本量、统计监测数据精度要求等多方面因素的影响。在能耗统计监测体系建立之初和统计监测体系实施过程中,需根据统计监测数据的不断积累,分析地区能耗数据自身的变异系数,并结合样本总量及结构的变化调整,对统计监测的抽样样本量进行定期的修正,以不断提高抽样样本的代表性。

三、统计监测样本

能耗统计采用人工采集上报方式,受到车辆、船舶机械性能的影响,通过人工采集的方式难以获取车辆、船舶的实时能耗。现状公路客货运车辆的油表数据不能直接读取,油耗量只能大致估计,尽管采用"满油箱制"在一定程度上能提高油表读数的准确性,但记录油耗量与实际车辆油耗量仍存在误差,且能耗调查数据通过人工采集方式获得,难以避免人为因素对能耗数据准确性的影响。能耗监测通过在车船机械油路系统上安装流量传感器或者直读CAN总线的方式自动采集、实时传输油耗数据。

能耗统计基于行业统计基础,便于实施、操作成本低,能耗监测成本高、数据准确性和实时性强,两者是交通运输行业能耗数据获取的有效手段。目前,油耗实时采集监测设备在交通运输行业的应用尚在试点摸索阶段,监测设备和采集数据的相关标准尚未出台。随着能源消耗管理的精细化要求不断提高,能耗监测设备与GPS定位设备共同成为交通运输装备的强制前装设备是大势所趋。现阶段,交通运输能耗数据采集体系应以"统计为主、监测为辅"、"样本结构互为补充,采集数据相互验证"的模式发展。

公路水路营运车船能耗占交通运输行业能源消耗的80%以上,营运车船能耗强度和能耗总量变化情况是行业能源水平监控和评估的重要内容。营运车船能耗监测样本配置:一是以体现地区总体能耗水平,要求满足一定抽样精度要求;二是验证能耗统计数据的准确性,要求能耗监测样本源于能耗统计样本库,以实现监测数据与统计数据的精细对比;三是针对能源消耗占比较小的样本,同时,自身已具有信息化数据采集系统的统计对象,如电动车,通过信息化平台后台数据对接的方式实现全样本采集。

四、样本布局

在能耗统计监测样本量测算的基础上,将能耗统计监测样本量分布到下级管理部门和交通运输生产企业,一方面是便于能耗统计监测样本量选取和监测设备安装工作,另一方面是在布局过程中将其他影响能耗监测数据变化的因素考虑在内,以进一步提高监测样本的代表性。除燃料类型、车船额定载质量分类外,对营运车船能耗强度影响较大的因素主要为实载率。

1. 营运车船的经营类型不同、运输组织模式不同,导致运输实载率和能耗强度不同,因此,调查对象应覆盖不同经营类型。例如,营运客车应覆盖班线客运、旅游客运、包车客运,营运货车应覆盖普通货运、甩挂运输,营运船舶应覆盖顶推船队、普通货船等。

2. 企业拥有车船数体现了企业集约化经营程度,一定程度上与车辆和船舶的运输组织水平、车船运输实载率有一定关联,在样本布局时应考虑样本车船在不同规模企业的分布。

3. 不同类型企业经营管理方式不同,对能耗管理的要求不同,导致不同企业能源管理工作基础不同。总体来说,公路客运企业的能耗数据管理工作基础较好,公路货运、水路货运受到企业经营模式,例如挂靠、承包经营等的影响,部分调查对象的能耗统计基础较为薄弱。在样本布局上应尽量避免这类型企业和车船。

五、结语

"十三五"期间,交通运输行业将在试点工作基础上,进一步加大能耗统计监测体系建设的推广力度。样本量配置是建立实施交通运输能耗统计监测体系的首要任务,没有科学、合理的统计监测样本,统计监测数据的准确性和可靠性就无从谈起,过于理论、不符合实际的统计监测样本会使统计监测工作难以实施。

本文以抽样技术为基础,根据影响营运车船能耗的因素,基于笔者多年从事交通运输能耗统计监测工作的经验,提出能耗统计监测样本测算和样本布局的几个关键内容,以期为其他地区建立交通运输能耗统计监测体系提供参考。

参考文献

[1] 交通运输部.公路、水路、港口主要统计指标及计算方法规定[M].北京:人民交通出版社,2002.

[2] 中国国家标准化管理委员会.GB/T 21393-2008 公路运输能源消耗统计及分析方法[S],2008.

[3] 中国国家标准化管理委员会.GB/T 21392-2008 船舶运输能源消耗统计及分析方法[S],2008.

[4] 金勇进,杜子芳,蒋妍.抽样技术[M].北京:中国人民大学出版社,2002.

我国钢结构住宅建筑发展的困境及出路

龚 震

苏州海关

摘要：钢结构建筑发展水平标志着一个国家的经济实力。在欧洲等西方发达国家，钢结构住宅建筑已有几十年历史，而在我国仍处于起步阶段。随着我国经济增长和可持续发展政策的实施，钢结构住宅建筑优势逐渐凸显，发展钢结构住宅建筑是今后住宅设计领域的主要方向和必然趋势。本文从钢结构住宅建筑产业化的优势分析入手，对钢结构住宅建筑的发展困境进行了梳理，提出了钢结构住宅建筑产业化的路径建议。

关键词：钢结构住宅建筑；产业化；现状；困难；发展建议

火热的房市，将住宅建设再次推到火山口；恼人的雾霾，建筑工地扬尘又做出了15%的"贡献"，我国建筑业的粗放式建设和生产模式面临严峻挑战。工业化和城镇化是现代化的基础，工业化装配式高层钢结构住宅产业化是发展我国全寿命绿色建筑、促进住宅产业化转型升级、实现建筑业现代化的必由之路。目前，欧美、日本等发达国家建筑工业化应用水平已超过60%，而我国工业化率还不到10%。我国建筑业必须结束农民工时代，农民工要市民化，建筑业要回归产业化，树立全寿命过程的绿色建筑理念，才能真正实现建筑业的现代化。钢结构具有良好的机械加工性能，易拼装，轻质高强，最适合建筑的模块化、标准化、工厂化、装配化和现代化，也最容易实现建筑现场的无火、无水、无尘、无垃圾的绿色建筑理念。

一、钢结构住宅建筑产业化的优势

钢结构建筑是一种新型的建筑体系，打通了房地产业、建筑业、冶金业、环保产业之间的行业界线，大力发展钢结构建筑，不仅可以减少城市建筑垃圾围城、扬尘污染的困境，部分化解钢企产能过剩的痼疾，还可以"藏钢于民"，充当国家钢铁战略储备库，是"一石三鸟"之举。

（一）钢结构抗震性能良好

地震时的人员伤亡主要源于被地震损坏的房屋，而不是源于地震。钢结构有较好的延性，当结构在动力冲击荷载作用下遭到破坏时能吸收较多的能量，可降低脆性破坏的危险程度，钢结构建筑具有良好的抗震性能。2008年汶川地震时，钢结构建筑——绵阳九州体育馆安然无恙，成了灾民的避难所。2011年日本东海岸发生地震后，以钢结构住宅为支撑的防震体系大大减少了人员伤亡，吸引了全世界的目光。

（二）钢结构建筑低碳环保

我国每年建筑业消耗大量能源、资源，单位建筑面积能耗是发达国家的2倍以上。钢结构建筑平均寿命达到80年，能最大限度地节约资源，其采用装配式建造模式干作业施工，大大减少了废弃物对环境造成的污染。而在建筑拆除时，钢结构建筑主体结构材料回收率在95%以上，其中，10%经简单加工后即可重复使用，另外85%则通过回炉等手段再次回收利用。

（三）钢结构经济效益显著

钢结构建筑采用工厂化生产、干作业施工，可缩短建设周期3～4个月，大大提升了投资效益。钢结构占有面积小，采用钢结构可以增加4%～8%的使用面积，这实际上增加了建筑物的使用价值。

（四）可缓解钢铁产能过剩

在发达国家，钢结构建筑在建筑结构中的占比普遍超过40%，美国钢结构建筑占比在60%左右、日本钢结构建筑占比达到39%、英国新增建筑90%以上是钢结构。而根据中国钢结构协会统计，2013年中国使用钢结构的建筑占比仅6%。充足的钢铁产量为实现钢结构建筑工业化提供了坚实的物质基础。未来，钢结构建筑是消化部分钢铁产能的主要途径之一，我国的钢结构行业有很大的发展空间。

（五）可大大降低人力成本

我国建筑业工业化水平低，劳动生产率与发达国家相比存在很大差距，大约是美国和日本的25%。钢结构建筑在很大程度上实现了机械化生产和施工，有了非常完善的标准体系，大大节约了人力资源成本，为实现建筑工业化起到了很大的推动作用。

（六）充当国家钢铁战略储备库

我国粗钢产量居世界第一，但作为关键的战略性资源，我国却缺乏相关储备。在很多发达国家，"藏钢于民"的战略储备意识早已深入人心。例如，日本在建造公路时会先在路基上铺陈一层优质钢板，除了提升路面耐久性，一旦出现紧急情况，埋藏的钢板还可以直接用于工程抢修、地震灾后建设，甚至军工生产。我国是"钢铁大国"，却远不是"钢铁强国"，尤其是钢结构建筑这座"宝藏"，并未得到人们的足够重视和挖掘。如果我国在新型城镇化建设中大量推广钢结构建筑，将成为庞大的优质钢材战略储备库。

二、国内钢结构住宅建筑的发展困境

钢结构行业是绿色、环保、可持续发展的新兴产业，是消耗钢材的主要产业之一。然而，"十二五"期间，我国钢结构用钢量占钢产量的比例徘徊在5%～6%。在量大面广的住宅建筑和中小跨度桥梁中，钢结构所占比例更是不到1%，远低于发达国家水平。问题出在哪里？

（一）意识没到位

大多数人对钢结构住宅建筑概念是模糊的，不了解钢结构住宅建筑的特点及优势，比如，认为钢结构住宅建筑造价昂贵、钢结构住宅建筑结构不安全等误区，导致钢结构住宅建筑在国内的接受率不高。钢结构建筑放到商品房开发的序列里能否得到广泛认可，成为房企最大的担心。

（二）防火大问题

因钢材防火性能较差，在高温情况下承载力和稳定性大幅度下降，合理经济地解决防火问题是发展钢结构住宅建筑的关键。

（三）技术有瓶颈

尽管，我国成功建设了一批具有世界领先水平的钢结构标志性工程，但钢结构的发展仍然十分滞后，一般仅见于超高层建筑、大跨复杂建筑、大跨桥梁等，如上海中心大厦、国家体育场、水立方、苏通长江大桥等。问题主要出在钢结构的技术瓶颈：在设计上用钢构件简单代替钢筋混凝土构件，钢结构优势不能发挥；同时，防渗问题、热桥问题、三板问题、钢结构防腐问题、维护结构及其连接耐久性问题等制约瓶颈没有被突破。"十一五"和"十二五"期间，与钢结构相关的科技支撑计划和国家"863"计划项目课题共有18个，但属于钢结构领域的重大项目仅有2个，相当一部分科研应对工程立项，但成果并未被应用，而且科研成果不够系统，也不便于应用。此外，研究人员主要集中于企业内部和高校，缺乏企业与企业、高校与高校以及企业与高校之间的联系，研究成果实用性不强，不能满足建筑市场发展的需要。企业研究人员主要以结构师为主，建筑师参与设计比较少，十分不利于我国钢结构住宅建筑未来的发展。

（四）产业链不畅

目前，我国钢结构产业已拥有从研发、设计到制造、安装的完整产业链，规模以上的钢结构制造企业超过3 000家，然而，钢结构产业的发展并非一帆风顺。一是一般观念认为，钢结构耐久性不如混凝土结构，存在防火、维护等众多后续问题，业主积极性并不高；二是钢结构设计更费时费力，图纸工作量较大，在同等设计费前提下，设计单位产值和效益不佳，积极性不高；三是限于施工单位资质问题，一旦牵涉钢结构，就要分包出去，影响企业效益，施工单位积极性不高；四是由于承接的是分包来的业务，利润空间已经被大大压缩，钢结构企业的积极性也不高。资源的重新配置会使得短期额外成本增加，以开发商为中心的施工单位及全产业链的参与者并不愿意改变既有的经营管理习惯和既得利益，推广钢结构仅靠市场是行不通的，需要政府层面的统筹优化和社会力量的推动。在钢结构应用较多的国家和地区，钢铁生产企业的强势推动起了极大作用，我国缺乏像英钢联、新日铁等重视应用研究和工程推广的组织，钢铁企业甚少与建筑行业进行交流沟通。

（五）造价无诱惑

工程造价问题也是影响我国钢结构住宅建筑发展的主要原因，因国内对钢结构住宅建筑设计和施工的标准单一,配套体系不完善,经验不足,直接导致目前钢结构住宅建筑造价较混凝土结构高,影响钢结构住宅市场占有率。而且,钢结构住宅建筑经济技术评价标准和评价系统的不统一,也使得预估钢结构住宅建筑项目造价困难,无法合理对比评估综合造价,业主对钢结构住宅建筑自然爱不起来。

三、钢结构住宅建筑产业化的路径

国家"十三五"规划中强调:要研究并推广在各类建筑中应用钢结构新体系,扩大钢结构的应用范围;我国的钢结构设计标准要与国际接轨、完善钢结构设计规范和标准;为实现钢结构住宅产业化提供成套技术,研制快速安装、经济适用、安全可靠的钢结构体系、轻钢结构楼板等,应用于保障性住房工程设计;争取到 2020 年,我国钢结构建筑占 10% 以上。

(一)打破落后观念禁锢

工业化装配式生产是我国建筑业现代化的必由之路,在工业化装配式高层钢结构产业化的路上,必须推进新理念、新技术、新体系、新工艺。国内消费者长期习惯了砖混或钢筋混凝土住宅,从慢慢开始接受到逐步习惯、进而喜欢钢结构住宅,还需要一个循序渐进的过程。产业发展不应被现有规范标准和消费习惯所禁锢。无论是解决产业链各方的利益冲突,还是技术突破、管理理念改善等钢结构面临的诸多问题,最终的落脚点都是终端用户,要让钢结构的优点和消费者的需求充分统一,才能实现市场的大力推广。

(二)政府组织积极推动

在钢结构住宅建筑产业化发展的初创期和成长期,政府应进行推动,统筹优化全产业链,解决发展瓶颈问题,使得钢结构住宅建筑产业化的发展尽快进入成熟期。目前,重庆开始试点成立由钢厂牵头,建筑、房地产、建材企业参与的龙头企业或产业联盟,开展钢结构建筑试点推广,这将是一个良好的开端。

(三)加快相关标准制定

高层装配式钢结构在产业化的路上必须有设计、制造、安装施工和验收评定一系列标准、规范的编制与实施,让专业技术人员有规可循。在规范标准编制的过程中要成立"钢结构住宅企业联盟",把科研单位和企业都组织起来,"产、学、研"相结合,以钢结构住宅为载体,开发新型节能墙体和环保低碳的建筑体系,推行住宅产业化,促进建筑行业技术革新;同时,对新体系、新技术的可靠性要进行专业评估,确保钢结构住宅或产品经济环保、技术先进、符合模数标准、利于推广使用,为政府有关部门提供参考意见。

(四)注重相宜人才培养

新型技术人才和管理人才的尽快到位同样是推广高层装配式钢结构建筑的关键一步。目前,我国建筑企业的建筑工人大多数没有经受过专门学习和专业训练,除简单施工劳动,难以承担工业化、现代化的建筑施工作业。农民工要市民化,要成为建筑产业工人,才能结束我国建筑业的农民工时代。我国建筑业只有走工业化、产业化道路才能实现现代化。建筑施工现场若要实现福特式生产,把标准化、模块化、装配式的建筑构件或部品快速安装施工,相关新型建筑产业技术人才和管理人才是不可缺少的。

(五)推进产业链建设

装配式高层钢结构住宅要想做到工业化生产,必须要有健全的产业链,从取材、设计、制造、运输、安装乃至使用过程中的物业服务等各个环节入手,针对每一环节的运转机制提出相应的工业化生产、信息化管理技术和方法。装配式高层钢结构所涉及的还只是住宅建筑的结构问题,整合建筑体系完整的产业链条还需要结合建筑、水暖、电气、装饰装修等专业,提供完整的商品化住宅建筑产品。

(六)跨越建设体制障碍

目前,很多建设总承包企业不具备工厂专业化装配式生产和安装能力,而少数具备能力的企业却又无承包资格,传统建筑行业的项目建设管理体制在各大企业已经根深蒂固,运行起来也得心应手,但对于钢结构住宅产业化的发展形势却很陈旧,急需体制的自我升级,走出新型工业化、信息化发展道路。

四、结束语

我国钢结构住宅建筑的发展与研究较发达国家有很大差距,但随着我国经济实力的增长及可持续发展战略的实施,我国钢结构住宅建筑有着很大的发展空间及广阔的市场前景。展望未来,住宅产业化是我国加快工业化进程的必经之路,钢结构住宅的发展必将带动我国建筑设计施工行业的革新。我国应结合国情、借鉴发达国家的发展道路,推进我国钢结构住宅建设和住宅产业化的快速发展。

道路大中修工程中路面旧料循环利用的对策及展望

姚向华

江苏省交通规划设计院股份有限公司南通分公司

摘要：路面旧料循环利用问题是当下道路养护大中修工程亟待解决的问题，本文指出解决该问题的关键是路面再生方案的选择、老路基层、底基层材料的再利用、路面旧料回收利用的合理运距和成本控制，并对这三个问题进行了深入分析。同时，阐述了路面旧料循环利用技术的适用性和关键技术问题及对策措施，未来路面旧料循环利用技术必将进一步发展。

关键词：路面旧料；再生；回收；合理运距；成本

一、引言

随着我国道路建设和交通运输事业的飞速发展及道路交通网络的日臻完善，在道路通车里程不断增加的同时，早期修建的道路病害日益增多，陆续进入大、中修阶段，养护大中修的体量不断增加、任务日趋繁重。我国道路由原先注重建设的发展阶段，已迈入"建养并重"的时代。

道路养护大中修的传统施工做法及工艺，因铣刨、开挖、破碎道路而产生大量的废料。我国高等级公路每年的大中修里程达 3.5 万 km，按照 10 年的大中修周期测算，以平均宽度 10 m，平均翻修厚 10 cm 计算，每年产生的废旧路面材料约 3 500万 m^3。此外，我国还有 24.6 万 km 的城市道路，这些城市道路的维修同样产生大量的废旧路面材料。不仅浪费大量的不可再生资源，而且占用大量土地、破坏生态环境、成本高。可见，道路大中修中传统的铣刨、开挖、破碎摊铺工艺，已无法适应时代发展的需求。因此，如何处置如此庞大体量的路面旧料，使废弃料得以循环利用，是当下道路养护大中修工程亟待解决的问题。

路面旧料循环利用的关键技术问题是再生与回收。老路旧料的回收利用涉及以下三个方面：①路面再生方案的选择；②老路基层、底基层材料的再利用；③路面旧料回收利用的合理运距和成本控制。

二、路面再生方案的选择

（一）再生方案分类

路面再生利用以其节约资源、保护环境等优势，代表着绿色交通、环保交通的一个方向,促进全行业从粗放型向资源节约型转变。沥青路面材料循环利用有四类技术7种应用:厂拌热再生(面层材料)、就地冷再生(面层、基层、面层和基层复合材料)、就地热再生(面层材料)、厂拌冷再生(面层材料、基层材料)。水泥混凝土路面材料循环利用可采用就地再生(碎石化)、回收后厂拌冷再生等。此外基层材料、水泥混凝土路面材料还可用于填埋沟塘和填筑低等级公路路基等。

(二) 再生方案选用原则

再生方案的选用原则满足技术可行、经济合理、环境友好,即所谓的3E原则:技术性、经济性、环境性。

(1) 沥青面层材料和基层材料——应分层铣刨后回收并再生利用或采用就地冷再生技术。

(2) 回收的沥青面层材料——应优先考虑厂拌再生。

(3) 用于中、下面层的再生沥青混合料——可优先选择厂拌冷再生。

(4) 用于上面层的再生沥青混合料——要选择厂拌热再生技术。

(5) 路面面层功能的恢复工程——可选择就地热再生技术。

(6) 基层材料循环利用——主要选择就地或厂拌冷再生技术(或用于周边工程的沟塘、低等级道路路基填筑)。

(三) 再生方案的适用性及关键技术问题分析

通过对老路养护历史、路段交通量及交通组成、现状典型病害、钻取芯样、弯沉检测成果等综合分析病害成因,明确路面各结构层材料组成及特点,对老路状况进行综合评价,选择再生方案(图1、图2)。

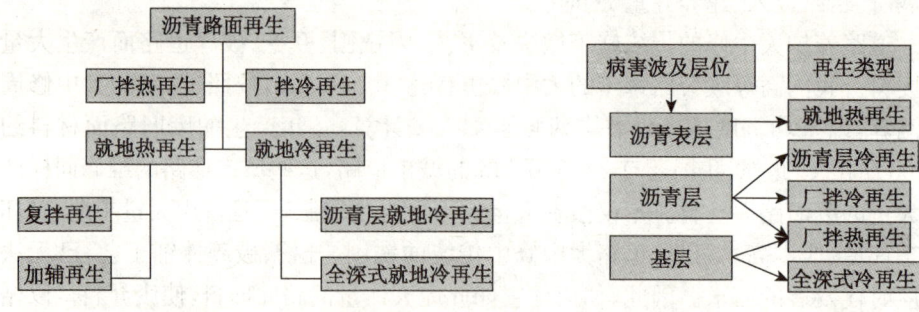

图1 沥青路面旧料循环利用分类　　　图2 再生技术适用老路结构层

1. 厂拌热再生——针对面层材料

定义:将旧沥青路面铣刨后集中破碎,然后按照路面层次质量来进行配比,确定旧沥青混合料的比例,按照一定比例来形成新的混合料,获得良好的再生沥青混凝土。

适用范围:适用于各等级公路沥青路面经铣刨、挖除下来的沥青面层材料的再生利用,再生后的沥青混合料可用于各等级公路的沥青面层和柔性基层。修复路表面的松散、泛油、推挤、集料磨光、车辙和裂缝等。

优点:工艺易控制,性能较理想,适用范围广。

缺点:运输成本高,对设备要求高,采用间歇式沥青再生设备,旧料掺量少,一般为 20%～30%。

关键技术问题一:在厂拌热再生设备有限的情况下,需考虑来回运输成本的问题,厂拌热再生技术只能用于厂拌设备周边道路的施工。

对策措施:适当增设厂拌热再生设备,增加覆盖区域,积极推广应用厂拌热再生技术。

关键技术问题二:采用间歇式沥青再生设备,旧料掺量只有 20%～30%,而采用双滚筒式再生拌和设备,可掺旧料达 60%。

对策措施:目前,国内大部分厂拌热再生设备为间歇式沥青再生设备,可通过设备更新,提高路面旧料的利用率。

2. 就地热再生——面层材料

定义:采用专用的就地热再生设备,对沥青路面进行加热、铣刨,就地掺入一定数量的新沥青、新沥青混合料、再生剂等,经热拌和、摊铺、碾压等工序,一次性实现对表面一定深度范围内的旧沥青混凝土路面再生的技术,分为复拌再生、加铺再生两种。

适用范围:路面有足够承载能力,仅存在面层轻微病害,一般用于面层病害的维修。

优点:节省材料运输费用,对交通影响小,修正旧路面级配组成,整治了面层破损,改善纵断面、路拱和横坡。

缺点:再生深度浅,在 2.5～6 cm,无法除去已经不适合进行再生的混合料,级配调整幅度有限,重型机械设备转移费用高,污染环境,在使用方面存在很大的局限性。

关键技术问题一:运用就地热再生技术,如何确定路段病害大部分属于表层病害是关键。

对策措施:鉴于就地热再生技术的再生厚度局限性,根据养护历史、外观调查、钻芯资料(合理取样)、弯沉检测等进行路面破损评价分析,综合判定道路病害主要在哪一层,以确定是否适用该技术。评价结果首先可用于确定路面的主要病害类型、破损程度及破损原因,并据此判断是否适合用就地热再生方法进行维修,是直接进行表面层处置还是表面层处置后再加铺罩面,或采取分期实施,先就地热再生表面层,过几年再加铺的分期实施方案。其次,利用调查结果,将拟再生工程分成具有相似级配、类似材料和性能相近的区域或段落,并评价混合料的变异性。第三,还要划定不适于直接进行就地热再生的区域,如频繁修补区域,车辙超过再生层厚度的段落,以及基层、路基损坏的区域,这些区域通常需要先进行冷刨并将其修复后再热再生。

关键技术问题二:再生混合料的配合比设计。

对策措施:按《公路沥青路面再生技术规范》设计,设计时,首先应该结合路况调查和破损评价分析,确定原有路面最初的配合比是否合适及直接采用现有混合料进行再生是否可行。如果可行,则直接采用原集料级配,并按原集料级配设计合成需要添加的新混合料级配。设计的主要工作是选择再生剂和经试配确定再生剂的用量,确定目标配合比设计的沥青最佳用量。如果原有路面的设计存在缺陷,应该考虑在设计过程中提高和改善混合料的性能,以弥补设计不足。提高和改善现有混合料性能通常采用的措施是,通过添加新料来调整现有沥青混合料的级配,降低或增加总沥青含量。再生混合料配合比设计评价主要分两个方面,一是再生剂的选择评价及用量,二是再生混合料性能评价。

3. 厂拌冷再生——面层材料、基层材料

厂拌冷再生分为:水泥厂拌冷再生、乳化沥青厂拌冷再生、泡沫沥青冷再生。

定义:将旧沥青路面经过铣刨后集中破碎和筛分,并且依据旧料的沥青含量和老化度来掺入一定程度的新集料、再生剂和再生结合料来进行常温拌和,使其达到指标。

适用范围:再生后的沥青路面旧料适用于沥青路面的中、下面层及柔性基层;基层再生材料可作为底基层或基层。修复面层和基层的病害,对反射裂缝和行驶质量低下等病害的修复效果良好。

优点:冷再生工艺较易控制,再生后的混合料性能较好,适用范围广,能耗低、污染小,减排效果明显,循环利用率高。

缺点:混合料强度的形成需要较长时间,需要加铺一定厚度的罩面层。

关键技术问题:旧料收集及破碎均匀性的保证工艺。

旧料收集及破碎的均匀性是保证再生路面路用性能的关键因素。因此,保证旧料的均匀性尤为重要。影响旧料均匀性有以下环节:

(1) 回收破碎阶段

回收料首先由装载机或推土机混合均匀,然后将回收料中的最大石料击碎至下一粒径石料。这样就可以确保原沥青混合料尽量破碎,并且没有超粒径石料。如果在施工现场有碎石机,一般每一批生产只破碎少量石料,取样检测后使用。每批回收料的破碎量小有利于检测石料的均匀性,从而容易保持石料级配稳定。同时,这些石料很快就可以用完,不易被雨水等淋湿从而造成再生生产成本的增加。

因为粉碎料裹附有大量的老化沥青,所以应注意避免再生混合料中的粉料缺失。回收料使用的破碎机也不应该产生过多的粉料或者破碎过分,否则会使混合料需要更多的外加沥青,从而使成本增加。

(2) 堆放阶段

不同料源、不同沥青含量和不同集料级配的回收料应分开堆放。回收料在处理前后都可以堆放,一般采用翻斗铲车或分散堆垛机进行处理。堆放回收料遇到的两个主要问题是:回收料压实黏结和含水量增加。

过去普遍认为低而平坦的回收料堆比高而尖的好,不容易出现回收料再黏结。但是,最近的经验证明,高而尖的料堆更好,而且回收料并不会在大料堆中黏结。实际上,在料堆上会形成20~25 cm的硬壳,这个硬壳会防止雨水流下和下面的回收料黏结。对于高料堆,硬壳很容易用铲车挖除,但是对于低而平坦的料堆就不容易操作了。料堆要堆放在硬地面上,以防止料堆下面污染或地面沉降。较细的料堆容易吸收水分,因此在生产中需要更多的热量来排除水分。由于再生产过程中的热量主要来自外加的热集料,而且再生拌合料的集料加热量是有限的,所以水分增加后,或者每小时再生产量减小,或者回收料的比例降低。

4. 就地冷再生——面层材料、基层材料、面层和基层复合材料

按再生层位和厚度的不同,就地冷再生分为就地面层冷再生、就地基层冷再生、全深式(面层和基层复合材料)冷再生。

适用范围:各等级路沥青路面旧料的再生利用,再生后的面层混合料适用于沥青面层的中、下面层及柔性基层;基层再生或全深式再生材料可作为底基层或基层。能够对大多数路面破坏类型进行结构性的处治,可以使路面恢复所需的线形、断面和标高,消除原路面的车辙、不规则和不平整的区域,可以消除横向、纵向和反射裂缝等。

优点:实现就地再生利用,节省材料运转费;施工过程的能耗低、污染小;适用范围广。

缺点:就地基层冷再生、全深式(面层和基层复合材料)冷再生往往由于强度不够,一般需要加铺较厚的结构层。

关键技术问题一:就地冷再生方案的选择。

对策措施:根据养护历史、交通组成、外观调查、钻芯资料、弯沉检测等找出路面结构产生损坏的原因,在遇到路面面层结构不合理、面层偏薄、基层破损较少、PCI指标临近评价标准值、交通组成中小客车比例高的情况下,可采用乳化沥青就地冷再生技术;在PCI、PSSI指标较差、钻芯显示基层破损严重、交通量大、交通组成中重车比例高的情况下,可采用水泥就地冷再生技术。

关键技术问题二:是否真能达到100%的就地再生。

对策措施:需要考虑以下内容:①原路面的使用状况及组成(例如,原沥青混合料类型、厚度、级配、沥青含量、老化状况、路面宽度等);②路面的损坏类型及原因(如裂缝或永久变形);③路面的损坏程度(是表面的损坏还是更深层次的损坏);④再生的目的(例如,恢复路面正常使用性能还是恢复结构的完整性以提高道路承载能力)。

5. 路面再生存在的问题

(1) 旧料的破碎筛分及料场管理不规范

目前国内对于旧料的处理还很不规范,大多数对于铣刨旧料不做筛分或破碎筛分处理,而将铣刨或挖出的旧料运至料场,直接掺配使用。其实由于旧料来源不

同,其粒径及均匀性差别很大,不管是厂拌冷再生或热再生均应对旧料做筛分处理,一般应分为 2~3 档规格。

(2) 再生路面结构设计方法几乎是空白

对于沥青路面冷再生技术,由于涉及路面结构问题,目前,在推广该技术时的最大技术瓶颈为结构设计方法,由于没有完善的结构设计体系、方法与指标,使得现在做冷再生施工时均根据经验来设计厚度,缺乏理论支撑。

(3) 关于再生设备与成本问题

在推广应用初期存在增加成本的问题,但当应用面积较大后,成本降低。热再生技术推广初期需要进行设备改造,配备二次加热滚筒,乳化沥青冷再生技术在推广初期存在乳化沥青生产线、乳化沥青冷再生混合料生产线,即一次投入较大,但当应用面积较大后,生产企业可逐渐收回成本。

(4) 关于再生混合料技术指标体系

虽然,目前我国已颁布了沥青路面再生技术规范,但其中对于再生混合料的技术指标体系还需进一步完善,以更好地评价再生混合料的特性。

(5) 再生关键技术

就地冷再生中关键技术是添加的黏结剂(如乳化沥青、泡沫沥青、水泥)与旧混合料的均匀拌和技术,以及旧沥青混合料的铣刨、破碎技术等。就地热再生中旧沥青混合料的加热重熔技术,新加沥青、再生剂与旧混合料的均匀复拌技术是关键问题。厂拌冷再生中旧沥青混合料骨料的级配问题也应给予充分考虑。厂拌热再生中的关键技术是必须解决旧沥青混合料中沥青的加热重熔问题与旧沥青混合料的精确计量问题。

三、老路基层、底基层材料的再利用

由于路面病害往往伴有基层、底基层的损坏,这就需要对基层、底基层进行挖补,从而产生大量的基层、底基层废料,如何使这部分废料"变废为宝",是道路大中修工程需要考虑的关键问题。

(一) 采用水泥稳定基层废料再生技术

本技术适用于开挖大修路段,可在基层铣刨料中掺入一定比例的水泥、矿料等重新拌和成具有一定路用性能的水泥稳定混合料作为底基层。

(二) 基层与面层分开铣刨

老路面铣刨时,沥青面层和基层、基层和底基层应分开铣刨或挖除,保证再生利用料的质量。注意控制铣刨速度不超过 5 m/min。若速度过快会造成铣刨料出现大块,影响铣刨料的拌和与摊铺。粒径大于 5 cm 的大块旧料,不能再生利用,只能用于沟塘回填或低等级道路路基填筑。

(三) 基层铣刨料的粒径控制

预定铣刨厚度,确定铣刨速度,因为混合料的级配同铣刨机的行进速度密切相

关。铣刨速度控制在 5 m/min 以内。

(四) 老路基层、底基层材料堆放、回收和再利用

道路大中修工程产生的需要进厂再生或不能应用于本路段的老路旧料,在铣刨或挖除后,按面层、基层、底基层分别集中堆放,根据不同的需要由相关企业或周边有需要的工程统一回收再利用。老路基层旧料可通过水泥稳定应用于二级及以下公路的底基层;基层、底基层旧料可用于周边建设工程填埋沟塘、填筑路基,在填筑路基时尤其要注意路基压实度问题,基层旧料往往由于颗粒大小不均,填入路基时经常发生大颗粒和小颗粒的离析,造成部分路基区域压实度不够,要进行击实试验、控制压实厚度,以 20 cm 左右最佳。

四、路面旧料回收利用的合理运距和成本控制

道路大中修产生的进厂再生或不能应用于本路段的路面旧料,需要运送至拌和厂或在建工程,特别是厂拌再生料若应用于本路段,还得运回来,如何确定回收利用的合理运距,是项目成本控制的关键。

(一) 全面了解、掌握项目区域及周边再生拌和厂(场、楼)的分布及基本情况

开展设计前,就要收集这些市场信息,将养护大中修路段与各厂(场、楼)之间的距离及合理运输路线描绘在地形图上,并进行综合成本分析。

(二) 合理运距的确定

公路运输成本包括人工成本、车辆运营成本、其他成本三个基本部分。影响运输成本的因素主要有四个方面:运输货物、运输距离、车辆载重、市场。公路运输属于固定成本低、变动成本高的运输方式,适合短距离运输。公式(1)和(2)分别表示成本和平均公里成本与运距的关系(图 3)。

$$TC = FC + VC/D \tag{1}$$

$$AC = FC/D + VC \tag{2}$$

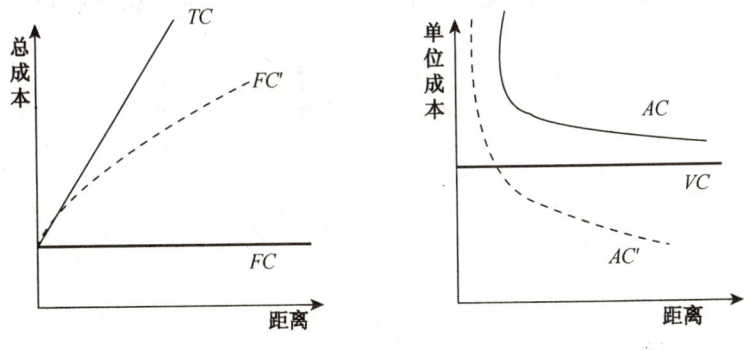

图 3 成本与运距的关系

式中：TC 为总成本；AC 为平均公里成本；FC 为固定成本；VC 为变动成本的单位成本；D 为运输距离。

国家规定 50 km 以内为短途运输，结合道路养护大中修工程特点，合理运距应控制在 50 km 以内。

五、结语与展望

本文对路面旧料循环利用过程中的三个关键问题——路面再生方案的选择、老路基层、底基层材料的再利用、路面旧料回收利用的合理运距和成本控制进行了综合分析，并对各技术的适用性及关键技术问题进行了论述。路面旧料循环利用技术的积极应用，有着显著的经济效益、社会效益和生态效益，既能重复利用老路旧料，减少占地，又能减少废弃料对堆放场所及周边环境的污染，减少石料开采对生态环境的影响等，具有推动绿色低碳技术在道路行业中应用的作用。未来，随着科技发展，再生技术和设备必将不断革新，旧料掺量将进一步提高，路面旧料循环利用技术将紧随时代步伐，日新月异。

参考文献

[1] 张清平. 沥青路面现场热再生技术研究[D]. 湖南：长沙理工大学道路与铁道工程专业，2011.

[2] 刘娜娜. 基于循环经济的沥青路面再生技术推广政策研究[D]. 陕西：长安大学道路与铁道工程专业，2013.

[3] 吴传山. 重庆市沥青混凝土路面厂拌冷再生技术及技术研究[D]. 重庆：重庆交通大学道路与铁道工程专业，2011.

[4] 冼巧凤. 养护技术大检阅[J]. 中国公路，2015(9).

[5] 李松. 探讨道路养护中沥青路面再生技术的应用[J]. 河北企业，2015(9).

[6] 谢博识. 绿色奇迹：公路的再生术[J]. 中国公路，2015(11).

[7] 王松根. 从数据看沥青路面材料的循环利用[J]. 养护与管理，2014(7).

[8] 陈启宗. 我国沥青路面再生技术与设备的现状和展望[J]. 交通世界，2005(12).

绿色制造亟须绿色经营管理

——基于物联网技术的冷热计量能效平台建设之探析

张立莹

九三学社常州市委

摘要：倡导全面推行热计量改革，对促进节能、环保技术进步和提高人民生活质量有着积极意义，是当前形势下促进自主减排的强有力手段之一。本文通过分析我国现行的供热和制冷行业现状，从物联网技术角度出发，以绿色经营的理念管理供冷热系统，探析建设冷热计量能效平台的可行性，推动用真实的计量数据实现冷热能的商品化和货币化，引导正确的消费观，贡献于节能减排。解析当前形式下平台建设所面临的问题，并给予相应的解决措施。

关键词：节能减排；冷热计量；能效平台；绿色经营；物联网

在我国全面启动《中国制造 2025》，倡导绿色制造，推行节能减排的大好形势下，供热体制改革又一次被推向了一个高潮，冷热计量也将步入发展的黄金时期，与此同时，南方的夏季制冷空调及部分冬季的取暖同样面临着节能减排的压力。

在我国北方冬季长达 5~7 个月的供暖期，能耗非常大，而且不论是公共场所还是居民住宅都要供暖，涉及范围极广，让我们回顾一下历年来出台的相关文件，国家 8 部委局 2003 年联合印发《关于城镇供热体制改革的试点工作的指导意见》、国家发改委和建设部 2005 年联合印发《关于建立煤热价格联运机制的指导意见》、2007 年联合印发《城市供热价格管理暂行办法》、国家住建部 2010 年印发《关于进一步推进热计量改革的若干意见》，足见国家相关部门对供热体制改革的重视，也可见这一改革推行的难度。南方地区的集中供热备受关注仍然处在论证期，本文暂不涉及；集中供冷目前还没有普及，但空调的使用相当普遍，只是绝大多数采用的是分散个体制冷空调，数量多、能耗大，存在诸多问题有待改进，本文依然将集中供冷能效平台建设一并论述，以期在南方经济发达地区雾霾天增多，空气质量难以控制的情况下，政府可以出台逐步取缔分散的个体空调，逐步推行集中供冷，减少现有状况下空调的能耗和对环境的污染，为环境指标向好做加法。

冷热计量是针对集中或区域供冷供热进行的，以精准满足用户对室温舒适度的要求、提高供热方及用户节能意识、保障供方和用户双方利益为目的，通过一定的冷热量调控技术、计量手段和收费政策，实现按户计量冷热量的计量手段。通俗地讲：冷热计量就像电表计量电量、水表计量用水量一样，通过冷热表来计量冷量及热量。集中供冷和供热的用户可以根据自身需求合理调节温度,并依照计量数据交纳冷空调费及采暖费,用数据保证"用多少冷热量,交多少费"的相对公平性。我国 2003 年起就一直推行供热体制改革,力求将福利统包的供暖体制商品化、货币化,期望以此降低能耗;南方大的能耗是在夏季用制冷空调期,因单体空调一次投入成本最低,故除大型的公共场所外,基本还处于分散个体空调模式,但随着经济的不断发展,人们生活水平的提高,对生活环境的舒适度要求越来越高,集中供冷模式的居民小区不断涌现,这也是发展的必然趋势。

一、我国北方的集中供暖及南方的供冷存在的问题

我国按年日累积平均温度计算,把长江和淮河以北的大部分地区作为集中供暖地区,较为有代表性的北京、天津、东北等地,仅集中采暖一项,"十一五"期间每年消耗 1.5 亿多吨标煤,大大高于同等气候条件下发达国家水平,能源浪费非常严重。建筑能耗占我国全社会能耗的 28%,比重极大。我国北方地区建筑总量尽管不到全国总量的 10%,但是建筑能耗却在全国建筑的 40% 以上,而北方建筑能耗中,城市供热能耗则占到了 40%。住建部报道公布,我国北方现有 38 亿平方米面积的建筑等待能效和计量改造,据政府相关部门网上公布信息,截至 2009 年,我国已进行能效及热计量改造的采暖面积约 4 亿平方米,只有其中的 1.5 亿平方米真正实施了热计量收费,剩下的 62.5% 已改造完成的仍处在闲置和浪费状态;截至 2013 年,已安装供热计量装置但未实现供热计量收费面积约为 5.1 亿平方米,约占全部供热计量装置安装面积 15 亿平方米的 34%。可见,供热体制改革在我国推行多年,虽然取得了阶段性的成果,供热计量装置安装面积在增加、未按计量数据收费比例在减少,但在整个供热体系占比还是太少,致使供热体系内总体消耗能源并没有真正降下来,一直没有完全按计量数据收费的成功案例,剖析其主要原因在于:一是按面积收费比例高,试点区域的计量数据样本量太小,各试点区域的管网和建筑节能条件不一,气候条件也各有差异,难以形成具有代表性的统计数据,即使是成功按计量数据收费的试点地区,大多数只能按计量数据占 50%~70%、房屋面积占 30%~50% 来收取费用,不能真正实现"节能为己";二是由于计划到市场转制不完全,老的集中供热区域管网改造不到位,安装智能冷热计量表的用户不多,集中供热系统不能实现智能控制,终端用户仍完全按住房面积收费,传统的供热管网是串联一体的,一户停热,整栋楼都得停,在供暖作为民生保障的前提下,即使收不到钱,供热企业为顾全大局也只能保障供热;三是即使实施试点的区域,也没有规范的定价机制,供热企业和用户都没有因改革受益,积极性不高,主要是因为所定价格没有充分的依据全面考量不同区域、不同气候条件、不同的建筑物、不同的管网等对热价的影响,即使在同一试点区域,有的墙体改造不到位,同一栋楼的两侧冷墙保温效果不好,对热能消耗大,楼上楼下有断热供的,形成人为冷墙,也会对热能消耗大,更有不同年代、不同结构的楼及个人生活习惯不一样等因素,

同一供热区域表的读数差异大现象普遍存在。由此,依所定的价格收费还是供热企业亏损,资金缺口越滚越大;试点用户用多用少交费差异不明显,非改造区域的室温难以自行控制,空置房间一样供热、一样交费,温度过高的用户开窗开门放热现象普遍存在,造成能源极大的浪费。南方的空调同样存在能源浪费问题,一是夏季用电高峰给电力设施带来巨大压力;二是给节能环保带来压力,空调制冷过程中排放污染物和温室气体,污染环境的同时产生热岛效应、漂水损失和噪声污染。

二、物联网技术助推冷热计量能效平台建设

物联网被称为世界信息产业第三次浪潮,代表下一代信息发展的重要方向,是世界各国应对国际金融风险、振兴经济的重点技术领域。可以理解为:物联网是基于特定的终端,以有线或无线等为接入手段,为客户提供机器到机器、机器到人的解决方案,满足客户对生产过程或办公和居家生活监控、指挥调度、远程数据采集和测量、远程诊断等方面的信息化需求,具有全面感知、数据可靠传递、智能处理等特征。由此可见,为更好地进一步推行供热体制改革,促进节能环保,全面降低能耗,倡导南方地区的集中供冷,利用物联网技术建立集中供冷供热能效平台势在必行,是经济和技术发展后的必然趋势,目前,冷热计量能效平台建设各方面的技术条件基本成熟:

1. 互联网技术已趋成熟,网络布局已覆盖全国主要城市,网络接入方式多样化、IP宽带化基本满足计量数据传输、读取的要求;

2. 传感和信号传输技术的发展给智能计量冷热量带来契机,也使一定区域内的数据无线传输成为可能;

3. 计算机技术的发展,台式机、笔记本电脑及移动设备(手机、iPad)互联应用及配套的软件技术、云计算等对信息收集和分类处理能力已经够强,基本满足计量能效平台建设要求。

绿色经营是指企业适应社会经济可持续发展的要求,把节约资源、保护和改善生态与环境、有益于消费者和公众身心健康的理念,贯穿于经营管理的全过程和各个方面,以实现可持续增长,达到经济效益、社会效益和环保效益的有机统一。冷热计量能效平台是符合绿色经营的管理理念的,在其建设过程中要坚持以客户为导向,兼顾政府、企业、消费者的需求,利用物联网技术实现技术节能和管理节能的"双赢"、企业和消费者的"双赢"。能效平台通过安装在集中供冷和供热系统及用户的智能计量表基站收集数据,再对收集数据依据要求进行统计处理,从而达到平台建设目标:一是实现远程监控、远程控制的数据化管理,依据统计学方法分析所采集不同时段供热系统产生的热值数据和对应天气温度值,得出集中供热系统能耗与对应气候条件的关系,来智能控制供热系统,促使供热企业技术改造,积极采用如变频控制、气候补偿及水力平衡等措施,达到节能效果;二是实现合理定价,通过处理供需双方分别采集的数据,得出输送管网损耗,促进管网节能改造更趋合

理,科学地分摊并得出不同区域管网冷热量的单价,为政府制定热量价格提供第一手数据资料;三是实时监测建筑节能效果,可以通过数据分析,得出不同集中供热区域内建筑物的节能指标,实现对建筑节能设计与实施给予实际效果的评价,促进建筑节能改造;四是促进政策出台和实施,实施热计量后,居民可以分户用热,实现了与供热单位的直接对接,也能从技术上解决困扰供热多年的"一户不用,整楼都停"、"建筑节能效果不良,依计量数据收费难"的难题,为供热市场化改革提供技术上的保障。冷热计量平台的建设更可以为政府相关部门制定政策提供有力的数据支持,从而使所出台的政策更趋合理、更具可实施性;五是通过数据远传和远程控制,可实现准确及时的自动收费,会形成"交费供冷供热、不交费断供"的良性循环,可节省为收费而花费的大量人力物力,减少因此产生的矛盾;六是可以让供热网内的供需双方通过网络终端为每一个用户提供实时的能耗数据,计量收费更加透明化、人性化,让百姓明明白白消费,虽说同样是靠燃煤供热,但是,每家每户都像用电和用水按计量表读数收费一样,按着自己的热计量表缴费,实现谁用热、谁交费,多用多交费、少用少交费,清清楚楚、明明白白,百姓自然有积极性愿意参与到这项改革中,有切身利益的促使,就会让大家注意节约,主动调低或关闭不常使用的房间,据生活习惯按时间段调节房间温度,这样就可以增强居民节能意识,达到在更好地满足用户自我调节舒适室温的同时,又促进行为节能的目的。

三、解析集中冷热计量平台建设所面临的问题

据相关部门估计,北方地区热计量改革一旦推广实施,可节约1/3左右的能源,每年可节约标煤2 000多万吨,减少5 000多万吨二氧化碳气体排放。北京等地的试点经验表明,只要操作得当,按量计费后,可节约20%～30%的能源。放眼世界范围,许多发达国家已形成较为完善的供暖体制。比如,德国政府相继颁布房屋建筑结构和供热设施节能法规、暖气和热水,根据实际耗用量来测量和结算费用的计量法规。这些法规实施后,德国全社会的供暖能耗整体下降了20%～30%,每年可因此节省66亿公斤焦炭或50多亿升的燃油,同时限制了二氧化碳的排放,促进了空气质量的改善。现行南北供暖分界线制定于新中国成立初期,改革开放30多年来,随着国力增强,人民生活水平提高,解决南方城市供暖问题。尤其厄尔尼诺等现象导致极端气候频现,冰雪南移,南方城市供暖需求也越来越迫切。充分地根据当地气象条件、能源状况、居民生活习惯以及承担能力等因素,因地制宜确定供暖模式,让更多群众享受到公共产品的便利势在必行,再加之南方地区的夏季供冷问题,充分考量能源及环保因素,妥善解决继北方集中供热体制的同时,给予南方供暖及供冷体制必要的合理规划是必然的趋势。

为推进我国节能减排,促进北方地区城镇供热体制改革,国家相继颁布了《节约能源法》《民用建筑节能条例》《民用建筑热计量管理办法》和《关于进一步推进供热计量改革工作的意见》等文件,但改革到目前似乎是遇到了瓶颈,即使是在北京

和天津的市区也难以全面推行按计量表收费,执行部门困惑,供热企业叫亏,百姓不理解,有的按面积和计量表读数各按比例收费,诸多用户感觉定价不合理、收费不公平,自家安装了小锅炉,自行采暖了;有的因上下左右的人家都交费采暖了,自家基本不怎么要取暖,温度也不是很低,而断然终止了公共采暖,这种现象引起交费邻里的不满,因其不采暖,会给邻居家带来多余的能耗增加,由此产生矛盾。剖析这些现象,原因还是供热计量改革的定价不合理,而现今条件下,这是一个无法解决的问题。由此,集中冷热计量平台建设已成为不可或缺的一项工程,这个能效平台的建设从宏观讲是一项利国利民的民生工程,涉及面广,在对节能效果进行科学评估的同时,又可以为进一步的节能改造提供科学的依据;从微观讲既是一项有助于节能减排的系统工程,所应用的技术属于跨领域交叉学科,又是一项贡献环保的生态工程,为南方地区集中供冷提供可靠性分析的依据。

集中冷热计量能效平台建设要充分考虑到:一是影响数据采集的准确性和可靠性因素多;二是利用数据统计分析结果反馈并智能控制供冷热系统容易实现,但对于反映出的如建筑物节能方面的问题就需要跨地区、跨行业协调,难度大;三是平台建设涉及技术的综合利用,需要互联网、计算机软硬件、通讯及计量等方面的综合性人才;四是平台建设需求资金量大,融资难度大。要解决这些问题,不但要从宏观上整合资源,还要政府出台政策,理顺协调各部门间的关系,扶持计量能效平台的建设。

(一) 充分调研市场现状,制定并出台相关政策法规。及时制/修订相应的技术标准,做到依标生产、依标施工、依标验收,从技术上做实基础。

(二) 对于平台建设出现的资金短缺问题,可采用PPP融资模式。即以政府搭建平台,向社会主体(企业)转移特许经营权的方式,在供热体制改革中实现减轻政府的财政负担、减小社会主体的投资风险,以确保推进冷热计量能效平台顺利完成目标。

(三) 充分利用计量能效平台的数据采集系统。通过大数据分析,指导政府在冷热价格制定、节能政策支持、节能资金投入等方面有的放矢,解决建筑节能、管网节能及行为节能协调发展问题。

(四) 给予相关政策倾斜,政府相关部门把能效平台建设列入政策扶持范围,鼓励综合性人才向冷热计量能效平台流动。

参考文献

[1] 李克强. 2015年中央政府政府工作报告.
[2] 张明阳. 浅议从节能减排到供热计量[J]. 哈尔滨铁道科技,2012(02).
[3] 侯震林. 区域集中供冷和中央空调系统的研究比较[J]. 企业技术开发,2011(21).
[4] 刘飞. 绿色制造的理论与技术[M]. 北京:科学出版社,2007.
[5] 雷金蓉. 气候变暖对人居环境的影响[J]. 中国西部科技,2004(10).
[6] 唐欣. 企业绿色经营理论整合研究[M]. 杭州:浙江工商大学出版社,2012.

关于绿色再制造及废旧品回收模式的思考

顾晓春

九三学社南京市委员会

摘要： 当前，我国已成为世界第一制造业大国，"中国制造"已加速走向全球。然而，长期以来我国的制造业发展主要依靠资源要素投入，强调产业规模扩张，高投入、低产出、少循环、不可持续等显著特征，给环境和资源都带来了极大的压力，在此背景下，绿色制造是扭转这一形势的关键所在。我国是制造大国的同时意味着我国也是废旧品大国，关于废旧品的处理问题成为世界各国关注的重点，绿色再制造作为可持续性循环生产模式可对症下药解决这一难题，将报废旧物转变为经济效益。废旧品回收作为绿色再制造的首要环节，直接决定了再制造的生产流程和效率，因此，本文就绿色再制造的几种回收途径作了总结和思考。

关键词： 绿色制造；绿色再制造；回收模式

一、绿色制造和绿色再制造的概念和关系

（一）绿色制造的概念

绿色制造，又称环境意识制造，它是一个综合考虑环境影响和资源效益的现代化制造模式，其目标是使产品从设计、制造、包装、运输、使用到报废处理的整个产品生命周期中，对环境的负面影响最小化，资源利用率最大化，同时，使企业经济效益和社会效益协调优化。绿色制造是人类可持续发展战略在现代制造业中的体现，也阐述了资源和环境之间不可分割的关系。中国工程院院士殷瑞钰表示，绿色制造是提高我国"硬"实力的强大杠杆，因此，开展一场全面"绿色革命"迫在眉睫。

（二）绿色再制造的内涵

绿色再制造是将报废产品经过拆卸、清洗、检验、进行翻新修理和再装配后，恢复到或者接近于新产品的性能标准的一种资源再利用方法。再制造是制造产业链的延伸，是符合可持续发展要求的先进生产方式。再制造的重要特征是再制造后的产品质量和性能达到或可能超过新品，成本却只是新品的50%、节能60%、节材70%，对环境的不良影响显著降低，实现资源能源的循环利用。

二、绿色再制造实施的必要性

在"十三五"绿色发展理念和《中国制造2025》计划的战略叠加下，绿色再制造这个"小众圈子"得到前所未有的关注。《中国制造2025》提出大力发展再制造产

业,实施高端再制造、智能再制造、在役再制造,推进产品认定,促进再制造产业持续健康发展。绿色再制造行业能得到国家的大力扶持,在于它循环利用的生产模式,从可持续发展和环境友好角度出发,绿色再制造符合我国推行的绿色低碳经济国家战略。

(一)绿色再制造可避免能源的浪费

我国制造业的能源消耗占整个工业的80%,占全国消耗总量的54%,SO_2排放占全国总排放的60%。制造业资源效率和污染排放与国际先进水平差距较大,制造同样的产品,我国需要使用的能源是欧洲的3倍,而且传统模式产品使用后将走报废渠道,或是拆取部分可利用零件再利用。在产品生产过程中能耗大,且报废后资源不能循环利用,这给我国的能源和环境带来了巨大的压力。因此,为实现我国制造业的可持续发展,迫切需要绿色制造和再制造技术,以降低资源消耗和环境污染。

(二)绿色再制造可保护居民生活安全

废旧品一方面数量巨大,另一方面处理技术尚且不够完善。目前,常用的处理方法分为化学处理、火法处理、机械处理、微生物处理等,但相应的处理方法均有很多不足。例如,使用强腐蚀性药剂的化学处理方式将产生大量废液和有毒气体;火法处理会产生许多有害燃烧废物及废气;机械处理过程中废弃物的拆卸通常是手工操作,效率较低;微生物处理的时间周期较长。此外,废旧品的化学成分多较为复杂,半数以上的材料都会对人体造成伤害,有些甚至是剧毒物质。例如,电脑元器件中含有铅、砷、汞等有害物质,会破坏人的神经、血液系统以及肾脏。废弃物被填埋或者焚烧时,其中的重金属渗入土壤,进入河流和地下水,将会污染土壤和地下水,对自然环境造成极大的威胁。因此,若是能将这些废弃物有效的返厂进行绿色再制造,不仅可以避免对居民生活及环境造成不利影响更能创造经济效益,可以说是双赢的举措。

(三)绿色再制造可缓解废旧品处理压力

目前,我国的废旧产品报废数量惊人,每年大量产品的废弃处理问题亟须解决。如2015年我国汽车年报废量多达900万~1 200万辆,淘汰手机4亿部;每年至少报废电视机500万台、电脑500万台、冰箱400万台、洗衣机400万台。到2031年,笔记本等微型计算机的理论报废量将从2014年的0.55亿台激增到近1.5亿台,占全部家电产品的比例约30%。我国的电子垃圾制造量为603.3万吨,仅次于美国位列世界第二。随着科技产业的日新月异,产品更新换代周期日渐缩短,这意味着在将来会产生更多固体垃圾,难以想象中国乃至世界都可能成为垃圾堆放场。因此,最大限度的回收利用废旧资源,推进绿色再制造产业,一方面可以缓解环境污染,保障人民生活空间,另一方面可以实现资源的循环利用,开拓新兴产业,缓解就业压力。

(四)绿色再制造可以打破国际贸易绿色壁垒

制造业是国民经济的支柱产业,是创造物质财富的主要产业,也是消耗资源和产生污染的产业。随着环境问题的日益突出,各国政府都大力倡导绿色产业,并出台相关法律保护本国环境资源。如欧盟出台的关于报废电子电气设备指令(WEEE)和减少危险废弃物指令(ROHS),于2003年公布,现已成为欧盟的正式法律。两个指令的直接目的在于控制电子垃圾对生态环境的污染。此外,在大张环保旗帜下还隐含着另一种深意,即欧盟以保护环境为名,针对国外进口商品设置出目前发展中国家难以达到的技术标准,从而保护本国企业及市场。欧盟环保指令对许多发展中国家形成了一道技术性贸易壁垒或绿色壁垒,将造成我国机电产品出口贸易达560亿美元的直接冲击影响。因此,大力扩大我国的绿色制造产业,提高我国绿色再制造技术,是打破此僵局的唯一途径。

三、绿色再制造废旧品回收的途径思考

(一)绿色再制造的生产周期

在传统生产制造过程中,产品生命周期以从"研制到终结",即从产品的研究开发、试制、生产、使用到报废的全过程,其系统是一个正向物流系统;而绿色再制造则不同,它考虑的是"从终结到再生",即逆向思维考虑产品全寿命周期内从产品的报废到回收利用至产品再生的过程,其生产体系是一个逆向的物流系统。从循环使用的长远角度看,产品甚至存在多生命周期,即不仅包括本代产品的生命周期,还包括本代产品报废后,其部分资源在一次再制造乃至多次再制造循环使用时间,这样可达到资源的最大化利用率,为我国制造业带来显著的经济效益和社会效益。

从再制造的运作过程看(如图1),废旧产品的绿色再制造可分为废旧产品回收、预处理(拆卸、润滑等)、再制造、包装销售和进入市场的过程,因此,废旧产品回收是绿色再制造可行性运转的核心。

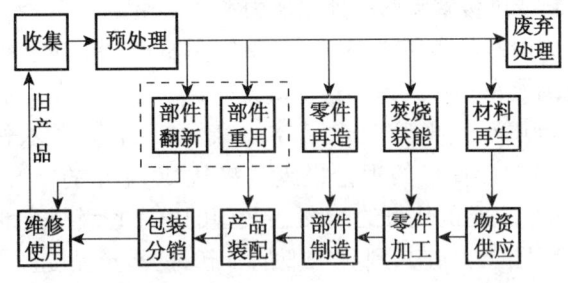

图1 绿色再制造流程图

(二)绿色再制造回收模式分析

废旧物回收是绿色再制造的首要环节,决定了再制造的原材料和生产效益。首先,废旧物的来源具有很大的不确定性。从横向看,来自于生产、物流中转、生活生产消费等,涉及多个领域;从纵向看,涉及供应链的上、中、下游等不同用户。废

旧物不仅在来源上有很大的不确定性,在再制造使用率方面也各不相同。因为废旧品的初期产品设计水平和消耗程度各不相同,有的可以完全投入再制造生产过程,有的只能部分零件投入再制造,有的甚至没有再制造的价值或者投入再制造会消耗更大的成本,具体分解技术详见图2。若是在废旧品回收的过程中就能有效地将其进行分类,则可以在很大程度上提高绿色再生产的效益。因此,根据目前我国国情,可以有以下的废旧物回收模式:

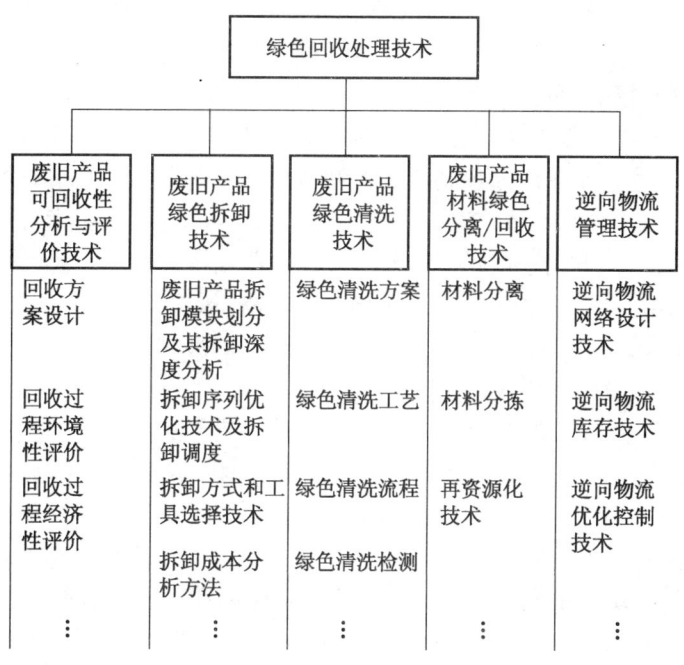

图2 绿色回收的技术分解

1. 民间回收模式

民间回收和处理集散地为主的民间废旧物处理体系在我国最早出现且长期占据市场。广东现有贵屿、清远龙塘、南海大沥三个规模很大的集散地,浙江台州也发展成这样的集散地。民间回收有着劳动力资源丰富、拆解工艺原始、回收成本廉价等优点,与此同时也存在着对环境污染严重的弊端。因为民间回收采用不规范的落后工艺,回收手段不当将产生大量废气、废水和废渣,对环境造成污染。此外,民间的回收工艺粗糙,可能在回收过程中对废旧物造成二次伤害,给绿色再制造带来更大的难度。针对此类回收模式,政府可加大扶持力度,请相关专家针对绿色再制造的废旧物回收设计出专业的体系流程、技术方法和注意要点,对民间的回收企业进行专业的培训。民间回收一方面分布广泛,能够有效的对废旧物进行搜集,另一方面可有效地缓解我国的就业压力,若给予适当的专业指导和政策扶持,不失为一种可行的废旧物回收模式。

2. 制造商兼营回收模式

这种回收模式指制造商按照法律法规要求或根据本企业需要，建立独立的废旧产品回收网络和处理中心，负责本企业产品的收回、运输、储存、拆卸分解、再制造和销毁处理等逆向物流活动，并承担相关方面的成本和责任。在这种模式下，废旧产品回收和处理各环节企业都没有借助任何的外部力量和资源，依靠自身组织实现产品的回收和处理。这种模式可以使企业对回收过程有较强的控制能力，有利于企业盘活原有资产，降低企业交易成本，避免企业商业机密的泄漏。企业作为最初的制造商，熟悉废旧品的组装和性能，可提高回收和绿色再制造的生产效益，此外，在回收的过程中可与消费者直接接触，获得一手的产品使用反馈信息，便于企业转化、吸收、进一步完善自己技术设备和设计细节，生产出真正面向市场的人性化商品，并通过一条龙的绿色制造和再制造服务，提高企业的品牌价值。但是，当企业投资进行逆向物流系统建设时，会分散企业的资金和人员，特别对实力不强的中小企业来说，额外的逆向物流回收模式的构建必然会投入一定的资金，将带来很高的财务风险。因此，兼营回收模式存在成本高、风险大的缺点，不适用于所有的生产制造企业。

3. 制造商联盟回收模式

制造商联盟回收模式在于联合生产工艺相同或产品相似的同行企业进行合作，以合资或是派出技术骨干等形式成立联盟组织，负责联盟内企业产品的回收、运输、储存、拆卸分解、再制造和销毁处理等逆向物流活动，并承担相关方面的成本和责任。这种模式适合实力较弱的中小企业，可以减轻单个企业在建立逆向物流回收系统上的资金压力，容易发展成规模性经营，同时，在原材料和生产技术上共享和取长补短，实现企业间合作共赢。联盟回收模式同时可获得更广泛的消费者使用反馈，来不断地完善提高企业的再制造产品质量，一旦发展成相当大的规模后，可以对本行的废旧品进行集中式回收再制造处理，进行产业化且高品质标准的再制造产品生产。这种回收模式有助于企业降低成本，有利于企业运用新技术并增加企业柔性，但存在生产专利和保密技术泄露的风险。因此，该回收模式要以法律保护为基础，建立起严格的联盟保密准则，不同的联盟成员相互合作并相互制约，达到共赢制约，实现制造商联盟回收模式顺利有序地运转。

4. 零售商回收模式

零售商回收模式是指制造商通过与零售商达成协议，由零售商帮助完成废旧物品的回收工作，并由制造商给予零售商一定的经济补偿。在这种回收模式中，零售商不仅承担着销售角色，同时负责回收报废的废旧品包括产品包装等，之后以一定的价格卖给制造商或是再制造商。这种模式分担了制造商废旧物回收的工作量，节省了建立逆向物流体系的资金。零售商在正向物流网络中直接与消费者接触，掌握着最全面的消费者信息和使用反馈，并有一定的仓储能力，可以达到高效的回收效率避免重复人力资源浪费。从制造商角度看，需要支付零售商一定的资金才能获得服务，且因为不能直接和消费者接触需被动地从零售商手中获得客户的使用反馈，因此，需要和零售商达成很好的激励机制或协议，促进零售商全力为自己回收产品和反馈信息，同时，还需综合考虑实现该机制的成本。一般情况下，当产品的正向销售网络与逆向回收网络有很大的重合时，由零售商回收模式是最好的渠道选择，如日常生活中的各种玻璃酒瓶、饮料瓶等产品的回收。

5. 第三方外包回收模式

第三方外包回收模式是指生产企业通过协议形式将产品的回收活动的部分或者全部以签订外包合同的方式交由专门从事逆向物流服务的企业负责实施，增加了绿色再制造的柔性。与零售商回收模式一样，第三方外包模式可节省制造商构建逆向物流系统的成本和管理人力，随着该模式的不断成熟，将会提供越来越专业化的优质回收服务，避免每个制造商都建立回收系统，浪费社会资源。若是第三方机构能够得到很好的推广，就能以创造生产价值为动力引导，不断整合回收技术，提供标准统一完成度高的旧品回收服务，从而实现制造商对回收系统的共享。一旦第三方机构形成一定的规模后，将会降低回收成本，也减轻了制造商的资金压力。特别是对中小型企业，由于受到保护环境的社会责任和法律法规的压力，不得不进行回收活动，而从自身实力方面却难以承担建立回收网络，在这种情况下，把回收外包转交给专业化的第三方回收企业是最好的选择。同时，也符合国家对中小型企业的扶持政策，为企业赢得更多的利润创收。因此，第三方外包模式就发展前景来说，一方面可以得到国家的政策扶持，另一方面具有客观的服务市场，从发展层面上看有很大的提升空间。第三方回收适用范围比较广泛，更适合制造商与再制造商不一致的情况，也就是说，当正向物流和逆向物流重合度不高的情况下比较适合第三方负责外包回收模式。

四、结语

"十三五"时期是我国经济结构调整和制造强国建设的重要战略时机，由国务院于 2015 年 5 月公布的《中国制造 2025》，有学者称其为中国版的"工业 4.0"计划，随着资源和环境问题的日益突出，国家对绿色制造与再制造的关注日渐增多。废旧品回收是绿色再制造的首要环节，继欧洲出台的 WEEE，中国于 2011 年 1 月 1 日也开始施行《废弃电器电子回收处理管理条例》，将废旧品回收上升到法律层面，这对资源综合利用和循环经济发展、环境保护、保障公众健康有很好的促进作用。废旧产品回收是生产者实施逆向物流的开端，选择合适的回收模式对生产者有着重要意义。本文分析比较了现有的几种废旧品回收方式，分析了不同的适用情况，通过整合社会资源能力，充分利用废旧产品资源，降低材料消耗、节约能源、保护环境，提高废旧产品绿色再制造的收益。

推广分布式热解气能源站,促进绿色制造

王 兢 张东驰

九三学社苏州工业园区基层委员会

摘要: 热解气化技术是焚烧技术的升级换代,扩展了原料范围,降低了污染物排放,将固体燃料快速高效地转化为气体燃料,可以替代天然气,是有机废物处理和清洁能源利用兼顾的重要技术。推广基于热解气化技术的分布式热解气能源站,能够就近处理有机废物,减少污染并阻止污染蔓延,同时降低企业能源成本,促进绿色制造。

关键词: 热解气化;有机废物处理;分布式能源;绿色制造

一、有机废物与煤改气的困境

随着我国经济社会高速发展,每年会产生大量有机废物,比如生活垃圾、污泥、餐厨垃圾、废轮胎、秸秆、林业三剩物、稻壳……有机废物按照其产生和收集来源分为四类:农业有机废物、生活有机废物、畜牧业有机废物、工业有机废物。按照可燃烧性能分为可燃性有机废物和不可燃性有机废物。有机废物来源非常广泛,种类繁多,产生量巨大,且呈现急剧增长趋势。据有关部门统计,2013 年,全国设市城市生活垃圾清运量为 1.7 亿吨,秸秆可收集量约 8.3 亿吨,林业三剩物及次小薪材产生量约为 2.1 亿吨,废旧轮胎产生量 1 千多万吨,稻壳产生量 4 千多万吨,污泥产生量 2 千多万吨。

有机废物对环境的危害主要表现为:侵占土地,污染大气、水和土壤,影响人类健康,影响市容和环境卫生等。国家各级政府采取多种手段着力解决有机废物对环境的危害,但由于有机废物总量过大、分布较散,特别是受限于处理经费,还有较大规模的有机废物没有得到妥善处理。

我国煤炭消费量巨大,2012 年、2013 年全国煤炭消费量分别为 35.26 亿吨、36.1 亿吨。由于环保需要,2013 年 9 月 10 日国务院发布《大气污染防治行动计划》,有力地推动了"煤改气"(燃煤改为天然气)进程。据统计,2014 年我国煤炭消费量约为 35.1 亿吨,同比减少 2.9%;中国煤炭工业协会预计 2015 年全国煤炭消费量将下降 4%左右。而 2014 年天然气表观消费量 1 786 亿立方米,同比增长 5.6%;2015 年天然气消费量 1 932 亿立方米,同比增长 5.7%。从国家政策导向和统计数据可以看出,全国"煤改气"效果是显著的,对于环境改善做出了重要贡献。

在"煤改气"实施过程中,遇到的最大困难莫过于燃料成本的暴涨,同等热值的天然气成本是煤炭的5倍左右。对于一些燃料消耗较低的企业,燃料成本的增长尚能承受,而对于燃料消耗较大且行业景气度差的企业,"煤改气"是沉重的成本包袱。另外,还有很多地方没有敷设天然气管道,特别是一些企业所处位置不适合敷设天然气管道,导致"煤改气"遇阻。

目前环境问题严重,雾霾时常来袭,从国家政策和民众意愿角度看,能源结构调整只能加大不会减弱,"煤改气"将继续扩大。我国资源禀赋是重煤缺气,国家发改委的统计数据标明2015年天然气产量1 350亿立方米,同比增长5.6%;天然气进口量614亿立方米,同比增长6.3%。天然气进口量占消费总量的31.78%,接近1/3!如何应对众多"煤改气"项目不断增加的天然气需求?

二、热解气化技术带来的希望

经过多年研发和商业化示范,一种非焚烧的热解气化技术给人们带来了妥善利用有机废物的希望。

热解气化是指将木头、竹子、秸秆、稻壳、果壳、蔗渣、生活垃圾、污泥、废轮胎等有机物,在无氧或缺氧状态下加热,使之成为可燃气的化学分解过程。热解气化过程是一个复杂的化学反应过程。包括大分子的键断裂,异构化和小分子的聚合等反应,最后生成各种较小的分子。热解气的成分主要为CO、H_2和CH_4及富氢化合物的混合物,还含有少量CO_2和N_2。

通过热解气化技术将有机废物转化为可燃气体,热解气可以充分燃烧,清洁利用。特别是以农林废弃物为原料产生的热解气不含有害成分,可以直接燃烧,其排放与天然气的类似,完全可以替代天然气。生活垃圾、污泥、废轮胎等产生的热解气中含有酸性气体等有害成分,可以将热解气经过净化处理后再燃烧。热解气的净化比较简单易行,且热解气的量远远小于燃烧后的烟气量,净化装置规模很小。热解气化技术排放的二恶英、呋喃、汞及其他重金属、氮氧化物等气相污染物要明显少于焚烧处理技术。

有机废物经过热解气化处理,化学能转化为清洁燃气,残留的灰渣大幅度减量,只是原料的1%~10%,且灰渣在热解过程中成为稳定态,实现无害化。

基于热解气化技术的煤改气工艺流程如下(图1):

图1 基于热解气化技术的煤改气工艺流程图

预处理后的有机废物输送至热解气化系统的料仓,由进料机送入热解反应器,在电脑精确控制下有机废物热解产生燃气,热解气经净化装置净化后进入专用热解气燃烧器燃烧,释放出能量。

热解气化系统中最重要也是最复杂的核心装置是热解反应器,图2是苏州创清源环境技术有限公司研发的热解反应器结构原理图。

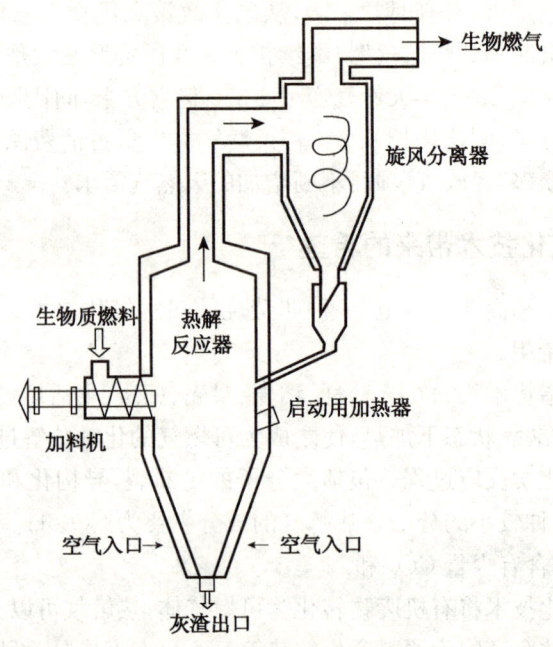

图2 热解反应器结构原理图

原料经加料机送入热解反应器,在电脑精确控制下发生热解反应,产生的热解气经过旋风分离器除尘后供给到能源设备燃烧。产生的灰渣自动排出。

与天然气相比,热解气具有以下显著优点:

1. 使用成本显著低于天然气

同等热值的热解气成本不到天然气价格的1/3(废木头按400元/吨,天然气按3元/立方米测算)。

2. 安全性更高

以有机废物为原料,在使用现场制气,现制现用,不回火。热解气系统为常压,无泄漏,热解气高压电打火点燃,安全性比天然气高很多。

3. 热解气化及热能应用全自动,连续生产

连续进料、产气、出灰、燃气燃烧。系统实现电脑操控,用户界面友好,电启动、电打火,反馈控制、全程自动化,最少只需要1个人监控即可。

4. 能源利用率高

生物质热解技术可以将生物质燃料中85%～90%化学能转化燃气及热能,热

解气燃烧效率接近100%。

5. 无焦油困扰,可靠性强

解决了热解过程产生大量焦油的难题,将焦油充分分解、作为燃料利用,不但提高了热解效率,而且极大提高了系统可靠性,不产生焦化废水等二次污染。

6. 燃料容易获得,且存储安全

木头、竹子、秸秆、稻壳、果壳等有机废物容易获得,以固体形态存储,比液化气罐、天然气调压柜安全得多。

7. 碳排放为零,优于天然气

生物质热解气在燃烧时释放的CO_2与生物质生长过程中吸收的CO_2相当,形成碳中和,实现零碳排放。

8. 清洁能源,排放指标媲美天然气

(1) 热解过程为常压,热解气中少量颗粒物经过除尘净化,清洁燃气燃烧后的烟气中颗粒物浓度极低。

(2) 木屑硫含量小于0.1%,在热解气化过程中硫大部分固化在灰渣中,实现SO_2零排放。

(3) 热解温度较低,且处于缺氧环境,NOx排放很低。

(4) 不产生固体废弃物。少量灰渣可用于绿化、农用。

(5) 不产生污水。

9. 热电联产或热电冷三联供

热解气也可以像天然气一样进行能源阶梯化高效利用,实现热电联产或热电冷三联供。

在各种清洁能源方案中,热解气具有成本低、来源广泛、安全可靠等优点,天然气、燃油与热解气各种优缺点对比见表1。

表1 各种清洁能源方案对比表

清洁能源方案	天然气	燃油	生物质热解气
燃料成本	高	极高	低
燃料来源	受限	广泛	较广泛
应用领域	广泛	受限	较广泛
适应当前环保标准	容易	较难	容易
适应更严环保标准	容易	难	容易
立项审批许可	容易	受限	容易
设备使用操作性	方便	方便	方便
安全性	较差	差	较好

三、热解气能源站是典型的分布式能源

由于有机废物的分布特点是散点分布,有的地方有、有的地方无、有的地方多、有的地方少,这给妥善处理带来了麻烦。传统的焚烧技术规模越大越容易控制污染物,经济效益也越好。但是,把散点分布的有机废物集中起来是个头疼的问题,收集、运输、储存各个环节都存在隐患,既浪费了大量金钱,又会导致二次污染。

热解气化是典型的分布式能源技术,单套系统的原料处理规模在 50~5 000 kg/h 之间,输出功率在 0.35~14 MW 之间,能够根据有机废物的产生量及时就近处理,产生的能源能够满足一般企事业单位需求。热解气能源站可以供热、制冷、热电联产或热电冷三联供,在能源形式上可以满足大多数用户的需求。

苏州创清源环境技术有限公司在常州一家木地板制造企业建设热解气能源站示范项目,实践证明热解气能源站在处理有机废物、节能减排方面综合效益最佳。该厂每天产生约 10 吨木粉废物需要处理,造成扬尘、遗撒等环境问题;自有一台 120 万 kcal 燃煤导热油炉,需要进行煤改气改造,年消耗约 120 万方天然气,支出近 400 万元。热解气能源站以工厂产生的木粉为原料,通过热解气化技术转化为热解气,热解气在导热油炉内燃烧代替燃煤。这样,完美地实现了环保的循环经济,企业既避免了固废污染,又避免了燃煤带来的大气污染,同时,节约了近 400 万元的天然气开支。由于木粉在工厂内一边产生一边热解,避免了外运带来的麻烦;工厂的热能系统独立运行,可以不受外界能源供应的影响,充分体现了分布式能源的优势。

这个案例表明,采用热解气化技术建设分布式能源站,是及时高效处理有机废物并实现清洁能源化利用的最佳方案之一。

四、江苏推广分布式热解气能源站的潜力巨大

《中共江苏省委关于制定江苏省国民经济和社会发展第十三个五年规划的建议》明确提出:控制和削减煤炭消费总量,提高非化石能源特别是可再生能源消费比重;实施工业污染源稳定达标排放计划,实现城镇生活污水和垃圾处理设施全面覆盖和稳定运行;深入推进大气污染防治行动计划,加强秸秆综合利用和禁烧。

江苏是经济大省,能源需求非常巨大,江苏省制定了总量"控制目标":2014—2015 年,全省能耗增量力争控制在 1 520 万吨标煤,能耗年均增速力争控制在 2.5%。江苏是工业大省,2014 年全省一般工业固体废物产生量 10 916.5 万吨。江苏也是农业大省,每年产生大量的农林废弃物,全省年产秸秆量基本稳定在 4 000 万吨左右,资源量位居全国第四。江苏城镇化水平领先于全国,每天产生大量固体废弃物,2014 年城市(县城)共清运生活垃圾超过 1 550 万吨,城镇污水处理厂年产含水率 80%的污泥约 270 万吨,亟须妥善处理。江苏环保压力大,目标是:到 2017 年,全省煤炭占能源消费比重降低到 65%以下,力争实现煤炭消费总量负

增长，2017年年底前，全省基本淘汰10蒸吨/小时及以下的燃煤锅炉，急需大量清洁能源替代燃煤。

江苏省是目前国内天然气用量最大的省，"十三五"期间的天然气使用量期望能达到360亿立方米，提升到全国的十分之一，在地方一次能源消费结构中的占比提高至10%。

根据江苏的资源禀赋及能源需求情况，初步估算，推广5 000个分布式热解气能源站，将江苏每年产生有机固废中的20%（约2 000万吨）转化为清洁能源，可以替代30亿~40亿方天然气，约占到江苏规划年天然气用量的一半，价值约100亿元。此举将有效地促进对清洁能源成本比较敏感的中小型企业及效益较差但还需持续经营的大中型企业等积极实施"煤改气"，大幅度降低大气污染，同时，安全无害化处理掉大量有机固废，对江苏生态文明建设具有积极意义。

江苏推广分布式热解气能源站，具有显著的社会效益和经济效益，体现出以下重大意义：

（1）解决了环保与成本之间的矛盾，有益于推动煤改气进程，大幅度降低大气污染总量。

（2）充分利用有机废弃物，将秸秆、林业三剩物、废轮胎、污泥、生活垃圾等转化为清洁能源，是循环经济典范，促进可持续发展。

（3）实现了碳中和，有助于我国应对气候变化。

（4）属于分布式可再生清洁能源，有效提高了能源利用的安全性和灵活性。

基于江苏的特点，发展分布式热解气能源站潜力巨大。建议政府出台相关政策，积极稳妥地推进分布式热解气能源站的建设。

（1）采取严格措施，制止随意处理有机废物，不准随意丢弃、焚烧。

（2）深入推进燃煤锅炉、窑炉整治。

（3）结合企业实际情况，对于产生有机废物且有能源需求的，积极推动其建设热解气能源站。

（4）对于小城镇或离散的区域，所产生的生活垃圾、污泥应采用热解气化技术就地处理。

（5）对于广大乡村，可以在村镇一级居民点建设分布式热解气能源站，就地利用秸秆资源，产生热电冷能源，让村镇用上清洁能源，同时，最大限度地减少秸秆焚烧带来的污染。

五、热解气能源站是绿色制造的重要推动力

绿色制造技术是指在保证产品的功能、质量、成本的前提下，综合考虑环境影响和资源效率的现代制造模式。其目标是使得产品从设计、制造、包装、运输、使用到报废处理的整个产品生命周期中，对环境的影响（负作用）最小，资源效率最高。

热解气能源站环保地处理了有机废物，高效地获得其蕴含的能量，是绿色制造

的重要一环。在产品制造环节,热解能源站能够处理制造过程中所产生的有机废物、获得能源;在产品报废处理过程中也可以妥善处置所含有机废物、获得能源。更重要的是,与焚烧相比,热解气能源站在处置制造过程、报废过程中产生的有机废物时,对环境影响很小,资源效率最高。

对于制造业而言,热解气化技术是替代焚烧技术的最佳选择,是绿色制造的重要推动力。社会和政府应引导企业积极利用热解气化技术,为企业本身节约成本,也降低对环境的负面影响,增强企业绿色竞争力,实现多方共赢的局面。

六、展望未来

我们设想一下,乡村遍布热解气能源站,秸秆从附近的农田送入能源站,转化为清洁能源为村民所享用,村庄、田野处处不冒烟;工厂遍布热解能源站,工厂产生的有机废物就近送入能源站,转化为清洁能源为工厂所用,不再对外输送废物,减少了污染、节约了成本;城镇遍布热解能源站,生活垃圾、污泥、废轮胎等从附近的小区送入能源站,转化为清洁能源为市民所享用,城镇整洁,不再垃圾、污泥围城。

技术不断进步,在有机废物处理方面,焚烧技术将被热解气化技术逐步取代,新技术的普及是人类在环保和发展的博弈之中选择的积极稳妥策略。

参考文献

[1] 朱锡锋.生物质热解原理与技术[M].合肥:中国科学技术大学出版社,2014.
[2] 席北斗.有机固体废弃物管理与资源化技术[M].北京:国防工业出版社,2006.
[3] 李赛.生物质快速热解技术研究进展与趋势[J].科技创新与应用,2014(11).
[4] 刘康.生物质热解技术研究进展[J].化学工业与工程,2008(5).
[5] 国家发展和改革委员会.中国资源综合利用年度报告(2014)[J].再生资源与循环经济,2014,7(10).
[6] 江苏省第十二届人民代表大会.江苏省大气污染防治条例.2015-02-01.
[7] 江苏省人民政府办公厅.江苏省控制能源消费总量工作方案.2014-09-19.
[8] 江苏十三五期间天然气用量将达到全国十分之一[N].中国经济时报,2015-10-22.

加速发展我省人工智能产业 助力江苏智造

纪习尚

九三学社南京市委员会

摘要： 实现由制造到智造的转型，人工智能产业是关键一环。欧美日等发达国家非常重视人工智能产业的发展，我国也出现了一批有影响力的机器人、无人机、智能设备等行业的创新型企业。本文分析了人工智能产业的发展环境，江苏省发展人工智能产业的不足和优势，提出了加快发展我省人工智能产业的对策建议。

关键词： 人工智能；智能制造；江苏；机器人

人工智能（Artificial Intelligence），是研究开发用于模拟、延伸和扩展人的智能的理论、方法、技术及应用系统的一门技术科学。人工智能从1956年提出，迄今已走过了60年的发展历程。人工智能在不同阶段虽然取得了一些成就，但和人们的期望相比还有距离。

2016年年初，美国科技公司谷歌研发的AlphaGo围棋机器人，以4：1战胜了人类顶尖棋手李世石，占领了围棋这一人类最后的智力高地；同年年初，IBM宣布转型为一家"智能计算"公司，从以往的计算机软件硬件开发，转型到人工智能领域。国外科技巨头纷纷押宝人工智能，将其作为未来的发展战略。

一、人工智能产业的发展环境

人工智能是一门融合性学科，既包括计算机科学、信息科学，也包括生物技术、机械工程等。当前阶段，人类还不能完全了解人脑的运行机理，所以，人工智能一直处于边研究边应用的境况，发展前景广阔。

（一）人工智能的理论环境

人工智能的研究经历了三次高峰[1]，每一次理论创新都带来人工智能研究的突破和新产品的应用。第一次高峰出现在20世纪60—70年代，以符号推理为主要代表；第二次高峰是20世纪80—90年代的专家系统和人工神经网络，在语音识别、图像识别等方面取得了一些进展；第三次高峰是近年的深度学习理论（Deep Learning），尝试直接解决抽象认知这一难题，引发了人工智能的第三次革命，在应用上取得了突破性进展。

深度学习为模拟复杂的人脑提供了可能，伴随着大数据和云计算的发展，困扰人工智能研究的"大量训练数据"和"大量计算资源"这两个瓶颈得以解决[2]。深度学习可以完成需要高度抽象的人工智能任务，如语音识别、图像识别和检索、自然语言理解等。得益于深度学习理论,人工智能在理论研究和产品开发上都取得了显著进展。苹果公司的语音机器人"Siri",谷歌的无人驾驶汽车、围棋机器人AlphaGo等无不得益于大数据和云计算支撑的深度学习。

(二)人工智能的政策环境

人工智能是朝阳产业,西方发达国家将其作为"再工业化"战略的核心内容。比如美国的工业互联网,德国的工业4.0,日本的工业智能化和英国的工业2050战略等,都旨在通过发展高端制造、智能制造,重新占领全球制造业的高点。我国政府也高度重视人工智能产业的发展,从国家到地方,制定了一系列促进产业健康快速发展的政策。

2016年3月颁布的《第十三个五年规划纲要》(以下简称《纲要》)中,"人工智能"一词出现了4次。《纲要》提出在机器人装备、信息技术产业创新、信息网络新技术开发应用、"互联网＋人工智能"等四个领域推进人工智能的研究和产业化发展。人工智能成为创新驱动发展战略的重要内容。

机器人是人工智能领域的重要产业,2016年4月,工信部、发改委、财政部等三部委联合印发了《机器人产业发展规划(2016—2020年)》,描绘了机器人产业发展的蓝图。

2015年7月,国务院发布了《关于积极推进"互联网＋"行动的指导意见》,用专门章节阐述了国家的"'互联网＋'人工智能"战略,将人工智能产业的发展提到国家战略层面。提出在智能产品、工业制造等领域实现人工智能的规模商用。以"人工智能＋制造业",促进制造业的转型发展。

国务院2015年5月印发的《中国制造2025》计划,提出支持"智能制造"产业的发展,"智能"一词在该计划里出现了74次。虽未明确提出"人工智能",但"智能制造"正是人工智能、信息技术、互联网三个主要要素与传统制造业结合的结果。人工智能在制造业中深度应用也已成为国家战略。

从我省来看,省政府2014年9月发布的《关于推进智慧江苏建设的实施意见》,提出培育先进机器人、3D打印机等新型智能装备产业;2015年3月发布的《关于更大力度实施技术改造 推进制造业向中高端迈进的意见》,提出以"智能制造"为核心,促进制造业转型升级。

(三)人工智能的产业环境

人工智能是典型的高门槛行业,对科学、技术、人才、资金、制造水平的要求都很高。人工智能领域内各产业的发展,受到科技水平,创新环境、投资热度和政府支持的多重影响。人工智能领域相对成熟的产业化应用主要有机器人(工业机器人、家庭服务机器人、医疗机器人、国防机器人等)[3]、生物特征识别、语音识别等。

从人工智能的整体发展水平看,中国与发达国家间仍然存在差距,特别是在减速器控制器等核心部件、基础工艺、工业设计、大型智能系统、大规模应用系统以及基础平台与数据开放共享等方面差距较大。

1. 机器人产业：市场占有率低，核心部件依赖进口。《纲要》提出"大力发展工业机器人、服务机器人、手术机器人和军用机器人"等机器人装备。中国是全球最大的工业机器人市场，近年来，中国工业机器人市场销量以年均58.9%的速度增长，仅去年销量就接近5.7万台。但消费大国还未成为生产大国，国内机器人企业数量多、规模小，存在着核心部件自主化水平低、应用低端化等不足。机器人核心"三大件"：减速器、伺服系统和控制器，成本约占整机的70%，但国内大多数企业需要从国外进口，每卖出1万元的产品，就有7 000元给了外国人。从市场占有率看，在多关节机器人、焊接机器人、汽车制造机器人等领域，国产公司的占有率普遍不足20%。目前，国内机器人产业的命脉完全掌握在外人手里。

2. 无人驾驶汽车。无人驾驶汽车是智能汽车，发展前景广阔。利用机器视觉、机器学习、智能决策等人工智能技术，实现汽车自动驾驶。无人驾驶汽车是人工智能技术的综合应用，技术要求高。目前，只有美国谷歌公司的产品相对成熟，国内也有百度等公司跟进，但还没有成熟产品。

3. 可穿戴式智能设备。可穿戴式智能设备是人工智能在消费电子中的应用，出现了谷歌眼镜、苹果手表、Leap Motion人机交互设备、谷歌智能鞋、虚拟现实头盔等产品。在近两年消费电子市场增长停滞、缺乏新的增长点的背景下，人工智能与消费电子结合，将催生出新的市场热点，促进产业发展。我国有消费电子的制造优势、市场优势，很多国内企业已经研发出受市场欢迎的智能设备。

人工智能产业领域很广，还包括指纹识别、语音识别、自动翻译、车牌识别、汉字识别等机器识别产业，以及人工智能与传统产业结合的智能医疗、智能制造等，除了个别细分领域，中国与欧美日等人工智能发达国家都有差距。

二、我省人工智能产业发展现状

人工智能是大产业，按产业链，可分为基础设施、技术研发、产品应用三个环节；按应用类别，可以分为机器人（工业机器人、家庭机器人等）、无人驾驶汽车、无人机、智能家居、生物识别、图像识别等。

我省重视人工智能产业的发展，在南京、常州、张家港、昆山、连云港等城市都建有机器人产业园，主要研制工业机器人和服务机器人。比如苏州的柯沃斯扫地机器人，在全国市场占有率较高；南京埃斯顿的工业机器人，2015年销售额达到5 000多万元。目前，浙江、广东、北京、安徽等省份都瞄准了人工智能这块蛋糕，江苏省既不具有先发优势，也面临着日益激烈的市场竞争。

江苏省科技人才荟萃，高校和科研院所数量居全国前列，拥有985和211高校10余所，南京大学等高校在机器学习等领域的研究在国际上比较知名。但人工智能产业的发展现状存在以下不足：

1. 理论研究强，应用开发弱。高校等研究结构在深度学习理论等方面成果多，但企业在人工智能应用研发上的投入不足。发达国家人工智能应用技术主要由大型科技企业主导,比如谷歌的无人驾驶汽车项目,已投入巨资研发多年,取得了较大的成果。而江苏省的应用研究还以高校和科研院所为主,企业在核心技术方面的投入不多。

2. 人工智能产品技术含量相对较低。江苏省的人工智能产品大多集中在工业机器人等领域。工业机器人发展较早,减速器、控制器等核心技术由欧美等发达国家掌控。由于起步晚,研发积累少,我省的产品在高端市场的占有率还比较低。

3. 企业规模比较小。国内主要科技公司重视人工智能战略,研发资金投入较多。国内互联网三巨头BAT(百度,阿里巴巴,腾讯)中,百度的"百度大脑"计划,采用"强人工智能"的研究路径,其智力已相当于3～4岁儿童的水平;阿里巴巴与中国科学院联合建立了"量子计算实验室",致力于高性能计算,为人工智能研究提供基础设施支持;腾讯开发了可以自动完成新闻稿件写作的"自动化新闻写作机器人"。江苏省缺乏大型的科技公司,中小型企业很难进行远期投资。我省的人工智能企业,如无锡信捷、南京埃斯顿、苏州科沃斯等,与国内的产业龙头新松、富士康、大疆等相比,在产品创新、市场占有率等方面还处于落后的位置。

三、我省发展人工智能产业的建议

江苏是科教大省,人才密集,制造业基础较好,具有发展人工智能产业的天然优势。在从"江苏制造"到"江苏智造"的转型中,人工智能产业至关重要。目前,人工智能产业还远未成熟,前景广阔,应把握机会,加速发展。建议:

1. **充分利用科技人才优势主攻核心技术。**由制造转智造,核心技术是关键。以机器人产业为例,中国已是机器人的生产和消费大国,工业机器人保有量占全球的四分之一,但核心零部件主要依赖进口,处于产业食物链的中下端。2014年,江苏装备制造业产值达5.8万亿元,但位于装备制造高端的机器人产业起步迟、基础薄,缺乏核心竞争力。全省机器人制造企业虽然有上百家,但八成以上企业做系统集成,即按客户需求,购买关键零部件,组装机器人,门槛低、竞争激烈,且受制于人。建议充分利用我省的科研机构多、科研人才多的优势,积极争取科研基金和项目资金的支持,集中力量在深度学习等核心研究领域,在控制芯片、重要传感器、伺服电机、减速机等核心零部件领域取得突破,在人工智能产业发展中取得话语权。

2. **选准方向,重点突破。**人工智能产业链横向纵向的覆盖范围都很广,欧美日等发达国家在某些细分领域已深耕多年,技术积淀很深,优势比较明显。建议从我省实际情况出发,选择发展基础较好的重点领域,比如家庭服务机器人、工业机器人等,精准突破,取得应用,获得实效。

3. **出台引导人工智能产业发展的专门文件。**完善顶层设计,积极扶持引导对一个产业的发展至关重要。国家层面已有针对人工智能子领域的《机器人产业发展规划(2016—2020年)》。建议江苏省制定专门支持整个人工智能产业或者人工智能子产业的专门政策,在产学研结合、金融税收支持等方面加强顶层设计,为我省人工智能产业的快速发展提供政策动力。

4. 政府做黏合剂,产学研融合,突出企业的创新作用。人工智能是知识密集型行业,既依赖于基础研究的突破,也需要应用领域的创新。政府应充分发挥黏合剂作用,促进产学研三者结合,推动人工智能产业的发展。对于投入多产出慢的基础研究领域,建议政府在科研基金、创新基金等方面给予倾斜,实现基础理论的突破。从发达国家的经验看,大型科技企业在人工智能研究开发中扮演重要的角色,如19年前IBM研发的深蓝击败了国际象棋世界冠军,2016年谷歌的AlphaGo在象征人类智慧最后堡垒的围棋比赛中击败了人类,人工智能科技发达的日本,也是日立、富士通、NEC等大厂起主要力量。政府应做好"产""研"的对接工作,协调企业的需求和科研机构的供给。打造供需对接平台,借助知识成果转化平台,促进研究成果落地;同时在办公场地、税收优惠、税收返还等方面给予人工智能企业"研发补贴"。

5. 搭建开放平台,以共享促发展。"中国大脑计划"于2015年正式启动,以科研机构和企业为主组成的"江苏类脑人工智能产业联盟"正在筹备中。这是我省产学研界自发搭建的人工智能平台,借助这样的平台,既可以促进机构间的合作,也能够达成高性能计算资源、实验设备等基础设施,以及研究成果的开放共享。建议政府在后勤服务、资金等方面支持此类平台的建设,对于投资巨大,短期收效慢的基础设施,建议由政府出资建设,租赁或免费提供给研究机构和企业共享使用,以较低的成本促进我省人工智能产业的发展。

参考文献

[1] 钟义信. 人工智能的突破与科学方法的创新[J]. 模式识别与人工智能,2012(03).
[2] 刘建伟,刘媛,罗雄麟. 深度学习研究进展[J]. 计算机应用研究,2014(07).
[3] 孙英飞,罗爱华. 我国工业机器人发展研究[J]. 科学技术与工程,2012(12).

用量子思维引领和打造中国的绿色制造

于海东

镇江高等职业技术学校

摘要： 量子思维方式对于我们今天所处的信息社会有重大启发。本文认为，可以用量子思维从六个方面引领和打造中国的绿色制造。这六个方面分别是绿色理念、绿色教育、绿色制度、绿色设计、绿色技术、绿色消费。这六个方面环环相扣，相互促进，是一个有机的整体。

关键词： 量子思维；绿色制造

绿色发展是我国工业转型升级的必由之路，而绿色制造是人类社会可持续发展战略在现代制造业中的体现。《中国制造 2025》提出要把绿色发展作为主要方向之一，这是贯彻建设生态文明战略，促进制造业可持续发展的必然选择。随着科技的发展，量子理论的风行，对当代人类社会的发展以深刻的指导价值。

在工业文明时代，人类要征服和研究的对象，主要是自然界，特别是宏观的物质对象。在这个文明时期，人类运用劳动对象（土地、植物、矿产、钢铁、机器等）自身的规律来开发和改造大自然，取得了足以自豪的成就。相对来说，经典物理学比较适应这个时期的实践目标。

而在信息文明时代，我们面对新的研究对象——信息技术与人的思维，是不同于传统研究对象的新对象。人的思维也好，信息传递过程也好，都是看不见、摸不着、没有形状、没有重量的东西，它的物质性极弱，运动速度极快。由于物质性极弱，其最大的特征就是波动、跳跃、快速变化、不可预测。在这个时候，量子思维方式就必然发挥更大的作用。在 21 世纪信息文明时代，人类思维方式要发生一次根本性的变化，要从"牛顿——笛卡尔"的思维方式转为量子思维方式，才能从根本上适应新时代。

量子思维的特点是：

（1）认为世界在基本结构上是相互联结的，应该从整体着眼看待世界，整体产生并决定了部分，同时部分也包含了整体的信息。

（2）认为世界是"复数"的，存在多样性、多种选择性，在我们决定之前，选择是无限的和变化的，直到我们最终选择了，其他所有的可能性才崩塌。同时，这个选择为我们下一次选择又提供了无穷多的选项。

（3）认为微观世界的发展存在跳跃性、不连续性和不确定性。

（4）认为事物之间的因果联系像"蝴蝶效应"所显示的那样，是异常复杂的。

（5）认为事物发展的前景是不可精确预测的。

（6）认为微观物理现象不可能在未被干扰的情况下被测量和观察到,在弄清楚任何物理过程的活动中,人作为参与者总是处于决定性的地位。

这对中国制造要实现绿色发展有重要的启发。因为根据量子理论,人的行为和意识都对环境产生重大影响。我们应该用这一先进的理论和思维指导我们的绿色制造。

绿色制造是指在保证产品的功能、质量、成本的前提下,综合考虑环境影响和资源效率的现代制造模式。它使产品从设计、制造、使用到报废整个产品生命周期中不产生环境污染或环境污染最小化,符合环境保护要求,对生态环境无害或危害极少,节约资源和能源,使资源利用率最高,能源消耗最低。绿色制造要求在产品整个生命周期内,以系统集成的观点考虑产品环境属性,改变了原来末端处理的环境保护办法,对环境保护从源头抓起,并考虑产品的基本属性,使产品在满足环境目标要求的同时,保证产品应有的基本性能和质量。

本文认为,可以用量子思维从以下六个方面引领和打造中国的绿色制造。这六个方面环环相扣,相互促进,是一个有机的整体。

一、绿色理念

首先要从国家、社会、个人三个层面树立先进的绿色理念,这种绿色理念必须是科学、先进、环保、量子化的,在理念上奉行生态价值观和生态伦理观。生态价值观认为,不仅人是主体,自然也是主体;不仅人有价值,自然也有价值;不仅人有主动性,自然也有主动性;不仅人依靠自然,所有生命都依靠自然。因而,人类要尊重生命和自然界,人与其他生命共享一个地球。生态伦理即人类处理自身及其周围环境关系的一系列道德规范。它要求人的活动要以遵循自然规律为准则,尊重物类的存在,维护生命的权利,顺应自然运行的规律,谋求与自然界的和谐关系,保证自然系统的良性循环和动态平衡。无论人的作用多么大,人对自然的影响只是改变自然的具体演化方式,不可能毁灭自然,更不可能消除自然的存在。但自然对人的巨大反作用就有可能毁灭人类,消除人类的存在。即使全世界所有的核装置同时全部爆炸,毁灭的是人类,不是地球。因此,从最高意义上讲,自然才是人的主宰,人只能尊重自然、敬畏自然。自然作为人的生存环境,人对自然的任何影响最终都转化为对人自身的影响。环境污染和生态恶化,也只是相对人而言。离开了人,自然界无所谓污染和生态恶化问题。人只能适应现阶段地球的演化方式或存在方式,而不能适应地球的其他演化方式或存在方式(如没有氧气,没有水)。因此,人类活动不应改变现阶段地球的基本演化方式,否则,地球基本演化方式的改变将给人类带来灾难。

二、绿色教育

各级政府必须大力发展绿色教育,充分利用互联网技术,减少教育本身的浪费,在全社会成员中进行绿色教育,让绿色理念在每个人心里生根发芽。绿色教育,就是使环境保护、可持续发展课程等有关环境的课程,像数、理、化那样成为学生的必修课、基础课,培养学生的环境意识和相关知识,使学生毕业后无论赴何种工作岗位,都能具备环境意识,具有基础的环境知识,像"绿色的种子"播撒在中国的大地,为改善中国的环境、继续可持续发展事业打下基础。

三、绿色制度

国家要制定各种可以执行的具体绿色制度,国家进行供给侧改革,对企业和个人的绿色设计、技术、消费的行为进行引导和奖励,让这样的行为成为整个社会成员的习惯,形成一个全新的中国特色的绿色社会。同时,国家必须建立系统完整的生态文明制度体系,实行最严格的源头保护制度、损害赔偿制度、责任追究制度,完善环境治理和生态修复制度,用制度保护生态环境,用制度严格规范绿色设计和绿色技术。

四、绿色设计

绿色设计对绿色制造的影响很大。因为设计师是连接产品与消费者之间的纽带。他们能引导并改变人们使用产品的方式,同时对这些产品和服务负有责任。绿色设计需要设计人员将产品设计与环境保护融为一体,使产品从功能、材料上满足环保要求,并与包装材料的视觉效果及保护功能等方面结合起来。而仅有这些又远远不够,开发人员在设计新产品的过程中,还必须把产品回收方面的相关要求纳入考虑之中,包括采用易于回收的材料及元器件、有利于产品拆解的组装方式以及对所用的塑料部件加入塑料分类标志等。

成功的"绿色设计"的产品来自于设计师对环境问题的高度意识,并在设计和开发过程中运用设计师和相关组织的经验、知识和创造性结晶。

五、绿色技术

绿色技术负载着一种新型的人与自然关系,强调防止、治理环境污染,维护自然生态平衡。人是生物圈的构成要素,人与自然之间存在结果不对称的互动关系。以高消耗、高排放、易污染为特征的现代技术,奉行"人类中心主义",追求的目标是征服自然。实践表明,现代技术正在改变地球的基本演化方式,这是很危险的。因此,必须进行技术范式转换,由现代技术过渡到绿色技术,制止人类"搬起石头砸自己的脚",以维持现阶段地球的基本演化方式。创新的主体是企业在政府法规、市场力量和公众压力综合作用下,越来越多的企业积极选择推进绿色技术创新,生产绿色产品。企业之所以开发、应用绿色技术,主要是绿色技术负载经济价值。这些经济价值可能是显性的、货币化的,也可能是隐性的、非货币化的。

六、绿色消费

绿色消费是指一种以适度节制消费,避免或减少对环境的破坏,崇尚自然和保护生态等为特征的新型消费行为和过程。国际上公认的绿色消费有三层含义:(1)是倡导消费者在消费时选择未被污染或有助于公众健康的绿色产品;(2)是在消费过程中注重对废弃物的处置;(3)是引导消费者转变消费观念,崇尚自然、追求健康,在追求生活舒适的同时,注重环保、节约资源和能源,实现可持续消费。

绿色消费,不仅包括绿色产品,还包括物资的回收利用,能源的有效使用,生存环境、物种环境的保护等。绿色消费是一种权益,它保证后代人的生存与当代人的安全与健康;绿色消费是一种义务,它提醒我们环保是每个消费者的责任;绿色消费是一种良知,它表达了我们对地球母亲的孝爱之心。

综合所述,这六个方面环环相扣,相互促进,形成了一个有机的整体。我们要用量子思维统领和整体推进绿色理念、绿色教育、绿色制度、绿色设计、绿色技术、绿色消费,引领和打造中国的绿色制造。

浅论"中国制造 2025"与江苏汽车零部件企业转型及升级之路

陆海燕

江苏科技大学

摘要：近些年来,中国经济面临着巨大的下行压力,中国经济进入"新常态",在此背景下,国家适时提出"中国制造 2025"战略规划,坚持"创新驱动、质量为先、绿色发展、结构优化、人才为本"的基本方针,通过"三步走"实现制造强国的战略目标。江苏省汽车零部件企业是典型和传统的制造业,在江苏省经济发展中占有举足轻重的地位,须借"中国制造 2025"顺势而为,提升江苏汽车零部件企业的整体竞争力,参与全球竞争。

关键词："中国制造 2025";汽车零部件;转型升级

一、中国经济现状和"中国制造 2025"

近年来,在国际经济不景气的大背景下,中国经济面临着巨大的下行压力,经济增速持续放缓,国内生产总值(GDP)已由 2007 年增长 14.2%降至 2015 年的 6.9%,降幅过半(图 1)。因经济下行伴随而来的是对外贸易增长率持续下降,甚至出现负增长(2015 年外贸进出口同比下降 7%),企业盈利能力持续下降,大量产能过剩,众多外向型中小企业和民营企业因经营困难破产关闭,大量工人下岗失

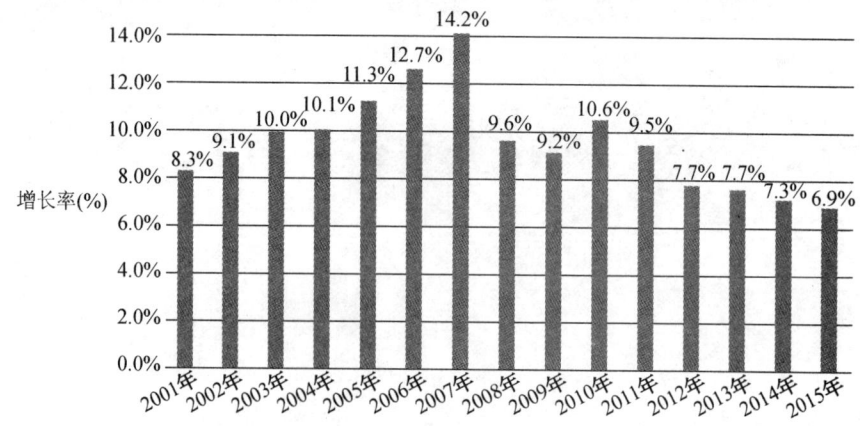

图 1　2001—2015 年国内生产总值增长率

业。另一方面,因中国传统制造业成本优势不再,许多外资公司,尤其是劳动密集型外资企业逃离中国,纷纷将工厂搬迁至越南、印度等较低收入和低成本国家,令中国经济雪上加霜。中国传统制造企业主要靠低成本竞争的时代已一去不复返了。

针对中国制造业的现状,2015年3月5日,国务院总理李克强在全国两会上作《政府工作报告》时适时提出"中国制造2025"的宏大计划。《中国制造2025》提出,坚持"创新驱动、质量为先、绿色发展、结构优化、人才为本"的基本方针,坚持"市场主导、政府引导,立足当前、着眼长远,整体推进、重点突破,自主发展、开放合作"的基本原则,通过"三步走"实现制造强国的战略目标:第一步,到2025年迈入制造强国行列;第二步,到2035年中国制造业整体达到世界制造强国阵营中等水平;第三步,到新中国成立一百年时,综合实力进入世界制造强国前列。

在此中央大战略指引下,江苏汽车零部件企业要抓住契机,为企业转型和升级做好相关工作,努力打开企业发展的新局面。

二、江苏汽车零部件企业现状

一直以来,江苏汽车零部件企业(本文所说的江苏汽车零部件企业仅指在江苏境内所注册的国有、民营和股份制企业,不包括外资和合资企业)依托上海、江苏等地知名汽车主机厂,占有天时和地利优势,从无到有,从小到大,至目前,已发展成为在全国具有举足轻重地位的企业集群,为中国乃至江苏省的经济发展做出了重要的贡献。据统计,至2014年年底,江苏汽车零部件企业有1 185家,在全国范围内仅排在浙江省后面,为全国第二(图2)。

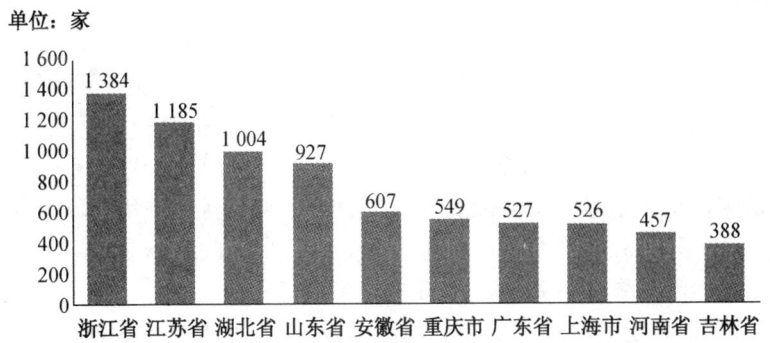

图2　2014年中国汽车零部件及配件制造行业企业分布TOP10

这些零部件企业涵盖了汽车发动机、汽车底盘、汽车电子、汽车空调,以及汽车内外饰等几乎所有汽车零部件种类,整体具有较强的竞争能力。但另一方面,由于历史和企业发展以及中国整体制造业水平的原因,大部分汽车零部件企业还存在以下几个问题:

1. 制造水平低端,多属于简单的加工性质,技术含量低,附加值低

由于历史原因,江苏汽车零部件企业多是从主机厂承接一些简单的产品进行加工配套。如:冲压件、注塑件、内饰件和标准件等。这些产品工艺简单,技术含量相对较低,附加值低,且大多属于劳动密集型企业,受原材料和人工成本的影响较大。这些较为低端的制造业能源消耗大,有些对环境还造成污染,影响企业持续发展的能力。而大多数高附加值的产品(如电子产品、发动机、底盘等)则掌握在跨国零部件企业手中。

2. 没有自主知识产权产品,产权基本属于主机厂,或者为具有知识产权的外资零部件企业加工配套

大部分企业的产品没有自主知识产权,配套模式基本是从主机厂拿图纸加工,或者为有自主知识产权的企业二级以及三级配套。企业如没有自主知识产权,那么就很难获得高额利润,甚至企业的命运也无法掌握在自己手中——因为有太多的企业能够替代;反之,则不然。

3. 很多产品同质度较高,同行之间为争夺市场相互压价,利润越来越低,甚至亏损

中国汽车主机厂较多,而一个汽车主机厂少则几百家多则上千家零部件配套企业,一种汽车产品的零部件构成都大同小异,只是形态尺寸等不一而已,在功能上不会有太多的差别,大众的供应商能做通用的供应商也能做,再加上一种汽车的生命周期越来越短(像大众桑塔纳这种"神车"估计在中国不会再有)。所以,这些零部件企业为了获得更高的市场占有率则与同行打起价格战来争夺市场,有些还属恶性竞争——比如说,为了拿到项目不惜以低于成本的价格配套。

4. 一线员工工作时间长、薪资福利不高,员工满意度低

中国的一线员工苦,汽车行业也一样。为了节省人力成本,汽车行业大都实行的是两班工作制,每天至少20小时甚至24小时生产,包括有些汽车主机厂也是如此。这就导致员工的工作强度很大,工作压力大,安全事故频出。一线员工的起薪并不高,很多都是当地最低工资标准。员工为了拿到高薪而拼命加班。所以,其实员工的满意度是不高的,而企业也在苦苦支撑着。

5. 知名的龙头零配件企业太少,没有形成竞争合力

和全国其他省份的汽车零部件企业相比,江苏省的汽车零部件企业普遍实力不强,不但没有产生像博世、电装、麦格纳、大陆、弗吉亚、江森自控等世界知名的零部件巨头,在中国大陆排名前100名零部件企业中,也只有无锡威福高科技集团有限公司排名在二十几位。

企业不大尤其是不强,其竞争力就会受影响,在诸如产品承接、研发、人才引进以及规模效益等方面就没有优势,这些都直接影响到企业的长期生存和发展。

三、江苏汽车零部件企业转型及升级

中国经济已进入"新常态",过去那种粗放型的高速增长方式已经一去不复返了;过去那种靠人力成本优势的增长方式也不再;过去那种靠破坏环境的增长方式更加不得人心且无以为继。在制造型企业利润越来越低的时代,江苏汽车零部件企业要想长期立于不败之地,就必须进行升级改造,就必须不断提升竞争力,就必须参与全球竞争,也必须承担更多的社会责任。这些转型和升级在思想上要契合国家提出的"中国制造2025"战略,在行动上笔者认为要做好几下几点:

1. *设备升级改造,推进自动化、绿色化和智能化制造*

首先,经过三十多年的改革开放和经济发展,随着人口红利消失和要素成本的全面上升,我国制造业原有的比较优势正逐渐消失。数据显示,2014年我国劳动年龄人口比2011年下降了560万,直接导致用工成本上升。目前,我国制造业工资普遍达到3 000元至4 000元,远高于东南亚等国。据波士顿报告,中国制造业对美国的成本优势已经由2004年的14%下降到2014年的4%,这表明在美国生产只比在中国生产贵4%。而另一方面,中国制造业新的竞争优势尚未形成,其实这是一种两难局面。其次,汽车行业对于产品质量的要求却越来越高。随着汽车走进千家万户,近十年来,汽车主机厂如雨后春笋般地建了起来,国人对汽车产品有了更多的选择,各主机厂为了提高销量也使出了浑身解数,不但在价格上一降再降,还在产品质量上精益求精,国家也出台了新的汽车召回制度。再次,国家对于企业在环保和安全方面的要求也越来越高,提出要加快制造业绿色改造升级。全面推进钢铁、有色、化工、建材、轻工、印染等传统制造业绿色改造,大力研发推广余热余压回收、水循环利用、重金属污染减量化、有毒有害原料替代、废渣资源化、脱硫脱硝除尘等绿色工艺技术装备,加快应用清洁高效铸造、锻压、焊接、表面处理、切削等加工工艺,实现绿色生产。再也不能走先污染再治理的老路,再也不能将环境和安全作为经济发展的代价。在多重压力下,汽车零部件企业的日子普遍越来越不好过。坐以待毙?当然不能。我们要顺应时代潮流,首先将现有老旧设备进行升级,淘汰落后产能,积极推进设备自动化、信息化,少用人,用好人,提升装备的效能和产品质量,降低长期制造成本。在生产环境和安全生产方面要积极响应国家的号召,尽可能做到绿色生产,减少污染,尽最大努力降低安全生产风险。有条件的企业还可以向智能化工厂改造。"中国制造2025"提出,加快推动新一代信息技术与制造技术融合发展,把智能制造作为两化深度融合的主攻方向;着力发展智能装备和智能产品,推进生产过程智能化,培育新型生产方式,全面提升企业研发、生产、管理和服务的智能化水平。

对于上述这些升级改造,必定会投入不少资金,短期内经营成本肯定会提高不少,没有实力的企业肯定无法承受。但是,"世界潮流,浩浩荡荡,顺之则昌,逆之则亡"。我们走这条路,困难是暂时的;如果不走这条路,生存也是暂时的。国家要对实体经济在政策和资金层面上给予支持,以帮助企业渡过难关。

2. 组建较大型的汽车零部件集团,夯实企业竞争力

"众人划桨开大船"。中国以及江苏省的汽车零部件制造企业除了少数优秀企业外绝大多数要大不大,要精不精,缺乏国际上有影响力、大型的跨国公司和品牌企业。本文之前提到,世界排名靠前的汽车零部件集团中没有中国企业,江苏较为知名的零部件企业在国内所占的地位也不高。这种格局不改变,随着人力成本和各种要素成本的持续上涨,企业也将面临严峻的生存压力。唯有组建大型的汽车零部件集团,发挥规模效应,增加新品研发,瞄准技术前沿,打造自主知识产权,夯实自身的竞争力才是出路,这也是十年内江苏汽车零部件企业要面临的挑战之一。

组建大型零部件集团,可以采取合资、合作和并购等方式,政府可以发挥桥梁和纽带的作用,也要在政策上予以支持,在资金的支持力度上尤其要大。

3. 创新技术和经营方式,培养人才,参与全球竞争

创新,是一个企业乃至一个国家持续发展的灵魂。但目前,中国制造业的自主创新能力不足,关键核心技术受制于人。"中国制造2025"也将创新驱动作为国家战略积极加以推进。

创新分技术创新、经营方式创新等,关键是人才。"中国制造2025"提出,坚持把人才作为建设制造强国的根本,建立健全科学合理的选人、用人、育人机制,加快培养制造业发展急需的专业技术人才、经营管理人才、技能人才。营造大众创业、万众创新的氛围,建设一支素质优良、结构合理的制造业人才队伍,走人才引领的发展道路。

"中国制造2025"提出,制造业是国民经济的主体,是立国之本、兴国之器、强国之基。实施《中国制造2025》,推动制造业由大变强,是实现经济稳增长、调结构、提质增效的客观要求。数据显示,制造业对经济增长的贡献率约为40%,工业制成品出口占全国货物出口总量的90%以上,是拉动投资、带动消费的重要领域。当前我国经济发展进入新常态,正处于爬坡过坎的重要关口,制造业发展的水平和质量就显得尤为重要。而汽车制造业又是国民经济的支柱产业之一,是典型和传统制造行业。江苏汽车零部件企业要抓住这一契机积极做好企业转型和升级之路,不断发展壮大自身实力,为江苏省经济和社会发展作出更大的贡献。

以科技创新驱动装备制造产业转型升级发展路径研究

——以连云港市为例

徐雷雷　郑　刚

九三学社连云港开发区支社　连云港市科学技术局

摘要：装备制造业是衡量一个国家或地区工业化程度和综合竞争力的重要标志。本文以连云港市装备制造产业发展为例，简要总结了连云港市装备制造业发展现状及面临问题，分析探讨了以科技创新驱动装备制造业转型升级发展的作用机理及实施路径，提出了强化装备制造业企业创新主体地位、完善科技创新标准和机制建设等推动装备制造业发展的对策建议。

关键词：科技创新；装备制造；转型升级；路径

装备制造业是衡量一个国家或地区工业化程度和综合竞争力的重要标志。在全球新一轮科技革命和产业变革大背景下，新一代信息技术与制造业深度融合，发达国家纷纷实施"再工业化"战略，德国提出"工业4.0"，美国提出"工业互联网"，意求强化制造业创新，重塑制造业竞争新优势[1]，我国也于近期出台《中国制造2025》，加快培育发展装备制造业。2015年6月，江苏省委、省政府正式发布《中国制造2025江苏行动纲要》，明确了江苏省加快建设制造强省，抢占世界先进制造业发展制高点的发展新定位。本文以连云港市装备制造产业发展为例，分析探讨创新驱动与装备制造业转型的内涵、作用机理及两者的密切联系，构建创新驱动下我省装备制造业产业转型发展的实施路径，为我省装备制造产业提升价值链、改进产业效率，实现绿色可持续发展提供参考。

一、装备制造产业发展现状

一直以来，装备制造业是连云港的传统产业，也是连云港市"三新一高"产业发展的重要组成部分。2015年，全市装备制造业实现工业总产值1 053.72亿元，成功获批建设国家火炬连云港装备制造特色产业基地，初步形成了矿山专用装备、汽车及零部件制造、物流装备、新型纺织机械、新型农业机械、电力辅机等特色装备制造产业，同时，在核电装备、IGCC装备、大型风力发电叶片、风电控制系统设备及成套机组等行业发展势头强劲。经过多年发展,连云港市装备制造业虽已形成一定产业基础,但从产业发展趋势看,缺乏龙头企业整合引领难以形成产业集群、产品结构单一且技术含量不高、成套能力弱、创新能力不强、高端人才匮乏等因素,严重制约连云港装备制造业的转型升级。

（一）产业规模总体偏弱

连云港装备制造业企业超过41家,日出东方太阳能股份有限公司、连云港鹰游纺机有限责任公司、连云港天明装备有限公司、连云港远洋流体装卸设备有限公司等一批装备制造企业已逐渐成长为行业内具有一定影响力的知名企业,成为国内行业内的"单打冠军"。但从整体发展水平上看,连云港装备制造企业仍存在以下不足:一是小企业较多,规模以上企业少,投资分散;二是在国内外具有较大影响力的知名企业少,没有形成以龙头企业为中心的装备制造业产业集群;三是具有高端装备制造概念的企业数量少,产值不到总量的20%,2015年装备制造产业实现高新技术产值75.96亿元,尚不足其工业总产值的十分之一。

（二）产业结构有待优化

当前,装备制造产业的竞争不再是单个产品的竞争,而是整个产业的竞争,只有拥有完善的产业链,形成产业集群,才能推动整个行业健康快速发展。虽然目前连云港市装备制造企业众多,但是众多企业之间并未形成产业链,难以形成产业集群优势。调查表明,鹰游纺机、远洋流体、天明机械、天明装备、日出东方等龙头企业生产所需的原料、半成品、配套零部件等来自本市企业的仅占5%～20%,而来自外地企业配套的达到80%～95%。其他中、小型装备制造企业的上游配套企业和下游用户也大都为外地企业。另外,铸造、锻造、热处理及高精密加工等一些产业链关键基础环节缺失。

（三）产业创新能力有限

经过多年发展,连云港市装备制造企业在技术开发方面取得了较好的成绩。目前拥有国家级企业技术中心2家,博士后科研工作站、研究生工作站等人才站点30家,省级以上研发机构42家,大部分企业已经与国内科研院所建立产学研合作关系。自2010年以来,已承担完成国家级科技计划25项、省部级科技计划48项。企业拥有一批具有自主知识产权的技术成果,研发出一系列过硬的拳头产品。连云港装备制造企业在技术开发方面虽然取得了较大的发展,但是依然存在着如下问题:一是大部分装备制造企业处于产业链底端,产品技术含量不高,附加值低,竞争能力弱;二是研发创新能力不足,缺少科技创新高端领军型人才及高水平技术专家,现有研发团队知识结构不合理,基础理论薄弱,缺乏基础理论专家;三是中小企业生产经营资金比较紧张,研发经费的滚动投入难以保证;四是核心技术的知识产权保护意识不强,申请发明专利数量较少;五是研发平台建设亟须加强,缺少高水平的技术创新平台;六是缺乏能有效地整合政府、企业、高校、科研机构等组织资源的科技公共服务平台,企业技术攻关各自为战,导致整个产业技术水平提高缓慢,难以形成具有竞争力的产业集群。

二、连云港市装备制造业转型发展需求要素分析

(一) 产业发展需求分析

通过对连云港市装备制造产业现状、产业地位分析,结合国内外装备制造业发展趋势,分别从产品性能、产业服务能力、产业创新能力以及产业链几个方面分析得出连云港市装备制造产业发展的需求要素,具体见表1。

表1 产业发展需求要素

序号	需求要素	具体内容	实现时间
1	产品性能	产品的适应性及可靠性	近期
2		先进制造模式方法应用	近期
3		产品绿色环保化	近期
4		产品高性能集约化	中期
5		产品智能化	远期
6	服务能力	提升技术培训、产品维修、售后服务能力	近期
7		加强产业共性公共服务机构建设	中期
8		完善产业发展配套	远期
9	创新能力	充分利用国内外科技资源	近期
10		加强产学研之间的合作,促进企业与科研院所共建研发机构	近期
11		培养、引进企业创新急需的领军人才	近期
12		企业与政府应加大研发投入	中期
13		注重科研成果转化,增强科研成果转化能力	中期
14		增强企业知识产权保护	远期
15	产业链	加快培育、引进装备制造产业链缺失关键环节企业进驻	近期
16		发挥龙头企业作用,整合相关企业形成产业链	中期
17		完善产业链,形成产业集群优势	远期

注:近期为5年以内,中期为5~10年,远期为10年以上。

(二) 产业发展方向及改进举措

根据装备制造产业发展需求和技术发展趋势,结合连云港装备制造产业发展现状和企业实地调研,分析得出连云港市装备制造业未来在产业技术创新能力、产业服务配套能力、产业基础、产业地位等几个方向发展趋势(见表2)。

表2 产业发展方向及举措

序号	发展方向	当前现状	改进举措	实现时间
1	提高产业技术创新能力	产学研合作局限于项目申请,不能解决企业实际存在问题,缺乏合作政策引导,缺乏合作平台,缺乏合作机制	加强产学研深入合作,切实解决企业实际问题	近期
2		资助分散,资助力度不足,并且企业创新效果不明显	对符合规划导向的重点项目加大政府资助力度,严格考核企业创新效果	近期
3		产品多处于产业链底端,技术含量不高,附加值低,竞争能力弱,高端化产品开发缓慢	引导、扶持企业加快产品升级换代,研发智能化、节能环保、高性能集约化高端装备产品	中期
4		多数企业生产经营资金比较紧张,研发经费投入难以保证	加强对企业的金融财税支持力度,确保研发投入	中期
5		企业多为独立研发,对于产业共性关键技术、重大核心技术突破不够	引导、支持企业实施产业链联合创新,突破产业共性关键技术	中期
6		现有公共创新平台系统化程度不足,在科技成果的市场化和产业化方面未能给产业提供很好的支撑	建设高水平公共创新平台	远期
7	提高产业发展服务配套能力	服务机构运行不畅,服务人员整体水平不高	加强对服务机构的管理、考核,加快培养高素质服务人员	近期
8		公共服务平台数量较少,不能为产业的快速发展提供有力支撑	整合政府、企业、科研院所优势资源,建设共性服务平台	中期
9		区域配套设施基本建成	完善配套设施	远期
10	夯实产业发展基础	缺乏科技创新领军人才,缺乏基础理论专家	加快培育、引进行业科技创新领军人才,柔性引进科研院所专家参与企业研发	近期
11		政府在税收、专项资金资助、帮助企业贷款等方面的支持力度不足	制定促进产业发展的有利政策	近期
12		企业在管理、设计、分析、加工制造、检测等方面与国际公司相比差距较大	推进先进制造模式的广泛应用	中期
13		产业工人素质偏低,缺少高级技术工人	整合教育资源,组织素质与技能培训,提高产业工人从业水平	中期
14		多数企业未形成完整的研发团队,现有研发团队知识结构不合理、基础理论薄弱	加强企业创新团队建设	远期
15	提升产业地位	多数企业产品的综合保障能力不足	增强企业服务意识,提高产品综合保障能力	近期
16		小企业众多,具有国际影响力的大公司较少	培育骨干企业,打造知名品牌	中期
17		区域产业链脱节,尚未形成产业集聚基地	建设装备制造产业园,实现产业集群	远期

注:近期为5年以内,中期为5~10年,远期为10年以上

三、以科技创新驱动装备制造业转型发展的对策与建议

以科技创新驱动装备制造业绿色转型发展,其中既有生产模式的转变,产业结构的调整,更是技术、产品的更新换代,推陈出新,其本质内容是以依靠科技进步和提高劳动者素质为依托,推动装备制造业由资源消耗型向绿色制造型、由中低端向高中端转变[2]。

(一)以市场为导向,强化装备制造业企业的创新主体地位

市场需求是决定装备制造业创新发展和转型的根本动力与基本导向,确立企业在技术创新和创新网络体系中的主体地位,是提升制造业整体自主创新能力的关键。此外,需充分发挥政府对科技创新的调控作用,通过制订产业和科技发展计划,协调和调动高等院校、科研机构在科技创新中的积极作用,促进产学研紧密结合,推动自主创新网络的高效运转。通过培育创新企业梯队,将支持政策落实到企业、研发机构建到企业、高端人才引入企业、创新资源集聚到企业,全面提高产品技术、工艺装备、能效环保等水平。大力培育具有国际竞争力、引领新兴产业发展的创新型领军企业,支持领军企业开展产业高端技术研发、国际品牌创建、多元化发展,促进领军企业做大做强、高端发展、全球发展。

(二)倡导绿色制造,完善科技创新标准和机制建设

以高污染、高消耗的经济增长模式无法实现经济的可持续发展,"绿色制造"是未来装备制造业技术发展的必然趋势[3]。"绿色制造"重视资源、环境在经济发展中的重要地位,注重提高环境资源的利用率,增强制造业的绿色技术水平、提高资源利用效率。为此需进一步转变发展思路,淘汰"三高一低"的企业,整合规模小、利润低的劳动密集型装备制造企业,同时完善科技体制机制,优化科研立项、研发、结项、应用等各个环节,提高基础研发科技成果转化率。一是建立科技创新资源合理流动的体制机制,确保科研经费流向亟须攻关的领域,减少资源浪费,提高配置效率和集成效率。二是建立政府引导、调控、支持的作用机制,在市场充分发挥基础性调节作用的基础上,强化各个科技创新主管部门协调统筹、分工合作的职能。三是科技创新工作是一项系统工程,需要整合财政、发展改革、工信、税务等部门的力量,加大集中支持力度。

(三)推进重大平台建设,以技术创新促进转型升级

企业研发能力的高低直接关系到其核心竞争力的强弱,企业应积极主动地增加研发投入,强化自主创新能力,形成有市场竞争力的专有技术。支持企业加强传统装备制造技术的高端化改造加快产业转型升级,引导企业增强自主创新能力,建设高水平的企业技术中心、重点实验室等各类研发机构,建立博士后工作站、院士工作站,实现研发投入、研发人员、科技成果持续增长。推进实施一批重大技术装备平台建设项目,推动企业加强核心技术自主创新和引进技术消化吸收再创新。鼓励行业龙头企业与高校院所组建产学研创新联盟,整合资源进行重点突破,研发

共性技术、标准和产品。

(四)运用"互联网+",加快推动智能制造发展

在世界产业链分工中,中国制造业总体上仍然处在中低端[4]。"互联网+传统装备制造产业"的结合是推进转型升级发展的有效途径之一。鼓励传统装备制造企业通过互联网与产业链各环节紧密协同,促进生产、质量控制和运营管理系统全面互联,联合构建网络化协同制造公共服务平台,面向细分行业提供云制造服务,促进创新资源、生产能力、市场需求的集聚与对接。鼓励装备制造企业发展基于互联网的个性化定制、众包设计、云计算等新型制造模式,推动形成基于消费需求动态感知的研发、制造和产业组织方式。引导装备制造业朝着分工细化、协作紧密方向发展,促进信息技术向市场、设计、生产等环节渗透,推动生产方式向柔性、智能、精细转变,积极推广领军企业的先进经验,支持骨干企业在车间管理、供应链管理等领域推广物联网技术,发展工业互联网,实现生产设备联网,提高企业生产效率。

(五)扩大科技合作开放,构建全链条技术创新体系

强化全球视野和国际意识,坚持扩大科技开放合作,坚持走出去与引进来有机结合,在开放合作中提高装备制造产业技术水平和科技实力。积极推进产学研一体化的进程,加深产学研政的紧密合作,构建以企业为主体、市场为导向、产学研相结合的技术创新体系,促进创新要素与生产要素良性互动。一是努力实现高校、科研院所和企业的"优势叠加",构建分工协作、有机结合的创新链,支持高校、科研机构主动面向经济建设主战场,深化科研院所分类改革,增强科研院所、高等学校创新和服务能力。二是营造发展高端装备制造业的浓厚氛围。尝试推进建立重大装备研发与推广的市场机制和风险补偿机制,完善面向高端装备制造业的金融、技术、人才等服务市场。三是加大税收和财政资金支持力度,积极落实研发费用税前扣除、高企所得税减按15%征收等税收优惠政策,设立重点产业引导资金,加强对高端装备制造业的支持力度。

参考文献

[1] 陈超凡,王赟. 中国装备制造业国际竞争力及其技术进步效应研究[J]. 中国科技论坛,2014(12).

[2] 吕瑶. 沈阳市装备制造业与科技事业、生产性服务业的关联性[J]. 沈阳大学学报(社会科学版),2016(01).

[3] 庄志彬,林子华. 创新驱动我国制造业转型发展的对策研究[J]. 福建师范大学学报(哲学社会科学版),2014(01).

[4] 王德显,王跃生. 美德先进制造业发展战略运行机制及其启示[J]. 中州学刊,2016(02).

新常态背景下江苏再制造产业现状及对策
——以张家港市为例

丁 浩

张家港市法安特创新咨询服务中心

摘要：再制造是指将废旧汽车零部件、工程机械、机床等进行专业化修复的批量化生产过程，再制造产品达到与原有新品相同的质量和性能，是循环经济"再利用"的高级形式。与制造新品相比，再制造产品可节省成本50%，节能60%，节材70%，几乎不产生固体废物。在资源和能源相对紧缺的今天，再制造对于加快转变我国工业发展方式，实现工业绿色转型具有重大的现实意义。

关键词：绿色发展；再制造

当前，我国已成为世界第一制造业大国，"中国制造"加速走向全球。然而，长期以来，我国工业发展主要依靠资源要素投入，强调产量规模扩张，高投入、高消耗、高排放、低产出、少循环、不可持续的特征明显。在这种传统增长模式主导下，工业发展对生态系统造成严重破坏，环境污染问题日益突出。

"十三五"时期是我国经济结构调整和制造强国建设的重要战略机遇期。一方面，随着新型工业化、信息化、城镇化、农业现代化同步推进，超大规模内需潜力不断释放，我国工业仍有着广阔发展空间；另一方面，工业领域的资源和环境约束空前紧张。党的十八届五中全会提出绿色发展理念，这是指导我国"十三五"时期发展甚至是更为长远发展的科学发展理念和发展方式。面对国际国内形势变化，如何加快转变我国工业发展方式，实现工业绿色转型，再制造就是一个具有现实意义的重大课题。

2005年，国务院在《关于加快发展循环经济的若干意见》中明确提出支持发展再制造，第一批循环经济试点将再制造作为重点领域。2009年1月实施的《循环经济促进法》将再制造纳入法制化轨道。2010年5月，国家发展和改革委员会等11部门联合发文宣布，我国将以汽车发动机、变速箱、发电机等零部件再制造为重点，把汽车零部件再制造试点范围扩大到传动轴、机油泵、水泵等部件；同时，推动工程机械、机床等再制造，大型废旧轮胎翻新。

张家港国家再制造产业示范基地位于国家级张家港经济技术开发区北区，基地规划面积4.3平方千米。张家港国家再制造产业示范基地立足于张家港，辐射长三角，面向全国，重点打造汽车零部件再制造、冶金及工程机械再制造、机床、模具及切削工具再制造、电子办公设备再制造、再制造设备生产等五大再制造产品门类。张家港国家再制造产业示范基地认真贯彻落实国家发改委、工信部等部委对国家再制造示范基地的发展指导意见，加快重大项目推进，每年引进国内外行业领军企业项目10家，建成核心技术领先，产业特色鲜明，公共服务完善，运作模式先进，具有国际影响力的再制造产业示范基地和完备的"绿色产业链"。新常态背景下调研张家港国家再制造产业示范基地，对于江苏再制造产业现状把握及对策研究具有特别重要的意义。

一、张家港再制造产业发展现状

（一）张家港再制造产业基地规划。张家港再制造基地被国家发改委批准为全国首批、华东地区首家国家级再制造产业示范基地，被省发改委、国土厅等部门列入全省200个重大项目，是张家港"十二五规划"和"810"工程三年行动计划的核心工程。基地规划面积为4.3平方千米，其中启动区规划面积1.1平方千米。基地按照技术高端化、产业规模化、运营国际化、基地循环化的建设理念，重点发展汽车关键零部件、冶金及工程机械再制造、机床、模具及切削工具再制造、电子办公设备再制造、再制造装备生产等五大再制造产品门类，全力构建逆向物流和旧件回收体系、拆解加工再制造产业体系和公共服务保障体系三大服务体系。预计到2016年年底，基地实现销售120亿元。力争通过三至五年的发展，培育壮大20至30家再制造企业，未来争取产业规模突破500亿元。

（二）张家港再制造产业基地基础设施。张家港国家再制造示范基地启动区自2013年11月8日开工建设以来，已经完成主干道福新路、金沙路及管网、绿化等配套设施，建成标准型厂房、检测中心10.1万平方米。

（三）张家港再制造产业基地科研力量。"中国再制造之父"——徐滨院士，常年关注并直接指导基地建设，在他的支持推动下，张家港再制造产业技术研究院、再制造"千人计划"专家工作站落户国家级张家港经济技术开发区。2015年1月20日，区镇引入清华大学苏州汽车研究院，合作成立张家港清研再制造产业研究院及张家港清研首创再制造产业投资有限公司。

（四）张家港再制造产业基地项目建设。目前，共有再制造重点在建项目9个，总投资合计21.9亿元。

尽管张家港市再制造产业具有较大的发展潜力，但由于认识不足，目前仍面临着政策支持力度不大、法律制度不健全、市场监管缺失、关键技术研发能力不强等瓶颈。

首先，再制造产业发展政策支持力度不够。目前，在制定各项规章制度时，较少考虑对再制造产业发展的影响，并且有些政策和法规的制定在一定程度上阻碍了再制造产业的发展。

其次，法律制度不健全。目前，缺乏明确的再制造的知识产权保护法，缺乏再制造行业的管理办法。由于缺少可作为依据的、具有权威性的标准和规范,如再制造产品的质量标准规范、再制造企业的资格认证体系等,有关质量、周期、相关服务等方面的纠纷时有发生,这会在一定程度上造成假冒伪劣的再制造产品的产生,再制造产品质量千差万别,使再制造产业形象受损,并影响到再制造产业的健康发展。

再次,再制造市场监管缺失。目前,再制造行业缺乏严格的市场准入制度,如对再制造产品的认证、产品信息备案,对再制造企业实行生产许可证等行政审批或备案制度。未形成规范的再制造产品生产和销售体系,市场监管的缺失易造成市场秩序的健康运行,制约再制造产业的形成与发展。

最后,再制造关键技术创新研发能力有待加强。为了提高旧件利用率、劳动生产率、产品质量,降低成本,从而提高产品及企业竞争力,就需要加强再制造技术创新,研发再制造领域的高新技术、关键技术和使用技术。与欧美发达国家相比,张家港市在这方面还有较大差距。

二、张家港再制造产业对策及建议

目前我国经济已进入高速发展期,对资源环境的消耗很大,发展再制造产业,有利于节约资源,减少能源消耗;有利于减少污染,保护环境;有利于降低产品成本,提高企业竞争力。为此,针对张家港再制造产业现状提出如下对策建议:

(一)积极参与顶层设计,加强制定有利于再制造产业发展的政策。推动国家建立系统、完善的再制造工艺技术标准和规范,包括再制造技术通则、旧件检测与评价技术标准和再制造管理标准等。推动质量控制体系建设,确保再制造产业走上规范化发展道路,规范再制造产品的生产者责任,维护消费者和生产者的合法权益。积极推动国家放松有关旧件进口、汽车"五大总成"、原厂授权等的政策限制,营造较为宽松、便利的再制造产业政策环境。

(二)加快旧件回收体系建设,进一步扩大示范试点,引导形成再制造产业化。加快完善有利于再制造产业发展的废旧汽车零部件、工程机械、机床等的逆向回收物流体系,加强有效分类和回收管理,形成与再制造规模相匹配的旧件回收收集能力。结合物联网技术,打造再制造产品全生命周期的溯源管理制度,提高再制造原料来源的稳定性及质量的可预期性。在当前开展的汽车零部件和轮胎再制造试点工作的基础上,逐步扩大再制造试点的内容和范围,如扩大到家电、工程机械、化工冶金等领域。政府应该引导探索再制造产业化,支持产业化项目的实施,并逐步形成研发、制造、分拣、回收、再制造、物流、售后服务等一体化产业链。

(三)加大再制造产品应用的扶持力度,加强流通监管体系建设。在张家港市范围内,对使用再制造产品的企业进行一定的补贴,加速再制造的推广、应用;明确政府机关、公用事业单位、医院、学校等优先采购再制造产品;鼓励个人消费再制造产品。首先,制定严格的再制造行业标准。如制定报废产品检验标准、再制造技术标准、再制造产品质量标准等,严格确保产品质量。其次,对再制造行业采取严格的市场准入制度。如再制造产品实行产品认证、强制标识、产品信息备案等制度;对从事再制造的企业实行生产许可证等行政审批或备案制度。

(四)引导现有企业参与。积极动员、大力支持现有正大富通等物流企业,马尼托瓦克、西马克、那智不二越等机械装备企业,东熙、恩斯克、金鸡顺、南阳、瑞进、理韩、CTR 等汽配企业,开展逆向物流,组织旧件回收,发展再制造业务。

(五)提高创新研发能力,重视人才培养。企业、科研院所应该加大对再制造关键技术的研发力度,在引进、消化、吸收国外先进技术的基础上,加强自主创新,形成有自主知识产权的高新技术。规模较大、有资质的再制造企业可以考虑自己建立相应科研机构或实验基地,打造自己的专利技术、品牌,国家应该加大在再制造研发、应用上的支持力度,重视专业人才培养,推进再制造工程科学技术成果转化,力争打造产学研相结合的技术链条。

再制造作为绿色制造的典型形式,是实现工业循环式发展的必然选择。再制造作为国家新兴战略性产业,是资源再生的高级形式,是制造业转型升级的重要方向,也是发展循环经济、建设资源节约型、环境友好型社会的重要举措,更是推进绿色发展、循环发展、低碳发展,促进生态文明建设的重要载体,再制造高度契合了国家发展循环经济的战略,新常态背景下江苏再制造理应引起政府和企业的高度重视。

钢铁企业转型升级的探索实践与启示

钱王平

江苏沙钢集团有限公司

摘要：本文就如何贯彻落实国家关于全面推进钢铁企业的转型升级的重大战略决策这一热点命题，以全国最大的民营钢铁企业——江苏沙钢集团实施转型升级的探索实践为例证，论述钢铁企业加快转型升级的必要性和紧迫性，揭示其对钢铁企业由大变强的重大战略意义。

关键词：钢铁企业；沙钢；转型升级；启示

一、钢铁企业转型升级之路的探索与实践背景

钢铁产业作为国民经济的支柱产业，在整个经济活动中扮演着重要角色。近年来，随着经济形态与经济发展模式的不断变化，主要表现为经济增速从高速增长转向中高速增长，经济发展方式从规模速度型粗放增长转向质量效率型集约增长，经济结构从增量扩能为主转向调整存量、做优增量并举的深度调整，经济发展动力从传统增长点转向新的增长点，钢铁行业面临着前所未有的压力和挑战。

（一）钢铁企业面临的三重考验

1. 钢材产品市场过剩将长期存在

国内钢铁产能严重过剩，钢铁市场过度饱和。例如2014年我国粗钢产量8.23亿吨，同比增加0.9%，粗钢产能接近12亿吨，而2014年我国折合粗钢表观消费量仅为7.37亿吨，且同比下降2.25%。目前，中国钢铁业面临着"三低一高"的发展轨迹，即需求低增长、钢材低价格、钢企低效益和行业高压力。

2. 钢铁企业环保成本不断增加

近年来，随着公众环保意识的不断增强，国家的环保标准也愈加严格，作为高污染、高能耗的典型性代表之一的钢铁业，在"史上最严环保"重拳之下，要满足更高的标准，钢铁企业需要更多的环保投入，由此也将助推环保成本"水涨船高"。预计钢铁全行业实施环保改造总投资约需900亿元～1100亿元。在钢铁行业目前普遍亏损的背景下，高额的投资对于目前盈利状况十分惨淡的钢企来说无疑是雪上加霜。

3. 钢铁企业用工成本不断上升

当前，钢铁企业大多面临由过去的高能耗、低附加值转向低能耗、高附加值的

转型升级过程,随着转型升级的深入,企业的人员需求、人员素质也都发生相应变化,员工队伍由低层次向中高层次进化,导致企业的薪酬水平逐步提高。企业职工"五险一金"等社保交费水平不断提高,也促进了人工单价的上涨。另外,政府这几年不断上调最低工资标准,带动了工资水平的上涨,也是造成企业用工成本不断上升的因素之一。

(二)钢铁行业呈现的三大变化

1. 产品市场需求发生变化

随着国家重点实施"一带一路"、京津冀协同发展、长江经济带三大战略,过去过度依赖基础设施建设的投资规模拉动建筑钢材需求,未来在钢材消费中的比重逐渐下降,而用于消费类的高档钢材在钢材消费结构中比重明显增加。因此,钢铁企业需重新进行市场定位,从过去生产普通建筑钢材为主,转向生产优质高端钢材,如汽车零部件用钢、家电用钢、机械用钢等等。

2. 企业发展模式发生变化

随着互联网、大数据和云计算等科技的不断发展,钢铁行业也由传统发展模式逐步转向"互联网+"发展模式,在这一模式下,钢铁企业、供应商、经销商、终端用户、物流配送机构、金融服务机构、技术服务机构等都将在一个大平台上共同经营,相互间更直接地提供个性化服务,在提高效率、降低成本的同时,共同赢利,共享成果,这为钢铁行业的创新发展和转型升级带来新的契机。

3. 行业发展政策发生变化

(1)国家提出建立企业退出机制,通过淘汰落后产能化解钢铁产能过剩矛盾。

(2)通过环保倒逼企业转型升级。

(3)进一步放开一般制造业,允许外资对国内钢铁企业控股,鼓励外资参与国内钢铁企业的兼并重组。这些行业发展政策既给钢铁企业带来了前所未有的机遇,也给钢铁企业带来了前所未有的危机。钢铁企业只有积极自救,才能将危机转化为机遇。

二、沙钢转型升级之路的探索与实践内涵和主要做法

面对中国经济步入新常态、工业迈入 4.0 时代、高端制造业迅猛发展、钢铁行业举步维艰的大环境,沙钢紧紧围绕"创新、转型、提升",通过创新技术优化调整产品结构,加强资源配置实施多元投资模式,精细化手段创新管理方法,不断提升指标水平增强企业内生动力,可持续发展构建生态和谐企业等一系列有力举措,在转型升级的道路上迈出了坚实的步伐。通过转型升级,沙钢大幅增强了自身造血能力,市场竞争力和综合实力也跨入了世界一流钢铁企业行列,探索出了新常态下钢铁企业卓越发展的成功经验。主要做法如下:

1. 以"百年沙钢"为战略目标,指引企业转型升级

(1)全方位转变战略思想,引领转型升级发展方向。思路决定出路,新常态下

钢铁企业要实现转型升级,必须全方位转变战略思想,以新思维、新战略适应新常态。沙钢在新常态下及时树立新姿态,主动适应新常态,从注重扩大产能的规模化发展转为注重品种质量提升的高质量发展,从注重产量效益的增长模式转为注重综合效益提升的增长模式,提出围绕"质量、效益、效率"三大重点,以"做精做强钢铁主业、做大做优现代物流、做好做实非钢产业"为战略导向,走出一条新常态下钢铁企业优质高效发展的转型升级之路。

(2) 高标准制订战略目标,做好转型升级顶层设计。为了更好地实现转型升级,让企业焕发出更加蓬勃的生命力,实现沙钢由"大型钢铁制造商"向"大型钢铁服务商"的转变,沙钢重新规划企业发展战略,提出"建设精品基地,打造百年沙钢"的长期战略目标,朝着世界顶尖钢铁企业的目标迈进。

(3) "严细实"执行战略措施,确保转型升级取得实效。"严细实管理法"是沙钢在长期的发展过程中总结提炼出来的具有沙钢特色的管理方法,沙钢在企业生产经营管理活动中,始终坚持以"严细实"为追求目标与评价准则,建立与完善组织体系、指标体系、控制体系、考核体系、分配体系。

2. 以市场需求为标准,优化品种结构,加强品牌建设

(1) 优化创新品种结构,抢占高端市场领域。从钢铁制造到钢铁创造,关键在于加快品种结构的优化创新。为提高高端市场占有率,沙钢不断优化提升产品品种结构,建设全国最大的精品线材基地,将优钢比提升到目前的 90% 以上;沙钢开发的 X80 管线钢中标俄罗斯、墨西哥等国家的管线工程。

(2) 构建产销研联动机制,抓住高端目标客户。为提升产品质量、服务水平,提高产品市场竞争力,更好更灵活地满足客户和市场的需求,沙钢以销售为主导,销售生产研发有机结合,建立了以热轧产品开发高端目标客户、提高高品钢比例一体化和冷轧产品研产销一贯制两大攻关机制,通过精心组织实施,优化了生产过程,提升了产品效益,提高了用户满意度。

(3) 以产线、装备提档升级为依托,加强品牌建设。产线、装备是一个企业硬实力的体现,好的装备才能创造出好的产品。沙钢坚持以提高工艺装备水平、提高指标水平为要求,积极引进消化吸收应用国内外先进成熟工艺技术,对产线装备有步骤地提档升级,促进产品质量不断提升。目前,沙钢基本形成各主要大类品种都有在业内树得起、叫得响、销路畅、盈利高,且能代表沙钢形象的标志性产品。

3. 以资源配置为导向,实行多元投资模式

(1) 巨资投入打造钢铁物流。沙钢充分发挥企业品牌以及滨江近海的独特区位优势,建设配套企业,发展钢铁物流。作为沙钢"十二五"发展现代服务业、加快企业转型升级的重要平台——"玖隆钢铁物流园",经过 5 年多建设发展、招商引资,目前运行状态良好,2015 年园区实现营业收入 1 216 亿元、利税 3 亿元。

(2) 产业延伸建设资源基地。为抓好企业原料供应,延伸产业链,沙钢在认真进行市场调研的基础上,以合资、合作、参股、收购等多种形式加快原料基地建设,

在山东、山西、广西等地建设了大型焦煤、铁合金基地;在澳大利亚收购矿山,目前沙钢已拥有10亿吨矿山资源的储备量。

(3)优化运行机制实施多元经营。面对钢铁行业产能过剩,全行业进入微利时代的新挑战,沙钢把企业发展的重心从量的增长转移到质的提高上来,经济发展方式从单一的钢铁生产转移到非钢产业和现代服务业上来,相继建立了财务公司、小额贷款公司、房地产公司等数十家非钢成员企业,形成了有机组合融会贯通的非钢产业集群。

4. 以"两化"融合为契机,建设智能化工厂

(1)全面推进"两化"深度融合。信息化与工业化的深度融合是一个企业信息自动化水平的高度体现,同时也是企业从工业3.0向工业4.0挺进的跳板。沙钢根据企业发展战略,提出以"战略导向、统筹规划、四化驱动、持续完善"的两化融合方针,实施了一系列信息化项目,成为全国第一批通过两化融合管理体系贯标认定的企业之一。

(2)建设智能化生产管理系统。沙钢建成了高炉炼铁专家系统、自动炼钢系统、精益生产管理系统、手机质量质监系统以及自助发货系统、PDA平台、无人计量系统等一系列智能管理系统,为全面打造智能化工厂提供了强有力的技术支撑。

(3)推进互联网+客户服务体系建设。为更好地满足客户需求,沙钢通过电子商务客户端的运用,推进企业互联网+客户服务体系建设。目前,沙钢电子商务平台客户端能完成用户计划申报、核定、发货状态、出库通知、代运车辆船只等信息查询,减少客户从产品计划开始到售后全系的精力投入,也便于为后期数据的采集提供决策分析。

(4)大力发展智能机器人代替人工项目建设。智能机器人的发展应用是一个企业智能化水平的高度体现。为进一步减轻职工劳动强度、解决因人工操作不稳造成产品质量波动等问题,沙钢在相关岗位大力推广使用机器人操作,有效提升了企业智能化发展水平。

三、沙钢转型升级引发的几点启示

当前,中国经济的转型已经开始,依靠过多的生产要素投入、依靠过多的投资拉动国民经济快速增长的时代已经过去。经济转型必然带动企业转型,企业转型也是中国经济转型的一个重要组成部分。为了适应外部环境的变化,为了达到企业的可持续发展目标,企业对发展战略进行一系列调整,毫无疑问是正确的选择。沙钢经过40年来的摸索,从一个仅45万元资产的小型轧钢厂发展到目前拥有总资产1500亿元的世界500强企业,创造了我国一个中小企业崛起的神话,这给我国钢铁企业转型升级带来了几点启示:

启示之一:转型升级是提高钢铁企业综合竞争力的必由之路。

近年来,我国的钢铁企业的钢铁产量增长过快,出现了供过于求的现象,这就

直接导致钢铁企业的经济亏损。因此,我国钢铁企业必须加强对钢铁产量的总量控制,尽快调整钢铁企业的结构,改变以往仅追求产量的目标,向可持续发展方向进步。我国钢铁企业应优化产业布局,在维持一定钢铁经营规模的基础上,围绕主业发展多元产业或涉足新兴产业、开拓新的经济增长点。同时,钢铁企业应加快钢铁产品的提档,产品的质量得到升级,才会受到市场的青睐。此外,钢铁企业应在保证钢铁产品质量的同时,尽可能地降低成本和能源的消耗。总之,钢铁企业的转型升级、创新发展都应该以节能减排为理念,突出我国可持续发展战略目标,更好地推进我国的建设进程。

启示之二:转型升级必须审视自身发展战略,形成特色竞争力。

在规模效益时代,钢铁企业追求规模扩张,追求"大而全"的发展没有错,而在当前以及今后一定时期,特别是新常态形势下,钢铁企业实行转型升级必须紧紧围绕市场环境变化作出相应调整,突出自身优势,形成具有本企业特色的市场竞争力。例如,有条件延伸产业链的企业可以延伸产业链,获取利润增长点;有技术领先优势的企业可以加大技术创新投入力度,保持技术领先优势;能够对细分市场产生较大影响的企业可以注重提高市场份额,扩大优势地位;存在区域优势的企业可以围绕主业发展关联产业,整合资源产生集聚效应。总之,钢铁企业转型升级要透彻分析自身优势与劣势,根据自身情况扬长避短,才能形成独特竞争力,进而转化形成企业强大的核心竞争力。

启示之三:转型升级必须积极适应市场,优化产品结构,转换机制增强管理。

一般的和优秀的钢铁企业之间的差距就在于独有的高端优势,一般的钢材产品层次较低,大部分企业都有能力生产出来,在市场竞争中只能比拼价格,引发激烈的同质化竞争。而优秀的钢铁企业则把转型战略定在了精细加工上,把一件事情做到极致,研发生产填补市场"空白"的产品,就能打造出高端的竞争力。另外,钢铁企业还要引入市场竞争机制,创新营销模式,提高适应市场的能力;通过生产流程、考核评价、管理体系的不断创新,深挖企业内部潜力;要加强系统成本控制,深入对标挖潜,重视信息流、资金流和物流的整合,进一步降低铁矿石、煤炭等原燃材料的采购成本,优化配料结构,降低工序成本。

昆山地区医疗科技创新的现状及进展

蔡晓琴

昆山市中医医院

摘要： 医疗技术水平的提高和医疗服务质量的改善,依赖于医学科技的进步,实际上是关于医学科技的创新问题。本文以昆山市中医医院为例,介绍了在互联网＋时代,医疗科技创新在昆山地区的应用现状。银医一卡通的应用,手机医疗APP的开发应用以及利用Internet联网技术进行远程诊疗的应用等都充分体现出了医疗科技创新的优势及广阔的发展前景。

关键词： 科技创新;互联网＋移动医院

医疗服务行业的发展与国民健康素质的提高息息相关,提供优质、便捷和高效的卫生服务能够为广大人民群众带来丰厚的福利。"互联网＋"医疗时代的到来,意味着医疗领域的华丽蜕变,智慧医疗助力诊疗服务,使之呈现出"更便捷、更高效、更智能"的新面貌。2015年4月23—24日,"2015中国智慧医疗发展应用论坛"在北京召开,并同期召开"全国500家县级公立医院信息化建设推进大会"。会上介绍了国家对智慧医疗的有关政策、要求和方法,卫生信息化科学策略与手段,以及智慧医疗发展的目标与任务。医疗技术水平的提高和医疗服务质量的改善,依赖于医学科技的进步,实际上是关于医学科技的创新问题。科技创新是推动医学进步发展的重要力量[1],医疗服务质量的改善、技术水平的提高、服务范围的扩大等医院的一系列发展问题依赖于医学科技的进步与发展。医学科技的进步本质上是医学科技的创新,所以说,医院科技创新能力可以作为医院、乃至医疗行业发展的关键推动因素来看待。

昆山地处江苏省东南部,是苏州市下面的一个县级市。作为全国百强县之首,昆山经济日益腾飞的同时,城镇居民人数剧增。昆山医疗也面临着严峻的考验。本文将以昆山市中医医院为例,阐述昆山地区医疗科技创新的现状及研究进展。

一、门诊银医通系统的构建与应用

昆山市中医医院是一家三级中医医院,城镇居民的医疗保险普及率达100%。从2014年开始,在昆山市卫生局的支持下,与相关银行和公司合作,经过3次大的系统升级改造,完成了"一卡通"自助挂号缴费系统的设计和使用,自助设备终端能完全替代人工挂号收费窗口,实现使用人群和支付方式两个全覆盖:人群覆盖——

医保患者和自费患者,支付方式覆盖——市民卡、银联卡和现金。门诊银医通系统是医院信息中心与银行实施联网操作,将医院和银行的有关业务对接,开展双方业务合作的系统。实施银医通系统可方便患者就医,优化了就医流程,可缩短患者挂号排队的等候时间。

(一) 系统设计

本系统是建立在数字化医院的平台上,利用三卡——"市民卡""医保卡""银联卡",与医院的 MS 相接,通过相应的接口程序,实现医院的"一卡通"。

(二) 系统组成

系统主要由以下 5 个子系统组成,分别是:

1. 业务管理子系统。实现市民信息采集、系统终端管理、操作员和用户管理,以及居民健康档案管理和系统监控管理职能。

2. 卡应用子系统。支持应用系统的可扩展性和支撑各应用,提供与市民卡应用相关的外部系统接口,定义应用流程、规则和标准的功能。

3. 账务管理子系统。针对市民卡系统内部账务管理,包括科目管理、账户管理、现金管理等功能模块。

4. 库存管理子系统。对各类健康卡卡片、凭证、设备及其他各类物品进行管理,包括对库存物品的出入库、内部交接及最终使用的整个过程进行管理。

5. 基础支撑管理子系统。包括密钥管理、报表管理、综合查询、数据统计、业务分析、系统管理等。

(三) 操作流程

患者在自助终端设备上选择相应诊室和专家,点击"挂号"完成挂号,自助终端设备打印出挂号票据,与此同时,其挂号信息通过 Hls 传送到门诊科室分诊台排队叫号系统及医生诊间的电脑上,患者只需直接前往相关门诊科室等候叫号即可。就诊结束后,在自助终端设备上,点击"收费",选择相关收费项目,自助终端设备将自动扣除相关费用,并打印费用单据或发票,患者即可直接到指定科室检查、检验或去药房领药(图 1)。

(四) 应用服务功能

1. 身份识别功能

由于"市民卡"和"医保卡"需采用二代身份证实名制建卡,两卡均实名制自助预约诊疗、实名制就诊,充分利用了医疗资源,有效抑制了倒号等现象的发生,保障了群众看病就医的权益[2]。同时,办卡时需留下联系方式,为在特殊情况下(如危急值超标)及时寻找患者提供了保障。

2. 支付功能

"市民卡"和"医保卡"均为芯片卡,两卡均可以方便患者借助自助终端设备实现挂号、药费、诊疗费、检查检验费等费用的缴纳。参保患者交纳的费用中,医保部分由"市民卡"支付,自付和自费部分由银联卡支付;自费患者由集成了银行卡和电

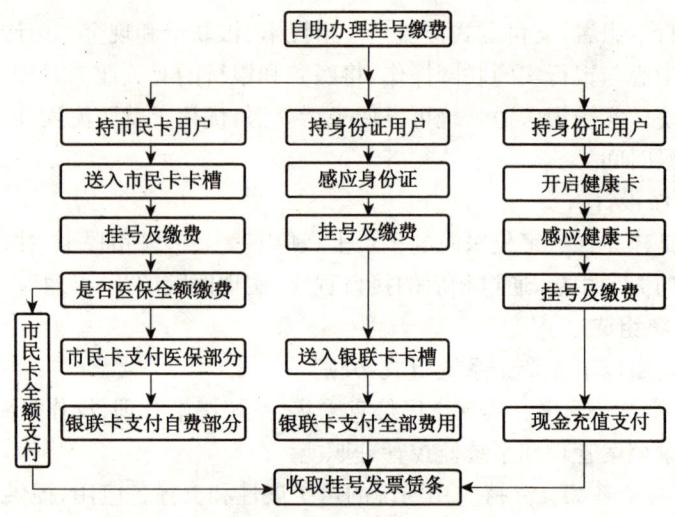

图1 门诊就医自助挂号缴费流程

子钱包功能的健康卡支付,或直接由银联卡支付。

3. 预约挂号功能

持"市民卡"或"医保卡"的患者,既能在自助终端设备上预约1个月以内的专家号,又能在自助终端设备上打取通过网络、电话等形式已在院内外预约的专家号。然后,根据挂号单上的提示直接去相关诊室候诊。

4. 记忆存储功能

"市民卡"和"医保卡"均为芯片卡,可在卡内直接记忆病人健康状况信息,譬如过敏史、疾病史、就诊记录、检验检查结果等,为建立患者电子健康档案,方便医生了解病人整体健康状况,并且"市民卡"可通过市公共卫生信息共享平台,实现同城医疗信息的共享和互认。

5. 查询功能

"市民卡"和"医保卡"持卡人可通过自助终端设备,查询自己的就诊记录、检验检查结果、用药明细及医疗费用情况等。

(五) 优势分析

通过门诊银医通系统的实施,拓展了预约挂号渠道,方便了患者根据自己的时间来院就诊;将银行卡、二代身份证作为就诊卡,省去了患者到每家医院均需办一张就诊卡的烦恼;优化了门诊就医流程,减少了患者在医院的非就诊时间,解决了门诊患者就医长期存在的"三长一短"现象。截至2015年,全市所有公立医院业已全面推行了"银医一卡通",预约挂号时间将精准到准确时段,并推出了"先诊疗后结算"服务模式,把一次看病、多次缴费变为一次看病、一次挂号诊疗结束后一次结算。

二、基于互联网+时代的移动医院自助服务系统的设计与实践

近些年,医药健康行业和移动互联网越走越近。从远程医疗到网络问诊再到

医疗应用APP,移动医疗项目已经相继进入医院诊疗服务环节。"以前挂一个名专家的号,要提前一个晚上到医院排队,如今只要手指轻轻点一下医院的APP就完成了。"通过手机APP购物、订餐或者订票,对许多人而言早已习以为常,但利用医院的APP预约就诊,相信很多人还比较陌生。为了破解医改难题,缓解百姓看病难、看病繁,除了电话预约挂号、网络挂号外,时下很多大型医院都在创新医疗服务,开发了手机APP,以打造一个"口袋里的移动医院"。如此,患者便可享受移动互联网带来的看病便利——预约挂号、排队叫号、缴费等都可以在医院APP上完成。目前,昆山市中医医院已经建立了自己的微信公众平台,可以通过微信公众号自主实现预约挂号、报告查询、在线咨询等业务,移动医院初具规模。

(一) 移动医疗切入点分析

"互联网+"医疗从切入点来看有三大入口,相应的市场可以细分为三块:第一块是以医院为入口,如医疗移动互联网医院,实现医院与患者、与医务人员、与医疗行业上下游的连接,打通全流程医疗服务;第二块是以患者为入口,构建如挂号、问诊等功能相对单一的平台,或者远程诊疗等纯粹基于互联网的医疗服务;第三块是以医生为入口,构建医生学习、职业发展、临床辅助等相关功能的知识库与社区。

(二) 移动医院的优势

1. 移动医院自助服务系统与柜式医院自助服务系统形成互补。柜式医院自助服务系统主要定位年纪较大的患者查询操作以及现金缴存,移动医院自助服务系统将成为医院自助服务系统今后的主要方式。移动医院自助服务系统后续改进:一是提高手机APP的用户体验;二是扩大手机支付医疗费用的范围,包括社保支付;三是实现移动医院自助服务系统平台的通用化以实现移动医院自助服务系统的区域化推广。

2. 优化看病全流程,就医享轻松便捷。挂号排队、就诊排队、缴费排队等等最耗时的就医困境,似乎已经被医院APP逐一"破解"。那么,医院APP的上线还会带来哪些就医方式的变革?"医院开发的APP是个能实现就医全流程服务及移动金融支付功能的智慧型医疗服务项目。"国内专家介绍,目前,针对患者诊疗的整个流程,很多医院开发的APP都在倾力打造分诊咨询、预约挂号、排队叫号、检验结果、缴费、医院动态等六大功能。比如,手机用户点击"分诊咨询",便可输入性别、年龄,并自主描述症状,提交后,医院会将分诊的信息推送到用户端,用户可在个人中心的"分诊咨询记录"中找到答案。

(三) 移动医疗未来发展瓶颈分析

不少参与智慧医疗系统设计的专业人士发现,理想的智慧医院在技术上已不存在任何障碍,有的只是管理和政策上的障碍。我们通过调研了解到,一个真正发挥作用、让看病变得不再困难的智慧医院,不仅需要医院对院内传统管理惯性"开刀",更需要医保部门、医疗管理部门以及金融机构的协同"会诊",能放的必须放,可以放的要争取加快下放。唯如此,一两个医院的"单兵突进"和"持续努力"才不会"昙花一现"，智慧医院才能普及。技术的进步让过去设置的一些流程变得"不合时宜"，技术的进步也让监管变得更简捷。此时更需管理部门认真思考，如何配合医院，将技术释放的便民、惠民红利真正落到患者身上。要明白，"互联网＋"已是大势所趋，助力建设一个患者、医生、医院和社会都不再"各吐各槽"的医疗机构，何乐而不为？

三、构建分级诊疗体系，搭建远程会诊平台

美国远程医疗在初级卫生保健领域的实践应用终于有"章"可循。尽管几十年来，远程医疗已被纳入医疗卫生服务范畴，然而仅是伴随着近年计算机和智能手机科技走入千家万户伊始，它才渐行在充斥医疗服务可及性最大化需求的医疗格局中真正站定脚跟。拓宽医疗服务可及性、改善患者预后并降低医疗成本是远程医疗的功绩所在。随着智慧医疗的不断发展，昆山市中医医院先后与上海、苏州及南京等各大医院进行技术合作，实现疑难病例远程会诊，全方位提升医疗服务质量，同时，在昆山市范围内构建分级诊疗体系。

构建分级诊疗体系，是破解"看病难、看病贵"的重要制度性安排，在其构建过程中，如何助推医疗资源双向流动，患者有序就医需要不断探索。昆山市中医医院于2015年成立了胸痛中心，向上加强与上海胸科医院心内科、心外科的合作。向下借助市急救中心院前急救平台，与各乡镇医院和社区服务中心建立双向转诊关系。为急性心肌梗死、主动脉夹层、肺动脉栓塞等以急性胸痛为主要临床表现的急危重症患者提供的快速诊疗通道。医院心内科作为昆山市级医院心脏中心，拥有一支技术力量雄厚的介入团队，在技术力量及导管设备均成熟的基础上，经过一段时间的准备，建立心内科双向转诊机制。在此期间，科室对各乡镇医院进行了大量的培训，为转诊机制的开展提供了必要条件。

习近平总书记指出"科技成果只有同国家需要、人民要求、市场需求相结合，完成从科学研究、实验开发、推广应用的三级跳，才能真正实现创新价值、实现创新驱动发展"。没有强有力的科技支撑，发展不可能持续。在互联网＋时代，昆山市医疗卫生行业科技创新的步伐突飞猛进。展望未来，智能诊疗，智能药房，人体智能传感器，机器人治疗等科技创新技术都将会在全社会范围内得以广泛应用，将彻底改变医疗行业，造福社会，造福百姓。

参考文献

［1］徐继承.江苏省卫生系统专利工作现状与对策［J］.南京医科大学学报（社会科学版），2013，13(4)：301，304.

［2］段绍斌，黄刊迪，杨安芳，等."诊疗一卡通"自助模式在门诊医疗服务中的应用［J］.中国医院管理，2012，32(9)：36-37.

中药提取生产自动化的应用及意义

玄振玉

苏州玉森新药开发有限公司

摘要：中医药是我国具有较大优势的传统产业，但是，生产工艺和设备、质量控制手段以及自动化水平、特别是中药提取环节工艺仍比较落后，造成产能落后和环境不友好，甚至频频发生重大的药品生产质量事件，许多企业家们越来越意识到自动化和信息化已是实现我国医药工业现代化的必由之路。

关键词：中药提取自动化；技术研究；应用意义

中医药是我国具有较大优势的传统产业，但是，由于我国中药的生产长期以来都是采用比较传统的生产方式，无论生产工艺和设备、质量控制手段还是自动化水平都比较落后，特别是中药提取车间这个环节，近几十年没有应用先进生产制造技术，产能落后，环境不友好，亟须进行改革创新。目前，国内外市场对天然药物的需求也在日益扩大，中药行业也面临了生产和管理方式必须逐步走向与国际规范接轨，许多企业家们越来越感到我国中医药行业的生产方式、质量控制手段、企业管理模式和自动化生产与管理水平的落后，污染严重。近年来，部分医药生产企业由于缺乏严格、有效的自动化控制和管理手段与机制，因而频频发生重大的药品生产质量事件，人们越来越意识到自动化和信息化已是实现我国医药工业现代化的必由之路。

一、我国中药提取生产过程自动化的现状和特点

虽然，中药是我国具有较大优势的传统产业，但长期以来，我国中药的生产都是采用比较传统的生产方式，无论是生产工艺和设备、质量控制手段还是自动化水平都还比较落后，自动化的需求和观念比较淡薄。

中药原料药的生产过程，主要是把经预处理中药材中的有效成分（包括药效成分和辅助成分），通过各种方法提取出来，然后经过各种分离、纯化（如：过滤、沉降、离心、蒸馏、萃取、膜分离、结晶、吸附等)、浓缩、干燥等过程，加工成制剂生产所需要的原料药。它们的生产方式基本上都是以一种单元化、批量化、间歇式的形式；它们的自动控制方式大部分是一种模拟量的连续控制与开关量的逻辑控制紧密结合的批控制模式。目前，我国一些中药自动化项目就主要集中在中药原料药生产方面，它的自动化内容主要是集中在中药材前处理以后的提取、过滤、浓缩、吸附、萃取、结晶、干燥、溶剂配置和回收、出渣和排渣以及在线设备清洗（CIP）等过

程,一些计算机控制系统的应用大部分也主要集中在这些方面。

目前,我们的中药原料药生产自动化系统大部分还是单元化的,且大多没有得到很好的整合;有些与中药产品质量密切相关的环节的控制问题,并没有引起自动化方面的人的重视(如:药材供应质量、储存条件、饮片加工等)。特别是有关中药产品质量控制指标的药物有效成分与含量的在线实时过程分析与控制问题[即过程分析技术(PAT)问题],普遍没有得到解决。有些生产单元的自动化控制实际效果,远没有想象那么理想(如:浓缩、CIP 等);有些单元的自动化问题基本上没有真正得到解决(如:沉降两相分离等);真正符合医药生产过程和质量管理规范要求的全过程批控制和批管理的模式还没有实现。根据 GMP 和 cGMP 的要求,中药原料药所用的与药物成分直接接触的检测仪表与执行器,其材料和结构都必须严格符合药品卫生要求;按照国际药物工程协会(ISPE)的 GAMP 规范要求,所有与药品生产质量有关计算机控制系统、检测仪表、过程分析仪表、数据处理存储仪表以及有数据输入和存储要求的人机界面设备,还需要符合 21CFR Part 11 的规范和计算机系统验证(CSV)的要求。

所以,所有这些中药原料药生产自动化特点和内容,都是我们中药自动化工程的规划和设计时需要考虑的内容。

二、PAT 技术和 GAMP 对我国中药生产过程自动化的要求

自从美国 FDA 在 2004 年 9 月发布《PAT 工业指南》(Guidance for Industry PAT),并把 PAT 技术作为是一个创新药品开发、生产和质量保证的重要手段提出来以后,PAT 技术对制药关键过程参数的实时分析,对药品制造过程的理解和对药品质量的控制水平的作用被提到了一个相当的高度。按照 FDA 的理念,必须采用 PAT 技术,使药品从设计开发阶段开始,并在药品的整个生产过程中都能确保药品的质量。因此,PAT 技术的提出,无疑对医药生产过程自动控制的内容和水平也会提出越来越高的要求。事实上,在中药原料药生产过程自动化中,最为关键的质量控制指标——药物有效成分、含量和品质等参数的在线实时过程分析与控制问题,都没有得到解决,也将是中药自动化重点关心的问题。

随着我国中药产品逐步走向国际市场,我国的中药生产也就必须逐步与国际接轨。那么,按照美国 FDA 的 21CFR Part11 规范和国际药物工程协会(ISPE)的 GAMP 规范要求,我国中药生产过程所设计和选用的计算机化自动控制系统、信息管理系统和仪表设备以及整个自动化工程都必须符合严格的计算机系统验证(CSV)要求。

三、中药提取过程成套装备及自动化控制技术研究的思考

为提高我国中药产业的核心竞争力,必须优先解决单元工艺技术、质量检测与控制技术、自动控制技术、系统集成优化等关键技术及装备,建立中药工业过程先

进技术研发体系,全面提升中药生产技术及其管理水平。中药制药企业进行设备改造升级和自动化控制势在必行。研究和开发中药提取、浓缩、分离纯化及干燥等过程一体化的成套装备或适合集成的单元设备及其自动化控制技术,已成为我国中药现代化的一个主题。近年来,中药质量控制方法研究进展较快,但传统的分析技术一般采用离线分析的手段,通常需要对待分析样品进行相应的预处理,存在分析结果滞后的缺陷。在线质量控制是对生产过程的关键环节进行及时测量,并对生产过程进行反馈和控制,以减少生产过程影响质量的不利因素。中药自动化生产线的建立和信息化水平的发展,为中药生产过程在线质量控制技术的发展奠定了良好的基础。

通过采用自动化控制技术,实现了提取、浓缩、醇沉、大孔树脂、干燥等工艺过程关键工艺参数的自动化控制,保证了产品生产工艺的稳定性和不同批次产品质量的均一性。其中,提取过程自动化控制参数和功能包括提取时间、提取温度、蒸汽压力、提取罐压力、药液流量、出液、出渣等;浓缩过程自动化控制参数和功能包括蒸汽压力、真空度、浓缩温度、液位、消泡、药液密度、补料、倒料及出料等;反应过程自动化控制参数和功能包括反应温度、反应时间、pH值等;醇沉过程自动化控制参数和功能包括温度、时间、乙醇含量、出液、出渣等;真空低温带式干燥过程自动化控制参数和功能包括进料速度、履带速度、蒸汽压力、干燥温度、真空度、履带纠偏、出料等。整个自动化控制系统的主要功能有:工艺参数与配方管理;工艺流程图及仿真;工艺参数数据统计分析;质量参数数据统计分析;工艺与质量知识挖掘;生产报表管理及打印;批次管理;动态与历史趋势分析;能源管理;报警信息管理与处理;权限管理;故障诊断等。

四、中药提取生产自动化技术应用意义

(一)摒弃手工操作,降低人力成本

中药提取车间的生产工作繁杂、危险性高、过程控制也比较困难。从投料到出膏,每一个环节都需要人工的操作和控制,大到生产工艺流程的管控,设备的调配,小到开阀门、关阀门。实现全自动控制生产只需将生产产品的品名及相关参数设定好后,控制系统便可自动对整个生产运行过程进行控制和记录,包括数量、体积、压力、密度、温度等工艺参数的自动采集,对管道、阀门等运行状态的监控等。

(二)减少人为差错,提高产品质量

自控系统对药品生产过程进行全过程监控,控制系统实时监测系统内各种参数及设备运行状态,采用智能控制系统,严格按照工艺要求进行自动控制,使设备协调、稳定地运行,避免设备调配不当、设备使用不充分,从而为减少人为差错,提高产品质量打下了夯实的基础。

每一批药品都严格按照批准的工艺流程和参数进行生产,生产过程如对提取温度、压力、浓度等进行自动控制,各工序工艺阀门的自动开闭、顺序控制、连锁控

制等等,与人工控制相比较,减少了生产过程中控制的难度,对生产异常情况可进行预判和处理,如:浓缩过程泡沫出现,避免提取暴沸、跑料现象,避免了人工操作存在的各班组和不同人员操作习惯、技能水平、判断结果等带来的差异。从而使产品生产过程严格按照工艺要求进行生产,降低人工的干预,保证生产过程的正确性和有效性,有效地稳定和提高产品的质量均一性。

（三）缩短生产周期,降低生产能耗

在实际生产过程中,生产过程的衔接和调配需要花费较多时间,导致实际生产效率仅为理论效率的70%,对生产工艺复杂的品种和工艺,生产效率更低。建成后中药自动化提取车间后采用自动控制系统,通过对生产过程和生产设备的主动监控、记录、分析和控制,优化生产工艺过程,提高了设备利用率,使生产效率得以大幅提高,从而大大缩短生产周期。

生产周期的缩短,生产过程的紧凑,能耗也将大大降低。如:提取浓缩过程通过对温度的自控,自动调节蒸汽量,可保证提取罐保持恒定的温度,又可避免过沸带来的能量浪费;浓缩过程中通过自控达到蒸汽、真空的协调统一,既可避免起泡、跑料,又可

确保其在最适宜的真空度下浓缩,从而减少真空的浪费,又让蒸汽热能充分使用等。生产周期缩短,还必然减少水、电、汽等能源的使用,以达到降低能耗的目的。

（四）规范生产管理,提高生产效率

自动控制生产系统可以完全实现生产过程的可追溯,它通过建立产品生产数据库,从药品投料开始进行批次标识,并简便快捷地实现生产数据的管理、查询和分析。生产过程中所有原始生产数据,都可随时查阅和调阅,以便及时、全面地了解生产情况,对生产过程进行调度管理,很好地实现生产管理的规范化,从而大大提高生产效率。

合力推动,促进低碳城市建设
合力作为,推进工业绿色转型

赵俊华

九三学社镇江市委员会

摘要：镇江建设低碳试点城市取得了实效,只是环境压力依然很严峻。只有努力推进工业的绿色转型,发展新兴产业,加快培育延伸产业链,实现区域工业循环化,加强工业化和信息化的深度融合,实现工业能耗管控智能化,才能有效地促进低碳城市建设,保持经济的有效增长。

关键词：低碳城市;绿色转型

2015年12月5日下午,在联合国气候变化大会"中国角"边会上,中国气候变化事务特别代表解振华在致辞中介绍了中国为碳排放达峰所做的努力,特别称赞:镇江建设地碳试点城市所取得的成绩,是目前做得最好的城市之一。而国务院新闻办公室在2015年12月23日上午举行"巴黎归来谈气变"中外媒体见面会,邀请到中国气候变化事务特别代表解振华、发展改革委应对气候变化司司长苏伟和地方政府负责人、专家学者、企业负责人等,介绍中国代表团参加巴黎气候变化大会的情况,并介绍中国节能减排的政策措施时,镇江市市长朱晓明说,2012年11月镇江就被国家发改委批准为低碳试点城市,中国不仅仅是在巴黎气候大会期间才开始行动,实际上行动早在"十二五"时期就已经开始,而镇江抓住了国家推动低碳城市建设这么一个机遇,在全市推动了低碳城市的建设和发展。

镇江市在加强低碳城市建设方面也花了很大精力,做了许多工作,投入了不少资金:

首先是全面实施了主体功能区的制度,编制了《镇江市主体功能区规划》,提出了"生态领先,特色发展"总体战略目标,不仅仅把规划拿出来,而且制定产业准入、环境准入、财政等配套政策,把规划通过土地、规划、产业、环境、管理、考核等六项政策落到了实处,这个可以说镇江在全国范围内是比较率先的。

其次是明确了目标和路径,通过镇江碳排放的情况做了分析以后,明确到2020年比国家提前十年实现碳排放峰值,并以这个目标确定了建设路径,全市累计关闭化工企业总数347家,单位GDP能耗累计下降19.76%,位列全省第一方阵;全年PM2.5平均浓度下降6.3%,东西两个片区综合整治环境明显改善。

再次是建立"低碳城市管理云平台",并通过这个云平台,真正搞清楚了镇江碳排放情况到底怎么样,企业整个能源构成情况怎么样,我们区域排放情况怎么样,企业的排放情况怎么样。2015年12月30日,经过一年多的谋划建设,全国首创的镇江生态文明建设管理与服务平台正式上线运行,从而使得镇江低碳城市建设和生态发展变得可观、可感、可检查、可考核。而在"云平台"的基础上,镇江市政府整合国土、环境、资源、产业、节能、减排、降碳等数字资源,建成的生态文明信息化综合管理和服务平台,通过数据、业务、服务和资源四类整合,"生态云"打造出数据中心、管理中心、服务中心、查询中心、交易中心"五大中心"。

最后是合力推动,低碳城市建设工作,不仅仅是政府在具体推动,而是从党委到政府"合力推动",政府的责任就是把每年的行动和计划通过一个一个项目推动到相关部门、相关的辖市区,由他们一个一个落实到位。为了引导老百姓绿色出行,政府每年投入公交近3个亿,镇江市公交是全国价格最便宜的,公共自行车的普及也是全国做得比较好的城市,朱晓明市长带头骑公共自行车上班。

通过几年的努力,应该说镇江建设低碳试点城市所取得的成绩是有目共睹的,成效也比较明显:

一是低碳建设推动经济转型升级,虽然经济下行压力比较大,但是经济仍然保持平稳较快的增长,财政收入一直保持在10%左右的增长速度,固定资产投资则保持在了18.3%的增长速度。

二是生态环境指标有了明显的改善,二级以上天数已经占了70%,PM2.5下降2.6%,"十二五"节能减排指标已经提前一年完成,包括我们三类水的水质已经达到73%,全市绿化率达到36.5%。

三是民生得到了很大改善,过去镇江老百姓对我们在生态环境方面还是有很多诉求的,这两年的诉求明显下降,而且老百姓满意度在显著上升。

因此,镇江低碳城市建设作为国家发改委抓的低碳城市的成功案例,在中国形成一个可推广、可复制经验,可以有效推动各个城市以及各个地方把低碳城市建设作为我们发展的理念、发展的目标,融入我们发展行动当中,给我们老百姓一个更加天蓝、地绿、水净的更好的发展环境。

只是,在总结所取得成绩的同时,镇江市委市政府的领导应保持清醒的头脑,深刻认识到我们的环境压力依然很严峻,我们的经济增长还有很大的差距。如何在建设好低碳城市的同时,加快我市的经济建设,如何利用推进低碳城市建设的经验,加快发展新兴产业,促进工业经济的绿色发展。

为此建议:

一、以发展新兴产业,推动工业发展高端化

以《中国制造2025镇江行动纲要》为指导,重点围绕高端装备制造、新材料、生物技术与新医药等战略性新兴产业的发展,加快构建特色产业体系。一是合理规划产业布局。根据主体功能区定位和产业三集发展要求,全力打造先进制造业园

区,进一步促进企业向园区集中,产业向高端集聚,资源高效集约利用,留出更多的生态保护空间。二是打造高端产业集聚基地。重点打造我市的先进制造业,如航空航天产业配套、高端电气设备生产、汽车及零部件制造、特种船舶和海洋工程制造、现代物流等高端产业集聚基地。三是提升企业创新能力。围绕特色产业优势,组织重点企业共同参与,整合优势资源,共建创新平台,鼓励引导企业进一步加大研发投入,引进创新人才,增强企业创新能力。

二、积极改造提升,促进传统产业低碳化

镇江工业主要污染源——六大高耗能行业占工业总耗能的80%以上,改造提升这些企业是实现绿色发展的关键。建议:一是淘汰落后产能整治污染企业。综合运用经济、法律和必要的行政措施,限期淘汰工艺水平落后、污染重、物耗高的产能,严格把住准入关,坚决执行"四个一律",下决心摒弃技术落后、高污染、高消耗的低端产业,积极调整产品结构,努力提高钢铁、水泥、船舶、化工企业的集中度。二是运用技术改造高耗能企业。围绕锅炉(窑炉)改造、余热余压利用、能量系统优化等重点领域,组织实施技能技改项目,大幅降低高耗能行业的产品单耗。围绕淘汰落后电机,推广高效电机和开展电机能效提升试点,推进电机系统节能改造,并逐步扩大到变压器、工业锅炉等终端设备,全面提升终端设备能效。三是有条件实施清洁能源替代。大力实施"金屋顶"企业计划,按照"自发自用、余量上网、电网调节"的原则,组织我市光伏产品制造商、系统集成商和运营服务商,利用工业厂房屋顶资源建设分布式光伏发电项目。

三、培育延伸产业链,实现区域工业循环化

积极实施园区企业循环化改造工程,加快园区企业间和企业内部的循环链条培育延伸,进一步降低资源消耗,提高资源利用效率,减少污染物排放,构建资源连供、产品联产和产业耦合共生的循环经济发展模式。首先是以园区为载体,打造物料循环产业链。依托骨干企业,构建企业之间物质流、能量流的关系;构建原料、产品、"三废"利用的循环产业链条;构建发电、供热、废渣利用循环利用链条以及可再生资源循环利用链条等。其次是打造重点行业清洁生产示范基地。在电力、水泥、焦化、化工等重点行业,推广采用先进、成熟、适用的清洁生产技术和装备,以削减二氧化硫、氮氢化物、烟粉尘和挥发性有机污染物为目标,组织实施清洁生产改造项目。

四、推进两化融合,实现工业能耗管控智能化

要进一步促进工业化和信息化的深度融合,推进信息化在工业绿色转型发展中的应用。一方面通过市场化运作手段,有效推进"中国电能云"平台的建设与运营,逐步建成具备在线监测、决策分析、项目管理与统计、有序用电以及需求响应等

功能的电力需求侧管理服务平台。另一方面在电力、化工、建材等高耗能行业中，鼓励引导企业建立能源管控中心，提升重点用能企业的能源管理水平，以点带面加以推广。通过在线采集、实时监测等，帮助企业寻求节能潜力，督促企业加快技术改造，淘汰落后工艺和设备。

五、合力作为，推进工业绿色转型发展常态化

工业绿色转型发展这项工作是个系统工程，需要各级政府相关部门的通力协作，创新作为，合力推进。一是要健全绿色发展组织体系。形成制度，研究出台推动工业绿色发展的具体政策，协调解决试点城市建设中的问题；完善考核，实行个性化、差异化的专题考量，提高工业绿色转型发展指标的权重；加强督查，建立管理、监察、服务"三位一体"的节能监管体系，加快队伍建设。二是要强化行政约束。严格执行主体功能区规划，明确定位，严把项目准入关；严格产业准入，执行产业导向、生态优先、节能减排和投入产出4条标准；严格行政执法，重点监察企业能耗限额标准执行、落后设备淘汰、固定资产投资项目能评执行情况、重点燃煤企业煤的质量情况等。三是要营造浓厚工业绿色发展氛围。充分利用现代信息传播手段，加大绿色发展的宣传引导。在重点项目启动建设之前，广泛听取专家和公众的意见，形成全社会参与、共同创建工业绿色转型发展示范城市的社会氛围。

六、资源优化整合，推行旅游产业发展智慧化

旅游业是一个绿色产业，更是一个富民产业。近年来，旅游业已成为全球经济发展势头最强劲和规模最大的产业之一。我市应加快发展智慧旅游产业，通俗的说就是利用"互联网＋智慧旅游业"平台，让先进的互联网技术与传统旅游业进行深度融合，促使旅游业转型升级，协同增效创造新的发展业态商机，大幅提升旅游业品质、效率和效益。智慧旅游就像发动机助推器，对于我市大力提高旅游产业规划水平，全面整合优质旅游资源，加强招商引资和营销服务，以及大力提升旅游业营销和服务水平，提高城市形象与竞争力起到一个革命性变化。

坚持资源开发与生态保护相统一、协调，将旅游业作为全市国家生态文明建设先行区的重要载体和推动力量，切实推进旅游绿色发展和低碳运营，构建生态友好型旅游环境和生态化、集约型的旅游经济体系。高度重视保护和传承镇江优秀历史传统文化，维护资源的整体性、文化的代表性和地域特质性，加强旅游生态文明宣传教育，提升全市旅游产业绿色发展整体水平。

优化米糠油生产工艺,促进功能性米糠油的绿色开发

周 莉

南京农业大学食品科技学院

摘要: 近年来,米糠油产业发展规模逐渐壮大,但在米糠油的制备和精制过程中仍然存在一些技术难点,极大地限制了产业发展速度。本文从米糠资源利用、米糠油的制备和精制工艺、米糠油的贮藏与保鲜等方面分析了我国米糠油加工业发展滞后原因,并提出解决方案,为加强米糠油生产工艺的优化和促进功能性米糠油的绿色开发提供理论指导。

关键词: 功能性米糠油;生产工艺;绿色开发

米糠是稻谷加工的副产品之一,是糙米经碾米后得到的种皮、果皮、糊粉层和珠心层的混合物,约占稻谷重量的6%。米糠含油率为18%～20%。米糠油是一种营养丰富的植物油,米糠油中含有42%的亚油酸和40%的亚麻酸,比例接近国际卫生组织推荐的油酸和亚油酸比例为1∶1的最佳标准。此外,米糠油中的谷维素、角鲨烯、植物甾醇和维生素E含量丰富,这些生理活性物质具有明显的降低血清胆固醇、增强免疫力、抗氧化、抗癌和改善神经系统障碍等功能。因此,米糠油因具有营养保健性能已受到世界许多国家的关注,成为继菜籽油、玉米胚芽油之后又一新型食用油。日本、欧美许多国家已将米糠油作为主食油。我国是世界上最大的稻米生产国,年产米糠量达1 000万吨以上,但是,绝大部分都还没有作为重要油源加以利用,大量用作畜禽饲料,造成极大的浪费。国内米糠产量若将其中的一半用于加工米糠油,则每年可得80万吨米糠油,再将其深加工利用,至少价值可提高10倍以上,最多可增值50倍,其商机十分喜人。目前,国内进行米糠综合利用的厂家很少,大部分厂家综合利用都处于停产或半停产状态,生产企业主要集中在浙江、江苏、山东一带的私营企业中。与国外发达国家相比,我国对米糠油的加工业发展仍比较落后,分析其主要原因,归纳总结如下:

一、米糠资源难以集中,米糠综合利用难以形成规模

我国大米加工企业分散、规模较小、新鲜米糠不易保鲜,容易腐败变质给米糠储运过程带来难度,导致很大一部分米糠只能在当地用作饲料。因此,米糠油集约化加工和综合利用受到严重制约。此外,企业集并收购的米糠质量参差不齐,加大

米糠油精制过程的难度,造成产品成品质量不稳定。以上因素均较大程度地制约了中国米糠油资源的充分开发利用。

二、米糠毛油的制备工艺开发不足

我国国内稻谷企业生产规模参差不齐。一般中小型企业采用机械压榨法提取米糠毛油。机械压榨法对于设备和技术要求低,具有操作方便、安全性高等优点。但相对于其他方法,出油率较低且干饼残油率高。大型企业则用溶剂浸出法生产,在生产中所需要的正己烷是企业普遍使用的浸出溶剂,虽然出油率较高,干饼残油率低,但是正己烷挥发性大,易造成环境污染,从而使得企业在投资、加工、三废排放处理的成本升高。而且,溶剂浸提过程中能同时将米糠中的磷脂、色素等提取出来,这些因素不仅会导致毛油质量差,而且会增加精制过程的难度。

三、米糠油精制工艺较落后,效率低

米糠毛油中含有较多的磷脂、游离脂肪酸、色素以及蜡等物质,品质较低,无法直接食用。米糠毛油须经过一系列的精炼过程(脱胶、脱色、脱酸、脱臭、脱蜡等)才能达到食用油的标准。如何去除游离脂肪酸、胶质、蜡质、色素等不利成分的同时,最大限度地保留油中的谷维素等生理活性物质,是米糠油精炼的技术难题。我国较为常用米糠油精炼方法是传统的化学碱炼法或普通的物理精炼法。化学碱炼法能迅速地降低米糠毛油的酸值,但是在去除游离脂肪酸的同时,也会显著减少米糠毛油中谷维素、维生素 E 和植物甾醇的含量,降低米糠油的营养价值。伴随产生大量的废水和皂脚会污染环境,不适用于高酸值米糠油的精炼。物理精炼技术可显著减少米糠油中的功能成分损失,但是存在温度高、耗能大、生产效率低下,且在蒸馏过程中易产生反式异构体和高聚合物等缺点。

四、精制米糠油的贮藏与保鲜问题凸显

食用油在贮藏过程中会缓慢自动氧化,产生自由基,导致油脂酸败。尤其是对经过精制工艺后的精制油而言,其贮藏期一般不超过一年,因此,油脂氧化与抗氧化问题,一直是国内外油脂专家关注的问题。通常油脂企业会通过添加人工合成抗氧化剂,如叔丁基羟基茴香醚(BHA)、叔丁基羟基甲苯(BHT)、叔丁基对苯二酚(TBHQ)等来延长油脂的贮藏期,但这些人工合成抗氧化剂长期使用对人体健康是有危害的。相对发达国家而言,我国油脂工业中抗氧化剂的使用和研究仍处于初级阶段,企业对抗氧化剂如何选择和使用了解甚少。随着大量高级精炼油的出现,如何加强精制油的贮藏保鲜是迫切需要解决的问题。

我国米糠资源丰富,但是分布不均匀,米糠资源主要集中在华东地区和华中地区及东北地区,资源量分别占全国的 32.7%、23.3%和 15.93%。江苏省是米糠的重要产区之一,目前有多家企业(如江苏今世香油脂有限公司、江苏康舜食用油

有限公司、江苏宿迁苏北粮油有限公司等)生产米糠油,并形成了一定的规模。据调研,这些米糠油生产企业的米糠毛油年生产能力由最初的 0.2 万吨左右发展到现今的 0.8 万～1.5 万吨,可见米糠油产业发展规模越来越大。但是,在米糠油制备精炼过程中仍然存在一些技术难点和瓶颈问题,极大地限制了产业突破性发展。江苏省作为稻米生产大省,稻谷副产物—米糠产量富足,加强米糠油产业建设任重道远,因此我们建议:

1. 推进粮食加工副产物利用,构建粮油行业循环经济产业链

粮食加工行业应重点推进利用米糠生产米糠油,构建稻谷加工—米糠—米糠油的产业链。由于米糠中的解脂酶活性较高,米糠极易受解脂酶的作用而发生油脂酸败。新米产生的米糠若不及时杀酶,放置 1 h,游离脂肪酸值可增加 7%～8%,之后每天以 4%～5%速率增长。因此,米糠稳定化处理是米糠资源综合利用的前提。对米糠利用模式进行分类探讨,即对于现代化规模较大的稻谷加工厂,应配备大米精深加工车间和设备,生产线上下来的米糠可直接加工处理。对于一些中小型稻谷加工厂,由于稻谷加工技术相对落后,单一大米厂米糠产量较低,米糠极易腐败,从碾米生产线上碾下的米糠应在 6 h 内运送到米糠预处理车间进行稳定化处理。据调查,货运卡车的平均速度为 50～60 km/h,受路况、天气等客观因素的影响,应考虑就近将方圆 150 km 以内的米糠集中在一起,进行集中加工处理,这对于节约能源提高效益具有重要意义。

2. 加强米糠油制备工艺技术的开发

传统的米糠毛油的制备方法有机械压榨法和溶剂浸出法。两种方法各有优缺点,如何在最大限度保留米糠油中的营养成分的前提下提高出油率是重点考虑的问题。一方面可以在传统工艺的基础上进行优化。如连续机械压榨法采用较多的自动控制工艺,单机处理量大,劳动强度低,出油率高,有利于综合利用;在溶剂浸出法上的改进主要在于溶剂的筛选。研究表明,异丙醇浸出的米糠油收率与正己烷相同,但浸出的米糠油氧化稳定性要高于正己烷浸出物,且能较好地将维生素 E 提取出来,而这些维生素 E 不容易被正己烷浸出。因此,异丙醇作为取代正己烷浸出溶剂具有优越性。另一方面可将现代新技术应用到米糠油的制备中。如超临界 CO_2 流体萃取技术作为新型分离技术对油脂的提取起着非常重要的作用。采用超临界 CO_2 流体萃取米糠油,可省去油脂脱胶、脱色、脱蜡、脱臭等精制过程,操作简便,同时还能减少米糠油中谷维素的损失,符合"绿色工业"的要求。另外,全过程无有机溶剂污染,最大限度地保留了米糠中的营养成分,节能减排,实现清洁生产,符合国家资源节约型与环境友好型的生产模式要求,对提高我国稻谷综合利用水平具有重要意义。此外,酶催化法也是一种新型的制油技术。利用蛋白酶对米糠细胞组织进行酶解,使油脂从油脂脂质体中释放,最后,采取少量的溶剂将油脂萃取出来。此法利用生物酶,绿色环保、无公害,可大大减少溶剂的使用,且出油率高。但考虑到生产成本等问题,这两种技术在国内应用还暂未普及,而国外已有

应用。目前国内还主要局限在传统的机械压榨法和溶剂浸出法制油阶段。据调研,大型生产企业已基本普及连续机械压榨法,中小型企业也逐步普及该技术。笔者相信,随着经济水平的逐步提高、生产线的不断创新和国外先进技术的引进,米糠油的高效制备技术将会快速发展。

3. 优化米糠油精制工艺,提高米糠油品质

相对化学碱炼法而言,物理精炼技术可显著减少米糠油中的功能成分损失,但是还是存在着一些不足。如何得到高产量、高质量的米糠油是精炼过程中的重点。工业生产过程中,大多用水化法脱胶,活性白土脱色,蒸汽脱酸脱臭,低温冷冻脱蜡进行米糠油的精炼。每个工艺过程相对独立,若是能将单个工艺过程有机结合起来将会极大提高效率,降低成本。考虑到米糠油半连续式物理精炼的实用性,同时考虑到生产成本和经济效益,推荐采用米糠油半连续式物理精炼与混合脂肪酸精馏分离相结合的工艺。该工艺在脱酸脱臭阶段,采用填料塔双塔或多塔的组合式脱酸脱臭工艺技术,比传统层板式脱臭塔的脱酸脱臭工艺技术在降低米糠油中功能性成分的损失方面有明显优势,其不同之处在于采用填料塔进行水蒸汽蒸馏脱酸,减少了脂肪酸等低沸点组分的气化时间,有效地保护米糠油中的生物活性物质,谷维素保留率达 90%。此外,多级蒸馏可分离依次得到各种高纯度脂肪酸(硬脂酸、油酸等),减少了酸碱消耗与环境污染,最终得到高质量米糠油。

4. 科学运用天然抗氧化剂,促进功能性米糠油的绿色开发

精制的米糠油中富含不饱和脂肪酸,它们在氧气、水分等作用下易被氧化,导致酸败的现象发生。因此,如何提高精制米糠油的贮藏稳定性是各粮油生产企业密切关注的问题。常用的油脂抗氧化剂分为天然抗氧化剂和人工合成抗氧化剂。天然抗氧化剂包括生育酚、棉酚、茶多酚等,合成抗氧化剂包括叔丁基羟基茴香醚(BHA)、叔丁基羟基甲苯(BHT)、叔丁基对苯二酚(TBHQ)等。由于天然抗氧化剂价格昂贵,相比较而言,人工合成抗氧化剂价格低廉,故应用较广泛。但人工合成氧化剂有残留的风险,长期使用可能会对人体健康产生不利影响。因此,安全、高效、稳定、价格低廉的天然抗氧化剂将成为食用油脂抗氧化剂研究开发重点。随着现代萃取、分离技术不断发展,以天然食用抗氧化剂取代合成抗氧化剂是今后食品工业的发展趋势。植物多酚提取工艺目前已非常成熟,整个过程只用到食品级溶剂(水和乙醇),在一定温度下浸提,技术路线简单,一次提取率达 90% 以上,两次提取基本可将植物中的多酚完全出来,利用率高。研究表明植物多酚(如葡萄多酚、茶多酚、蓝莓多酚等)这类生物活性成分不仅具有防止冠心病、抗癌症等功能,而且还具有抗氧化功能,是非常好的天然抗氧化剂。笔者曾将葡萄多酚添加到山茶油中,发现葡萄多酚能显著提高山茶油的贮藏稳定性。因此,可将植物多酚用于米糠油的保鲜。此外,在笔者的研究工作中还发现,葡萄多酚等植物多酚具有益生功能,可以促进人体肠道益生菌生长,抑制有害菌生长,对调节人体肠道微生态非常有利。综上所述,将植物多酚取代人工合成抗氧化剂应用到米糠油的贮藏保鲜

中,开发富含植物多酚的功能性米糠油产品是科技创新,能促进江苏绿色制造发展,且符合广大消费者的需求,将会受到人们的青睐,具有广阔的发展前景。

参考文献

[1] 周显青,杨继红,张玉荣. 国内外米糠资源利用现状与发展[J]. 粮食加工,2014,39(5):24-29.

[2] 张艳荣,丁伟,王大为. 功能性米糠油超临界流体萃取工艺的研究[J]. 食品科学,2009,30(18):155-158.

[3] 任星,齐玉堂,张维农,等. 功能性米糠油调节血脂功效研究[J]. 中国油脂,2012,37(5):27-30.

[4] 陈振林,熊华,齐金峰,等. 抗氧化剂对米糠油贮存稳定性的影响[J]. 油脂化学,2008,33(11):31-34.

[5] Zhang X, Zhu X L, Sun Y K, et al. Fermentation in Vitro of EGCG,GCG and EGCG3"Me Isolated from Oolong Tea by Human Intestinal Microbiota[J]. Food Research International,2013,54(2):1589-1595.

[6] 侯景芳. 米糠油的功用及品质变化研究[J]. 农产品加工,2014,350(4):39-40.

[7] 殷隼. 米糠油的营养保健功能及其生产工艺探讨[J]. 江西食品工业,2002,3:17-20.

[8] 肖少香. 米糠油的营养价值及加工技术新进展[J]. 中国油脂,2003,28(4):83-84.

[9] 刘大川,李从军. 米糠油的营养特性及精炼新工艺[J]. 中国油脂,2014,39(2):13-16.

[10] Zhou L, Wang W, Huang J, et al. In Vitro Extraction and Fermentation of Polyphenols from Grape Seeds(Vitis vinifera) by Human Intestinal Microbiota[J]. Food & Function,2016, 7(4):1959-1967.

[11] 谢婷,程江华,闫晓明,等. 米糠油工业化制取关键技术研究现状和进展[J]. 粮食与油脂,2015,28(11):6-9.

[12] 郭应安. 米糠油规模化生产的实践与研究[J]. 中国油脂,2013,38(3):95-97.

[13] 兴丽,赵凤敏,曹有福,等. 米糠油加工技术研究进展[J]. 中国食物与营养,2011,17(10):35-37.

[14] 丁丽,周维仁,章世元,等. 米糠油生理功能及制取工艺的研究[J]. 粮食与食品工业,2009,16(4):9-17.

[15] 林丹,吴雪辉,杨公明,等. 米糠油氧化稳定性研究及货架期预测[J]. 现代食品科技,2012,28(10):1323-1326.

[16] 喻凤香,林亲录,黄中培,等. 米糠油制备及其脂肪酸的气相色谱分析[J]. 食品研究与开发,2013,34(3):72-74.

[17] 张绪霞,许丽娜. 米糠油制取工艺的研究[J]. 中国油脂,2007,32(1):25-28.

生物炭在绿色发展中的应用前景

陈高远

镇江方源工程有限公司

摘要：农林废弃物的资源化利用和无害化处理对我国能源战略非常重要,作为农林废弃物资源化方法的一种,利用农林废弃物制备生物炭不仅可以有效地解决农林废弃物的处理与处置问题,同时,还能制备高品质的生物炭并用以处理环境污染,具有良好的应用前景。

关键词：生物炭;废弃物;能源;污染治理

人们经济收入的提高和对高质量生活水平的不断追求,使得人们对能源的需求大幅度增加,由此产生了一系列的能源和环境问题,能源和环境已经成为全球关注的焦点。能源是影响世界经济发展的重要因素,而环境是人类赖以生存的因素。由能源引起的环境问题正越来越引起人们的关注,人们对化石能源的超负荷的使用引发了当今日趋严重环境问题,有的已经造成了不可修复的破坏性的污染。例如,我国对煤炭过度开采和使用,伴随燃烧产生的 SO_2 早已超过了排放空间的承受能力,由此引发的酸雨使农、林作物损失高达上百亿,更严重的是这种污染还会造成土地的荒漠化并也对人类的身体健康造成危害。现阶段能源的开发与利用已经是人类必须面对与亟须解决的现实问题。

中共十八届五中全会确立了"创新、协调、绿色、开放、共享"的发展理念。中共江苏省委十二届十一次全会和全省基金工作会议,把绿色发展摆在重要位置,提出坚定不移走绿色化发展道路。发展生物质资源是符合我国可持续发展的国情。如果仅仅利用地球所蕴藏的化石能源的话,在不久的将来,我国甚至全球将面对能源枯竭的局面,因此,发展新能源的需求已经迫在眉睫。我国的生物质资源在世界产量中高居首位,因生物质利用的过程中是一个循环过程,生物质资源在合理利用的过程中基本上是污染物零排放的,所以,发展生物质技术是符合我国建设资源节约型与环境友好型社会国情的。

随着人们经济的大幅度提高,越来越多的人对传统的商品能源的购买能力也显著提高,曾作为农村地区主要燃料的生物质材料被高发热量的化石能源所替代,人们对生物质资源的利用率有了显著的下降趋势。目前我国经济在快速的发展,但能源作为经济发展中的重中之重,也正成为制约我国可持续发展的重要因素。我国对新能源的开发,特别是可再生能源的开发和利用尤为重视。从"八五"计划到"十三五"计划,能源的发展一直作为最为重视的版块。研究表明,生物质能和传统能源相比较而言,采用适当的方法利用生物质能,其碳排放量比传统能源所排放的量要少90%左右,同时,也降低了生物质材料燃烧所释放的有害气体。

一、生物质与生物炭

中国统计年鉴主要统计的农林废弃物有:秸秆、锯末、甘蔗渣、花生壳、粮食谷物的壳以及动物的粪便等等。这些生物质资源现在一直被人们视为垃圾或者废弃物,倘若我们能使充分利用这些"垃圾",变废为宝,不仅能减少废弃物的处置成本,还能使其成为新的替代能源。传统生物质是指地球上一切直接或间接利用绿色植物的叶绿素进行光合作用形成的有机物质,包括除化石燃料外的植物、动物和微生物及其排泄与代谢物等。叶绿体在吸收太阳能光合作用产生的含有碳元素的生成物,即我们所介绍的生物质能。地球上由光合作用所产生的所有生物有机体都可以成为生物质。

所谓生物炭就是在相对比较低的温度下和限氧条件下由生物质热解而产生的富含碳的高度芳香化物质。目前研究的生物炭其主要功能包括以下几个方面:①固碳作用。研究人员发现生物炭可在土壤中保存几百年乃至几千年,是稳定的碳固定载体,生物炭还可抑制温室气体的排放。②吸附效应。生物炭可用来作吸附剂去除污水中重金属和有机污染物,还可作为稳定剂钝化封锁土壤中污染物。③土壤改良。将生物炭添加于土壤中可用于改善土壤的理化性质,从而提高农作物产量。④生物能源。生物炭在制备的过程中还可获得生物质能源及化学品,可以节省化石能源,并且降低化石原料的碳排放。

二、生物质废弃物研究现状

(一)生物质废弃物的主要来源

目前,生物质废弃物主要包括:林业废弃物、农业废弃物、城镇有机生活垃圾等。据估世界范围年产生物质废弃物约有百亿吨。(1)林业废弃物主要包括薪材、落叶、树皮、树根及林业加工废弃物等,我国采伐造材所得的原木材积仅为立木蓄积量的65%左右,其余均作为剩余物。(2)农业废弃物主要是指农业生产的副产品和粮食加工行业产生的谷壳等废弃物,其中以农作物秸秆和养殖业畜禽粪便为主,我国每年产生各类农作物秸秆约7亿~10亿吨,其中2.7亿吨用作燃料,1.8亿吨过腹还田,还有30%以上未得到应用;我国每年产生的畜禽粪便量达到17亿吨,其中含大量氮磷钾等营养元素。(3)目前,中国城市内生活垃圾累积堆存量已达70亿吨,并还在以每年平均4.8%的速度持续增长。根据垃圾成分分析,得出城市生活垃圾中有机物成分为70%,其中大部分为厨余废弃物。

(二)国内外生物质废弃物资源化现状

美国早在1979年就开始采用生物质燃料直接燃烧发电,近年来美国生物能源开发主要致力于利用有机固废生产生物能源,采用木材废弃物生产燃料乙醇,同时生产肥料,其市场前景可观。我国与发达国家相比,相对落后,但在研究开发生物质废弃物资源高效利用技术方面已达成一致意见。多家高校及科研机构在研制生物质利用装置上也都相继取得了一系列的成果,如中国农科院、哈尔滨工业大学、浙江大学、中科院化冶所等都在开发利用生物质能。另外,我国在将生物质转化成为高品位能源技术的研制和开发上取得了较大进展,例如:生物质气液化和致密成型等,生物质的气化已进入应用阶段,由于投资相对比较小,具有良好的竞技性和社会效益,比较适合农村地区使用,在小范围内推广,有较好的发展前景[1]。

(三) 生物质废弃物利用技术

一般将生物质废弃物利用技术分为物理技术、生物技术和化学技术。目前,各国主要将研究集中放在化学技术方面,因为在这些化学技术中,热解技术不仅能够对生物质废弃物进行有效处理,并且还能在处理过程中得到具有吸附功能的生物炭和燃料,如生物油、生物气等,所以,越来越多的研究者将目光投向生物质废弃物热解技术。

所谓热解技术,主要是指生物质在限氧供给条件下利用热能来切断生物质大分子中碳氢化合物的化学键,将之转化为小分子物质的热降解,这种热解过程最终生成生物燃油、固体生物炭和可燃气体三种产物,国外学者通过热解技术成功地将70%的猪粪转化成生物油。也有研究者将鸡粪热解产物作为能源,并且指出通过热解技术将使二恶英的排放问题得到解决。

三、生物炭的研究现状

生物炭的元素主要含有碳、氢、氧三种元素,其次是灰分。其碳的含量主要受炭化温度影响。一般来说,炭化的温度越高,其碳的含量也就越高,氢元素和氧元素的含量就会降低,灰分含量增高。生物炭除了由稳定的芳香化结构组成之外,而且还有很多脂肪族和氧化态碳结构物质。

生物炭孔隙结构发达,比表面积巨大,不同的生物质类型或者炭化条件所制得的生物炭表现出了不同的生物炭性质,据报道,采用 800℃ 炭化竹材,发现炭化后的竹炭比表面积高达 370 $m^2 \cdot g^{-1}$,此外,经过高温处理后的竹炭,其吸附能力是传统木炭的 10 倍。随着研究的进展,研究者发现生物炭不但具有多孔性,高比表面积,而且还具有大量的表面负电荷的特性,能吸附土壤或沉积物中的无机离子(如 Cu^{2+}、Zn^{2+}、Pb^{2+} 等)及有机化合物。

四、生物炭的应用研究

(一) 生物炭治理重金属污染水体的研究

水体中的重金属污染主要来自两个部分:天然源和人为源。其中,由于采矿和冶炼、化工、废电池处理、造革和染料、大气干湿沉降、农药和化肥等过程而产生的人为污染源是造成水体重金属污染的主要原因,这种污染方式不仅污染了水环境,也严重危害了人类自身。

大量的研究表明,利用植物和动物残留物制取的生物炭可以有效地吸附水体中有机污染物和重金属。以牛粪为原料在低温下热解制成的生物炭可以有效地去除水体中的阿特拉津和铅,其研究结果表明,水体中铅的去除主要是由于牛粪中含有的大量磷与其发生了沉淀反应。松木和稻壳通过水热法制成的生物炭也可以吸附水体中的重金属铅,硬木和秸秆经热解制成的生物炭能够有效地去除水体中的铅和锌,以鸡粪为原材料的生物炭能够固定水体中的 Cu、Cd、Ni 及 Pb[2]。

由不同生物质源产生的生物炭的吸附原理也不尽相同。植物制成的生物炭有效固定水体和土壤中的 Cd、Cu、Ni 和 Pb,主要是由于络合反应以及沉淀作用;而牛粪制成的生物炭对铅具有很强的吸附能力,主要是因为铅和生物炭中的磷酸根和碳酸根发生沉淀作用。

(二)生物炭治理有毒有机物污染水体的研究

我国根据多年的监测结果提出水中优先控制污染物有 68 种,其中有毒有机污染物就有 58 种,这充分说明我国的水污染主要以有机物污染为主。其中,饮用水的污染已经成为一个事关人类健康的重要问题。

研究表明,环境中普遍存在生物碳质如木炭、焦炭、烟炱等都具有超强的吸附性能。有机物在生物碳上的吸附机理为两种不同的机制:①分配作用,主要由有机质的部分决定。②表面吸附,主要由碳化的部分决定。以松针作为原料制备的生物炭吸附剂,可以有效地去除水中的硝基甲苯、萘、硝基苯、间二硝基苯等,生物炭质吸附剂对有机物的去除是表面吸附和分配作用的综合作用。利用小麦的残留物制成的生物炭可以有效地去除水体中的苯和硝基苯。生物炭具有的多孔性,高比表面积使其成为具有很好前景的吸附剂[3]。

(三)生物炭在大气污染控制中的应用研究

活性炭等含碳材料可以通过物理吸附、化学吸附、催化氧化、催化转化等方式有效地吸附含硫气体,如硫化氢、二氧化硫等。这主要归结于含碳材料的表面性质,在含碳材料的孔结构中,不同的含硫物质可以被氧化成单质硫、二氧化硫或硫酸等。

活性炭、生物炭等含碳材料对氨气的吸附既有物理吸附,又存在化学吸附,主要是由表面官能团引起的,并且生物炭等含碳材料的表面酸度与氨气的吸附有很大的相关性。

(四)生物炭在土壤中的应用研究

研究发现将生物炭添加进土壤后,可以提高阳离子和磷的可利用性,总氮的浓度增大。土壤肥力的增加不仅是因为生物炭本身提供营养,以及对营养物质的截留作用,还因其改变了土壤微生物的动力学,促进了生物固炭。随着科研工作的深入,发现生物炭对全球碳的生物地球化学循环和缓解全球气候变化具有重要的影响,生物炭已被认为是二氧化碳的重要储库,生物质炭化还田可能成为人类应对全球气候变化的一条重要途径。绝大多数植物都从大气中吸收二氧化碳,并储存在它们的生物组织或土壤有机质内。将这个过程再推进一步,在低温条件下加热这些生物组织使其热解,再次返回土壤时,这些生物炭将会创造一个长期的、稳定的碳库。生物炭储存器能够抵消其他几种化石燃料所产生排放量的10%。

生物炭添加进土壤中以后,不仅可以提高土壤的肥力,而且可以降低植物对土壤中农药的吸收,这是由生物炭的表面吸附和截留作用所致。

(五)生物炭在能源方面的应用

长期以来,我国高速发展是建立在高耗能、高排放、高污染的能源结构之上,没有充足的能源供应,社会经济是难以整体持续发展的,建立多种能源并存的新体系已经成为当务之急。随着低成本的制炭工艺的日臻完善,目前,生物炭逐渐成为生物质能高效利用的主要形式。目前,有大学经过潜心研究,发明了颗粒炭化炉生产新工艺,这种新的生产工艺彻底解决了生物炭制备中的瓶颈问题,将废弃生物质收集、储运、异地集中炭化和深加工,变为就地炭化、集炭。这种模式生产的生物质煤易于点燃、无烟无味、无污染,这些特点经研究是可以代替木柴、原煤、液化气等普通燃料,属于可再生的新型能源,市场开发潜力巨大。

(六)生物炭在其他方面的应用

利用农田废弃物制成的生物炭还可作为动物饲料添加剂,其技术和经济的可行性已经被验证。将生物质转化成生物炭用于动物添加剂在技术上和经济上都是可行的,对国家和企业也是合适的。

随着研究的深入,生物炭在全球碳生物化学循环和缓解全球气候变化研究领域、农业土壤改良和作物栽培领域,以及土壤污染物质的生态修复领域的巨大意义日益显现,可以预见生物炭在环境科学、土壤学和农业生产方面将有更广阔的应用前景。

参考文献

[1] 刘延坤,孙清芳,李冬梅,等. 生物质废弃物资源化技术的研究现状与展望[J]. 化学工程师,2011(03):28-36.

[2] 李力,刘娅,陆宇超,等. 生物炭的环境效应及其应用的研究进展[J]. 环境化学,2011,30(8):1411-1421.

[3] 王宁,侯艳伟,彭静静,等. 生物炭吸附有机污染物的研究进展[J]. 环境化学,2012(03):287-295.

石膏产业绿色发展对策建议

唐绍林　周晓峰

江苏一夫科技股份有限公司

摘要：发展绿色循环经济是必然趋势，然而石膏产业发展相对滞后，始终未能跟上绿色发展的时代节拍，天然优质石膏面临枯竭，而堆积如山的工业副产石膏未能得到很好的利用，还严重污染环境。本文从问题入手，逐个剖析影响石膏产业绿色发展的原因，找出石膏产业绿色发展的可行性路径。

关键词：石膏；产业；绿色；发展

我国天然石膏矿产面临枯竭，滥采滥挖不但浪费大量的优质石膏资源，还严重影响生态环境。据报道，湖南邵东18平方千米34个石膏矿，20年间塌陷近50次，总面积超90亩。这些大而深的"天坑"，造成水井干涸、田土塌陷、房屋倾倒。山东平邑石膏矿塌方导致发生4.0级地震，附近道路和农田开裂下陷，作业人员1人遇难，多人被困井下。然而，工业副产石膏产量巨大，不受地域限制，有化工、烟气污染的地方就有工业副产石膏存在，现堆存量约5亿吨，大部分堆放在厂区或农田周围，形成了不断增高的"石膏山"，不仅占用土地资源，而且由于受风蚀、雨水等环境因素影响，造成大气、水系及土壤的污染。工业副产石膏所涉及排放企业近万家，综合利用率不足50%。能否通过对工业副产石膏的循环利用产生优质石膏，从而替代天然石膏？实践证明：凡是天然石膏能做的产品，工业副产石膏同样能做，而且某些方面还有优势，能做得更好。加强工业副产石膏资源综合利用，实现资源的高效利用和循环利用，是解决工业副产石膏堆存的治本之策。

一、我国天然石膏储量和工业副产石膏排放量及资源化利用情况

1. 我国天然石膏的储量

我国已探明石膏储量达570亿吨，是石膏储量大国，但其中普通石膏、品质较低的硬石膏约占六成，高品位一级石膏仅占总储量的8%左右。优质石膏占总石膏储量的比例较小，但过度开采情况却一直存在。近年来，虽然由于工业副产石膏的资源化利率的不断提高而导致天然石膏的开采量有一定程度的下降，但最近几年，我国的天然石膏的开采量依然较大，年开采量为3 600万吨左右。

2. 工业副产石膏的排放现状

（1）磷石膏的排放现状

我国磷肥的产量连年攀高，制取过程中产生了含有少量可溶性和不可溶性的

磷、氟及其他元素的磷石膏,据测算,每生产 1 吨磷酸约产生 5 吨磷石膏。目前,磷石膏堆存量约 5 亿吨。

(2) 脱硫石膏的排放情况

随着我国燃煤电厂装机容量的快速增长,脱硫石膏产量由 2005 年的 500 万吨迅速增加至 2015 年的 7 550 万吨。

(3) 其他工业副产石膏的排放情况

钛石膏是采用硫酸法生产钛白粉时,为治理酸性废水,加入石灰、电石渣等碱性物质中和废水中的硫酸而生成的以二水硫酸钙为主要成分的工业废渣。近年来,随着我国钛白粉行业的快速发展,我国的钛白粉产量近几年也在逐年增加。

柠檬酸石膏是在生产柠檬酸过程中,利用硫酸酸解柠檬酸钙时产生的一种工业废渣,主要成分为二水硫酸钙,每生产 1 吨柠檬酸可产生 2.5 吨含水分柠檬酸石膏渣。柠檬酸石膏的利用率一直较低,目前柠檬酸石膏大部分处于堆放状态。

氟石膏用硫酸酸解萤石制取氟化氢所得的以无水硫酸钙为主的废渣,每生产 1 吨氟化氢约产氟石膏 3.6 吨左右,我国年产生量达 50 多万吨。

我国其他的工业副产石膏如盐石膏、芒硝石膏、铬石膏等工业副产石膏的年产生量约 2 000 万吨,资源综合利用比例都很低。

二、石膏制品的应用前景广阔,但总体产能落后

石膏在工业生产、社会生活中的应用非常广泛,包括建筑材料、石膏模盒、装饰、造纸、橡胶塑料、机械、医疗、陶瓷、金属首饰、工业管道保温、3D 打印等,石膏都有着重要的应用。

近年来,在石膏行业虽然出现了以北新建材为代表的从事纸面石膏板生产加工的大型企业,但在个别企业的一枝独秀局面之下呈现的是整个行业的生产管理、技术研发、关键装备的落后。目前,我国石膏行业的发展主要呈现以下特点:

(一) 市场无序竞争,劣质产品劣币驱逐良币

由于市场监管不严和我国石膏制品的行业与国家标准建设的滞后,导致产品质量差、规模小、设备简陋的作坊式小企业得以生存。有些技术力量薄弱的作坊式小微企业唯利是图,为了达到追求石膏产品强度高、不起灰的要求,在石膏粉中掺入了大量的有机黏结剂,这些黏结剂在后期使用过程中不仅会逐步向空气中释放污染性气体,也会随着时间的推移而呈现石膏产品强度低、耐久性差、不环保等问题。这些为数众多的作坊式的小企业导致市场的无序竞争,低档次的以石膏为原料的新型建材产品出现饱和甚至过剩,劣币驱良币的现象在石膏行业也不鲜见。与此同时,我国中高档新型建材产品及石膏制品仍存在相当缺口,即出现了总量供给过剩与优质高端石膏制品短缺并存的格局。

(二) 石膏生产工艺、装备总体落后

我国从事建筑石膏粉生产的企业大多规模较小,产能大多介于 1 万~10 万吨

之间,自动化程度也很低,而石膏粉的质量直接决定了众多石膏产品的质量。近年来,虽有位于山东平邑和湖北黄石的石膏煅烧装备企业陆续在不同地区建成了年产 5 万~10 万吨的建筑石膏生产线,但究其装备水平而言,与整个水泥行业的装备水平仍有很大的差距。我国从事石膏生产装备制造的一些厂家大多研发力量不足,最终导致关键设备的设计、制造仍停留在定性的层面,对所制造的关键装备在实际运行过程中的传热、传质、化学反应等热力学和反应动力学没有进行深入的研究,以 Fluent、CFX 为代表的计算流体动力学软件也很少被运用于设备工艺的研发工作中去。

三、石膏产业绿色改造升级对策建议

由于受到天然石膏储量少(大于 80% 品位的占不到 8%)且分布不均,大部分在湖北、山东、宁夏、内蒙、新疆等地,导致运输成本大,加之加工技术落后,近 40 年的无序开采等因素影响。总体来说,目前我国 α-高强石膏产业发展落后于钢材、水泥、玻璃、陶瓷等几大基础产业(该 4 类基础产业,中国年产量均占全球的 50% 以上),更滞后于国际平均发展水平,也预示着其产业增长空间巨大。工业副产石膏的出现,在很大程度上可弥补上述不足,将为我国石膏产业的快速发展起到一定的促进作用,众所周知,工业副产石膏产量巨大(年产量达 1.8 亿吨,且还有增长趋势),其品位普遍高于 80%,绝大部分高于 90%,另外,由于工业副产石膏伴生有许多传统产业(冶金、磷肥、火电、化工、制碱、制药、钛白、柠檬酸等),并分布于全国各地,不受地域限制。

鉴于以上所述,只要解决 α-石膏加工技术落后问题并降低投资成本,对遍布全国的近万家副产石膏排出单位进行技术和设备推广,既可解决派出单位的环保压力,又可为该单位创造可观的经济效益,同时,可在短期内快速推动我国 α-石膏市场发展,有效排除原 α-石膏市场严重受制于成本高、原料少、不稳定的发展障碍,切实做到循环利用、保护矿产资源、减少水土流失,是真正的绿色循环经济。

(一)加大先进节能环保技术、工艺和装备的研发力度

1. 加大对现有工业副产石膏工程研究中心、技术研究中心、产品检测中心、国家重点实验室等单位资金投入,不低于相关企业销售收入的 20%,确保相关平台正常运转。

2. 工业副产石膏资源再生利用国家工程技术研究中心,积极参与相关领域技术政策、技术标准和规范的研究制定,承担相关的工程技术评估和工程化验证,向社会提供信息和咨询服务。

3. 以工程技术中心为技术交流平台,广泛开展国内外合作与交流,开发适合我国国情的工业副产石膏资源化利用技术。持续不断地为我国为工业副产石膏资源化利用行业提供成熟的先进技术、工艺及技术产品和装备,提高行业的核心竞争力,使工业副产石膏资源化利用技术处于国际先进水平。加快现有成熟技术的推

广利用,定期召开示范线建设现场会、观摩会等方式,推广新技术、新工艺、新设备。

(二) 改善工业副产石膏循环利用相关企业生存环境

加大政策和资金支持力度,解决工业副产石膏资源化利用中投资、技术、市场等实际问题,切实落实资源化,利用相关优惠政策,加快资源化利用的产业化进程。尤其要加大对研发、生产、销售等环节的扶持力度,鼓励相关企业在工业副产石膏综合利用工艺、技术、设备等方面不断创新,加快探索工业副产石膏循环利用新途径。

1. 加大财政补贴力度,减免产品增值税和企业所得税,鼓励科研院所、生产企业为不同副产石膏产出单位量身定制特色各异解决方案,确保磷肥、燃煤电厂以及冶金、化工、造纸工业、酸洗等行业所产生的各类工业副产石膏得到循环利用。

2. 改善工业副产石膏相关企业融资环境,采用政府担保等方式,帮助相关企业吸纳资金,解决企业融资难的问题。加大政府投入力度,发改委划拨专项资金,扶持从事工业副产石膏研发、生产、销售的企业快速发展。

(三) 积极推行低碳化、循环化和集约化,提高工业副产石膏循环利用效率

1. 调整传统建材产业结构,减少高能耗、高污染的水泥生产,在建筑装饰、砂浆、砖块等领域逐步增加石膏的用量。石膏用途广泛性远超过水泥,作为建材还有保温、杀菌、调湿等水泥所不具备的性能,加上工业副产石膏储量巨大,分布广泛,完全可以用工业副产石膏产品部分替代水泥作为一种不可或缺的建材,因此,有必要通过宏观调控的办法,扩大石膏在建材生产中的比重。

2. 加大对天然石膏滥挖滥采监管力度,提高相关企业的违法成本。介于目前天然优质石膏矿产面临枯竭,必须采取措施关停滥采滥挖的小石膏矿,同时,通过政策引领逐步把这些企业引向工业副产石膏循环利用的轨道上来。对私采滥挖现象要通过经济、法律等强硬手段,使其无法承担非法成本。

3. 加快工业副产石膏产品国家标准的制定,通过统一标准加快规范石膏产品市场,杜绝劣币驱逐良币的现象发生,对一些产品质量不过关,达不到国家标准的企业坚决关停,市场上一旦发现相关产品则以假冒伪劣产品处理。

4. 完善信息管理机制,加大公众参与力度。统计更加具体细致的数据,并建立数据库,向公众和企业公开相关信息,让公众参与监督管理。与此同时,让部分已经具有成熟的技术和工艺的生产企业发挥"领头羊"作用,推动工业副产石膏产业健康有序的发展。

(四) 探索全新的经营理念和模式,加快工业副产石膏循环利用产业化进程

1. 坚决关停产能落后的石膏生产加工企业,尤其是天然石膏加工企业,对其进行绿色改造升级,改造后的企业使用全新的经营理念和模式,以及先进的工业副产石膏循环利用加工设备,对现堆存的和正在产生的工业副产石膏进行深加工,使其变废为宝,创造经济生态双重效益。

2. 重点扶持一批龙头企业,发挥其示范带动效应。江苏一夫股份,经过近 10

年的研究开发,在工业副产石膏循环利用领域取得了很大突破,特别是自主研发的"利用工业副产石膏液相法加工 α-高强石膏生产线"填补了国内空白,成本只是国外同类型设备的五分之一。去年已经在国内落户三台套,目前运转良好,今年再添项目近 20 台套,发展前景广阔。该公司由于是环保部工业副产石膏工程技术中心,中国石膏协会工业副产石膏专业委员会主任委员单位,同时在国家平台建设、相关政策推动、国家标准修订等方面做了大量的工作。国家要重点扶持江苏一夫公司这样的龙头企业,让其在整个产业中发挥"领头羊"作用。

3. 加快探索材料研发与工艺实践相结合所形成的可持续创新机制,将其融入产业升级改造中,打造完整的石膏产业链。引导工业副产石膏企业向规模化、集约化发展,形成多途径、大用量、高附加值、经济环保的工业副产石膏产业格局。推广江苏一夫科技股份有限公司"实验室经济模式",即:以对工业副产石膏相关材料的成分分析、反应热力学和动力学为研发起点,以小试、中试、设计、标准制定等为运营主体,把经市场验证的科技成果广泛应用于生产实践,为不同副产石膏产出单位提供特色各异解决方案,并提供外包加工及安装的成套设备,不但为相关企业解决环保问题,创造了经济效益,还带动了与工业副产石膏相关的机械加工、锅炉热工、自动化控制、工业安装等产业的发展,为加快工业副产石膏的处理赢得了时间,也奠定了更厚实的石膏产业基础。这种把科技研发当作商品的实验室经济模式实现科研和市场的无缝对接,一旦推广将产生连锁效应,加快整个产业绿色改造升级步伐。

重构创新文化促进我省制造业转型升级

姜 楠

扬州大学机械工程学院

摘要：中国制造业目前的困境原因之一是企业优秀创新文化的缺失，中国制造业转型升级过程中创新文化再造迫切。通过营造优秀的创新文化能有效提升制造业的创新活力，使赖以生存发展的制造业通过提升自主创新能量在良好的创新文化氛围中快速、健康、持续地发展，实现真正意义上的转型升级。

关键词：重构创新文化；制造业；转型升级

在知识网络时代，创新的重要作用已经逐步成为共识并将升华为一种社会文化主题。创新文化的独特引领性将越来越表现为企业差异化战略和企业的核心竞争力，成为企业制胜的尚方宝剑。创新文化是指与科技创新活动相关的文化形态，主要有两个方面：一是文化对创新的引领作用；二是如何营造一种有利于创新的文化氛围。其核心是激励创新的价值理念、思维方式、行为规范和精神氛围。创新文化包含了科学精神和人文精神的内涵，是一种培育创新的文化，这种文化能够唤起一种不可估计的能量、热情、主动性和责任感，帮助制造企业达到质量提升的目标。创新文化为科技创新提供了精神动力，科技创新为创新文化注入了新的内涵。发展创新文化要研究科技创新与文化创新互动的规律和机制，促进科技创新与文化创新的深度融合，寻求技术指向与文化指向的一致性，使两者在更高层次上互相促进、协同发展。

面向制造业的创新文化包含了设计文化与制造文化，是企业核心竞争力之一。德国是世界公认的制造强国，也是当下各国制造业学习的楷模。严谨、高效、注重品质是德国的设计制造风格，形成了德国制造耐用、可靠、安全、精密的可触摸的物化特征，这些特征是德国设计制造文化在物质层面的外显。"完美主义"是德国制造的根本特征，它是"专注精神、标准主义、精确主义"的综合表现。"责任感、可靠和诚实"使得德国制造无假货并且货真价实。德国设计制造反映了严谨、高效、注重品质的德国设计制造文化；日本设计制造反映了精致、节约的文化特性；法国设计制造反映着浪漫高雅的文化内涵；美国设计制造反映了追求创造、引领的文化特质；意大利设计制造反映了注重传统文化传承和享受美好生活品位。中国是世界公认的制造大国，遗憾的是很多时候"Made in China"的标签在国际上被看成了假冒产品、低劣产品的代名词。我们引进德国设备、零部件和工艺，却不能造出原装

(德国制造)产品的质量。中国制造业的未来崛起,必须研究和引进"德国制造"背后的文化因素,并克服近现代国民性的负面因素,开展一个制造业的文化再造。目前,中国制造业普遍存在着急功近利的短视现象,缺乏专注精神,由于同质化现象带来的恶性竞争严重导致了一些中小型制造企业生存艰难。"中国制造"目前的病症不仅仅是技术问题,也是背后的文化使然。中国制造文化劣根性的根源有两个:一是由于民族性格退化导致的急功近利;二是企业管理粗糙导致企业缺失了精细的制造文化。中国制造业转型升级创新文化再造十分急迫。

就我省制造业而言,长期以来,由于体制等方面的原因普遍忽视了对企业创新文化的营造,企业大多缺乏优秀的创新文化,更没有形成维持创新的机制。总体而言,我省制造业主要存在着以下几个负面的文化问题:①"差不多"文化。做事差不多就行了(尤其在中小型制造企业)。反映在制造中不精细,没有精益求精的精神,做不出精品。这不仅指干活态度不精益求精,更重要的是生产管理制度和制造工艺流程(缺乏制造中的法)不精,制造者的人性问题严重。②"偷工减料"文化。很多小微型企业在生产中热衷于降低成本,追求短期利益最大化,制造中存在"偷工减料"问题,不注重质量与用户服务,没有品牌意识。③"山寨"文化。不愿意或无能力投入资金进行新产品研发,热衷仿制、快速化与平民化,产品价格有优势但附加值低。④"藐视自然"文化。在制造产品(用料、使用、废弃等)和制造过程(资源消耗、废物产生处理等)中对环境破坏严重。

重构创新文化促进我省制造业转型升级的建议:

1. 关注创新文化的两个层面:企业与社会。文化是形成设计制造特色的关键要素,是品牌特征的体现。企业文化是企业的灵魂,企业文化建设是企业对内凝聚人心、对外树立形象的重要途径,企业领导要定位好企业的核心价值文化,通过营造良好的工作氛围和提升企业的知名度来长期营造企业的文化影响力。要突破中国设计"创新思维的瓶颈",创造社会环境,打通关卡,引领企业革新并建立企业创新文化,提升企业创新的内生动力,实现企业为主体的创新。促进产学研、媒用金协同创新,创造开放合作、包容发展的创新文化环境。在全社会普及创新设计理念和方法,提升创新设计文化自觉和自信,在全社会创造重视支持、激励创新文化的政策与氛围。营造全社会尊重制造、尊重创业的社会风尚,激发全社会创新设计活力与动力。促进科技创新与文化创新的深度融合,满足中高端用户个性化的需求和大众可分享的基本、多彩的精神文化需求。

2. 推动实现企业追求品质的创新文化。形成质量第一、用户至上、创新引领、诚信合作的具有中国特色的创新文化。从创新思维的建立、创新价值的认识、企业创新文化的建立、管理人员与技术工人技能与素质提升等层面来再造创新文化,推动实现追求品质与优质服务的设计制造文化,以众创设计和开放式创新拓展创新资源。促进设计制造服务产业链的协调协同发展。重视商业模式创新,提升公共与商业服务水平,实现网上设计、网上制造、网上销售,推动电子商务与设计、制造一体共同发展。

3. 研究知识网络时代新的生存方式、生活方式，提供更好的服务。研究人类在自然环境中生活形成的文化、世界观、信仰、偏爱、行为和经验（隐性知识），以及人们对生活、工作的追求和期望，创造出更引人注目的产品、服务和系统。洞察不同文化背景（美国、西欧与亚洲等）的用户对产品和服务的个性化需求。探讨各国生活方式、符号和文化意义，深入理解不同国别的语言（次文化），将其转化为产品设计、传媒和市场。对中国的造物文化从创新设计的角度进行系统的研究与分析，探索中国文化与现代设计相结合的中国设计风格，总结出创新的规律，创造中国的设计特色：中国气质、中国风格、中国形象。促进多领域、多学科协同、全球网络合作的创新活动的发展。

4. 用技术＋文化＋服务三轮驱动企业转型升级。学习德国企业稳健、踏实的经营风格，杜绝浮躁和急功近利的心态，研究制造业中的文化因素，重新塑造制造业的文化。使产品服务化，硬件软件化，进一步增强产品的综合实力。倡导互联网时代下以用户需求为中心的产品创新模式。用创新提升客户价值，为客户提供高品质、高性价比、定制化的产品，提供更优秀的解决方案。用创新设计提升制造软实力。提升制造的可持续创造能力、竞争力与和附加值。培育国际领先的原始创新设计，孵化具有行业、领域引领作用的新产品与新服务。加强文化引领品牌创建的策略研究，培育一批以创新设计为主导的著名企业和品牌。破除企业研发封闭的组织文化，利用互联网时代的"开放式创新"结合全球各地最佳创新人才来增强企业创新的血液，给企业带来新创新价值。

5. 以人为本。创新的实现需要一大批高品质的人，要通过提升员工专业素养、文化素养及心理素养全面提升员工软实力，最大化提升企业创新能力。从根本上来讲，对人才的重视是一种文化。企业员工的素质造就了物化的产品，产品的质量就是企业人的气质，员工的素质高，才能够创造出名牌，要全方位地尊重人、关爱人、发展人、提高人，谋求个人与企业共同发展，成就员工对企业的最大忠诚与责任，形成强大凝聚力和创新合力。要建立更优秀的企业组织模式，使员工上班如上学一样，每天都可学到新的技术，将企业变成一所终身学习的实践性大学，使每一位员工都在不断更新知识，使自主创新如影随形。创新是群体的行为过程，员工专业素养奠定了企业创新的基础，员工整体专业水平高是企业创新设计及服务、创造顾客并赢得市场竞争的关键；员工优秀的文化素养以及具备的"自主、乐业、爱心、责任、智慧和创新"的激情、自我管理及管理他人的能力是企业创新的原动力；员工心理素养好可以增强企业创新正能量，创新是高难度的挑战，需要员工坚韧与顽强，敢于直面失败继续勇往直前。要充分凝聚企业团队中每一位员工的智慧，充分发挥企业团队中每一位员工的创造力，充分释放企业团队中每一位员工的潜能，从而达到增强企业团队创造力，提高企业整体战斗力和企业整体素质的目的。员工的阳光心态、魅力人格和责任人生直接提升了企业的创新成果，提升了中国制造的品质。

6. 推动实现绿色设计制造文化,实现"可持续发展"、环境保护与下一代人的健康发展。将生态环境价值视为设计师应当承担的设计道德与社会责任,从设计阶段就注重经济、社会、文化、生态价值的和谐协调,实现制造业对环境的破坏性影响最小。从国家利益与人民利益第一出发,宣传爱国主义思想是现代价值观与主流意识,中国人要喜用中国自主设计制造的物品,推动实现中国特色的消费文化,有效扩大内需,使设计与制造企业拥有成长空间,逐步占领世界市场。

文化决定了一个社会如何面对现代化的挑战——全球化的竞争能否适应。文化决定了社会发展。人类文明进化,文化创新将有不可估量的力量。创新文化的重构过程,实际上就是企业创新活力激活的过程。创新文化能激发企业技术员工在工作中持续创新,同时要求企业管理层在管理中创新,支持鼓励创新并以宽容的态度对待创新的失败。创新文化使得企业的每一个构成元素都活跃起来,以新的构成形式重新组合,形成新的创新体制,使企业在这场没有硝烟的战斗中更为积极和主动。良好的创新文化氛围是企业成长的温床,有利于科学发展与技术创新,适宜的创新文化是激发和维持企业创新的良好机制。建设创新文化是推进制造业转型升级的重要举措。创新文化不是自然形成的,是通过倡导和培育建立起来的。实现这种倡导和培育必须通过教育与传播,实践与制度,要使优秀的设计制造文化转变为企业广大员工自觉遵守的行为准则。创造全社会重视、热爱、培育、尊重创新的文化环境,突出创新文化培育与管理品牌创新,推进全民创新。创新文化的重构应以提升企业创新能力为目标,通过创新激励机制的建立与创新氛围的营造,实现从观念引导到行动实现的过程。要通过营造优秀的创新文化,使我省赖以生存发展的制造业在良好的创新文化氛围中快速、健康、持续地发展,实现真正意义上的转型升级。

参考文献

[1] 路甬祥. 设计的进化——设计 3.0[R]. 2014 年上海设计创新论坛.
[2] 姜楠. 参加中国工程院重大咨询研究项目《创新设计发展战略研究》研究成果(2013.6-2015.6).
[3] 姜楠. 参加中国工程院重大咨询研究项目《设计竞争力研究》阶段性研究成果(2015.1-2016.12).
[4] 姜楠. 建设创新文化推进我市制造业转型升级. 2015 扬州市政协会议提案.
[5] 姜楠. 自主创新提升制造软实力// 科技创新与促进江苏新型城镇化建设(第七届江苏九三论坛), 2014.6.

我国发展低碳经济的法治路径

高 凛

江南大学法学院

摘要: 我国正处于工业化和城市化发展的加速期,面临着前所未有的机遇和挑战,发展以低能耗、低污染、低排放为基础的低碳经济已刻不容缓。低碳经济理念主要体现在技术创新、制度创新、发展观念的转变上,制度创新旨在通过一系列关于发展低碳经济和保障低碳经济发展的法律制度,促使低碳经济发展走上法治轨道。现阶段我国发展低碳经济的法律政策的现实选择不是对低碳经济进行单独立法,也不是通过现有的单独一门部门法就能解决的,而是整合现有的相关法律,探索低碳经济的法治路径,从整体上完善对低碳经济的法律规制。

关键词: 低碳经济;法治;环境;法律规制

低碳经济是当今世界各国经济发展的共同选择,也是实现中国经济可持续发展的必由之路。因此,未来世界经济的发展应该走一条以低能耗、低排放、低污染为特征的新的低碳经济的发展道路。可以说,可持续发展是基本国策,而低碳是实现可持续发展的重要途径和具体目标,节能减排是发展、实现低碳经济的核心与重要措施,能源立法等则是实现并保证低碳目标和节能减排措施的手段与法制保障。[1]低碳经济的发展需要充分发挥法律的规范和保障作用,从而有助于从技术和法律层面实现低碳发展的目标。

一、低碳经济的内涵与特征

低碳经济实质是提高能源利用效率和清洁能源结构问题,核心是能源技术创新、制度创新、产业结构转型、新能源开发以及人类生存发展理念的根本性转变,目标是减缓气候变化和促进人类的可持续发展。低碳经济的核心内容包括低碳产品、低碳技术和低碳能源的开发利用,其基础是建立低碳能源系统、低碳技术体系和低碳产业结构,建立与低碳发展相适应的生产方式、消费模式和鼓励低碳发展的国际国内政策、法律体系和市场机制。一方面,在社会再生产的全过程中实现经济活动低碳化,使得二氧化碳排放量最小化乃至零排放。另一方面,倡导能源经济革命,形成低碳能源和无碳能源的国民经济体系,实现清洁发展、绿化发展和可持续发展。低碳经济成为人类社会自农业文明、工业文明之后的世界性的进步与飞跃,即生态文明。能源的高效利用、清洁能源的开发以及追求绿色国内生产总值,要求人们创新核心能源技术和减排技术,转变产业结构和制度模式,从根本上转变人类生存发展的观念。

低碳经济具有以下特征：①经济性。主要包括两层含义：一是低碳经济应该按照市场经济的原则和机制来发展；二是低碳经济的发展不应导致人们生活条件和福利水平明显降低。②技术性。也就是通过技术进步，在提高能源效率的同时，也降低二氧化碳等温室气体的排放强度。③目标性。发展低碳经济的目标应该是，将大气中温室气体的浓度保持在一个相对稳定的水平上，不至于带来全球气温上升而影响人类的生存和发展，从而实现人与自然的和谐共存与发展。

二、我国发展低碳经济的立法现状与不足

低碳经济理念主要体现在技术创新、制度创新、发展观念的转变上，制度创新是核心，制度创新旨在通过一系列关于发展低碳经济和保障低碳经济发展的法律制度，促使低碳经济发展走上法治轨道。

（一）我国低碳经济的立法现状

从目前我国的立法情况来看，我国在应对全球气候变化和低碳发展问题上，采取了分散立法的模式，并且已经初步构建了低碳经济的法律体系。

在积极履行《联合国气候变化框架公约》和《京都议定书》的基础上，我国制定了《应对气候变化国家战略》和《中国应对气候变化国家方案》。作为《京都议定书》的缔约国，我国一直把保护生态环境和节约资源作为基本国策，把实现可持续发展作为国家战略。将节约能源、减少排放作为国家发展规划的硬性指标。采取了相关的政策措施，制定了包含气候变化方面的法律法规。

我国政府顺应世界经济的发展趋势，先后颁布实施了一系列与低碳经济相关的法律法规。2003年实施的《清洁生产促进法》、2009年实施的《循环经济促进法》等已成为节能减排、发展低碳经济基本法律保障。2008年4月1日，新修订的《节约能源法》正式实施。2009年12月26日国家颁布了《可再生能源法（修正案）》。这些法律的实施针对节能减排、资源能源的利用效率、发展新能源和可再生能源等方面来支持低碳经济的发展具有重要的意义，在支持低碳经济发展方面发挥了积极的作用，初步形成了发展低碳经济和生态城市的制度政策框架。

另外，我国制定的《节能中长期规划》《节能减排综合性工作方案》《中国应对气候变化的政策与行动》《可再生能源中长期发展规划》《中国应对气候变化科技专项行动》《2000—2015年新能源与可再生能源产业发展规划要点》《节能减排全民行动实施方案》《能源发展"十一五"规划》《新能源与可再生能源产业发展"十五"规划》等规划与政策来减缓气候变化。

总之，我国基本形成了一个以应对气候变化为中心的法律框架。但是缺乏低碳经济的专门法律法规，相关的法律规范不具有针对性，且这些法律规范并非从促进低碳经济发展的角度出发，在具体实施过程中可操作性较差。从法律的滞后性看，这些法律规范也不能完全调整低碳经济这一新型发展模式在运行过程中产生

的法律关系。

（二）我国低碳经济法律体系的不足

由于我国处于发展低碳经济的起步阶段,促进低碳经济发展的法律体系仍处于薄弱状态。主要体现在：

1. 低碳经济立法进程缓慢。从控制气候变化到发展低碳经济,我国也相继展开了这方面的试点及具体工作。2007年的《中国应对气候变化国家方案》出台之后,相关的法律法规已不能适应低碳经济的快速发展。低碳经济在短短几年的发展,其所产生的法律关系出现了无法可依的现象。这就是立法缓慢造成的结果。

2. 低碳经济基本法律制度缺失。由于低碳经济缺乏引导、促进和规范其发展的基础性法律,即《低碳经济法》,从而造成低碳经济领域的法律缺乏统一的指导思想、基本原则、发展目标及具体的实施内容等。低碳经济没有专门的法律规范进行调整,只是借助于相关法律的规定,不能满足低碳经济在社会发展中的需要。《低碳经济法》或《应对气候变化法》等基本法的缺失,不利于低碳经济发展长效机制的形成。

3. 低碳经济立法体系不健全。目前,与低碳经济相关的法律有《可再生能源法》《节约能源法》《清洁生产促进法》《循环经济促进法》等,但是,这些法律都是从侧面对二氧化碳排放规定了相应的措施,无法集中体现低碳经济发展的原则、机制、综合性制度等。可见,在发展低碳经济方面,我国尚未形成一套完整健全和完善的立法体系。低碳经济不仅与生态、气候、能源等有关系,其还影响着社会生活的各个领域,如人体健康、经济和社会发展等。从目前我国的法律制度来看,低碳经济立法的重点仅仅覆盖于环境、气候、能源等领域,范围较狭窄。而我国的宪法、行政法、经济法、民商法等法律中对于低碳经济尚无相关的法律条文。另外,我国现行的发展低碳经济的法律法规过于分散,一些重要领域和关键环节还存在法律空白,如石油、天然气、原子能等主要领域的能源单行法律仍然缺位。现行的一些单行法和部门法之间存在着规定不统一、不协调、相互冲突的现象,影响了低碳经济理念的发展。

4. 法律规定内容模糊、可操作性较差。纵观我国现行关于低碳经济的法律法规,涉及低碳发展的相关规定多为原则性、概括性的规定,缺乏具体的实施规范和具体内容,不少深层次的问题难以解决,从而造成了低碳经济在发展过程中,权力得不到规制、权利得不到保障、义务得不到落实。例如,我国的《可再生能源法》一共八章,内容涉及产业指导、技术应用、监督措施及法律责任等方面,但全文总字数不足四千字,这必然导致在其"完善"的结构背后具体内容的空洞。纵观所有条文,其文字表述多为原则性、纲领性的,缺乏具体的实施步骤,难以真正发挥其功能。[2]

因此,我国应完善促进低碳经济发展的相关政策法律体系,为低碳经济的发展提供制度上的保障。[3]

三、我国低碳经济法律体系的构建

低碳经济是一种更高层级、更透明的、更为公平的法治经济。现阶段我国发展低碳经济的法律政策的现实选择不是对低碳经济进行单独立法,也不是通过现有的单独一门部门法就能解决的,而是整合目前现有的法律法规,从整体上完善对低碳经济的法律规制。为了加快我国低碳经济的发展,必须完善与低碳经济发展相关的政策法律体系,把温室气体排放和低碳经济纳入法律法规中,强化清洁能源、低碳能源开发和利用的鼓励政策,为我国经济走新型工业化的道路提供制度上、政策上的法律保障。低碳经济的发展需要充分发挥法律的规范作用,从而有助于从技术和法律层面实现低碳发展的目标。

低碳经济法律体系构建不仅包括能源领域法律制度的完善,还包括外部法律环境的建设。从外部法律环境来讲,应修改我国现行宪法、经济法、行政法、民商法等法律,例如,在《宪法》中增加保障和推进低碳经济的内容和条款,明确我国走能源消耗低、环境污染小、经济效益好的经济发展道路,并创设、赋予和保障公民环境权。强化低碳经济外部法律环境建设,为制定《低碳经济法》奠定良好的法治基础。

(一)制定低碳经济基本法

低碳经济基本法即《低碳经济法》,该法具有基础性地位,是保障低碳经济发展有序进行的前提,它是制定其他法律法规的依据。《低碳经济法》应明确规定发展低碳经济的基本方针、指导思想、基本原则、具体的法律制度和责任等。《低碳经济法》是促进低碳经济发展的最根本和普遍适用的指导规范,是超越能源法律政策、产业法律政策、资源环境保护法律政策之上,统领社会经济发展和资源环境保护的综合性法律规范。《低碳经济法》的目标和内容是确立低碳经济在国家发展中的战略地位,为制定和完善次位阶的低碳经济法律规范提供依据。从法律上促进太阳能、风能、水能、生物能和地热的进一步开发,实施强制性的最低能耗标准和节能认证,推行能效标识制度。作为一个高耗能国家,我国在 PM2.5 等生态环境问题凸显的情势下,就必须坚持可持续发展之路,节能减排,在探索低碳化发展之路的同时注重基本法律制度的设计,以基本法的形式保障低碳经济的实现。

(二)加强能源立法

低碳经济的核心是提高能源效率和发展可再生能源、清洁能源,而加强能源立法则是促进能源开发、使用低碳化的有效手段。我国在发展低碳经济能源立法方面先后出台了《可再生能源法》《节约能源法》等法律。然而,面对低碳经济的新挑战,首先,转变能源法的视角,对能源环境问题的预防和风险防范通过能源法对能源的战略规划和全过程控制来实现,并就如何抑制能源浪费和管理其外部性作为重点,而不是局限于解决如何确保供应安全的问题。其次,逐步推进能源立法的市场化改革。能源效率之源在市场,市场体制下的经济效率压力,通常会促进能源效率和节能。逐步推进能源价格改革,建立起反映资源稀缺程度、市场供求关系和环境成本的价格形成机制。

(三) 产业政策法律化

政策法律化是在协调政策与法律关系的基础上实现二者有效衔接的方式。低碳经济是我国经济未来发展的必然选择,国家为推进低碳经济的发展,相继出台了一系列产业政策,比如鼓励发展绿色产业、切实转变经济增长方式、促进新科技的运用、提高产品的附加值等等。但是这些措施还没有上升到法律高度,具有立法权的国家机关还没有依照法定权限和程序,把经过实践检验认为成熟和稳定,且在较长时期内调整规范低碳社会关系的这些政策上升为国家法律,因而,这些政策尚未获得法律效力和国家强制力的保障,需要将这些政策制度化、法律化。

(四) 完善科技立法

低碳技术是低碳经济发展的动力,发展低碳经济是一个系统工程,必须切实遵照生态发展规律,发展低碳或无碳技术,实现对能源的高效、循环利用。加强低碳科技立法,促进低碳技术创新,是低碳技术发展的重要保障。我国低碳科技立法的某些领域存在立法空白,有些立法内容滞后。因此,应加强低碳科技基础领域的立法,建立促进低碳科技发展的法律体系,进一步健全国际低碳技术合作与交流立法,并完善低碳技术创新的激励机制。

(五) 法律条文的明确性与可操作性

纵观我国现有关于低碳经济的法律,内容规定的过于抽象、笼统和模糊,概括性较强,在实践中可操作性不强,导致很多问题难以解决。因此,在后续法律制定或修改的过程中要注重法律的明确性与具体性,增强其可操作性。一方面要修改法律条文,增加具有可操作性的具体规定;另一方面还要逐步颁布与基本法配套的实施细则和尽量详尽的支持措施。

此外,国家应研究制定石油、天然气、原子能以及城市节能等主要领域单行法规,完善循环利用、节能环保等领域的制度体系,形成制度框架完整、效力层次分明、关系协调有序的法律制度体系。在制定法律法规的过程中,应充分结合中国国情,强调针对性与可操作性相结合的原则,为法律法规的有效执行打下基础。在低碳经济发展领域构建一个效力等级层次分明、由全局到部门的完整的法律体系。

参考文献

[1] 何鹰.低碳经济法制保障体系的建立与相关法制完善[J].华南师范大学学报(社会科学版),2012(3).
[2] 张欢欢,陈秀萍.PM2.5背景下我国低碳经济法律制度研究[J].环境科技,2013(04).
[3] 刘玉彬.我国低碳经济的法制保障问题研究[J].中国环境管理,2010(04):1-2.

完善手段有效推进排污权有偿使用和交易

徐 航

镇江市丹徒区环保局

摘要： 建立排污权有偿使用和交易制度，是我国环境资源领域一项重大的、基础性的机制创新和制度改革。政府部门应有效推进排污权有偿使用和交易，形成准确高效的污染物监控手段，把镇江的青山绿水保护好、发展好。

关键词： 排污权；有偿使用；污染监控

碳排放交易平台的建设和使用成为镇江市生态示范区建设的突破口，获得了习近平总书记的点赞，并作为全国唯一一家省辖市在法国巴黎气候大会上布展的城市，取得了良好的社会、经济和环境效益。尤其是 2015 年年底前，全国首朵"生态云"上线运行，可以说镇江生态示范区建设如火如荼。但是，生态示范区的建设，特别是十八届五中全会提出的绿色发展的要求，不仅包括控制二氧化碳的排放，还应当包括控制其他污染物的排放，实行排污权有偿使用和交易。建立排污权有偿使用和交易制度，是我国环境资源领域一项重大的、基础性的机制创新和制度改革，是生态文明制度建设的重要内容，将对更好地发挥污染物总量控制制度，在全社会树立环境资源有价的理念，促进经济社会持续健康发展产生积极影响。

镇江市有生态示范区建设的要求，有太湖流域主要水污染物排放指标初始有偿使用和交易试点经验和碳排放交易平台的创新，实行排污权有偿使用和交易制度既可行又更加必要。镇江市政府相关部门已经经过调研并制定下发了《镇江市主要污染物排污权有偿使用和交易管理办法》，截止到 2015 年 11 月，已进行了 5 笔排污权有偿使用的试点，可以说开局良好。但与生态示范区的目标差距还很大，推进过程中困难重重，主要表现为：

1. 排污许可证的相关技术规范不够完善

排污权有偿使用和交易，是指排污单位在主要污染物排放总量控制的前提下，依法取得排污许可证，有偿获得污染物排放指标，并可就多余的污染物排放指标依法进行有偿转让。开展排污权有偿使用和交易的一项主要管理手段，分解给排污单位的指标必须通过排污许可证予以明确，通过许可证管理来规范排污单位排污指标申购和交易行为。虽然省环保厅出台了《江苏省排污许可证发放管理办法（试行）》（以下简称《办法》），明确了将排污权有偿使用和交易情况纳入许可证管理，但实际操作还有技术性的问题急需解决,需要在实际工作中不断磨合和改进。

2. 企业排污的监控手段有待加强

污染物准确有效的监控是排污权交易工作的基础,也是今后开展环保工作的基础。但目前,我市的污染物监控手段主要包含在线监控、企业自行监测和监督性监测等手段,其中的在线监控系统尚存在很大的提升空间。除了一些较有财力的大型企业拥有较准确的在线监控系统,相当一部分的排污企业都是被动安装了在线监控系统,并没有从主观上重视污染物在线监控,仅仅是完成政府下达的一项行政命令而已。个别企业甚至私自修改在线监控数据,将原本环保部门的"火眼金睛"变成了蒙上眼睛的"黑布"。在监控范围上,目前的在线监控设施仅局限于国控重点企业的安装,一些规模较小但容易造成较大污染的企业却并没有有效的监控设施。

3. 平台建设不够完善

由于缺少有偿使用和交易平台,或者平台使用率不高,给企业申报以及环保部门管理带来不便。在客观上导致对于《办法》理解存在一定差异,执行过程中,存在一定的偏差。

4. 地方政府的重视程度亟待加强

排污权有偿使用费的征收,关系到企业的切身利益,当前,许多地方政府的发展思路仍然停留在经济发展至上,并没有及时转变到经济效益与环境效益齐头并进的发展上来,这就导致了很多地方政府对待排污权交易工作只是停留在完成任务上,政策创新不足,试点热情不高,并没有从根本上重视这项工作的开展。

为了实现镇江市生态发展的战略,避免重蹈醒得早起得迟的覆辙,建议政府相关部门加快推进排污权有偿使用和交易,把镇江的青山绿水控制好,保护好。因此,建议:

一、建立准确高效的污染物监控手段

对污染物进行准确高效的监控是开展排污权交易的基础,也是开展环保工作的基础。环保部门在企业建设前期就介入,对排污企业的污染物排放规范管理,形成全市统一联网的监控系统,能够对排污企业形成环保压力,督促排污企业对自己的排污行为进行自我规范,也是环保部门有效监管的手段。

二、健全排污权交易管理机构体系

排污权交易是一项全新的工作,目前的环保机构人员配备,并不足以支撑这项工作的开展,因此需要配备专职工作人员,负责实施排污许可证管理、排污权储备、排污权交易业务;拟定并组织实施全市排污权有偿使用和交易工作的有关政策规定;建立和维护排污权交易信息发布网络平台,负责交易平台的日常运转,组织实施交易试点和相关技术培训工作。

三、算好每个排污企业的"污染账",形成全市的"环保账本"

对每个现有排污企业进行摸底调查,对每个新建排污企业进行排污备案,形成全市排污企业的大数据库,这样能够对每一笔污染物的增加和削减一目了然,排污权交易在这个基础上进行,就能形成明明白白的"环保账本"。

四、对企业开展有效的激励手段,加强开展排污权交易的宣传引导

通过制定一定的奖励措施激励企业积极参与到排污权交易活动中来,打消企业成本增加的顾虑和抵触情绪,同时,也要督促地方政府积极地开展排污权交易。积极开展宣传教育活动,将公众监督机制引入排污权交易制度,可以通过电视、报纸以及网络平台、官方微博等媒体渠道公开交易主体的基本信息、交易价格、交易流程和交易进程,广泛接受公众监督,对于大宗购买方应允许排污所在地的公众参与听证会,从而使公众参与到排污权交易中来。

关于推动宿迁市电子商务与实体经济融合发展的建议

张 青

宿迁市电力公司

摘要： 随着互联网时代的到来，宿迁市的经济发展找到了"弯道超车"的方向，全市各地审时度势，抢抓发展新机遇，纷纷制定出台网络创业扶持政策，全力推动电子商务产业快速发展。同时，市委、市政府积极强化互联网思维，着力打造产业平台，夯实电子商务发展载体，健全完善电商配套服务，推动电子商务与实体经济深度融合发展，全市电子商务产业呈现出健康快速发展的良好态势。

关键词： 互联网思维；产业平台；转型升级

一、现状

近年来，随着互联网时代的到来，全国上下掀起了发展电子商务的浪潮，也让我市的经济发展找到了"弯道超车"的方向。全市各地审时度势，抢抓发展新机遇，纷纷制定出台网络创业扶持政策，全力推动电子商务产业快速发展。同时，市委、市政府积极贯彻落实国家和省关于加快电子商务发展的相关要求，推动电子商务与实体经济深度融合发展，全市电子商务产业呈现出健康快速发展的良好态势。一是产业规模更大。今年上半年全市完成电子商务交易额超过170亿元，同比增长58%以上，其中网络零售额38亿元，同比增长超过40%。电子商务应用企业8 000家以上（不含个体工商户）。二是相关产业快速发展、相关就业人数大大增加。基于淘宝、拍拍等平台开设的活跃网店4万个，从业人员达6万人，相关就业人数超过30万人，占全市总人口的5%。全市81家快递企业实现快递业务1亿件，占全省总量的11.2%，同比增长37.44%，业务收入累计完成11.95亿元，占全省总额9.85%，同比增长40.84%，快递业务收入、业务量均位居全省第四位。三是积极与知名电商合作促进发展。全市主动与京东、淘宝、苏宁易购等龙头电子商务开展合作，依托产业优势，全面推进农村电子商务"一村一品一店"建设，截至目前共有国家级"电子商务县"1个，全国"淘宝村"4个、省级"电子商务村"6个，上半年农村电子商务交易额超过20亿元，相关从业人员达到15万人，"一村一品一店"已在宿豫区180余个行政村（居）实现全覆盖，并正在向全市其他县区拓展覆盖面。

二、取得经验

在工作推进工程中,重点从"理论研究、经济格局、实战经验"三个方面,走出我市特色。

(一)重视理论研究

围绕电子商务产业发展,市委、市政府委托商务部中国国际电子商务中心研究院编制《宿迁市"十三五"电子商务产业发展规划》,并制定出台《宿迁市加快电子商务发展实施意见》《关于促进电子商务加快发展若干扶持政策》等文件及农产品营销、智慧旅游、人才培训、网络创业等专项政策,为我市电子商务产业提供了规划引领和政策支持。我市还着力引导各县区立足区域特点和产业优势,设立要素集聚、政策创新、错位发展的电子商务产业集聚区。目前,全市已初步建成六大电子商务产业园,集聚了京东、当当等知名电子商务企业246家,上半年已完成电子商务交易额超过60亿元,直接从业人员达到1.2万人,并创建成国家级、省级电子商务示范基地各1个,产业集聚效应初步显现。

(二)遵循经济规律、格局

尽管电子商务蓬勃发展,不可否认的是,电子商务所占的份额仍然不到10%,即使在领跑的美国,目前仍有超过80%的交易是通过线下进行的。互联网带来了巨大的机会,但传统商业仍是不可忽略的市场。电子商务落地则能够从地面的顾客族群中收获更多新顾客群体,催生出更大的线上消费市场。对电子商务而言,用户体验是一个完整的过程,其中包含了众多环节。从最初的页面浏览、购物车、订单生成和支付,到线下的订单追踪、物流配送直至售后服务等。其中每一个环节都能影响用户的购物体验。这是一个乘法游戏,任何环节为零或为负值都会让一切努力付诸东流。体验,已经成为电子商务必须重视的关键。马云曾多次强调,电子商务是一种生活方式的变革,这也是他信心满满预言"电子商务基本取代传统商业"的原因。但既然是一种生活方式,也就预示着它不仅仅是买卖的结果,整个购物的过程以及各种细节的体验也是生活方式的一部分。而电子商务的体验除了线上,更涉及线下的物流、实物体验、售后等诸多环节,这也是电子商务的短板,如果不能够做到优化,不仅难以网罗更多线下客源,更有可能因体验不佳而丧失现有用户群体。所以,面对线下市场空间的拉力,以及顾客体验需求的推力,这就要求电子商务必须适当落地,否则就会丢市场、丢顾客。

因此,我市推动电子商务与实体经济融合发展的策略符合当下经济规律,具有很强的生命力。今年以来,我市电子商务产业表现出各行业加速融合发展的趋势。传统产业电子商务应用不断深入,大型传统企业加快拓展电子商务,中小企业电子商务应用普及率稳步提高。上半年,苏酒集团网上销售额突破4亿元,同比增长110%,超过去年全年的网络销售总额;大北农集团的"农信商城"网络销售额超过1亿元。玖久集团、沃尔普公司被省商务厅评定为省级电子商务示范企业。传统的批发商户加速向网络市场延伸,缤纷泗洪家居建材电子商务产业园已有超过40家名品家居建材店开设淘宝店,成为泗洪县家居建材的淘宝大街。住宿、餐饮、旅游、文化、教育等领域电子商务持续深化发展,社区电子商务应用逐步兴起。

相对于"互联网+"概念的普及是对互联网经济的肯定,对于整个面临互联网有些措手不及的传统经济来说,它更像是一根定海神针,为传统企业指明了自救甚至突破的道路。随着互联网对传统经济的渗入,线下的纷纷触网,线上的争相落地,整个零售行业正由规模化向细分化、个性化演进。而在地理上,最根本性变化是消除了时空距离,整个世界被网络连为一体,局域性市场正在被瓦解。所有的传统零售商从起初对不联网不屑一顾,到如临大敌拼命互联网化,再到如今的追逐互联网+,这个转变正说明一个问题,那就是他们已经意识或感觉到,互联网带给传统零售业应该是融合和渐进式的改革,而不是革命或者是取代。其实冷静下来再回头看,传统零售业与电子商务之间的界限,早就已经开始没有太明显的区分了。像传统零售商出身的苏宁国美,在发展线下门店的同时,也一直在积极拓展线上业务。我市的千百美也是个很好的例子。

（三）重视实战经验

以我市"来此买"为例,来此买网络科技有限公司成立于2011年元月,位于我市湖滨新城服务外包产业园软件大楼,注册资本216万元,办公面积450余平方米,员工队伍40余人。公司主营B2C电子商务——我来此买网上商城、网站与软件开发和我家政服务网等三个方面业务,其中我家政服务网为公益性项目。公司为大学毕业生创业项目,同时,享受我市创业创新扶持政策和我市软件与服务外包扶持政策。经过不懈努力,公司与我市各级政府机关和企事业单位建立了密切的业务往来关系,在同行业中属于后起之秀。作为一家高科技企业,公司本着"以人为本,科技为先"的指导思想,引进了一批经验丰富、专业水平突出的人才,拥有一支勇于探索、富于创新的高素质科技队伍和管理团队,并且与宿迁学院建立了稳定的校企合作关系新的商业模式、新的价值、新的宅配购物的生活方式,这就是来此买网上商城的定位。根据市场咨询报告:2008年中国B2C电子商务增长率是200%,2009年将达到400%,在新一批电子商务在中国蓬勃兴起的时候,来此买网上商城应运而生。对当代宿迁的消费者来说,去超市购物逐渐成为令人头痛的事情,交通堵塞、排队结账使面临工作压力的年轻上班族越来越不愿意去超市。网上商城带给顾客全新的生活方式:只要点击几下鼠标或者拿起电话,我们就可以将日常所需送到顾客的手中。来此买网上商城涵盖了食品百货、家居生活、个护化妆、母婴用品、家用电器、服饰鞋帽、体育用品、电脑数码、办公文具现有九大类,上万种物品,也就是说,除了蔬菜,超市提供的日常用品都可以在来此买网络商城买到。在国内电子商务市场如火如荼的发展背景下,宿迁区域性的电子商务发展主要以专业的服务为主,如人才、房产等,而同城网购市场几乎是个空白。宿迁来此买网络科技有限公司瞄准这个空白,致力于打造宿迁同城网购的第一品牌。有数据显示，2010年国内B2C、C2C与其他电商模式企业数已达15 800家，较去年增幅达58.6%，预计2011年将有望突破2万家。在2011年，随着传统制造商、品牌商、服务商、渠道商、零售商等多种角色的涉足，外资零售巨头纷纷瞄准网上零售市场，C2C平台的卖家们渐成规模，由"大C"向"小B"转变，形成一股不可小觑的网商群体等多重因素共同作用下，我国网上零售企业规模将呈现稳步上升的势态。"全力满足顾客需求，追求最完美得顾客体验"一直是"来此买"网上商城核心经营理念。"来此买"为客户提供了直观清晰的商品展示，最大程度模拟真实超市的购物和仓储式超市体验，充分体现逛的乐趣。我们还为客户提供消费查询、购物工会等多种线上服务。来此买保持其商品的价格比线上和线下的商家都具有竞争力，使得购物不仅不再受时间、地域的限制，还获得实惠。

虽然我市电子商务产业发展势头迅猛，但与发达地区相比，无论是交易规模还是产业质态，都存在很大差距。社会认知程度不高、专业人才缺乏、服务配套不完善等问题，已经成为电子商务又好又快发展的主要制约。

三、建议

我们将抓住电子商务产业快速发展的契机，坚持统筹规划、科学布局、差异发展，加快电商产业发展平台，努力形成新的电商发展空间布局。

（一）强化互联网经济新思维，明确电商产业发展方向

在互联网时代的今天，网络经济正在成为当今世界发展最快、创新最活跃、带动力最强、渗透性最广的战略性新兴产业。特别是电子商务以市场"无处不在、无时不在"的突出优势，成为扩大消费的主渠道，经济发展的新引擎，潜力巨大、前景无限。我市交通区位优、产业基础实、商务成本低，现代物流业发展迅猛，发展电子商务有着良好的基础和条件。我们主动顺应大潮，积极抢抓机遇，放大自身优势，把发展电子商务与实体经济融合作为战略性新兴产业来抓，力争把宿迁打造成为在全国有影响、有地位的电子商务强市。

（二）着力打造产业平台，夯实电子商务发展载体

载体平台是产业发展的重要支撑。着力引进一批电商行业巨头在宿设立机构、开展业务，加快建设营销中心、数据中心、研发中心、物流中心等高端项目，提升产业发展质态。大力推进电子商务应用县、乡、村"三级全覆盖"，加快培育农村电商企业，更好地促进农民增收致富。

（三）推动电子商务与实体经济融合发展，加快产业转型升级步伐

顺应实体经济与网络经济融合发展的新要求，大力推进实体经济与虚拟经济有效嫁接，积极发展以工业企业B2B、农业企业B2C、服务业企业O2O为主的新型营销模式，进一步加快产业转型升级步伐。一是大力发展制造业电商。鼓励企业大胆"触网"，支持传统制造业向智能化、网络化发展，力争规模以上企业电子商务普及率达到80%以上。积极与阿里巴巴、当当网等国内知名平台签订战略合作协

议,着力构建工业品网上批发和分销体系。加快跨境贸易综合服务平台建设,鼓励企业充分利用世界市场和资源,实现"买全球、卖全球"。二是大力发展农产品电商。充分发挥农业资源优势,创新农产品营销模式,加快推进粮油副食品和农产品电子商务平台建设,提升宿迁在苏北鲁南农产品电子商务区域优势。积极与阿里巴巴、当当网等知名平台合作对接,重点推广沭阳花木等土特产品和品牌资源,进一步提升宿迁农产品的知名度。三是大力发展商贸业电商。积极运用电子商务加快现有专业市场的整合提升,支持和引导华东农贸大市场等专业市场向网络特色行业商城转型。

(四)健全完善电商配套服务,营造电商发展良好环境

一是加强政策扶持引导。在认真贯彻落实国家、省支持电商发展优惠政策的同时,研究出台了《关于促进电子商务加快发展若干扶持政策》等文件,设立专项资金和配套政策,吸引更多的电商企业或品牌代理商落户宿迁。加快电子商务诚信体系建设,严厉打击利用网络销售假冒伪劣商品、侵犯知识产权和价格欺诈等违法行为,打造诚信、安全的电子商务环境。同时,加大对电子商务发展的宣传力度,引导更多的企业和个人关注网络经济、投身网络经济。二是培育壮大电商服务企业。大力发展现代物流业,特别是同城配送,大力支持流通企业开展信息化改造,引导和支持传统运输企业向现代物流企业转型。大力发展互联网信息技术服务,引进和培育一批电子商务服务企业,为中小企业提供平台开发、信息处理、数据托管、应用系统和软件运营等外包服务。加快建设电子商务金融服务体系,鼓励金融机构开展基于电商交易支付记录的免担保、免抵押贷款业务,为小微电商企业提供灵活多样的金融产品和服务。三是建设互联网信息枢纽。加快推进"智慧城市""4G城市"建设,持续加大信息网络基础设施投入力度;加快建设宿迁云计算中心,重点发展规模化和服务创新的数据中心、云计算、大数据、物联网等,把宿迁建成苏北鲁南地区的数据服务中心。四是加快电商人才储备培养。大力引进高端人才,加快培育应用人才,着力用好"草根"人才,引导宿迁籍在外工作和创业的人才回乡就业创业,鼓励企业面向国内外聘请有丰富经验的专业化团队开展电子商务运营,积极与淘宝大学等电子商务培训机构对接,在职教中心开展"订单式""实战型"电子商务专业教学培训,打造多层次、有竞争力的网商大军。

以资源资产离任审计助推绿色发展

虞伟林

江苏省丹阳市审计局

摘要：坚持绿色发展就是要坚持节约资源和保护环境的基本国策，形成人与自然和谐发展现代化建设新格局，但长期以来，地方领导干部不正确的政绩观，造成了自然资源资产的过度开发，导致自然生态的恶化。党的十八届三中全会《关于全面深化改革若干重大问题的决定》明确提出"对领导干部实行自然资源资产离任审计"，这将有效终结地方唯GDP论的经济发展观，直接引领我国制造业转型升级，从而实现绿色发展。

关键词：资源资产；绿色制造；离任；审计

一、引言

李克强总理在2016年政府工作报告中指出，2016年要加大环境治理力度，推动绿色发展取得新突破。以往，地方政府考评体系中经济发展指标所占的权重一直较大，生态环境保护指标所占的权重较小，地方往往以牺牲环保为代价来发展经济，甚至一些领导干部为了应付上级政绩考核不惜在环保数字上弄虚作假，这都给生态环境带来了较大的危害。要实现绿色发展就必须建立健全生态文明考评体系，纠止GDP至上的政绩观，加入生态文明绩效在考核中的权重，促使地方政府统筹好经济社会发展与生态环境保护的关系，从而引导、推动我国绿色制造业健康发展。

2015年，审计署提出启动领导干部自然资源资产离任审计（以下简称"资源资产离任审计"），即以领导干部任期内辖区土地、水、空气、森林、海洋等自然资源资产变化状况为基础，客观评价领导干部履行自然资源资产管理责任情况，以明确一把手在任期期间履行自然资源资产管理和生态环境保护的责任；领导干部履新时各项指标是多少，离任时各项指标是多少，反映出的情况是改善了还是恶化了，一目了然。

二、资源资产责任审计的重要性

将资源资产纳入领导干部离任审计的"评价单"是推进我国绿色制造的重要抓手，也是科学考评领导干部政绩的一大创新，其重大的现实意义为：

（一）充分体现了中央对生态环境保护的高度重视，把开展领导干部自然资源资产离任审计摆在了突出的位置,是全面推进深化改革的核心内容之一,将促进制造业转型升级和经济的可持续发展。

(二)推动社会经济协调发展的必然要求,纠正地方领导唯GDP论的经济发展观,促使领导干部在执政或决策时,首先考虑保护自然资源或减少自然资源的消耗,从而使其牢固树立生态环境优先的科学发展观,着力谋求社会经济发展与资源环境保护的和谐统一。

(三)满足人民群众的迫切愿望,生态文明建设是党的十八大报告提出的"五位一体"的重要任务,关系到13亿人口的生存环境,这也是政府执政的内在要求,绿色制造业将惠及人民群众,实现其"生活的环境优美宜居、能喝上干净的水、呼吸上清新的空气"的希望。

三、资源资产离任审计面临的困难

(一)资源资产离任审计的独立性不够

"保持独立地位"是审计机关和审计人员客观公正进行审计的基础,但受计划经济体制和社会文化等复杂因素的影响,社会上还存在大行政观念、权大于法的观念,资源资产离任审计的独立性不够强,特别是在县级尤为突出,这直接导致审计不能依法严格进行监督和处理,审计的质量得不到提高,审计的客观公正性大打折扣;另外,多数地方财政都比较困难,对审计所需的工作经费难以完全保证,而资源资产审计将耗用大量人力、物力和财力,如果仍按原来经费标准就无法保证审计的质量,审计纪律执行也无法全部到位。

(二)资源资产离任审计的基础较薄弱

资源资产离任审计的责任专业性、技术性强,面临大量的数据采集、分析,审计任务繁重艰巨、压力较大,在目前审计队伍专业结构较为单一的情况下,涉及资源、环境具体业务方面的审计仅靠审计部门是难以完成的:

一些数据涉及资源资产分布、数量、质量、权属等诸多方面,有的能够说明分布情况,却不能提供存量数量;有的只有数量,却无法反映其质量;有的产权不清,权属不分;自然资源资产种类较多,加之管理职能划分条块分割、事权交叉,其数据分散在多个职能部门,提取难度较大,如收集土地资源的相关数据分别受制于规划、国土、环保等多个部门,而水资源、森林资源、矿产资源又直接与国土部门相关,同时,一些基础数据并不存在于管理部门,而是存在于科研机构和企业,难以实现数据共享。

(三)资源资产离任审计评价体系缺失

尽管我国现已颁布了6部环境保护法律,13部与环境相关的资源保护法律以及395项环境标准,基本形成了审计及环境法律法规监督体系,但缺乏具体实施的指导,也缺乏环境审计的具体实施办法和评估标准,审计人员在对环境效益进行评价时难度较大,从而导致审计报告披露中存在一定缺陷。

第一，自然资源资产增量评估难，审计业务资料不全，可信度也差，加之自然资源资产种类繁多、分布广泛，全面核实其真伪难度之大可想而知，且大多数自然资源资产目前还没有市场价格，难以将其资本化；第二，自然资源资产质量评估难，比如水资源，即使可以用抽取样本检测结果作为评估依据，受抽取样本范围和数量的影响，也很难保证其评估结果完全准确，而森林资源究竟是以其增量、覆盖率评估其质量，还是以一个地区森林生态价值来评估，却无定论；第三，自然资源资产保护利用绩效评估难，各地自然条件、发展理念、战略定位不同，地方党委、政府在自然资源资产的保护与利用上本身就难以自身平衡，此外，由于生态环境保护见效慢，注定一个地方的环境保护政策的执行过程是漫长的、持续的，难以界定是哪届党委、政府取得的成绩。

（四）资源资产离任审计成果利用有限

当前，审计结果运用效果欠佳为社会所广泛关注，以往经济责任审计中"屡审屡犯"现象可谓屡见不鲜，资源资产离任审计如果依然是"雷声大、雨点小"，审计结果依然不公开、不透明，审计成果不能被充分利用，那么，这将浪费宝贵的行政资源并损害党委和政府的权威、公信力，而且，还向领导干部传递了错误信号，不少被审计对象和相关人员因对法律缺乏敬畏心理，视法律为儿戏，从而极大地破坏了法律威信，更会助长地方领导干部错误的政绩观并对绿色制造发展起到阻碍作用。

（五）资源资产离任审计人才较匮乏

审计人员素质跟不上要求，资源资产离任审计有别于传统的财务收支审计，它的专业性和综合性都比较强，其技术与方法更加复杂，难度也与以往不同。资源资产离任审计是一门范围广，专业性、技术性、综合性强的学科，它涉及法律、环境、统计、会计、审计等方面的内容，要求资源环境审计人员必须具备综合的专业素质。但现阶段，审计人员来自于财政财会部门，他们缺乏相应的环境知识和综合素质，其知识结构、专业素质、工作能力等方面与当前任务还远远不相适应；高质量的资源环境审计还需要审计人员具有较强的评价政府工作绩效的意识，要求审计人员能够深刻地理解政府的工作，并有能运用各种专业知识评定被审地方的业绩，以对其作出深刻而中肯的评价判断，在这些方面，现有的审计人员是无法应对的，审计人员的素质状况已成为制约资源资产责任审计发展的关键因素。

四、应采取的对策

（一）加快推进地方审计机关综合改革

积极探索省以下地方审计机关人财物管理改革，加强对本地区审计试点工作的领导，进一步提高审计的独立性，摆脱地方对审计的人为干预，以更好地开展领导干部资源资产离任审计。市地级审计机关正职由省级党委（党委组织部）管理，其他领导班子成员和县级审计机关领导班子成员可以委托市地级党委管理；完善机构编制和人员管理制度，省级机构编制管理部门统一管理本地区审计机关的机构编制,省级审计机关协助开展相关工作,地方审计人员由省级统一招录;改进经费和资产管理制度,地方审计机关的经费预算、资产由省级有关部门统一管理,也可以根据实际情况委托市地、县有关部门管理。地方审计机关的各项经费标准由各地在现有法律法规框架内结合实际确定,确保大于现有预算水平;建立健全审计业务管理制度,地方审计机关审计项目计划由省级审计机关统一管理,统筹组织本地区审计机关力量。

(二) 建立资源资产离任审计评价标准

加快建立资源资产责任审计立法,制定资源资产审计指南,尽快对环境审计进行补充立法,这是我国实施此项审计制度的根本保证,有了法律的支持,资源资产审计的工作才能更加规范有效。建议在修改环境保护法、审计法、独立审计准则时增加资源资产审计的内容,明确资源资产离任审计的具体实施方法和评价标准;尽快构建基础数据库,对地方自然资源资产基础数据信息进行整合,实行统一管理,建立土地、水、大气、森林、矿山等领域的指标体系,健全自然资源资产的基础数据库。

在实践中要强化真实性审计,摸清家底,兼顾各地自然资源资产负债表编制进展,把审计的重点放在摸清某一类自然资源资产的家底上,进而渐次推进;分类建立评价指标,促进领导干部履职尽责,要针对不同类别自然资源资产,分别做好评价指标的遴选工作,最终形成一套完整的评价指标体系。

(三) 健全与有关部门的协作关系

各部门加强组织协作和统筹规划,建立健全审计协作机制,审计机关主动与有关部门包括被审单位及其主管部门进行有效沟通与密切协调,对审计中发现的新问题、新情况,加强交流,集思广益,以达成共识、形成合力,采取联合审计模式,由审计与其他职能部门协同,审计部门总体上进行统筹,科学谋划,做好基层设计,环保、国土和水利等资源环境管理职能部门全力配合,特别是建立环保和审计部门的联动机制,充分发挥整合优势,从根本上提高审计的质量,不仅如此,由于资源资产离任审计在诸多问题的特殊性,还应引入专门力量,充分借用科研院校和社会中介专业技术力量,聘请环境方面的人才加入审计工作,利用其相关的法律、法规和专业优势,以提高审计的效率和效果。

另外,可以考虑成立审计专家咨询组,提供有关理论、政策和技术咨询,明确职能部门分工,加强所在地自然资源资产的监测、调查和统计工作,结合当地实际情况,建立省、市、县(市、区)三级自然资源资产动态统计台账制度,逐步形成完备、实时、数字化的自然资源监测体系,积极梳理试点审计工作所需的自然资源资产数据资料,主动及时提供审计机关,为审计工作提供专业性支持和制度保障。

(四) 出台领导干部经审问责办法

启动领导干部自然资源资产离任审计最终成败取决于审计结果的运用程度,只有依照审计结果对被离任领导干部履行经济责任过程中应当承担的相关责任进行认真问责追责，真正做到奖惩分明，才能推动领导干部真正转变发展观念，才能促进他们践行绿色发展理念、走绿色发展之路。为此要探索和推行审计结果公告制度，也就是审计结果向社会公开，以接受社会监督；完善审计结果运用机制，建立健全审计与组织人事、纪检监察、公安检察以及其他有关主管单位的工作协调机制，把审计监督与党管干部、纪律检查结合起来，对审计发现的违纪违法问题线索或其他事项，审计机关要依法及时移送有关部门和单位，有关部门和单位要认真核实查处，并及时向审计机关反馈查处结果，不得推诿、塞责。

同时，进一步加强对领导的考核监管，建立生态环境损害责任终身追究制，根据问题界定情况，结合问题情节严重程度，可对被审计领导干部给予通报批评、诫勉、责令公开道歉、停职检查、引咎辞职和免职等方式，审计决定连同经济责任审计结果报告一起按照有关规定存入被审计领导干部的个人档案，作为干部考核、任免、奖惩的重要依据。

(五) 加强资源资产经审队伍建设

资源资产离任审计是项全新的审计事业，人才是资源环境审计发展的重要基石，从事资源资产经济责任离任审计不仅需要掌握财务审计技术和方法，还必须具备环境经济学、环境法学、环境工程学、环境管理学、社会学等方面的知识，如此才能对被审计事项的环境成本和效益进行正确评定和估价，因而要优化审计人才结构，提高审计人员的审计能力，通过培养及时补充新知识，使资源资产审计人员拥有较强专业素质，从而完善审计人员知识结构，为开展资源资产审计提供人才保障。各级审计机关都要重视资源资产审计队伍建设，采取多种形式培养干部，加强现有审计人员基础知识和理论培训，坚持在资源环境审计实践中锻炼队伍，培养优秀的资源环境审计复合型人才，着力提升审计队伍的政治思想和业务素质，努力打造一支能够适应形势的专业化审计队伍。

另外，切实解决审计人才瓶颈问题，借助其他力量参与自然资源资产审计只是权宜之计，不利审计事业的长远发展。各级审计机关应积极争取上级和地方党委政府的支持，借助公开招考、特殊人才引进、人才引进绿色通道和政府购买社会服务等多种方式，破除审计人才瓶颈问题，大力引进专业人才，确保资源资产离任审计顺利开展。

参考文献

[1] 黄道国. 深化资源环境审计服务发展主题主线[J]. 中国审计, 2011:22-23.
[2] 徐州市审计局课题组. 基于可持续发展战略的环境审计问题研究[J]. 江苏审计, 2012(01).
[3] 王社庭. 领导干部自然资源资产离任审计面临的困难及对策[J]. 审计月刊, 2015(6).
[4] 郑晓冲, 郑巧. 福建出台领导干部自然资源资产离任审计试点实施意见[N]. 中国审计报, 2016-04-06.

新型城镇化背景下扬州PPP模式创新投融资体系

张 乾

江海职业技术学院

摘要: 十八大以来,党中央就深入推进新型城镇化建设作出了一系列重大决策部署。关键是要凝心聚力抓落实,足疾步稳往前走。扬州在城镇化建设过程中,我们认识到应该也必须寻求一条可持续、规范化的全新融资路径,以适应经济不断下行压力带来的财政吃紧的现状。这里我们分析了扬州现行的投融资体系,看到了现有体制框架内"财力无法与事权相匹配",并对已经萌芽并有所发展的新模式——PPP投融资机制及形成的一部分经验做了相关探索。

关键词: 新型城镇化;PPP模式

中共中央总书记、国家主席、中央军委主席习近平对深入推进新型城镇化建设做出重要指示强调,城镇化是现代化的必由之路。2016年是"十三五"开局之年,新型城镇化建设一定要站在新起点、取得新进展。经济增长必须是"实实在在和没有水分的增长";推进新型城镇化要"让居民望得见山、看得见水、记得住乡愁"[1]。扬州的城镇化建设应该更是建立在注重环境宜居、历史文脉传承,提升人民群众获得感和幸福感基础之上的。

大力实施城镇化战略是扬州市"十二五"发展的五大战略之一,是"创新扬州、精致扬州、幸福扬州"建设的内在要求和重要内容。加快破除城乡二元结构,促进城乡要素合理配置,提高人口素质和人民生活质量,促进经济社会全面、协调、可持续发展。随着经济和社会的发展,人民群众对公共和准公共资源的需求日益增加,这就要求政府增加相应的供给能力,实际就是要求市政府能够获得更多巨额的资金。如今,在政府财政收入有限的条件下,PPP模式无疑成为很多地方政府纷纷试点的投融资机制。

PPP是公共部门(通常为政府部门)和私人部门为提供公共产品和服务而形成的各种合作伙伴关系。其定义有广义和狭义之分,广义定义为政府部门和社会资本在基础设施及公共服务领域建立的一种长期合作关系。不同国家和机构对PPP的分类也有所差异,但基本上都大致分为局部外包类、特许经营类和私有化类[2]。

一、现有公共服务类投融资体系

扬州市政府作为地方政府需要履行基础设施建设和公共服务提供职能。但随着近年以来经济下行压力的逐渐增强,政府财力已经不能满足履行职能的需要,而且产生了一定的社会债务(很多市政工程包括在市院校都不同程度存在一些贷款问题)。

我国地方政府在《预算法》约束下,不具备独立的直接或间接对外融资权利。除了直接挂牌出让土地,获取新城改造、改扩建基础设施资金之外:各级地方政府纷纷成立了事业单位性质或者是国有独资公司性质的"融资平台",在财政管理尚存漏洞的情况下,"自创性"地开拓融资渠道。地方政府将其几乎全部可以自主支配的"富裕"资金和资产都通过融资平台注入了公共基础设施的建设中,通过平台进行对外大规模融资,加快推进各地公共基础设施项目的建设。之后的城镇化进程更是助推了各级地方政府"卖土地""找贷款""上项目"等诸多投融资行为。尤其是2008年4万亿投资的刺激政策出台后,各家商业银行超过国开行成为地方政府的主要债权人,其放贷资金主要用于地方政府安排的公共基础设施项目建设所需要的资本性支出。根据中国人民银行《2009年四季度地方投融资平台贷款情况专项调查》的结果显示,地方政府融资平台项目贷款中约有2/3直接投向公共设施管理业、电力、燃气及水的生产和供应业以及交通运输业等公共基础设施建设管理项目。

在"自创性"投融资体制中,融资平台成为政府经营城市、开拓融资渠道的媒介、市场理念、金融理念逐渐被注入以政府为主导的投融资行为中;地方政府从单纯的"听证"的"土地财政"模式升级到了"储地—融资—建设"的"土地金融"模式,从简单的"卖地"到综合的"用地"来获取建设资金。但无论是"土地财政"模式还是"土地金融"模式,地方政府始终没有摆脱"以土地换资金"的筹资运营逻辑。

据了解,我国实行分税制改革后,地方支配财力与其事权极不相称。相关统计数据显示,我国地方政府财政收入占国家财政收入50%的同时,提供了国家财政总支出的80%多。这么大的缺口,让地方政府只能想办法融资建设。过去的过度依赖土地出让和银行信贷进行开发的模式很容易引起银行贷款风险,也使得这种融资渠道难以为继。

二、未来投融资体系的出路及对策

由于现有财政体制框架内地方政府"财力无法与事权相匹配",地方政府对公共基础设施的投资资金只能依靠以"土地财政"为支撑的政府收入以及各种显性或隐性的地方政府债务。各地土地出让规模以及地方融资平台债务数量一直保持猛增势头的现状也证明了地方政府及其下属机构很容易通过土地抵押或者财政担保的方式突破财政预算或法律约束实现对外举债。

这种地方政府"自创"性的投融资体制缺乏制度监管以及风险控制,已经使得地方政府债务风险问题凸显:在未来宏观经济增速趋缓、产业结构进一步升级调整的情况下,以"卖地"或地方债务急剧增长的方式为扩张公共基础设施投资筹资,将会导致难以控制的地方性财政风险。同时,随着我国城镇化进程的加快,以及城镇化理念的提升,在农村建立与城市基本水平一致的公共基础设施和基本公共服务是实现城乡统筹一体化的必然选择;这就意味着未来发展中,地方政府将面临更多的公共基础设施提供问题。

在对各地方政府尤其是扬州目前投融资体系了解和深入研究的基础上,我们认为,扬州市必须寻求一条可持续、规范化的全新融资路径,以实现公共资金与民间资本的高效配合。PPP模式则成了可以选择拓宽融资的有效手段,该模式的推广有利于提升公共产品和公共服务水平,有利于控制和防范地方政府债务风险,符合公共财政和政府治理的内在要求。但真正实施过程中,又存在不少问题,为了确保该模式能更好地服务于市政府公共服务建设,应努力做到以下几点:保证PPP监督管理机构的独立性;加快完善PPP工作机制、配套政策、法律等制度建设;引入创新理念,探索多元化的PPP模式;简化PPP项目审批程序,引入公众监督[3]。

三、扬州PPP模式发展现状及经验

扬州市PPP模式开发这几年也不断有国家和省级项目获批。国家发改委2015年公开发布了PPP推介项目,仪征市登月湖健康城、仪征市枣林湾生态园养生养老中心、宝应湖国家湿地公园、高邮湖界首芦苇荡湿地公园旅游风景区、邗江瓜洲露营地等5个项目被列入国家首批PPP项目库。其中公共服务项目2个、生态环境项目3个,社会资本可通过特许经营、股权合作等方式参与建设及运营[4]。S611省道邗江段工程已成功列入江苏省财政厅PPP试点项目,该项目也成为扬州市首个落地的PPP项目。该项目的成功实施,为推动我区基础设施和公共服务领域投融资机制创新提供一个崭新的范例。

通过上述PPP项目的成功推进,我们也总结了一些可行的经验。认识到要想成功引入社会资本,应该做到如下几点:(1)建设以企业对企业的新型PPP模式:政府对于企业而言拥有太多的神秘与权利感,政府直接联系企业相对而言合作对象的不对等或对某些企业来扬州投资带来不少困惑,我们可以用市属企业代替政府牵头选择与相关资金实力雄厚企业进行谈判,这样企业间高效的谈判机制下,PPP模式成功落实的几率更高;(2)挑选具有较大吸引力的项目:在建设各项基础设施的同时,配套商业开发地块,保障项目收益;(3)多方磋商,增强谈判话语权:以招投标等多种模式邀请更多的企业参与进来,通过谈判,可以得到更好的合作对象与更优厚的投资合同;(4)选择有强大资金实力背景的央企或国际知名企业:作为有雄厚实力的企业,在资金保障、项目运作和管理经验等多方面都将为项目的顺利实施提供强大的支撑,而且大企业在管理等方面的能效会提速我们项目的进程;

（5）优先保障对方收益，超额收益分成。通过双方合作框架协议，项目收益优先保障投资方，降低投资风险；对超额收益部分，按比例分成，真正体验PPP合作模式下的伙伴关系、利益共享、风险共担的精髓所在[5]。

四、总结

总之，PPP模式将部分政府责任以特许经营权方式转移给社会主体（企业），政府与社会主体（企业）建立起"利益共享、风险共担、全程合作"的共同体关系，一方面有利于转换政府职能，提高工作效率和降低工程造价，减少各方的风险，减轻政府财政的负担；另一方面也有利于发挥民间资本的优势，促进投资主体的多元化，因此具有广泛的应用前景。扬州在新城镇化背景下，很多项目的加强难舍都面临着"建设期长，资金需求量大，融资困难度大"的实际问题。在此背景下，创新性地引入PPP合作模式，建立政府合作框架，以小资金撬动大杠杆，推动地方基础设施建设，必将引领扬州新城镇化建设投融资领域的新风尚。市政府、开发区、企业及其他民资形式共同搭建、重组与转型设计创新的投融资平台，基础设施及公共事业项目必将在新平台上更加快速的推进。

参考文献

［1］中央文献研究室，中国外文局. 习近平谈治国理政[M]. 北京：外文出版社，2014(09).

［2］李凯风. 城镇基础设施建设PPP融资模式风险管理研究[J]. 求索，2016(01).

［3］邢会强. PPP模式中的政府定位[J]. 法学，2015(11).

［4］我市5个项目列入国家首批PPP项目库[N/OL]. 扬州日报，2015-07-01. http：//www. yznews. com. cn/yzrb/html/2015-07/01/content_701890. htm.

［5］引入实力央 企小资金撬动大杠杆——扬州市三湾地区综合整治工程PPP模式介绍[EB/OL]. http：//fgw. yangzhou. gov. cn/fgw/xxydy/201504/dd433c8d4c234e64a0a8a8717 f99cd8f. shtml.

产学研融合发展 建设"创新型特色园区"

尧小慧

镇江中船设备有限公司

摘要：如何发挥高校的技术优势，实现产学研的高度融合，是国家级技术开发区建设的关键。本文将从分析高校的优势入手，结合创新型特色园区建设，就整合产学研资源、发挥专家团队的整体作用、建立企业与高校的长期合作机制提出相应的建议。

关键词：产学研；合作机制；自主创新；特色园区

镇江高新区作为国家级技术开发区的成立，将是一个在镇江发展史上、尤其是润州区发展史上留下深刻印迹的日子。如何把握好这个机遇，准确定位"创新型特色园区"建设，科学规划船舶与海工关键配套产业这一"一区一战略产业"的发展，将是润州区"十三五规划"的重中之重。

镇江拥有江苏大学、江苏科技大学、江苏农林职业技术学院、镇江高等专科学校、镇江船艇学院、江苏省司法警官高等职业学校和金山职业技术学院7所高校。近几年来，驻镇高校发展态势强劲，在人才培养、科技研究、服务社会能力方面，在省内处于较前位次。

1. 突出的人才优势。目前，在镇高校专职教师近5 000人，其中有高级职称的近2 000人，享受国务院政府特殊津贴的有100多人，特聘两院院士8人，教育部长江学者特聘教授1人，国家杰出青年基金获得者2人，新世纪百千万人才工程国家级人选8人，江苏省"333高层次人才培养工程"首席科学家1人，博士生指导教师近200人。

2. 独特的学科优势。江苏大学的农业机械、流体力学、车辆工程、食品加工，江苏科技大学的船舶设计及自动化、焊接技术等专业水平在全国同等高校中处于领先地位，镇江高专的"旅游与酒店管理"专业是全省高职院校7个品牌专业之一。尤其是江苏大学的流体力学、材料工程，江苏科技大学的船舶设计及自动化、焊接技术与园区的发展战备密切相关。

3. 较强的科研优势。驻镇高校有实力较强的科研开发队伍；有比较宽裕的科研经费；有众多的科研开发平台；获有一批国家和省部级重大科研专项，形成了基础研究、技术创新、成果推广紧密结合的科研工作格局。江苏大学的流体工程技术研究中心是省级重点研究中心，江苏科技大学的船舶工程科技服务平台服务项目遍及全国。

4. 广泛的人脉优势。驻镇高校"桃李满天下",学生毕业后分布在全国各地、各行业,不少在国家和省级机关部门、大型企业或科研院所担任要职;许多学子在海外留学、创业,有着广泛的海外关系。这些关系都是推动镇江高新园区建设特色园区的潜在优势。

但是,受传统模式的限制,再加上政府的政策引导不到位,对实际操作的指导性不强,目前,我市包括润州区大多数企业与高校、科研院所开展产学研合作形式比较单一,主要通过签订技术合同,围绕某项技术、某项产品来进行,是一种短期、零散、随机的产学研合作模式,根本不能满足提升创新能力的要求。而高校每年产生的大量科技成果,更多的是为了争取经费和职称评定,很多科研成果不是企业所需要的,因此难以引入外来战略投资者合作,无法快速实现产业化并形成产业规模。大多数中小企业则受制于自身技术力量薄弱,在引进技术、转化成果方面缺乏"二次创新"能力,难以形成有自主知识产权的技术和产品,更不用说打破高校、科研院所与企业之间的"沟通围墙",形成生产一代、研发一代、储备一代的发展机制了。结果导致我国的产学研合作不够深入,成果的转化率低;协同创新能力不强,大多数产学研合作只是停留在条块的合作上,尤其是产业链性质的产学研协同创新明显不足;企业的合作意向不高,更没有做好长期合作的打算,合作成果难以实现。

新高园区的建设需要高新科技的支撑,高新园区的发展需要创新体系的日益完善、创新人才的不断增多。只有进一步发挥驻镇高校的优势和作用,加强校地、校企合作,形成体系完备、特色鲜明、竞争力强的产业集群;加强创新平台建设,搭建科技研发、技术转移等服务平台,促进科技成果转化;加强人才特区建设,合作培养高端人才,走出一条以高端人才为引领、以协同创新为方向的发展新路,才能使高新区在激烈竞争中抢得先机,争取主动,真正把高新区建设成为"创新型特色园区"。

一、发挥园区在有效引导、整合产学研资源中的主导作用

1. 着力建立高层次、制度化的驻镇高校与园区企业的产学研工作联席会议,并定期召开会议通报相关情况,聘请驻镇高校专家、教授担任政府的科技顾问,聘请高校研发人员到企业合作开发项目,做到信息共享、资源共享,形成校、园互动合作机制,进一步推进园区的校企合作,形成牢固的产学研合作交流圈。

2. 着力建立有权威的统一协调机制,对重大课题和重要项目,园区要主动帮助企业与相关高校、科研院所建立的高层沟通和协调机制,研究制定推进产学研合作、加快科技成果转化的政策和措施,支持和鼓励高校、科研院所与地方开展专家团队建设,创建产学研合作的人才互补模式,保障高校与园区之间合作的良性循环。

3. 着力制定相关激励政策,根据"一区一战略产业"及以后的发展要求,组建

产业技术研发机构，建立产学研技术创新战略联盟，围绕科技成果商品化、产业化和市场化进行应用性研究开发和科技企业孵化，并支持和鼓励相关企业在高校的对口专业、学院设立科技创新基金，为对口专业的高校科研人员提供科技创新合作试验基地，开展新品联合开发、科技成果转化与推广、学术交流等合作项目。园区完全可以与江苏大学流体机构中心、材料工程专业和江苏科技大学船舶工程专业、计算机应用与焊接技术专业建立战备联盟，联合开发、研究在流体力学、新材料应用、船舶工程新技术、计算机在船舶工程上的应用、焊接新技术新问题的研究等方面进行全面合作。

4. 着力加强产学研协同创新平台建设，探索搭建金融服务、各类人才、成果交易综合服务等平台，协助将高校师生研究的项目与企业成功对接，并集中有限资源，依托高校和科研院所的科技研发力量，联合行业协会，面向园区内中小企业的应用需求，在园区建立能够带动产业核心竞争力的关键技术和共性技术研发园区和服务平台，尤其可以依托江苏科技大学建立船舶工程技术服务平台，依托江苏大学建立流体工程技术服务平台和新材料应用服务平台或科技企业孵化基地，以培育一批创新能力、规模与品牌位居全国全省前列的创新型领军企业，打造一批产学研融合产业基地和产业集群。

5. 着力加强科技资金的使用管理，每年安排一定的专项资金，用于支持产学研合作重大成果转化、关键技术中间试验、工程化验证等投入。

二、畅通高校科研人员技术创新资源和企业生产科技需求信息，充分利用专家团队的整体优势为地方支柱产业提供技术支撑和服务

积极组织并支持有条件的高校和企业建设联合工程技术中心和重点实验室，建立企业向高校委派工程技术人员定期培训、企业向高校租、借聘用专家教授、工程技术人员的人才交流机制，破解企业人才短缺难题。

设立一定的奖励基金，鼓励企业建设院士工作站和博士后科研工作站，对经批准建立的院士工作站和博士后科研工作站，且运行正常的设站单位，分别给予一次性资金奖励，对企业在高校设立人才培养计划和专业奖学金的，给予企业人才培养计划所需资金和专业奖学金各一定比例的补贴。

鼓励高校和企业、科研院所建立人才双向流动机制，允许高校的科研人员到企业、科研院所任职和实践培训，也允许企业、科研院所的高层次专业技术人员到高校任职。鼓励驻镇高校学生在学习期间到园区创业。

充分发挥镇江大学科技园区的载体作用，吸引战略投资者和国内著名的高等院校、科研院所共建科技产业园。以最优惠条件引进国内外科研机构、科技成果和高校各学科研究应用项目入园孵化、转化和产业化；鼓励高校科技人才入园以专利、技术等无形资产投资创业；吸引国内科技人才及归国留学生入园创业。校地联手把大学科技园建成一个产学研结合的科技创新基地、高新技术企业孵化基地、创

新创业人才培养基地、高科技成果转化与辐射带动基地和大学生就业创业基地,实现地方经济发展与高校科研教学的互利双赢。

引导高校和企业以多种形式吸引具有创新精神和创新能力、掌握世界领先技术的创新型人才。对高校、企业引进的高层次创新型人才,在科研经费配套、工作条件保障、家属就业、子女入学、医疗保障等方面给予相应的政策支持。对高层次人才也可以探索人事关系放在高校,工作关系放在企业,享受校地双方人才政策的新模式。

利用驻镇高校的人脉优势,建立海外招才引智联系点,实施"千名海外人才集聚工程",大力吸引海外留学人员来镇江创新创业或到驻镇高校工作。对有突出贡献的优秀人才、掌握核心技术的拔尖人才给予特殊的政策激励,使镇江真正成为海内外高端人才创新创业的大舞台。并设立引进人才贡献奖,每年奖励在与园区及润州"产学研"合作活动中在引进人才方面作出重大贡献的人。

三、充分发挥企业在自主创新中的主导和核心作用

园区应重点支持共性技术和影响整个行业发展的关键技术的研究开发,明确政府在支持研发共性技术方面的责任和义务,开设企业自主创新诊断咨询平台,为企业提供面对面服务,并针对中小企业自主创新人才紧缺的状况,支持和鼓励企业聘请技术顾问,委托高校、科研院所就某些重大或关键技术进行研究开发,引导企业开展联合开发、技术入股等方式破解技术难题。

应大力支持企业联合高校和科研院所承担的国家、省重大科技计划项目。重点支持园区内的企业联合国内外高校、科研院所在高新技术领域联合建立工程技术研究中心、重点实验室、工程实验室和工程研究中心等研发创新平台。对联合研发机构创新能力新增建设项目,按照项目投资额给予一定比例补助。

从根本上强化企业产学研主体地位,拿出一定的奖励资金、资助经费,既重点扶持一批具有较强创新能力的大型骨干企业,又关注和支持科技型中小企业的萌生和发展;全面加大政策扶持力度,鼓励企业联合高校共建符合园区产业发展的有产学研特色的工程技术研究中心、重点实验室、企业技术中心等研发平台,既围绕制约当前产业发展的关键技术进行扶持,又注重激励高新技术的开发和储备,并与高校、企业联合,把引导激励机制延伸到在校学生学分考核、创业者职称评聘环节。

四、建立高校与企业合作的长效机制

1. 充分借助高校科研力量,加大集成创新、引进消化吸收再创新的力度,提升优势产业的规模化、高端化、集群化水平和核心竞争力;鼓励高校主动向企业开放实验室、工程(技术)研究中心等研发平台,融入企业创新活动;坚持内引外联,以多种方式引导企业建立产学研互利合作平台;鼓励企业向高校和科研单位聘请科研人员,每周到企业工作几天,或针对企业面临的技术问题进行咨询,帮助企业培养

本地科研人员,提高自主创新能力。

2. 加强制度建设,推动产学研合作由随机性、短期性向依靠法律法规、自愿互利的长期合作转变,形成诚信务实、权责明确、风险共担、利益共享的长效合作机制,真正实现校地合作的永续发展。对校企合作项目,实行优先申报、优先推荐、优先立项,帮助获得省及省以上科技成果转化资金的支持,加快培育一批具有自主知识产权的重点产品和掌握核心技术的龙头企业。

3. 加大对产学研合作的金融支持,积极拓宽融资渠道,鼓励和引导信贷资金、产业投资基金、风险投资、创业投资等各种资金的支持。加大政府对产学研合作的引导投入,制订引导专项资金管理办法,按照市场运作、突出重点、专款专用、滚动发展的原则,充分发挥引导资金的使用效益和导向作用。